励 耘 史 学 文 丛

咸同年间清廷与湘淮集团权力格局之变迁

邱 涛／著

北京师范大学出版集团
BEIJING NORMAL UNIVERSITY PUBLISHING GROUP
北京师范大学出版社

本次出版得到教育部人文社会科学重点研究基地
北京师范大学史学理论与史学史研究中心的大力支持

序　一

　　晚清时期，中央和地方权力格局的发展趋势，尤其是自镇压太平天国起义以后至清末逐步形成的两大军政集团——湘淮集团、北洋集团与清中央皇权之间权力关系的复杂演变过程，历来是学界关注的研究领域。虽经百余年的研究，迄今仍不断有新的成果出现。对于这一领域中若干核心问题，学界已基本形成了一些较为系统的看法，其中尤以晚清实力督抚专擅地方行政、财政和军政权力，并最终形成地方势力"尾大不掉""内轻外重"的政治权力格局的观点最为盛行。大体而言，目前学界相关成果的总体取向，是着重对湘淮、北洋等地方集团分享中央权力的探讨，而对于清中央政府方面的应对和举措，则较少着意。

　　邱涛的《咸同年间清廷与湘淮集团权力格局之变迁》，正是对咸丰、同治时期清廷与湘淮实力集团在镇压太平天国、捻军等过程中和战后的权力博弈，以及在地方实力集团强力冲击中央集权体制的情况下，清廷所采取的反制措施的演变过程，作出的深入、系统的探讨。作者在此基础上分析认为，咸同年间以至整个晚清时期，中央和地方权力格局变迁的大势是：政治权力格局总体上并没有呈现出中央权力不断削弱、地方权力不断增强的单向度、直线式的走向，而是中央在不断受到冲击、有所削弱的过程中，逐步反制并重新稳固皇权。这是一种双向、波浪式、拉锯式的发展趋势。这一分析是建立在坚实的史料基础上的，反映出作者扎实严谨的治学态度。

　　学界一般认为，太平天国起义爆发后，在内外因素的作用下，清王朝长期实行的高度中央集权不断受到巨大冲击，以湘淮系为主的地方军政大员的权势明显增强(这是不争的事实)。但事实上,面对地方势力的迅速发展,甚至是步步进逼,清廷并不是束手无策、步步退让,而是采取了一系列措施,进行了较为有力的制约和反击,并取得了显著效果。当然,清廷反制措施和政策的发展、演变、成熟,有一个演化的过程。应当说,面对湘淮集团的崛起,最初清廷还是沿用旧有的利用与压制并重的政策。但是,清廷倚重的绿营不堪重用,而湘军在战斗中日益显露出强大的战斗力,迫使清廷不得不直面压力,进行政策调整,将奖励军功和全面实施分化制约的政策结合起来,同时辅以牵制、挤压等政策,取得了分化湘淮集团的效果。当然,湘淮实力集团通过战争迅速崛起,在向中央争权并已获得一定效果的情况下,对清廷的反制政策也会竭力铺展攻势,这就决定了清中央和地方之间权力的争夺和转移不是单向、直线式的,更不是摧枯拉朽式的,而是双向、波浪式、拉锯式的。

　　探讨晚清中央和地方的权力关系,很重要的一项指标,就是清王朝是否还掌握着以督抚为代表的文武官员的任免、调动权力。中央政府对文武官员黜陟权力的垄断,是清朝中央集权制度的重要内容和基石。一般认为,随着湘淮集团、北洋集团相继崛起,以曾国藩、李鸿章、袁世凯为代表的地方实力督抚逐渐控制了清王朝的地方权力,特别是湘淮集团和北洋集团成员长期占据着大量的督抚职位,并掌握着本省区下属官员的黜陟权力,清廷对他们无可奈何。但是邱涛在书中认为,随着太平天国战争的长期化、持久化,清廷在战争中越来越依赖湘淮军队,也就不能不接受湘淮集团的要求,授予其成员越来越多的官职,并随着湘淮将领职位的不断上升,甚至不得不任命部分湘淮高层人员为封疆大吏,这使一部分政府权力落入湘淮集团之手。然而,清廷仍有能力在湘淮督抚任职的省区和相邻省区布置牵制力量,并在湘淮督抚的任职和权限上,利用湘淮人员之间的矛盾进行操控。而这部分湘淮集团成员转为政府官员之后,清中央同时也就有了更多的手段对其思想、行动施加影响和约束。在实践过程中,清廷着力利用高级官职对一些湘淮高层人物进行拉拢、分化,动摇曾国藩在湘淮集团中一人独尊的局面,破坏湘淮集团的内部团结,从而达到维持并重新稳固中央对地方的控制权力的目的。因此，无论在战时还是战后，除曾国藩、左宗棠、李鸿章等少数例外情况，湘淮督抚均无法长期任职于一个固定省区，更没有出现清中央无法调动、形成实质上的割据局面。从咸丰、同治两朝，再扩及光绪朝，有几项督抚任职期限和调动情况的关键指标和数据，可以说明这一问题。比如，三朝中任职某一省区未超过六年的总督比例为84.6%、巡抚比例为94.9%，与学界普遍认为的中央皇权未受冲击的嘉庆、道光两朝任职在六年以内的总督比例89.3%、巡抚比例96.3%，基本相当，并无重大变化，可见某一固定省区的督抚大部分任职时限短暂，并未形成割据的局面。再比如，皇帝为了防止督抚在某一地区形成割据势力，而对其进行频繁调动，在咸丰、同治、光绪三朝，总督通过调动离开原职的比例达到46.2%，与嘉庆、道光两朝的比例45.9%相比，并无重大差异，可见，随着清廷控制力的逐步恢复，它对地方督抚任命、调配的掌控更趋有力，清廷仍能有效控驭各省督抚。至于长期任职某一省区的曾国藩、左宗棠、李鸿章等特例，邱涛在书中也作出专门探讨，指出他们长期任职某一省区是出于清廷的特殊需要，而且清廷仍可以根据自己的需要，顺利地调动、任免曾、左、李三人的职务。

探讨晚清中央和地方的权力关系，第二个重要因素，就是清廷是否能有效掌控国家的财税分配权。镇压太平天国起义期间，清廷对全国各省区财税的控制力确实受到冲击，全国各地的传统正税因为战争而大量减少，军费开支却大量增加，清廷的财政储备根本无法应付，而各省按照传统税项征收并上缴中央的财税，同样无法支撑军费开支。为了筹措军费，清廷不得不允许各省督抚和统兵大员自筹饷糈，在奏报朝廷同意的情况下，开征厘金等新税。一段时间之内，传统正税的增减和具体征收情况，清廷虽仍能大体掌控，但也不可能做到像原来那样严格；而对于厘金等新税的征收支用，则因具体征收地点和期限存在时设时撤的情况，数量难以明确划一，朝廷也就更难准确估算其数额。不过，各省厘金等新税征收的大概数额，清廷还是基本掌握的。随着同治二年、三年开始的整顿厘金工作，一段时间之后，清廷完成了对厘金的掌控。因此，清廷在经历了最初的冲击之后，逐步通过强化协饷、京饷等专项经费解款调拨制度，以及加强对厘金和海关洋税等新税种的控制，强化了对各省区财税的调配权，形成了中央有效掌控全国财税大权，并给予各省区一定、可控的自主权，以便在战时能有效调配中央和各省区财税的局面。而地方督抚则难以有效控制大量的地方财税，无法聚积割据一方的足量经费，也无法掌握长期维持割据局面的资金来源。

探讨晚清中央和地方的权力关系，第三个重要因素，就是清廷能否有效掌控军队。湘军和淮军这种临时军队性质的勇营在太平天国战争中崛起，并在战后裁撤的基础上得以留防各省，在随后的30余年时间中占据着清朝军力的一大部分。因此，重新确立对军队的控制权力，就成为经历了太平天国战争的清朝最高统治者的重要目标。清朝最高统治者不仅在战争过程中不断寻求重新全面掌控军队的办法，战后随着中央权力的逐步恢复，钳制立有赫赫战功的湘淮勇营将领，重建中央控制的经制军队，也成为清廷掌控军队的重要手段。从太平天国战后对勇营数量的裁减和控制情况看，虽然有讨价还价的情况，但清中央基本占据着主动，一般能将驻防各省的湘淮军总量控制在 20 万人左右，并能有力、有效地扼制湘淮军数量扩张、膨胀的企图。此外，清廷通过对湘淮军的分化制衡，通过任命湘淮勇营将领担任各省绿营提镇及以下各级武官，在给予他们权力、地位和经济利益的同时，使他们调离原辖勇营，有利于清廷控制湘淮勇营及其将领，改变了在镇压太平天国起义时期清廷对军队调控权力弱化的局面。这使得清中央不仅在承平时期，而且在此后的战争时期，如中法战争、中日战争期间，仍能有效行使中央对军队的控制权。同时，清廷还通过编练练军、建立经制长江水师和近代海军等途径，重建由中央统一控制的军队。到清末又编练新军，计划全国共练三十六镇新军，由中央掌控新军的编练和供饷。

总体而言，虽然地方实力集团利用战争形势冲击了清廷高度集权的体制，获得了一部分原属中央政府控制的权力，但是，由于清廷在面对战争冲击，不得不与地方督抚分享部分权力的情况下，依然采取了较为有效的应对措施，最终重新稳固了中央对全国行政、人事、财税和军队的控制权力，使得至少在咸丰、同治时期尚看不出地方政府极大分权、中央控制力极大减弱的状况。当然很多翔实的材料确实说明，整个晚清时期，清王朝高度集权的专制统治曾受到冲击，一度出现了"内轻外重"的倾向，但清王朝最高统治集团通过种种手段，基本维持了中央权重的局面，直到慈禧太后死前，并未完全形成"内轻外重"、地方势力"尾大不掉"的严重局面。

对于学术问题，有不同意见，提出来讨论，既正常，也是好事，这有利于学术的发展。邱涛同志当也会欢迎读者对其见解提出商榷。

龚书铎
2009 年 12 月于北师大乐育七楼

序 二

邱涛著《咸同年间清廷与湘淮集团权力格局之变迁》一书，即将出版。邱君索序。我对于这个问题没作过很深的研究，况且，他已征得龚书铎先生的大序，实无续貂之必要。然而屡辞不获，只得勉力写上几句。

清末自太平天国运动以后，清朝中央政府的权力渐趋削弱，而地方势力有所增强，这是中国史学界绝大多数学者一直以来表示认同的，本书作者亦不否认这一点。唯作者力图证明，在这个变化过程中，清朝中央政府曾作过有效的反制。他以咸同年间（1851—1874年）为例来说明他的观点。我想，他的意见是有其根据的，可以进一步深化人们对晚清中央与地方权力博弈过程的认识。不过需要强调的是，他的意思不是否定习惯上所说的清末"内轻外重"的大趋势。

如果我没有错误领会作者意图的话，那么，我还想借此机会，对大家公认的所谓"内轻外重"的大趋势，略说一点补充的意见。不过这多少超出了本书所讨论的时间范围。

人们习惯上所说的"内轻外重"之势，主要是指清末中央政府支配和调动各种资源的能力受到地方政府（主要是督抚）的很大制约，有时甚至不如地方政府来得更强而有力。这里大家注意的只是地方政府与中央政府的势力消长关系。而我想补充说明的是，"内轻外重"的含义，还应加一层理解，即其中地方社会势力或者说民间势力的增长。

清末"内轻外重"之势的形成，主要是从太平天国运动之后开始的，这是大多数人都承认的。其实，地方民间势力的兴起，也同太平天国运动有着密切的关系。当曾国藩、左宗棠、李鸿章等湘淮集团崛起的时候，地方下层，如一县、一乡、一镇，也往往有人自动地组织力量同太平军作战。太平军被镇压以后，他们便在一县、一乡、一镇之中取得了优势地位。在后来的洋务运动中，以至更晚些时候兴起的立宪运动中，他们中的有些人或参与办学，或参与实业，或在收回利权运动中、在立宪运动中参与一些实际活动，从而成为绅商阶层的组成部分。研究这一段历史我们常常发现，在上述的各种活动中，绅商阶层通过组织团体与地方官厅打交道，往往先在一些问题上取得了共识，而后才与朝廷抗争。在收回利权运动及立宪运动中，这种情况尤多。所以，后来武昌起义爆发，许多省以宣布独立的形式响应起义，最后导致清朝政府垮台，这绝不是偶然的。

清末民间社会势力的形成与逐步发展，是中国近代历史上一个具有重大意义的现象。在太平天国运动以前，中国也有地方民间势力，例如会党、盗匪、秘密宗教等，也许还可以加上一些行业组织和慈善组织。不过他们都不具备新的社会属性。而我们上面所说的绅商阶层，则不同程度地具备了新的社会属性。他们是社会变革的产物，反过来又成为社会变革的推动力。历史学家傅斯年曾说，中国有群众而无社会。我理解他的意思是说，群众是散沙，并不能结成社会势力。在中国古代，一切权力集中于朝廷或中央政府，下层人民没有任何权力资源。他们不能自动地结合，结党、结团，都是极端犯忌的事。所以，他们被迫结合的时候，只能以秘密会党、盗匪或秘密宗教的形式存在。清朝末年出现的民间社会势力，是与新的经济活动、新的思想观念、新的教育以及近代报刊的出现联系在一起的。他们是新的社会因素。他们的成长、积聚，是社会走向近代轨道的基本动力。所以，研究晚清史，研究晚清"内轻外重"的政治格局，似应对这种新的地方民间势力的形成与发展，给予充分的注意。甚至可以在一定程度上说，某些督抚有时所以敢于与朝廷或中央政府抗争，是因为他们得到民间社会势力的支持。当然，这些新产生的社会势力，是很幼稚、脆弱的，他们旋兴旋灭。但他们的存在并且具备新的社会属性，则是不争的事实。

　　因为对邱涛的这本书谈不出多少具体意见，仅就随想所及，略陈鄙见，供作者和读者参考并予以批评。

耿云志
2009 年 11 月 30 日于北京太阳宫寓所

序 三

　　邱涛《咸同年间清廷与湘淮集团权力格局之变迁》一书即将出版，邱涛已恭请龚书铎先生、耿云志先生作序。近日又邀请我也写一序。

　　此书系邱涛在龚书铎先生主持的博士后流动站研读期间修订完成的，又系以其师从耿云志先生攻读博士学位时所写博士论文为基础修改补充而成。请龚、耿两位先生写序乃当然之理，两位先生也已慨然允诺。

　　邱涛在北京大学历史系读硕士时，我曾滥竽充数，担任他的导师。当时他的论文是关于梁启超的，与现今要出版的书毫无关系。要我为此书写序实在十分勉强。耿先生在序中曾谦虚地说："他（邱涛）已征得龚书铎先生的大序，（我）实无续貂之必要。"以我的水平和身份，实在连说这种谦虚话的资格也没有，而且我也没有"续貂"的能力。但考虑到毕竟曾与邱涛有过师生关系，而且在他离开北大，由我介绍另投耿、龚两位名师之后，他和我仍然常有业务上的交流。如今他能在耿、龚两位先生教导下写成此书，并能出版，我自然也颇感欣慰，拜读两位先生大序后，也略有所思，决定不避效颦之讥，也写上几句，聊表心意。

　　邱涛此书中心内容为对近代史学者中长期流行甚至可说是已得到"公认"的一种观点进行辨析。此观点认为，自太平天国起义后，清中央对国家的控制力日趋削弱，而地方实力派的控制力则日趋强大，形成了"内轻外重""太阿倒持"甚至"督抚专政"的局面。有学者就此进一步发挥，认为按这个"大趋势"发展到清末，中国君主专制制度的最后一个载体清王朝已是徒具躯壳，行将自行消亡崩溃。按这种判断，不仅孙中山等倡导的以推翻君主专制、创立共和制度为目标的辛亥革命纯属徒增诸多破坏的多余之举，就连康梁等以倡导"改君主专制为立宪制度"为目标的改良运动、立宪运动也似乎成了堂吉诃德大战风车式的闹剧。

邱涛在认真研读、整理晚清时期大量史料的基础上，对"内轻外重"说进行了细致的辨析：

第一，关于中央与地方实力派势力消长趋势的辨析：邱书认为，若以太平天国之后与之前相比较，清中央的势力显然有所削弱，而地方实力派的势力则有所增强，这当然是不争的事实，但应该看到，双方势力的消长并非沿着清中央不断后退越来越弱（"内轻"），地方势力不断进攻越来越强（"外重"）的方向直线式地发展，而是双方各有进攻、后退，波浪式、拉锯式地发展。清中央由于要依靠湘淮军力镇压太平天国、捻军、回民起义等，不得不对湘淮势力作出许多退让，但它也常常运用中央政权的威势，采取多种手段对湘淮势力进行反制，并常能收到不小的效果。有时会丢失一些阵地，有时又会夺回一些阵地。就双方总的力量对比而言，清中央凭借掌握中央政权的优势，基本上仍处于强势、支配地位，并未形成"内轻外重"的局面，更未出现过所谓"督抚专政"。

第二，关于地方的控制力方面，范文澜先生在《中国近代史》、龙盛运先生在《湘军史稿》中说，同治三年，全国18个省中，有13个省被湘淮集团控制，占了72％。龙盛运先生进一步断言，此时湘淮势力对清中央已有"驾凌而上之势"。邱书认为，这种判断并不符合实际，认为范、龙两位先生在统计和分析上均有不当之处。

1. 在统计方法上，范、龙两书在统计时用的方法是：在一位总督管辖2省或3省的地区，若总督是湘淮人员，即将此2省或3省均计入湘淮集团控制的省；若总督为清中央方面的人员而所辖巡抚中有1人或2人为湘淮人员，则将湘淮人员任巡抚的省都计入湘淮控制的省。这种统计方法完全是看怎样计算有利于夸大湘淮的控制力，具有明显的主观倾向性。如果持相反观点的人将这种统计方法反其道而用之，则必然得出大不相同的统计数字。

按清代官制，总督与所辖巡抚在权力上多有重叠、交错之处。在总督与巡抚分属清中央和湘淮集团两个不同方面时，这些省究竟应计入哪方面控制的区域，容易产生歧见。为避开这个麻烦，邱书采用了另一种统计方法，即统计各年度湘淮人员担任督抚职务的人员总数，结果是：咸丰十年上半年共5人，下半年共4人；咸丰十一年上半年共7人，下半年共9人；同治元年上半年共9人，下半年共11人；同治二年上半年共14人，下半年共13人；同治三年共14人；同治四年上半年共12人，下半年共9人；同治五年共10人，而全国督抚总数为25名。湘淮督抚在同治三年所占比重最大，占56％，同治五年降至40％。显然，湘淮人员在督抚总数中所占比重远不像范、龙两书所说的那么大。

2. 在统计数字选择的年份方面，范、龙两书的做法也有明显的主观倾向性。范、龙两书选的时间是同治三年，而此年是湘淮督抚人数最多的一年（14人），以一个特例来分析清中央与湘淮势力的力量对比，显然是不科学的。如果持相反观点的人故意选取湘淮督抚人数最少的一年来进行论证，必将得出大不相同的结论。

3. 清中央出于军事上的需要，有时不得不增加湘淮督抚的人数。但它在这样做时，也常使用一些手段来反制湘淮集团，如趁机拉拢一些与湘淮首脑有矛盾的重要人物，打乱湘淮内部原有的从属关系，挑动或加深湘淮系内部的矛盾，等等。结果，湘淮督抚人数的增多不一定意味着湘淮派系与清中央抗衡的力量随之增强，有时反而造成湘淮系内部离心力加大，力量有所削弱。邱书把清中央的这种权谋称为"众建督抚而分其力"。当然，作者并未见到清廷内部的文字资料说明清中央是有预谋、有计划地实行"众建分力"的政策，但从清中央所采取的众多分化手段及其产生的效果来看，邱书提出这一设想是有一定道理的。

4. 邱书还提出，仅从督抚的身份（属于清中央还是属于湘淮集团）来判断该省区是被哪一方控制也是不科学的，因为有的督抚对所辖的省并无实际控制力。

5. 邱书特别强调，分析双方对地方省区控制力的强弱，不能仅看督抚人数的多少，更重要的是要看督抚的任免权、调动权掌握在哪一方手中。此书提出，湘淮人物虽然曾占有许多督抚职位，但其在同一地区的任期大多在6年以下，说明清中央牢牢掌握着这些省区督抚的任免权、调动权，湘淮系督抚并不能对所辖省区实现真正意义上的控制。即便是人们认为在地方上处于十分强势地位的曾国藩、李鸿章、左宗棠，清中央也仍然能根据自身的需要随时将其调往他处，甚至免职。曾、李、左等最具实力的督抚也从未能使其辖区出现不受中央控制的割据局面，更谈不上什么"督抚专政"。实际上，直到慈禧死前，在对地方的控制力方面，清中央一直处于强势地位，甚至在宣统初年，颟顸无能的摄政王载沣也还能凭借中央的权力将当时实力最强的地方实力人物袁世凯罢黜回乡，而袁世凯并不能公然反抗。总之，在辛亥革命爆发前，在对地方的控制权方面，并未形成"内轻外重"的局面。

第三，在对财税权的控制方面，邱书指出：在镇压太平天国战争期间，军费开支大量增加，清廷的传统正税因战争而大量减少，财政储备根本无法应付和支撑军费开支。为了筹措军费，清廷不得不允许各省督抚和统兵大员自筹饷糈，导致清廷对全国各省区财税的控制权力确实受到冲击。但是，传统正税的增减和具体征收情况，清廷虽不可能做到像原来那样严格，但仍能大体掌控；对于厘金等新税的征收支用，虽因具体征收地点存在时设时撤的情况，数量难以明确划一，清廷不能准确估算其数额，但由于各省厘金等新税征收须事先奏报清廷同意（因战事等特殊状况，也有事后补报的情况），其大概数额清廷还是能掌握的。特别是学者们多作为督抚专擅地方财政重要根据的厘金的征收和支用，随着同治二年、三年开始的整顿厘金工作获得成效，清廷逐步完成了对厘金的掌控。因此，清廷在经历了最初的冲击之后，逐步回收财税控制权力，形成了中央在平时能有效掌控全国财税权力大局，并给予各省区以一定、可控的自主权，在战时能有效调配中央和各省区财税的局面。

第四，对军队的控制权方面，邱书通过一系列的实证分析和专题探讨说明，经过太平天国战争期间的冲击和洗礼，清廷逐步获得对湘淮勇营军队数量的有效控制，也能采取有效措施调控湘淮勇营将领，并能决定湘淮勇营的防区和供饷。虽然晚清军队体制确实因战争冲击，较以前发生了变化，但清廷仍能有效控制军队。

林华国

2009 年 12 月于北京大学燕北园

目　录

1

绪　论

一、缘　起

清后期，是一个内忧外患频仍的时期，也是中国社会苦苦探索自身走向的重大转折时期，中国应当选择什么样的发展道路？这既是由晚清各派政治势力所主张的不同政治方案的斗争结果决定的，也是由既有政治体制的发展变化决定的。毫无疑问，无论是政治方案的设计，还是现有政治体制的演变，其中，中央与地方权力关系的界定和处理都是中心内容之一。

在中国封建社会，中央和地方权力关系的变化，历来是王朝统治者和地方势力都高度重视的问题，也是古今研究者高度重视的研究领域。关于自秦汉以来，魏晋、隋唐、宋元、明清各代，中央对地方控制、地方势力膨胀等问题的研究，不仅成果丰硕，而且至今仍是中国历史、中国政治史研究的主要领域之一。相较而言，关于晚清中央和地方权力格局演变情况的研究则颇显薄弱。但不可否认，清后期中央和地方权力关系的演变，历来是晚清政治史研究中的一个重要问题。它既是一个老问题，又是一个新领域。说它是老问题，是因为以往的研究者，无论研究晚清政治史、制度史，还是军事史、财税史，在具体研究中都会涉及这一问题。已有的一些研究成果也用了相当的篇幅涉及中央和地方的权力转移问题。之所以说它是一个新领域，是因为上述研究成果毕竟不是系统论述晚清中央和地方权力关系演变过程的专著，故留下了对这一课题进行具体研究、系统论述的空间。并且到目前为止，系统研究、集中论述晚清中央和地方权力关系演变的成果较少，尤其是将清后期权力走向的大局与史料发掘、考辨、分析结合起来，在梳理学界既有研究成果基础上颇具创见的成果，则更是少之又少。此外，这一问题涉及面较广，既需要从宏观上把握整个晚清政局的历史走向，又需要在此基础上做出具体研究，有相当的难度。本书着重考察这一政局走向的起点——清咸丰（1851—1861 年）、同治（1862—1874 年）两朝①，在镇压太平天国和捻军起义以及战后承平时期，以曾国藩、李鸿章等为首的湘淮军政实力集团趁势崛起的过程中，清中央与湘淮实力集团在涉及行政人事、财政税收、军队控制等问题上展开激烈争夺的情况，力求将当时代表人物的思想流变与政治局势的演变结合起来，将政治史、思想史的研究与晚清财政税收制度、军队控制体制的演变结合起来考察，具体分析清廷和湘淮集团在上述问题上的较量。

目前，近代史学界在该领域研究中颇为盛行的观点认为，通过太平天国战争，晚清政局的走向是中央权力不断削弱，地方权力不断增强，形成"尾大不掉"之势。而近代史各领域的论著，在涉及近代历史背景或是相关的专论中，多以晚清中央权力下移、"内轻外重"局面已形成，作为立论的基础。如，洋务运动史研究领域的代表性著作，李时岳、胡滨合著的《从闭关到开放——晚清"洋务"热透视》一书，在分析洋务运动得以开展的国内政治局势时说："清朝'太阿下移'，渐次形成了内轻外重、尾大不掉的局面"②。现代化理论与历史实践研究领域的代表性作品之一，即罗荣渠的《现代化新论》一书中说："到十九世纪下半叶，由于内外的打击，清王朝行之有效的专制机器已严重削弱和变形。长时期的农民大起义造成本部精华地区田园荒芜，平定内乱的紧急形势迫使清廷授予各省督抚以编练新军和筹饷的大权，从而部分军、政、财大权都从中央向地方转移，从满族向汉族转移，形成了汉人地方军事大员领导的区域性政治—经济—司法的一体化格局。这种分权化与地方自主性增强的趋向，松动了原来的高度中央集权的政治结构，使一些得风气之先的地方督抚大员成为中国早期工业化的领导者与推动者。"[①]针对这种情况，就必须通过具体考察清朝长期实行的高度中央集权体制随着太平天国起义而受到巨大冲击的情况，以及晚清地方军政大员的权势明显增强的客观情况，来对以上述观点为代表的论点作出肯定或反驳、修正。而通过实证研究，可以看到由于清廷采取了较为有效的应对措施，至少在辛亥革命爆发之前，尚看不出地方政府极大分权、中央控制力极大削弱的状况。

更重要的是，本领域的研究与近代史领域一系列重大理论问题密切相关。最突出的就是围绕"告别革命"的论争。李泽厚、刘再复等人率先提出"告别革命"论调，目前在近代史研究领域所引起的争论是很激烈的。对这一论调，许多专家学者都做出批驳。但是不可否认，这一论调在近代史研究领域颇有基础。目前，晚清中央权力下移之说非常盛行，接受这种观点的人在理论思考上，自然会想到既然清朝的权力已经日渐被曾国藩、李鸿章的湘淮集团和袁世凯的北洋集团所掌握，那么，清朝的灭亡已不可避免。袁世凯等人既然已经在实际上掌握了大权，他们最终上台也是历史的必然，那么，辛亥革命有什么意义呢？是不是可以说孙中山等人搞了几十年的革命是多此一举，没事找事，是瞎搞、胡闹？"革命"是不是真的可以"告别"了？我们认真考察这段历史，就会发现，实际上晚清中央权力削弱、地方权力增强的情况，并不是像此前学者们所讲的那样厉害。清廷的专制皇权在经受冲击之后，一般能重新稳住阵脚，并且从整个晚清时期来看，清廷在与地方实力集团的斗争中，基本上能控制局势。甚至就是在 1909 年，清廷罢黜袁世凯，袁世凯也不敢

---

① 罗荣渠：《现代化新论——世界与中国的现代化进程》，276 页，北京，北京大学出版社，1993。

公然对抗。导致清王朝灭亡的因素主要是以下三个：革命运动的冲击，宣统年间（1909—1911 年）清中央核心集团统治的冥顽不化、严重孤立，帝国主义的干预。而其中革命的因素是最核心的。因此，评判"告别革命"等一系列近代史上重大理论问题在学术上是否站得住脚，都需要建立在平实、可靠的实证研究基础上。

二、学术史

目前，专题研究晚清中央和地方政府关系问题的专著尚不多，但涉及这一问题的著作和论文却有相当的数量。关于咸丰同治时期，清中央政府和湘淮系地方实力集团权力关系演变的研究，大致可以分为以下五个阶段。

第一阶段：19 世纪 60 年代——20 世纪 20 年代。

这一时期对湘淮集团的研究，如王闿运的《湘军志》、王定安的《湘军记》，名为著述，实际都带有整理资料性质。因作者都是亲历者，又多是受湘淮统帅之命从事撰述，能看到大量的材料，因此，后之研究者多将其用为史料。这一时期还有许多年谱的整理、撰述，也属此类性质。①

20 世纪 20 年代以前，涉及晚清中央和地方财权问题的论著主要有：哲美森的《中国度支考》、吴廷燮的《清财政考略》、贾士毅的《民国财政史》、胡钧的《中国财政史》等。②

第二阶段：20 世纪 30—40 年代。

---

① 当时及稍后时期的学者为湘淮人物撰述的年谱，如黎庶昌所编《曾文正公年谱》（传忠书局光绪二年刊本）、夏先范所编《胡文忠公年谱》（同治五年十月重刊）等数量较多，不一一列举，参见参考文献"年谱"类。

② ［英］哲美森：《中国度支考》，上海，商务印书馆，1903；吴廷燮：《清财政考略》，出版地不详，1914；贾士毅：《民国财政史》，上海，商务印书馆，1917；胡钧：《中国财政史》，上海，商务印书馆，1920。

1937 年，罗尔纲先生发表《清季兵为将有的起源》一文。[①] 1939 年，罗尔纲的《湘军新志》一书著成，作为"社会科学研究所丛刊"之一，由商务印书馆出版印行。1945 年商务印书馆又出版了罗尔纲的《绿营兵志》一书。在这一系列的论文和专著中，罗尔纲为晚清中央和地方政府关系所定下的"督抚专政"的基调已经成形。

1944 年，范文澜著成《汉奸刽子手曾国藩的一生》一书[②]；1945 年，范文澜在延安写作《中国近代史》（上册），并于 1947 年由华北新华书店印行。范文澜两书的观点与罗尔纲基本相同。他认为：随着太平天国战争和以曾国藩为首的湘军的兴起，"满汉统治者之间，势力起着显著的变化，从此满族政权，逐渐向汉族军阀转移"。

20 世纪三、四十年代，对于晚清财政税收体制的研究逐步深入和细化。研究者或从事具体税种的研究，如罗玉东的《中国厘金史》[③]；或从制度史等角度来研究晚清的财税问题，如吴兆莘的《中国税制史》[④]、彭雨新的《清末中央与地方各省财政关系》[⑤]等，涉及晚清财政问题的内容，都比较专门化，比较深入，有价值。尤其是罗玉东的《中国厘金史》对晚清厘金的兴起及其发展演变过程，有较为详细的梳理，惜其材料主要利用同治七、八年以后各省财政报告说明书，对同治七、八年以前各省厘金情况言之较略，尚有深入研究的必要。

第三阶段：20 世纪 50—70 年代。

这一时期，范文澜的《中国近代史》（上册）屡次再版，戴逸主编的《中国近代史稿》，中国社会科学院近代史所编写的《中国近代史稿》，以及众多研究太平天国史的专著和论文，所持的观点基本与罗尔纲、范文澜一致。

<hr>

① 罗尔纲：《清季兵为将有的起源》，载《中国社会经济史集刊》，1937(5)。
② 范文澜：《汉奸刽子手曾国藩的一生》，1944 年印行，后作为附录载于范著《中国近代史》（上册）书末。
③ 罗玉东：《中国厘金史》，上海，商务印书馆，1936。
④ 吴兆莘：《中国税制史》，上海，商务印书馆，1937。
⑤ 彭雨新：《清末中央与地方各省财政关系》，见《中国近代史论丛》，第 2 辑，第 5 册，台北，正中书局，1963。

这一时期港台学者和欧美学者的观点，也是以"督抚专政"及相关论点占据主导地位，但是已呈现多样化趋势的萌芽。

持"督抚专政"说及相应观点的学者及其著述主要有：傅宗懋的《清代总督巡抚制度之研究》①，胡健国的《清代满汉政治势力之消长》②，等等。

一些港台学者的研究成果借鉴和引进统计学等方法，做出的成果呈现细化的趋势，如魏秀梅的《从量的观察探讨清季布政使之人事嬗递现象》《从量的观察探讨清季按察使的人事嬗递现象》《从量的观察探讨清季督抚的人事嬗递》，等等。

20世纪60年代后期，学者刘广京、王尔敏在以晚清中央权力下移为主基调的著述中，开始对罗尔纲等学者所持的"督抚专政"等论断表示一定程度的质疑。③ 王尔敏的《淮军志》，在坚持"督抚专政"观的同时，也表现出不自觉的怀疑态度，但未能在相关著述中得到充分的体现。到20世纪70年代，在个别港台和海外学者中开始明确出现不同的声音。1974年，刘广京在《晚清督抚权力问题商榷》一文中，从清代政治文化、政治制度、晚清督抚满汉人员配置、军队控制、财政税收等方面，对"督抚专政"论及相关论点，作出驳难。他提出：咸丰以后督抚权力虽较以前有所增大，但中央仍能有效控制督抚，督抚"断不能有'专权'或'自治'之地位"④。该文是一篇正文两万字左右的论文，而论述的时间跨度较长（从咸丰初年到宣统初年），故仅提出一些思考，未能作出详细的论述和分析。

关于清代地方政府研究的专著，旅美华人学者瞿同祖于20世纪60年代在美国以英文写作并出版的《清代地方政府》一书是重要著述⑤。但

---

① 傅宗懋：《清代总督巡抚制度之研究》，博士学位论文，台湾政治大学，1963。
② 胡健国：《清代满汉政治势力之消长》，博士学位论文，台湾政治大学，1977。
③ 参见王尔敏著《淮军志》及刘广京"序"，载《"中研院"近代史研究所专刊》，1981（22）。本文所据版本为中华书局1987年版。
④ ［美］刘广京：《晚清督抚权力问题商榷》，载《清华学报》，新10卷，第2期，1974。
⑤ 瞿同祖：《清代地方政府》，北京，法律出版社，2003。

是，该书主要是从制度史的角度，研究州县一级地方政府的机构设置、职能，而基本没有涉及中央政府和地方政府的关系及其变迁。

美国学者没有专门研究晚清中央和地方政府关系问题的专著，但是，美国的中国近代史研究专著中，或多或少都对晚清中央政府和地方实力集团的关系问题有所涉及。如芮玛丽《同治中兴——中国保守主义的最后抵抗》、孔飞力《中华帝国晚期的叛乱及其敌人》、R. J. 史密斯《十九世纪中国的常胜军——外国雇佣兵与清帝国官员》、K. E. 福尔索姆《朋友·客人·同事——晚清的幕府制度》等①，都涉及地方官员的权力变迁、地方新制度的形成等问题。

第四阶段：20 世纪 80 至 90 年代中期。

这一时期，在大陆学界，是罗尔纲"督抚专政"之说占据统治性地位的时期。首先，1984 年罗尔纲的《湘军新志》修订出版，改名为《湘军兵志》，并重版《绿营兵志》，对晚清中央和地方关系仍持"督抚专政"之说。② 20 世纪 80 年代以后，关于湘淮军（包括相关的中央与地方关系问题）的研究，除了罗尔纲的上述两书外，还有朱东安的《曾国藩传》③、龙盛运的《湘军史稿》④和樊百川的《淮军史》⑤等著作。所持的观点与罗尔纲、范文澜基本一致，研究则具体一些。

港台和海外学者中，对湘淮集团研究（往往都要涉及这一时期中央和地方关系的演变）的细化趋势更臻明显，如王文贤的《湘军水师的创立及其发展》和《湘军水师之制度分析》⑥等。多数论著仍然是持"督抚专

---

①　这些著作均有中译本，参见中国社会科学出版社 1988 年至 2003 年的《中国近代史研究译丛》。

②　罗尔纲：《湘军兵志》，北京，中华书局，1984；罗尔纲：《绿营兵志》，北京，中华书局，1984。

③　朱东安：《曾国藩传》，成都，四川人民出版社，1985。

④　龙盛运：《湘军史稿》，成都，四川人民出版社，1990。

⑤　樊百川：《淮军史》，成都，四川人民出版社，1994。

⑥　王文贤：《湘军水师的创立及其发展》《湘军水师之制度分析》，均载《中国近代现代史论集》第 5 编，台北，"商务印书馆"，1985。

政"及相关论点，如缪全吉的《曾国藩幕府盛况与晚清地方权力之变化》[①]等。而刘广京等对"督抚专政"论所提出的不同观点，似乎未能在史学界得到重视和引起相应的反响。

20世纪七八十年代以后，大陆学者如彭泽益的《十九世纪后半期的中国财政与经济》(北京，人民出版社，1983)、周育民的《晚清财政与社会变迁》(上海，上海人民出版社，2000)，台湾学者何烈的《清咸、同时期的财政》(台北，1981)等著作，对于晚清财政税收问题的研究，都颇具参考价值。

第五阶段：20世纪90年代中期至今。

罗尔纲在20世纪90年代后期出版6卷本的《晚清兵志》，其中涉及湘淮集团的主要是第1卷"淮军志"，仍坚持"督抚专政"之说。[②] 这一时期，大陆学者研究清代中央政府和地方政府制度的论著较多，如李鹏年等编著的《清代中央国家机关概述》[③]、刘子扬的《清代地方官制考》[④]、张德泽的《清代中央国家机关考略》(增订本)[⑤]、白钢主编的《中国政治制度通史》第10卷"清代"[⑥]、郭松义等著《清代典章制度》[⑦]，等等。

2003年，朱东安出版研究湘淮集团和晚清政局的专著《曾国藩集团与晚清政局》。[⑧] 对湘淮集团内部的发展演变及其与清廷关系、内轻外重局面的形成，作了一定的论述、分析。

近年来，以中央和地方关系研究命名的专著，陆续出版。如李治安主编的《唐宋元明清中央与地方关系研究》[⑨]、刘伟的《晚清督抚政

---

① 缪全吉：《曾国藩幕府盛况与晚清地方权力之变化》，载《中国近代现代史论集》第5编，台北，"商务印书馆"，1985。

② 罗尔纲：《晚清兵志》，北京，中华书局，1997。

③ 李鹏年等：《清代中央国家机关概述》，北京，紫禁城出版社，1989。

④ 刘子扬：《清代地方官制考》，北京，紫禁城出版社，1988。

⑤ 张德泽：《清代中央国家机关考略》(增订本)，北京，学苑出版社，2001。

⑥ 白钢主编：《中国政治制度通史》，第10卷(清代)，北京，人民出版社，1996。

⑦ 郭松义等：《清代典章制度》，长春，吉林文史出版社，2001。

⑧ 朱东安：《曾国藩集团与晚清政局》，北京，华文出版社，2003。

⑨ 李治安：《唐宋元明清中央与地方关系研究》，天津，南开大学出版社，1996。

治——中央和地方关系研究》①和楚双志的《晚清中央与地方关系演变史纲》②，等等。李治安主编的《唐宋元明清中央与地方关系研究》第六章"清代督抚制下中央与地方关系"，基本是从静态的角度梳理了整个清代中央和地方行政统属关系，财政、军事、司法权力分配以及地方监察在中央与地方关系中的作用，清代中央对边疆少数民族地区统治的加强，不过未能看到清代中央和地方政府关系变迁的动态过程和演变大势，以及造成这种变化的政治、经济、军事原因。刘伟《晚清督抚政治——中央和地方关系研究》一书，从研究晚清地方督抚政治的角度，考察了"督抚制度的起源和发展""晚清督抚群体特征""晚清督抚权力的变化""督抚与晚清改革""晚清各省财政体系""晚清各省军事体系""晚清督抚交涉体系""晚清督抚与中央的关系"等方面，其基本思路是遵循罗尔纲、范文澜的观点作指标性研究，认为晚清确已到了"督抚专政"的地步。此外，探讨晚清督抚问题，也涉及晚清中央和地方权力分配，近年来论著不少，如贾小叶的《晚清大变局中督抚的历史角色——以中东部若干督抚为中心的研究》③等。

20世纪80年代以来，研究清廷与湘淮集团的论文数量不少，在此仅择要介绍。

1. 纵论中央和地方权力结构和关系演变的论文。如钱思明的《咸同时期清朝权力结构的变化》、何瑜的《晚清中央集权体制变化原因再析》、王雪华的《督抚与清代政治》、董蔡时的《论曾国藩与晚清政柄、兵柄的下移》、王跃生的《清代督抚体制特征探析》、刘伟的《甲午前四十年间督抚权力的演变》、章征科的《晚清中央政治权威丧失的原因》等，其观点基本不脱罗尔纲"督抚专政"说的藩篱。

2. 关于咸同时期军制问题研究的论文。关于勇营和湘淮军制度研究的，如王尔敏的《清代勇营制度》、郑再樵的《论湘军的起源及其制

---

① 刘伟：《晚清督抚政治——中央和地方关系研究》，武汉，湖北教育出版社，2003。
② 楚双志：《晚清中央与地方关系演变史纲》，北京，中共中央党校出版社，2006。
③ 贾小叶：《晚清大变局中督抚的历史角色——以中东部若干督抚为中心的研究》，上海，上海书店出版社，2008。

度》、王尔敏的《湘军军系的形成及其维系》，等等，都有较为具体的研究和论述。关于练军问题研究的，如：王尔敏的《练军的起源及其意义》、汪林茂的《晚清练军中的集权和分权之争》、皮明勇的《晚清练军研究》，等等。关于湘军水师的研究，论文数量不多，台湾学者研究较为突出，如王文贤的《湘军水师的创立及其发展》和《湘军水师之制度分析》，都具有一定的水准。不过，从目前来看，关于咸同时期军制的研究，多集中在湘淮勇营体制等问题上，而关于防军练军、水师问题的研究，相对较为薄弱，需要研究者开阔眼界，作出更为具体、细化的研究和分析。

3. 研究晚清财政税收体制变迁等问题的论文。20 世纪 80 年代以后，有一批论文具有一定的参考价值，如：魏光奇《清代后期中央集权财政体制的瓦解》、梁义群的《鸦片战争与清廷财政》、汪林茂《清咸同年间筹饷制度的变化与财权下移》，等等。这些论文的观点，大致不出罗尔纲"督抚专擅地方财政"和"就地筹饷"观点的范围。

回顾近代史学界关于咸同时期中央和地方关系问题的研究状况，应当说有以下特点：

1. 海内外研究者做了大量的工作，打下了较好的基础。无论是史料的整理（诸如前述各种大型资料集的编纂、大量湘淮人物年谱、文集的整理出版等[①]），还是大量相关研究论著的出版和发表，都为研究者提供了扎实的史料基础和进一步深入研究的可能，这一领域的研究水准得以不断提升。

2. 关于咸同时期中央和地方关系研究，过去的研究成果多集中于湘淮集团本身的发展演变上，至多旁及一些与中央政府（清廷）权力格局的演变相关的问题，而近年来，学界日益关注对晚清中央和地方权力关系演变、权力格局变迁的系统研究。不过，尚需突破研究思路较为单

---

① 诸如北京图书馆整理出版的《北京图书馆藏珍本年谱丛刊》（影印版，北京，北京图书馆出版社，1999），台湾文海出版社影印出版的《近代中国史料丛刊》正续编中有大量的年谱，等等。

一、研究方法不够完善、用力程度不够的困局。

三、本书的思路和突破

晚清时期，是中国社会急剧转型的时期。中国社会面临的问题，已不单纯是内部新旧交替的问题，还面临西方列强的侵略，以及向近代转型并寻求重生的问题。因此，必须在此基础上来思考晚清中央和地方权力格局变迁的大势。

内忧与外患交织、危局与生机共存的局面下，对近现代中国社会发展起着历史性作用的晚清政局究竟是何走向呢？是像目前学界通行的、由罗尔纲提出的"督抚专政"，以及一些学者在该论点基础上提出的晚清"内轻外重"、地方势力"尾大不掉"的局面吗？既然湘淮实力督抚拥有如此之多的行政、军事权力，具有如此大的经济实力，为什么清廷还能牢牢占据着统治地位？这些都是亟须解答的问题。我们也可以从督抚受儒家忠君思想等传统文化的影响、战争形势的造就、传统政治制度的制约、帝国主义的干预等发挥作用的因素来做出解释，但如果不区分战时特殊时期和战后承平时期，不考虑即便是导致清王朝灭亡的直接力量之一——北洋集团实际上也并未显示出绝对控制清末权力局面的能力和势力等情况，就仍缺乏足够的说服力。

从清王朝内部考察中央和地方权力关系的变迁，研究者多从湘淮集团冲击清中央集权的角度来分析、论述，这是历史多面相中的一面，从这一方面研究得出的结论当然有其合理的一面。但清廷绝不会坐以待毙，轻易让出权力，必然会有许多反制的政策措施，对这些政策措施的具体效果和长远影响作出具体的考察，多层面、多角度地思考以湘淮集团为主的地方实力集团与中央政府权力关系的演变、双方的权力博弈，或许更能有助于全面了解晚清中央和地方权力格局演变的大势。

综括起来，本书力求有如下突破：

第一，突破以罗尔纲为代表并影响整个学界的"督抚专政"、晚清自湘淮集团以来逐渐形成"内轻外重"、地方势力"尾大不掉"之势等观点的藩篱。本书在具体考辨、分析的基础上指出，虽然自太平天国起义爆发、湘军集团崛起后，直到北洋集团，确实对清王朝专制主义中央集权产生了巨大冲击，但是，清中央政府采取了较为有效的应对措施，使得清廷在有所分权的情况下，仍在较大程度和较大范围内维持了自身控制力，并未出现地方政府极大分权、中央政府控制力极大减弱的情况，晚清时期并未形成地方势力"尾大不掉"的局面。

第二，力求把握晚清中央和地方权力关系演变的动态过程。对于这一课题的研究，至少容易出现两种倾向：一种是设定一些指标，作资料的堆积或者是一些分析模式的借鉴运用；另一种是从传统制度史的角度作静态的描述，而不是具体考察制度变迁的动态过程。而本书的研究，力求在系统考察晚清中央和地方权力关系演变的动态过程的基础之上进行。

第三，对湘淮集团与清廷关系的研究，一定要突破在实质上局限于太平天国起义时期的"时限模式"，要从"长时段"来考察。既要考察太平天国战争中清廷和湘淮集团双方关系的状况，更要考察镇压太平军和捻军的战争结束后，从同治到光绪年间（1875—1908 年）双方关系发展的新态势。

第四，突破长期占据统治地位的、单一的"地方势力冲击中央集权"的研究视角，从清中央政府（即"清廷"）的角度，以及中央和地方互动的视角，来研究晚清中央和地方权力关系的演变。因此，本书具体考察湘军集团争夺权位策略的变化和清廷政策的调整，清廷与湘淮首脑在湘淮督抚藩桌的安排、使用、调动上的明争暗斗，咸丰、同治时期清廷任命湘淮督抚的具体情况，湘淮集团对省级政权的实际控制力，以及清廷全面实施"众建督抚而分其力"的政策，及此后湘淮集团的分化状况等，是从行政和人事任免权方面的具体考察；而对清廷和湘军集团在湘军水师和长江水师控制权上的争夺的考辨分析，则是从军队控制权方面进行的考察；对晚清厘金、海关洋税等新增税收项目的制度变迁，以及解款协款制度和奏销制度等财政制度变迁状况的研究，则是从财税控制权方面进行的考察。总体而言，从太平天国战争时期到战后，湘淮集团确实大力扩张其权力范围，并因此与清廷展开了诸多争夺；而清廷在不得不用湘淮集团成员做事，并使他们分享部分权力的同时，通过实施各种统治策略，在经过一段时间的调整之后，成功地使军、政、财等主要控制权仍握于中央政府手中。

第一章　清后期国内政治权力格局的发展趋势

从太平天国起义以来，清后期的国内军事、政治局势进入一个剧烈变化的重要时期。近代政治、军事局势的巨变，决定了权力格局必然发生相应的变化，进而影响到近代后期和现代中国的政治权力格局的演变和走向。而中国国内政治权力格局在内外因素的交相作用下，确实较以前发生了比较显著的变化。从全局来看，这种变化是怎样走向的，呈现出怎样的发展趋势？中央和地方政府的权力分配究竟是中央皇权受到冲击后重新得到稳固，还是不断削弱？按照目前学界流行的看法，从清后期开始，中央权力不断削弱和下移，地方权力不断增强，乃至出现"督抚专政"的局面。那么，整个清后期，即 19 世纪后半期至 20 世纪初，中国政治权力格局的走向真是如此吗？仔细研究这一问题，便会发现事实似乎并不尽然。

一、清后期国内政治权力格局的走向

学界一般认为，两千多年来我国封建君主专制权力不断得到加强，在明清时期达到顶峰。在清王朝遭受资本主义强国侵略并引发大规模的太平天国起义之前，其专制皇权是空前强大的。而太平天国起义爆发后，清朝长期实行的高度中央集权受到巨大冲击，以湘淮集团为首的地方军政大员权势明显增强，乃至出现"督抚专政"的局面，中央权力不断下移，这种状况持续到清末，直接导致了清王朝的灭亡和中国两千年封建帝制的覆灭。

上述观点至迟从 20 世纪三四十年代就已成形。罗尔纲在 1937 年发表的《清季兵为将有的起源》一文，及 1939 年出版的《湘军新志》一书中，就已经提出"督抚专政"的观点。经过几十年的研究，他于 1984 年出版了《湘军兵志》一书，完整地提出如下观点：（1）晚清地方督抚，在湘军将帅取得督抚职位之前就已经出现了"督抚专政"的局面："就以曾国藩来说，他手创湘军，收复武、汉，威名震朝野，而当他统湘军转战江西的时候，为了军饷，也饱受江西巡抚陈启迈的气。……使曾国藩用兵转饷不能自行其志。时曾国藩又奏请于上海抽厘者一次，请拨上海关税银者二次，都为两江总督、江苏巡抚所阻不得行。其后，曾国藩督师江南，奏请在广东抽厘金以济军饷，也为两广总督劳崇光所持，清廷竟为此事罢免劳崇光职而另任曾国藩一系的人物为督、抚，始得顺利进行。当日督、抚专政的情况可以概见。"（2）关于湘军集团崛起后督抚专政的情况，罗尔纲提出："晚清兵为将有的起源，始于湘军，已如上述。但是，这种兵为将有的局面，所以会直接的影响到政治上去而牵动了一代的政局，却是由于湘军将帅得有总督、巡抚的地位，因为他们既擅兵柄，又握有地方上的财政、民政等权柄，于是他们便上分中央的权力，下专一方的大政，便造成了咸、同以后总督、巡抚专政的局面。"（3）这种趋势一直延续下去，导致积重难返，清王朝由此灭亡："这种局面，咸、同后，日益加甚，到光绪末年，朝廷一兵、一卒、一饷、一糈，都不得不仰求于督、抚。而为督、抚者，都各专其兵，各私其财，唯知自固疆圉，而不知有国家，故康有为至以当时十八行省，比于十八小国。宣统初元，清廷曾有中央集权的企图，计划要收回各省的政权，而积重难返，终无成效。武昌起义，袁世凯遂得因势乘便以遂其私。"[①]

此后几十年间，学者们大多承此观点，作为立论的基础。如李时岳、胡滨所著《从闭关到开放——晚清"洋务"热透视》一书，在分析洋务运动得以开展的国内政治局势时说："清朝'太阿下移'，渐次形成了内

---

① 　罗尔纲：《湘军兵志》，221、217、227～228 页。

轻外重、尾大不掉的局面……这些又都是不利于清朝统治并最终促使它土崩瓦解的因素"①。龙盛运《湘军史稿》认为:"湘军集团拥有的军事政治力量,与满洲贵族为主导的清廷,已经形成双峰对峙,甚至有驾凌而上之势"②。近年新出的论著仍采此说。如《曾国藩集团与晚清政局》一书认为:"满族贵族虽曾以武力征服了中原,而后世子孙的腐败,却令其不得不依靠湘淮练勇来镇压太平天国与捻军起义。遂致晚清政局为之一变:中央集权削弱,地方分权增强,兵为将有,权出私门,国家军政实权落到地方督抚手中。其实力最强的曾国藩集团,在一定程度上掌握了国家命脉,且随着时间的推移,事态益趋严重。曾国藩充任首领时,虽有功高震主之嫌,亦不过握有东南地区及直隶等省的地方大权。而李鸿章接掌门户后,则又进而控制了中央政府的国防、外交实权,或战或和皆其一身承办,遂成为古今中外最大的签约专业户。及至八国联军侵入中国,清政府对外宣战,他们竟与中央政府分庭抗礼,公开分裂,同侵略者搞起'东南互保'。当那拉氏公开提出废除光绪帝时,而刘坤一又上疏谏争,结果一锤定音,再没有人敢议废立问题。其势焰之盛,概可想见。"③又有论著认为:"在镇压太平天国运动的过程中,地方督抚逐渐取得了相对独立的财政、军事等权力,从而造成原来高度集中于中央的财权、军权的下移。……与晚清中央权威衰落相对照的是,地方督抚在社会政治生活中的地位和作用日益引人注目……'外重内轻'的局面逐渐形成。"④

总之,学界流行的观点是认为从太平天国运动开始到清朝灭亡,湘淮集团、北洋集团相继崛起,逐步控制了全国大多数省区,而在中央与地方的权力争夺中,清中央则无可奈何地容忍地方督抚侵夺中央权力,后来甚至较为主动地将中央权力下放地方督抚。这种发展趋势导致清中央对地方的控制力不断削弱,以至完全丧失,最终导致清王朝的必然

---

① 李时岳、胡滨:《从闭关到开放——晚清"洋务"热透视》,26页。
② 龙盛运:《湘军史稿》,289页。
③ 朱东安:《曾国藩集团与晚清政局·前言》,1页。
④ 刘伟:《晚清督抚政治——中央与地方关系研究》,2页。

崩溃。

笔者认为，这些论述有其言之成理的一面，但是，在他们的论述中，似乎这场权力之争只是地方势力步步进逼、中央皇权步步退让的过程。这些论述夸大了地方势力向中央争权及其所取得的成果这一方面，而低估甚至忽略了清中央对地方势力进行制约和反击并取得成效的一面。实际上，太平天国起义后清中央和地方之间权力的争夺和转移并非单向的而是双向的，双方的攻守进退并非直线式的而是波浪式、拉锯式的。面对太平天国起义、捻军起义等全国性的战争形势，清廷统治风雨飘摇，湘淮军的崛起一方面有利于维护、稳固清廷的统治；另一方面，清廷不得不面对王朝内部崛起的一支不同于以往的军事政治力量，并在政治斗争中逐步对这一新兴的军政势力形成较为有效的应对政策，有一个由最初的不知所措到逐步形成系统的反制措施的演变过程。

在太平天国战争初期和湘军崛起的初期，清廷对权力的控制在战争的冲击下非常被动，清帝（咸丰）采取颟顸的手段苦苦支撑对国家权力的控制。随着战争的深入和持久，因为清朝经制兵（八旗、绿营）的腐朽崩溃，以及中央严格控制财政的体制与战时特殊情况不能适应等因素，都使战争态势几度出现十分不利于清朝的发展趋势。清廷不得不实行战时体制，重用以湘军和淮军为代表的勇营，其军队饷银在中央调控下"自筹"。湘军和淮军将领因为军功和清廷镇压太平军的需要，在不同时期都有一批重要成员出任封疆大吏，在镇压太平天国最为关键的时期，即同治二年（1863 年）三年（1864 年）时达到高峰，全国 25 个总督巡抚中，湘淮集团成员最多时占了 14 个。但是，这种局面维持的时间极其短暂，大约只维持了一年多的时间，随即湘淮督抚的数量逐年迅速减少。[①] 另外，很重要的一点，当时在清王朝决策中占据重要地位和拥有极大权力的军机处，湘淮集团不但没有能够控制，甚至连出任军机大臣的都极少。湘淮集团的主要首脑曾国藩、李鸿章均未能进入最高决策层（军机

---

① 关于这一问题的分析，参见本书第二、第三章关于清廷和湘淮集团对省级政权控制力的对比分析的相关内容。

处），湘淮集团曾进入军机处的人员主要有光绪七年（1881 年）正月至九月、光绪十年（1884 年）五月至七月的左宗棠，光绪十年三月至光绪十四年（1888 年）七月的阎敬铭，光绪二十一年（1895 年）六月至光绪二十五年（1899 年）五月的钱应溥。① 光绪朝前期，清廷为了牵制李鸿章，曾短暂地让左宗棠担任军机大臣，这是李鸿章终其一生都没有能够担任过的要职。不过由于左宗棠年老，在权力斗争中未能表现出抗衡恭亲王奕䜣、李鸿章联合的势力和能力，不能胜任慈禧太后、醇亲王奕譞对他的期望，仅仅几个月时间就调出军机处，外放为两江总督。而阎敬铭和钱应溥虽然出身于湘淮集团，但并非集团最重要成员，且不是手握重兵的将领，他们担任军机大臣时，已与湘淮集团颇为疏远。左宗棠去世后，湘军集团虽然较李鸿章亲自领导的淮系集团处于相对弱势，但是曾国荃、刘坤一等人仍担负起了牵制淮系集团的任务。这一时期，通过清廷着力培植而出现了以张之洞为代表的、独立于湘淮集团之外的实力督抚，从而在清朝的地方权力格局中形成了三股势力相互制衡的局面，这更加有利于清廷"分而治之"，更有效地控制全国的政治权力格局。

湘淮集团在清廷的分化、压制和利用政策下，随着其领袖人物的相继离世，逐渐衰落。以袁世凯为首的北洋集团遂兴起并取代湘淮集团的地位。北洋集团逐步形成后，在组织上采用湘淮体制并加以改造，具有更强的内聚力，但是，包括袁世凯在内的主要成员在慈禧生前始终被严密控制，并没能拥有中央不能控制的权力。光绪三十二年（1906 年）前后，清廷受日俄战争的刺激并迫于革命潮流的压力，宣布实施所谓的预备立宪。也是在该时期，直隶总督兼北洋大臣袁世凯主持编练的北洋六镇常备军全部建成，袁世凯还控制了中央负责掌握全国练兵大权的练兵处的实际权力，企图控制全国编练新军的领导权。② 清廷注意到袁世凯手握重兵的情况，很快就有御史弹劾袁世凯贪权营私。③ 官制改革后陆

---

① 钱实甫：《清季重要职官年表》，48～50 页，北京，中华书局，1959。

② 文公直：《最近三十年中国军事史》（上），40 页，出版地和出版者不详，1940。

③ 张国淦：《北洋军阀的起源》，见杜春和等：《北洋军阀史料选辑》（上），41～43 页，北京，中国社会科学出版社，1981。

军部设立，练兵处并入陆军部，清廷任命与袁世凯交恶、争权的满族亲贵铁良担任陆军部尚书，并于光绪三十二年十月颁布上谕"方今时局艰难，非练兵无以立国。迭经降旨饬令各省认真整顿，修明武备。现在专设陆军部，所有各省军队，均归该部统辖"，这些都表明清廷要收回袁世凯手中的兵权。① 袁世凯无奈，只得主动奏请将第一、第三、第五、第六镇交"归陆军部直接管辖，无庸由臣督练"，同时他又提出，北洋第二、第四两镇防区在直隶境内，八国联军"尚未尽撤，大局尚未全定，直境幅员辽阔，控制弹压，须赖重兵"，请求将北洋第二、第四两镇仍归自己"统辖督练，以资策应"。② 清廷虽然同意"第二、第四两镇，著暂由该督调遣训练"，但是仍强调"现在各军均应归陆军部统辖"。③ 光绪三十三年（1907 年）六月清廷进一步将袁世凯召京，解除其直隶总督之职，七月份改任他为军机大臣、外务部尚书。在将袁世凯升职的同时，解除其兵权。只是由于清廷任命管辖北洋六镇的陆军部尚书铁良、副都统凤山等人腐朽无能，相互之间矛盾重重，没有能够趁此机会改造北洋六镇的组织系统，凤山等人反而趋附于奕劻、袁世凯势力，使袁世凯能够通过奕劻、凤山等保持对北洋六镇的掌握，并在后来得以利用革命形势和帝国主义的支持重新控制北洋兵权。④ 在官制改革中，袁世凯虽然通过重金贿赂得到首席军机大臣奕劻对他提出的设立责任内阁方案的支持，企图通过官制改革废军机处，建立由自己实际控制的责任内阁，但这一方案被否定，军机处和内阁均保留，并且清廷通过成立陆军部、度支部、邮传部，逐步收回袁世凯等督抚手中的军权和财权。在军机处，袁世凯入值之前虽然有北洋集团成员、巡警部尚书徐世昌在光绪三十一年（1905 年）五月至三十二年九月充任军机大臣，但徐很快外放为东三省总督，袁世凯在光绪三十三年入值军机后，虽然有庆亲王奕劻

① （清）朱寿朋：《光绪朝东华录》，5579、5600～5601 页，北京，中华书局，1958。
② 袁世凯：《养寿园奏议辑要》卷四十二，1～3 页，项城袁氏宗祠刻本，民国二十七年。
③ 《清实录（第 59 册）·德宗景皇帝实录》卷五六五，5 页，北京，中华书局，1987。
④ 唐在礼：《辛亥前后我所亲历的大事》，见《辛亥革命回忆录》（六），330～331 页，北京，文史资料出版社，1963。

的支持，但是，奕劻受到醇亲王载沣的制约，袁世凯本人则受到另一位军机大臣张之洞的制约。光绪三十四年（1908 年）袁世凯被摄政王载沣免去本兼各职。[①] 这些都说明，晚清时期高度中央集权确实受到一定的冲击，督抚能较清前期更多地参与一些政府决策，但是，中央仍然掌控着国家权力的大局，并未出现地方督抚实力超越中央、尾大不掉的局面。

慈禧死后的一段时间内，北洋集团在与清廷最高统治层的权力争夺中也并未占据上风，其首脑袁世凯被摄政王载沣罢免回籍。只是清廷权贵手段颟顸，并未能涣散北洋集团，北洋军权实际上仍握于北洋集团手中。但是，由于清中央在军、政、财权方面仍对北洋集团有很大的制约，袁世凯北洋集团也没有能力轻易取清王朝而代之，甚至也没有形成清廷无法调动的实质性割据局面，它仍需要进一步取得帝国主义的支持并等待时机。直到辛亥革命爆发前夕，地方势力仍没有达到能凌驾于中央权力的地步。很快，辛亥革命爆发，在革命势力的巨大冲击下，清王朝的统治已经无法继续，作为清王朝一部分的北洋集团也面临随着腐朽王朝一同崩溃的局面。这种情况下，帝国主义为了自身在华特权利益，不愿坐视革命洪流将中国腐朽落后的势力一扫而光，不愿意由资产阶级革命派来统治中国，它们需要保留一部分中国的腐朽势力，为继续维护其在华殖民特权利益服务。既然清王朝的覆灭不可避免，它们就选中了其中还较有力量的北洋集团作为自己新的代理人。[②] 帝国主义西方列强出面支持袁世凯北洋集团、压迫革命势力，使革命势力和袁世凯集团达成妥协。袁世凯才得以逼迫清宣统帝退位，并取而代之。

事实上，整个晚清时期中央和地方权力斗争始终是处于互有攻守、

---

① 钱实甫：《清季重要职官年表》，51 页。

② 西方列强选择袁世凯作为新的代理人，正是在载沣"摄政时代之晚政尤敝"时期，西方列强看到中国革命形势的高涨，清朝灭亡已不可避免，因此决定在清政府内寻找新的代理人，"内外益思项城"。当时，英国政府选定袁世凯后，英国《泰晤士报》将他列入世界伟大的"政治家"行列（参见［澳］骆惠敏编：《清末民初政情内幕》（上卷1895—1912），713 页，北京，知识出版社，1986）。满族亲贵载涛、载洵在欧洲考察时，"欧人群口相谓，谓中国至今日，奈何尚不用袁世凯？夫以满洲大官论之，盖无有比袁公胜者矣。"（参见黄远庸：《远生遗著》卷一，40 页，上海，商务印书馆，1924）可见帝国主义列强选中袁世凯作新的代理人的情况。

波浪式前进的过程。总体而言，清王朝高度集权的专制统治确实受到冲击，但是，清最高统治集团通过各种手段，基本维持了中央权重的局面，并未出现地方势力尾大不掉、内轻外重的严重局面。清王朝的灭亡，虽有中央与地方权力矛盾演化的因素起作用，但并不是单纯的王朝内部中央权力衰弱、地方权力强大而自然分崩离析的结果。清王朝的灭亡，主要是因为中国人民在内外压迫下无法忍受下去，在新兴的资产阶级革命势力领导下，揭竿而起，进行革命，从而推翻了清王朝。只是由于资产阶级革命的不彻底性，尤其是对帝国主义势力的本质缺乏深刻认识，导致反帝的软弱和不彻底性，为帝国主义列强重新扶植中国的腐朽势力留下了空子。

二、影响清后期权力格局演变的思想因素

中国两千多年的封建君主专制传统使儒家思想逐步成为中国古代大多数封建王朝的官方意识形态，因其对中国君主专制政体有一定的维护功能。自宋代以来儒家学说日益突出和强化的是控制社会民众日常生活和伦理等实践层面的功能，使"君为臣纲、父为子纲、夫为妻纲"的"三纲五常"成为人们思想、伦理乃至生活的准则。自此，忠君不仅是臣子无条件的政治义务，而且成为臣民感情生活的最高准则。当然，这一社会标准、伦理准则在控制下层民众的同时，也相应地制约着上层统治者的思想和行动。那么，到晚清时期儒家"三纲五常"思想是否已经不管用了？是否如一些论者所说，像曾国藩、李鸿章、袁世凯之流，日夕所思都是如何能取清廷而代之？揆诸史实，恐怕并不能如此定论。

应当说，到晚清时期，传统儒家的忠君观念仍然根深蒂固。我们知道，清代从康熙朝开始，正式确定程朱理学为官方意识形态，直到清王朝灭亡。以程朱理学为代表的儒家学说，一直是封建统治阶级的主流思想。儒家学说所提倡的忠君思想及两千年来积累下来的传统，虽然自近代以来受到诸多冲击和影响，但仍然极大地影响着人们的思想和行动。

曾国藩、左宗棠、李鸿章等人所处的时代，作为少数民族的满族入主中原已近两百年，原来那种以汉族统治为中心的思想观念已经有很大改变，在曾国藩等人所接受的儒家教育中，忠君爱国即是忠于大清的思想观念，与砥砺品德、进修学问、为社会民生谋求福祉的思想观念是同等重要的。①

曾国藩，这位被许多后人视为清末军阀鼻祖、开晚清地方势力尾大不掉之先河的人物，其忠君思想不仅表现在奏疏等庙堂文章上，也处处充盈于他的私人信件、诗词联语等表露真性情的文辞之中。咸丰元年（1851年），已是礼部侍郎的曾国藩犯颜直谏。事后，他在家书中说："余又进一谏疏，敬陈圣德三端，预防流弊。其言颇过激切，而圣量如海，尚能容纳，岂汉唐以下之英主所可及哉！余之意，盖以受恩深重……若于此时再不尽忠直言，更待何时乃可建言？……使圣心日就兢业，而绝自是之萌，此余区区之本意也。……欲以此疏稍挽风气，冀在廷皆趋于骨鲠而遇事不敢退缩，此余区区之余意也。"②可见曾国藩确有忠于大清的情怀。咸丰七年（1857年），在江西作战期间，江西藩司龙翰臣战死，曾国藩在挽联中写道："豫章平寇，桑梓暴民，休讶书生立功，皆从二十年积累立德立言而出；翠竹泪斑，苍梧魂返，莫疑命妇死烈，亦有万古臣子死忠死孝之常"③，也表现出他对儒家士子死节忠君的赞赏与仰慕。同时，曾国藩也注意到，历代权臣一旦受到君主严重疑忌，大多难逃厄运，因此他在位高权重、清廷倚畀甚重的情况下，对君主时怀戒惧之心。曾国藩被清廷任命为两江总督并加授钦差大臣节制四省军务大权之后，同治元年（1862年）六月二十日在给弟弟曾国荃的家书中说："阿兄忝窃高位，又窃虚名，时时有颠坠之虞。吾通阅古今人物，似此名位权势，能保全善终者极少。深恐吾全盛之时，不克庇荫弟等；吾颠坠之

---

① 曾国藩这类思想言论是很多的，如他在给兄弟的家书中屡屡谈及。参见《致澄弟温弟沅弟季弟书》（道光二十二年十月二十六日），见《曾国藩全集·家书一》，38～41页，长沙，岳麓书社，1985。

② 同上书，212页。

③ （清）曾国藩：《曾文正公书札》卷六，38页，传忠书局光绪二年刊本。

际，或致连累弟等。惟于无事时，常以危词苦语互相劝诚，庶几免于大戾。"①同治二年正月初七日，曾国藩再次告诉曾国荃："处大位大权而兼享大名，自古曾有几人能善其末路者？总须设法将权位二字推让少许，减去几成，则晚节可以渐渐收场耳。"②从中可见曾国藩确实常怀如临深渊、如履薄冰的戒慎戒惧心态，因此，其政治思想的核心不是与清廷争权争利争位，更不会是争国，而是在君臣名分的现实下，力求减少清廷的猜疑。攻陷天京之后，曾国藩在湘军声威达到全盛的时候，却毅然以客观存在的"湘军作战年久，暮气已深"为理由，奏请裁撤湘军，向清廷展示自己无意挟兵权以自重的心迹。虽然，在曾国藩有生之年的政治实践中，可能会因为方方面面的利益关系，其行动有时会与上述基本政治思想有所偏离，在一定时间和范围内出现与清廷争夺权力的情况，但是，其基本政治思想与政治实践的轨迹是一致的。而且，曾国藩愈到晚年愈受制于儒家忠君思想，对清廷政治操控愈加"畏""慎"。同治四、五年后，清廷采取了一系列进逼性动作，罢免了一批湘淮督抚。对于这种情况，曾国藩戒惧异常。同治六年（1867 年）十一月二十日，他在给郭崑焘的信中说："直隶枭匪存者无几，而官相（官文）顷有署直隶之信，不知印渠（刘长佑）何故开缺？近日厚（杨岳斌）、霞（刘蓉）、筠（郭嵩焘）、沅（曾国荃）次第去位，而印复继之，吾乡极盛，固难久耶？思之悚惕"③。同治七年（1868 年）二月，在了解的情况更多之后，曾国藩在二月二十六日致刘坤一函中说："闻带勇回籍之举系官相密片所请，陷阱下石，相煎太急。顷富都统升来此，代为不平，并称印帅受穆公之陵侮，人所难堪，而直隶之官绅军民无人不服其忠勤而惜其去。弟于印帅归时，欷歔不忍别。闻富公之言，尤为感慨。仕途险巇，使为善者增惧。"④这两封书信，明白透露出曾国藩在同治六年前后，在清廷接连打击下"悚惕""戒惧"的心态。

---

① 《致沅弟书》，见《曾国藩全集·家书二》，843 页。
② 同上书，926 页。
③ 《复郭崑焘》，见《曾国藩全集·书信九》，6475 页。
④ 同上书，6547 页。

　　左宗棠同样深受儒家学说尤其是程朱理学的影响。他主张"宗程朱以探原孔孟"①，并崇尚"儒者传道报国之功"。② 而且，中国传统文化中的"报恩"思想，往往与忠君思想是紧密结合的。③ 左宗棠自视极高，落魄之时，难免有愤世、孤傲之心。一旦为清廷所赏识、破格任用后，左宗棠"尽忠"的思想，甚至在某些方面超过曾国藩。他由一个三试不第的举人并在"樊燮案"中成戴罪之身，曾要求曾国藩、胡林翼在湘军中给他一个营官的位置，使他能够杀敌自效。没有想到承清帝"深恩"，命他自募一军，随曾国藩襄办军务。这种在左宗棠身处艰窘境地时的不次拔擢，显然令他深感"圣恩"。很快，左宗棠在同治元年即跻身督抚大吏的行列，并在有生之年位列大学士、军机大臣、总理衙门大臣之重位。尤其军机大臣的重位，是曾国藩、李鸿章终生未得的。这些都使左宗棠深感"蒙皇上天恩"，而竭尽所能报答其"知遇之恩"。如他在《补授闽浙总督谢恩折》中所说："臣湘水庸才，草茅下士。……乃荷先皇帝特达之知，由举人不次拔擢，洊至正卿。皇帝御极之初，复蒙畀以封疆重寄。……敢不竭忱尽瘁，以期稍答恩知。"④左宗棠不仅在奏折这样的冠冕堂皇之件中如此说，即便是在家书中，也如此说，如在与儿子左孝威的信中说："我一书生，蒙朝廷特达之知，擢任巡抚，危疆重寄，义无可诿，惟有尽瘁图之，以求无负。"⑤数年之后他又在一封家书中说："我一书生，忝窃至此，从枯寂至显荣不过数年，可谓速化之至。绚烂至极正衰歇之征，惟当尽心尽力，上报国恩。"⑥这种"忠君""报恩"的观

---

　　① 左宗棠：《南菁书院题额跋尾》，见《左宗棠全集·诗文·家书》，294、295 页，湘阴左氏光绪十六年校刊本。

　　② 同上书，251 页。

　　③ 中国古代人臣"受恩深重"者，竭尽全力为朝廷、君主效犬马之劳，在中国社会中是很自然的事。这种思想观念不仅在古代，直到今天仍然对中国人的思想行为产生着影响。关于中国社会"报恩观念"的研究，可参见 Lien-sheng Yang（杨联升），"*The Concept of Pao As a Basis for Social Relations in China*," in *Excursions in Sinology*, Cambridge, Mass, 1969, pp. 8-10。

　　④ 《左宗棠全集·奏稿一》，228 页。

　　⑤ 同上书，52 页。

　　⑥ 同上书，103 页。

念都融入并体现为他为维护清王朝的统治镇压太平天国起义和收复新疆、中法战争等抵抗外来侵略方面的活动。

即便是历来被人们视为追逐官位、惯弄权术的李鸿章，他的忠君观念也是很突出的。咸丰九年（1859年），时在曾国藩幕中的李鸿章于追悼自己的恩师、原工部左侍郎、安徽团练大臣吕贤基的诗中云："七年瓢泊节旄存，追怆同袍烈士魂；谏草商量捍吾圉，伏蒲涕泣感君恩"①。这是借追怀吕贤基感于陛辞时咸丰帝为之流涕挥别而不惜以死殉节，来表达自己对这种忠君死节境界的欣羡，可见忠君观念对士人的影响之深。李鸿章后来虽然位高权重，但是在儒家忠君思想和慈禧威权的制约下，也只能甘心慑服于皇权控制。光绪六年（1880年），曾协助曾国藩、李鸿章等镇压太平天国的英国将领戈登应李鸿章之邀来华，当时一度传言他是来帮助李鸿章推翻清朝、控制中国政权的。而且此时正是李鸿章备受慈禧太后、醇亲王压力，不安于直隶总督之位的时期。李鸿章的忧愤、不满可以想见。如果李鸿章真有取清而代之的想法和实力，应当有所表现。但是，戈登到华与李鸿章接触后即向英国官员指出，他认为李鸿章作为汉人可能在内心并不喜欢满族政府，但他的内心并没有自己控制中国的最终愿望，而且他也没有这样的武力。②

到清末，即便如袁世凯这种最终借助帝国主义支持并利用革命压力迫使清帝退位的人物，在辛亥革命之前，心中仍留存着忠君观念并在行为上受这种观念的制约，更为重要的是当时的社会主流意识仍是忠君、做忠臣。袁世凯开办军事学堂，就明确规定"忠君尊孔"，开设的课程就是"以圣教为宗，以艺能为辅"，以《春秋》《左传》等儒家经典和"忠孝经""古人嘉言懿行""圣谕广训"③对士官生进行"君君、臣臣、父父、子子"

---

① 《仙屏弥之作》，见（清）李鸿章：《李文忠公遗集》卷六，6页，合肥李氏三世遗集原刻足本。
② 戈登这段评价，转见于 C. Y. Hsu（徐中约），"Gordon in China, 1880", *Pacific Historical Review*, 32.2：162.1964。
③ 《陆军第五镇钞呈教育计划草案》《陆军速成学堂章程》，转引自李宗一：《袁世凯传》，111页，北京，中华书局，1980。

的伦理纲常教育，目的当然是使这些学生对袁世凯等视若父师。这一方面客观反映出袁世凯内心儒家传统的根深蒂固，另一方面这种教育也必然产生对忠君观念的客观强化。这种状况对即便是已生野心的袁世凯也是巨大的束缚。因此，虽然现在的研究者多强调袁世凯势力根基的雄厚，以及载沣无法将袁世凯治罪乃至除掉的无奈，但当摄政王载沣以宣统皇帝的名义罢免袁世凯时，袁世凯仍然只能回到河南项城老家，隐居洹上，这是无可争辩的事实。当然，其中起决定性作用的因素是很复杂的，既有思想因素的制约，更有政治军事力量的对比，也有当时的局势还没有为袁世凯提供合适条件的因素，等等。

不仅这些上层人物的政治思想如此，即便是中下层的官吏和军队将士，也是在中国社会传统伦理熏陶之下表现出忠君观念。知识分子和中下层文职官吏不用说，即便是在人们观念中孔武不羁的武将与兵勇，也大多如此。同治十年(1871年)，淮军将领周盛传作《盛军训勇歌》，告诫士卒要忠于职守，以期"到处传出好声名，荫子封妻皆有分……班师奏凯罢远征，同沐皇家雨露恩。"[1]甲午战争后，袁世凯在小站练兵并编写了《劝兵歌》，告诉士兵要尽忠朝廷，"为子当尽孝，为臣当尽忠。朝廷出利借国债，不惜重饷来养兵。……如再不为国出力，天地鬼神必不容"[2]。

当然，论者可能会提出这样的疑问，在湘淮集团和北洋集团中，无论是首脑人物，还是中下层成员，都有扩展自己权力，甚至限制君王权力的主张。这种主张是否可以看作他们扩展地方权力，向"军阀"发展的思想因素？对于这种情况应当怎么看待？

事实上，这种主张并非曾国藩、李鸿章、袁世凯等人所独有。自古以来，儒家士大夫多有此类主张。自秦汉以来，对于不少皇帝独断专行、胡作非为，统治阶级中限制君权的思想就不断出现。汉武帝时董仲舒提出的天人感应说，就是要"以人随君，以君随天"，用"天"来限制君

---

① (清)周盛传：《周武壮公遗书》，5～6页，光绪三十一年刻本。
② 袁世凯：《新建陆军兵略录存·卷四》，5页，光绪二十四年九月刻本。

主滥用权力。① 到魏晋时出现以相权限制君权的思想。② 这些思想发展到唐代，像李世民这样的贤君也在总结前代兴亡之因时，看到皇帝独断专行的危害，他批评隋炀帝"事皆自决，不任群臣。天下之广，一日万机，虽复劳神苦形，岂能一一中理。群臣既知主意，惟取决受成，虽有愆违，莫敢谏争，此所以二世而亡也"。③ 这种限制君权的思想传统延续到宋代，即便是大造"尊君"舆论的南宋大儒朱熹也反对皇帝独断。至明清时期，虽然君王极力巩固中央集权，并采取各种措施分散相权，并且无论明之内阁，还是清之军机，多被世人称为不过承皇帝意旨拟稿之机构，但实际上，随着其职能的演变，也在一定程度上对君权形成制约。归根结底，皇帝及皇权需要植根于地主阶级各级官吏的拥戴，并且"天命"是会因君王的残暴而发生转移的。同样，政治制度的存废及根据统治需要的修改，也不是皇帝个人意志所能决定的，从根本上还需看它是否能适应统治阶级利益的需要。而这些因素，在一定程度上必然表现在反映整个地主阶级利益的政治思想和舆论中，并反过来影响具体政治制度的制定，对君主专制权力的制约。纵观中国皇权史，除极少数英主或暴君外，绝大多数君主不可能不受这种儒家思想传统的影响，遵循政治传统和政治制度，决策时听取臣下意见，集群策以定议。清代君主也多如此，晚清时期也不例外。如果因为晚清一些重要的政治人物有此类主张、说法，就被视为地方权重、尾大不掉的依据，那么，就只能得出中国自古以来就不存在中央集权的结论了。

总之，晚清时期身任督抚者大多为知识分子出身，深受忠君思想之熏陶，多以君主之犬马自居，以求报答国恩、君恩，即便有少数督抚有专权割据之心，但在晚清整个社会忠君观念仍然深入人心、社会主流意识深受这种伦理观念支配的情况下，少数不受羁束者，他们的行动空间

---

① 语见《春秋繁露·玉杯》。对此的阐述参见冯友兰：《中国哲学史新编》第3册，70页，北京，人民出版社，1984。

② 《群书治要》卷二十九。引南朝齐臧荣绪《晋书·百官志》称西晋裴𬱟提出"以万机庶政，宜委宰辅，诏命不应数改"。

③ （宋）范祖禹：《唐鉴》卷三。

必然极其狭小，况且无论从军权与军饷供给及职位任命权等方面，清廷均给予督抚以有力的控制，从而使得晚清督抚中有割据一方之心者，很难付诸行动。

三、制约清后期权力走向的体制因素

晚清权力走向，之所以虽有地方权力冲击中央集权的情况，但并没有真正形成"内轻外重"、地方势力尾大不掉的局面，与清后期朝廷仍掌控着官吏任免调动权、财政税收调配权及对军队的全局掌控能力有密切关系。

（一）疆臣任免调配权力

从太平天国战争爆发、湘淮集团崛起开始直至清末，学者一般认为曾国藩、李鸿章、袁世凯等权臣及其集团中的督抚成员由此控制了清朝的地方权力，湘淮集团、北洋集团的成员长期占据督抚职位，清廷对他们无可奈何。实际上，具体考察督抚任职情况就可以发现这种结论是没有根据的。

1. 总督、 巡抚任期状况统计分析

一般而言，地方实力集团的督抚要达到割据一方的程度，起码的一个条件就是需要长期占据某一省区督抚的职位而且朝廷难以调动。而清廷要防范督抚专权，最基本的条件就是要利用中央的人事黜陟调配权，使各省区督抚时常被调动而不至于在某一省区任职时间过长。我们以咸丰、同治、光绪三朝，也就是通常所谓地方势力崛起的湘淮——北洋集团时期为限，列表考察并比较分析一下督抚在一地任职年限的情况，及其背后所显示的权力制约关系。①

---

① 下列两表主要资料来源：《总督年表》《巡抚年表》，见钱实甫：《清代职官年表》第 2 册，1469～1506、1695～1751 页，北京，中华书局，1980；魏秀梅：《从量的观察探讨清季督抚的人事嬗递》，载《台湾"中研院"近代史研究所集刊》，1973(4)上；[美]刘广京：《晚清督抚权力问题商榷》，载《中国近代现代史论集》第 6 编，353、355～357 页。

表 1-1　咸丰、同治、光绪三朝(1851—1908)总督任期统计表

任期	地区/人数								合计	百分比%
	直隶	两江	陕甘	四川	闽浙	湖广	两广	云贵		
1年以下	2	1	3	9	3	7	6	3	34	26.2
1至3年	8	8	4	4	5	1	4	7	41	31.5
3至6年	2	3	4	2	9	4	7	4	35	26.9
6至9年	1	2	2	3	1	0	0	3	12	9.2
9至12年	2	1	0	1	0	1	1	0	6	4.6
12年以上	0	0	1	0	0	0	0	1	2	1.6
人数小计	15	15	14	19	18	14	18	17	130	

表 1-2　咸丰、同治、光绪三朝(1851—1908)各省巡抚任期统计表

任期	地区/人数																	合计	百分比%
	山东	山西	河南	江苏	安徽	江西	福建	浙江	湖北	湖南	陕西	广东	广西	云南	贵州	台湾	新疆		
1年以下	4	14	11	7	6	3	3	4	13	5	6	6	9	7	11	0	0	109	29.4
1至3年	11	14	11	16	13	14	10	15	6	9	16	10	14	10	7	1	1	178	48
3至6年	5	6	7	3	2	1	2	5	5	5	3	5	5	2	5	2	2	65	17.5
6至9年	0	0	0	1	1	0	0	1	2	2	2	0	1	2	2	0	1	15	4
9至12年	1	0	0	0	1	2	0	0	0	0	0	0	0	0	0	0	0	4	1.1
12年以上	0	0	0	0	0	0	0	0	0	0	0	0	0	0	0	0	0	0	0
小计	21	34	29	27	23	20	15	25	26	21	27	21	29	21	25	3	4	371	

从表 1-1、表 1-2 可知，在 19 世纪最后 50 年和 20 世纪的头 10 年，被称为逐步形成"内轻外重"、地方势力"尾大不掉"局面的时期，其督抚任职情况，与学界普遍认为是中央集权稳固的清中期的督抚任职情况并无明显区别。

第一，总督、巡抚在一地任职年限不到 3 年的人次比例情况。

咸同光三朝 57 年间，总督在一地任职不超过 3 年者达 75 人次，占三朝所有总督人次（130 人次）的 57.7%。而嘉庆、道光两朝 55 年间，

总督在一地任职不超过 3 年者为 98 人次，占两朝总督人次（157 人次）的 62.4%。

咸同光三朝巡抚在一地任职不到 3 年者为 287 人次，占三朝所有巡抚人次（371 人次）的 77.4%。而嘉庆、道光两朝巡抚在一地任职不到 3 年者为 311 人次，占两朝所有巡抚人次（405 人次）的 76.8%。

第二，总督、巡抚在一地任职 3 至 6 年的人次比例情况。

咸同光三朝总督在一地任职 3 至 6 年者为 35 人次，占三朝所有总督人次的 26.9%。嘉庆、道光两朝在一地任职 3 至 6 年的总督数为 40 人次，占两朝所有总督数的 25.5%。

咸同光三朝巡抚在一地任职 3 至 6 年者为 65 人次，占三朝所有巡抚人次的 17.5%。而嘉庆、道光两朝在一地任职 3 至 6 年的巡抚为 79 人次，占两朝所有巡抚人次的 19.5%。

第三，总督、巡抚在一地任职 6 至 9 年的人次比例情况。

咸同光三朝总督在一地任职 6 至 9 年者为 12 人次，占三朝所有总督人次的 9.2%。嘉庆、道光两朝在一地任职 6 至 9 年的总督为 14 人次，占两朝所有总督人次的 8.9%。

咸同光三朝巡抚在一地任职 6 至 9 年者为 15 人次，占三朝所有巡抚人次的 4%。嘉庆、道光两朝在一地任职 6 至 9 年的巡抚为 12 人次，占两朝所有巡抚人次的 3%。

第四，总督、巡抚在一地任职 9 至 12 年和 12 年以上的人次比例情况。

咸同光三朝总督在一地任职 9 至 12 年者为 6 人次，占三朝总督人次的 4.6%；总督在一地任职 12 年以上者有 2 人次，占三朝总督人次的 1.6%。二者相加，在一地任职 9 年以上者有 8 人次，所占比例为 6.2%。相比较起来，嘉庆、道光两朝在一地任职 9 年以上的总督为 5 人次，所占比例为 3.2%。两者并无太大的差别。

咸同光三朝巡抚在一地任职 9 至 12 年者为 4 人次，占三朝巡抚数的 1.1%；巡抚在一地任职 12 年以上者为 0。二者相加，在一地任职 9 年以上者有 4 人次，所占比例为 1.1%。相比较起来，嘉庆、道光两朝在一地任职 9 年以上的巡抚数为 3 人次，占两朝所有巡抚数的 0.7％。两者也并无大的差别。①

通过以上比较可知，咸丰、同治、光绪三朝，在一地任职期限在 6 年以内的总督所占比例为 84.6％，巡抚比例为 94.9％。可见绝大多数督抚任期都很短暂，其中以任职 3 年以内者最多，所占比例分别为 57.7％和 77.4％。虽然咸同光三朝在一地任职 9 年以上的总督所占比例比嘉道两朝高了近一倍：分别为 6.2％和 3.2％，但是因为所占比例都很小，实际人数分别为 8：5，实际上并无重大差异。

专制君主防止督抚在某一地区形成割据势力的重要方法之一，就是对督抚进行调动。咸同光三朝总督通过调动离职的达到 60 人次，占总数的 46.2％。与嘉庆、道光两朝因调动离开原职的 72 人次、占两朝总数的 45.9％相比，并无大的差别。因病、卒或其他原因（如丁忧、致仕、裁撤等）开缺的 59 人次，占总数的 45.4％；降革的有 26 人次，所占比例为 20％。可见清廷仍能有效控驭各省督抚。

2. 晚清任期超长（超过 9 年）的督抚情况分析

我们知道，咸同光三朝任期在 12 年以上的总督有两人，即任直隶总督达 25 年的李鸿章（同治九年八月至光绪二十一年七月，中间有一年多丁忧开缺、署任），任陕甘总督达 14 年的左宗棠（同治五年八月至光绪六年十一月）。

任期在 9 至 12 年的 6 名总督为：曾国藩，任两江总督 11 年（中间有两年改任直隶总督）；官文，任湖广总督 12 年（咸丰五年四月至同治六年正月）；李瀚章，任湖广总督近 11 年（同治九年八月至光绪八年三月，中间有九个月改任四川总督后回任）；丁宝桢，任四川总督近十年（光绪二年九月至光绪十二年五月）；刘坤一，任两江总督近 11 年（光绪十六年十月至光绪二十八年九月，中间有一年时间由张之洞署理）；张

---

① 　嘉庆和道光两朝总督、巡抚的任期、人数、比例情况的换算，材料主要根据钱实甫：《清代职官年表》，1437～1469 页、1645～1694 页；魏秀梅《从量的观察探讨清季督抚的人事嬗递》，载《台湾"中研院"近代史研究所集刊》，1973(4)上。

之洞，任湖广总督 12 年（光绪十五年七月至光绪二十九年二月，中间有一年半时间两次署理两江总督）。[①]

仔细分析，他们担任固定省区督抚的时间特别长，都是由于清廷的特殊需要，而不是因为他们在这些省区形成了朝廷无法调动的实质性割据局面。

李鸿章之所以能担任直隶总督 25 年之久，是因为他在担任江苏巡抚时期，表现出与列强交涉的才能，为清廷所赏识。从天津教案开始，李鸿章就以直隶总督兼北洋大臣，代总理衙门出面处理众多的外交纠纷。光绪九年（1883 年），中法越南局势日益紧张，李鸿章恰在此时丁母忧暂时开缺，其职位由两广总督张树声署理。其间，清廷曾命李鸿章赴两广督办军务，后来因为朝鲜局势日益紧张，而且马江海战的失败证明办理海军的重要性，更兼甲申易枢后李鸿章迅速向慈禧——醇亲王集团靠拢，故此李鸿章在离职一年多之后又得以重返直隶总督之位。光绪二十一年，李鸿章赴日本订立《马关条约》回京后，才被调离直隶，可见他虽长期担任直隶总督，但并未形成清廷无法调动的实质性割据局面。

左宗棠之所以能任陕甘总督长达 14 年，根本原因就在于他表现出的对清廷的忠诚。适逢陕甘回民起义和新疆被外来势力侵占，在李鸿章等人对远征西北表现出退缩的时候，左宗棠敢于承担重任，主动请缨，为清廷所倚重。在西北军务基本平定之后，清廷立即将左宗棠召回京城，授大学士衔并命他入阁办事，可见左宗棠也并未在西北形成割据，清廷仍能调动自如。

因镇压太平天国的需要，曾国藩长期担任两江总督，但事实证明曾国藩并未在两江地区形成割据势力。同治九年（1870 年）九月，清廷将他调任直隶总督，曾国藩就奉旨离开两江，前往直隶任职。至于官文长期任湖广总督，是因为清廷要用他这位旗员监视和牵制湘军集团及两湖地区。湘系集团的曾国荃、刘坤一久任两江总督，丁宝桢长期任四川总督，除了其声望和治军、理财等行政能力之外，很重要一点就是清廷

---

① 以上督抚任职年限情况，可参阅钱实甫：《清代职官年表》，第 2 册，1475～1503 页。

"湘淮互制"的政治策略，用他们来牵制李鸿章等淮系督抚。

张之洞长期担任督抚，尤其是自中法战争期间署理并实授两广总督以来，指挥军队（勇营）平定海南岛叛乱、攻剿广东一带的土匪，都大获成功；他在广东整理财政颇有成效并能切实遵照谕旨，认解京协各饷。张之洞出身清流，受到先后担任军机大臣的李鸿藻、阎敬铭、张之万（张之洞的哥哥）的赏识，中法战争时期又以主战论而得醇亲王奕譞的赏识，之后更是深得慈禧太后器重。这些因素使其逐步成长为清廷用以牵制湘淮集团的"重臣"。张之洞出任湖广总督，肩负着慈禧和醇亲王赋予的监视湘系根据地的任务。另外，慈禧太后和醇亲王在铁路修造方面用他来牵制李鸿章，以张之洞力主修建的芦汉铁路（汉口至卢沟桥）取代李鸿章主持的津通铁路。清廷对张之洞倚畀甚深，但他也没有将湖广变成自己实质性割据的地盘，清廷在他任职的十几年中，多次将他暂时调到别的省区如两江地区署理总督事务，在光绪三十三年（1907 年）五月授他协办大学士之职，七月即将他召回入阁办事，免去湖广总督衔。

3. 督抚对下属官员的任免权和控制权

另外还有一个问题需要作简单分析，就是对于督抚下属官员的任免权和控制权，是否由督抚自专？太平天国战争期间，清廷确实曾对诸如江苏、安徽、江西、浙江、湖南、湖北等省督抚授予委署下属官员或保举地方官员的部分权限，目的是为了适应战时需要。督抚对下属州县官员，凡是遇有礼部规定的"终养、改教、撤回、降补、回避"等五项杂缺情况的，皆可先行委派人员署理，再行奏请皇帝及中央吏部批准；而对于"丁忧、参革"两项遗缺，则按照吏部规定归军功人员专补。因为战争状态下，一批实力督抚皆掌握军队，故当时补缺的军功人员多为这批督抚的下属。此外，新设的机关，如厘金局、机器局、新设口岸税收机关等，督抚有一定权限可以安插具有候补资格、职衔的文武人员。究其原因，也并不是督抚控制了地方权力，而是这些机构属于战时及洋务新政期间新设，清廷并无明确的法规条例来进行管理，对这些机构官员的任命，在一段时间内多是放权督抚来具体操作。但是，随着时间的推移，清廷的控制也越来越严格，督抚的权限越来越小。太平天国起义和捻军起义被镇压后，吏部以军务渐平为由，首先从军功补缺之项入手收回中央对人事任免的控制权。同治七年，清廷允准吏部奏请，将原由督抚奏请军功人员专补的"丁忧"补缺一项，命令仍归吏部选补。同治八年（1869年），清廷谕命吏部议定的章程规定：军功人员凡非科目出身及曾任实缺道府者，不准保荐为藩臬两司。这种中央收束权力的情况，持续到光绪朝。光绪元年（1875年），吏部奉命议定新章程，对委署及保举军功人员的限制力度进一步加大，限制军功人员充补实缺的机会。光绪二年（1876年）更是将督抚委署的权限明确限定为不许超过全省官员额数的二成。光绪三年（1877年），吏部又进一步规定各省州县官缺因"参革、终养、降补、修墓"等项有缺出，其人员委署，皆由吏部铨选，而不归督抚负责。①

督抚对于在自己人事任免权限范围内，其委署实缺官员的行为是否符合常例、规制，也是在吏部长期的监督之下，并因此时常遭到吏部的挑剔，一旦发现问题，吏部多会奏请对该督抚施以处分。同治五年（1866年），吏部以《奏定章程》中规定有"除攻克城池，斩擒要逆，不准越级保升及免补免选本班"为由，驳回李鸿章的保举案。② 光绪年间，李鸿章、袁世凯等已经位高权重的督抚，其荐举人员仍然时常受到吏部的挑剔、诘难。综上，无论是任职期限较短的督抚，还是那些少数长期任职的督抚，他们治内的地方官员任命，绝大多数仍是由中央掌控。

另外一种流行的观点，认为晚清少数督抚，如李鸿章长期操纵江苏抚藩及上海道的任命，左宗棠对浙江抚藩的任命也有长期影响，刘坤一在两江、张之洞在湖广也存在这类情况，尤其以李鸿章在江苏特别突出。在此笔者有必要作一辨析。有学者认为，李鸿章自同治元年出任江苏巡抚以来，逐步在江苏建立起个人的权力基地，尤其是在负责上海财税征收管理的上海道。有的学者还认为李鸿章在整个自强运动期间一直控制着上海道台的任命。"李鸿章无论身处哪里，这些人（1863—1894

---

① （清）盛康：《皇朝经世文续编》卷二十一，20、29、31页，光绪三十三年刻本。
② （清）李鸿章：《李文忠公全集·奏稿》卷十，33页，光绪三十一年金陵刻本。

年间的上海道台）都是他的力量来源。显然，他们是由李鸿章所安插的，因为李鸿章和曾国藩需要他们在那里。他们为李、曾集团独占着这一地区的财富。"[1]包括许多国外的中国近代史研究者在内的学者多认为："在太平天国运动及以后的时期，各省的军事领袖从中央政府那里得到了预先的任命权。他们确信，这种权力包括，可以任命诸如兵备道、海关道这样的第二层次的行政官员，以及其他此前由中央政府任命的中等官职"[2]。这种说法貌似有一定的事实根据，因为出身于淮系集团和李鸿章幕僚的人员，后来担任江苏巡抚、布政使、按察使者不乏其人，而任职上海道、江苏厘金局委员等实缺者，更是人数颇多。但是，如果我们以上海道为例作一具体分析，就会发现这种说法实际上又是不成立的。苏松太道（后改为上海道）属于由皇帝直接任命的简放类职务，李鸿章在担任江苏巡抚后，虽然对苏松太道吴煦把持上海税饷等行为极其不满，却不能够自行罢免他，因为李鸿章并没有对上海道"预先的任命权"和罢免权。当然，他这样的督抚可以利用太平天国战争的局面，来争取中央对自己安插这类简放官员的支持，也正是如此，经过一段时间的努力，他争取了中央对其提出的更换上海道建议的允准，罢免了吴煦。对于吴煦之后担任上海道的人员情况，及其与李鸿章的关系，我们再作一简要分析[3]。丁日昌和应宝时是李鸿章任江苏巡抚时直接推荐并经清廷允准任命的上海道，这属于李鸿章职权范围，也属于督抚正常职权。李鸿章调任湖广总督和直隶总督后，新任上海道涂宗瀛和龚照瑗虽然与李鸿章关系密切，但都不是李鸿章推荐任命的，涂宗瀛是由时任两江总督曾国藩荐举的，龚照瑗是由时任两江总督刘坤一荐举的。至于冯焌光、沈秉成、邵友濂、聂缉椝的任命，有学者经考察认为，没有史料证明李

---

[1]　Stanley Spector（斯坦利·斯培科特），*Li Hung-chang and the Huai army：A Study in Nineteenth Century Chinese Regionalism*，（《李鸿章和淮军》）Seattle，University of Washington Press，1964，pp.132-133.

[2]　Feuerwerker，Albert（费维恺），*Rebellion in Nineteenth-Century China*（《十九世纪中国的叛乱》），Ann Arbor，Center for Chinese Studies，University of Michigan，1957，p.93.

[3]　关于1863～1894年历任上海道人员统计，可参见梁元生：《上海道台研究——社会转变中之联系人物》，159页，上海，上海古籍出版社，2003。

鸿章干预了他们的任命。只有刘瑞芬担任上海道可明确说是李鸿章施加他的个人影响荐举并得到任命的。①综上所述，1863—1894 年，先后 15 任上海道，只有 3 名可以明确认定是经李鸿章荐举得到清廷任命的（其中 2 名是李鸿章任江苏巡抚时荐举，1 名是李鸿章离开江苏巡抚职位后推荐并得到清廷任命的）。由此可见，李鸿章对江苏重要官员的任命并无直接权力，对中央相关任命的影响力也是很有限的。

李鸿章影响两江总督和江苏巡抚任命的可能和途径就更是极其有限。在两江总督曾国藩去世后，李鸿章只有设法通过与他关系较为密切的军机大臣恭亲王奕䜣、沈桂芬等人，才能够对继任的两江总督及江苏巡抚的人选产生一定影响。可以想见，这种间接影响力是极为有限的。如，两江总督曾国藩于同治十一年（1872 年）二月病逝后，李鸿章曾推荐曾国荃接任，但是清廷最终命湘系江苏巡抚何璟署理，十月何璟忧免后，由淮系的张树声署理，但时间很短，只有两个多月。不过，张树声实授江苏巡抚，是李鸿章通过恭亲王产生了影响。同治十二年（1873 年）正月，清廷命前山西巡抚李宗羲任两江总督。同治十三年（1874 年）十二月，李宗羲病免后，由湘系的江西巡抚刘坤一署理两江总督，这显然又与李鸿章没有直接关系。这一时期，两江总督人选与李鸿章的推荐有直接关系的，是光绪元年四月李鸿章密荐福建船政大臣沈葆桢出任两江总督。沈、李虽分属湘淮二系，但关系密切，合作较为融洽。但是在沈葆桢任两江总督近三年时间里，清廷对江苏巡抚的人选已有安排，同治十三年九月安徽巡抚吴元炳转任江苏巡抚，吴元炳与李鸿章关系较疏远。光绪七年五月吴元炳忧免后，由黎培敬短暂任苏抚，黎培敬病免后，在光绪七年十一月由与李鸿章交恶的山西巡抚卫荣光出任江苏巡抚。② 光绪五年（1879 年）沈葆桢病死于任上后，两江总督由在派系竞争中与李鸿章处于敌对位置的湘军首领刘坤一、左宗棠和曾国荃先后继

---

① 梁元生：《上海道台研究——社会转变中之联系人物》，104 页。

② 王尔敏：《淮军志》，256、266 页。（清）王闿运：《湘绮楼尺牍》，109 页，上海，大达图书供应社，1935。

任，他们与李鸿章的"合作"，多是秉承清中央的谕旨，而并非是出于李鸿章对这些地区和官员的掌控。

(二)财税控制权力

整个清后期，清廷对全国财政税收权力的控制，经历了一个由镇压太平天国战争期间受到冲击，战后又逐步收回的过程。这种冲击首先来源于两个方面：一方面，镇压太平天国起义、调集军队的同时需要大量的军费开支，清廷财政储备根本无法应付。据统计，太平天国起义爆发前夕，清廷户部银库的储银只有187万两，而太平天国起义发生后的头两年，在主要战区，即广西、湖南、广东、湖北、贵州、江西，额外拨付的军费开支就达1800余万两。[①] 军需开支浩大，中央财政储备根本无法承担。另一方面，各省每年呈交中央的财政收入也无法支撑军费开支。[②]

有清一代，传统正税一直由中央控制。太平天国战争期间，全国田赋等正税收入因为战争波及的多是财赋之区而大为减少。为筹措军费，各省区口岸的商税和捐输数量大增，尤其是各省督抚和统兵大员为了自筹饷银，开始征收厘金。一段时间内，清廷对田赋等正税的情况仍能掌控，但对厘金等新税的征收和支用情况，因战争使各省军费无从预定，且各地在具体的征收地点和征收期限上也存在时设时撤的情况，故难以明确划一，因此中央户部对各省实有款项的多寡很难作出精确的估计。不过，基本的数额中央还是能够估计出来。这一方面使各省督抚和统兵大员难以积累起割据所需的款项，另一方面中央仍能在基本掌握各省财税额数的情况下，命令各省解款到京师或协济军务危急。尤其是咸丰年间各省因战火波及、局势不稳，各种正税的减少，以及庞大的军费开

---

① （清）王庆云：《直省出入岁余表》，见《石渠余纪》卷三，150页，北京，北京古籍出版社，1985。

② 对于这一问题，学者多有研究，可参见清代王闿运：《湘绮楼日记》，光绪四年十月条，长沙，岳麓书社，1997；［日］松井义夫：《清朝经费的研究》，1935；宓汝成：《清政府筹措镇压太平天国的军费及其后果》，载《太平天国学刊》，第1辑，北京，中华书局，1983；周育民：《晚清财政与社会变迁》，144～153页，上海，上海人民出版社，2000。

支，使得清廷在承平时期的财税体系濒于崩溃。在这种情况下清廷只得改变原有的解款协款体制，由户部依据对传统税项和新增税项进行估计，对各省应解、应协之款项做出应急规定。

有学者认为，清朝的财政体系在太平天国前后的变化是由"拨"改为"摊"，并且在咸同时期即已实行。① 这种概括过于简单，而且对转变的实际过程的认识存在误差，不利于完整探讨晚清财权变化的状况。在太平天国战争之前，清朝的财政制度本无中央和地方的划分，虽也有类似晚清中央专项经费的做法，但并未像晚清时期成为一种新体制。清前中期，所有财政税收，除地方存留外，统归中央户部直接控制调拨。这种情况在太平天国起义后被打破。由于财政危机，使奏销制度和解协饷制度受到较大冲击，清廷只得实行战时财政体制。战后，清廷重新正常运转奏销、解协饷制度需要一个过程，该过程的重要前提，就是中央户部对各省财政税收情况的基本的掌握，在此基础上，为了确保中央财政专项需要，中央对每一项专项经费的总额作出规定，分摊到各省关，在形式上仍采用指拨的方式，并逐步形成将"指拨"和"分摊"结合运用的新体制。这种新体制的特点是，虽然中央政府也正视地方财政利益，但却是在中央掌控财权大局、基本掌握各省财税的前提下进行的。专项经费的指拨也是以户部已掌握的各省关"的款"（已征收的确有款项）为基础的，这与甲午战争后不管地方财政有无经制结余而进行的财政摊款不同，它确保指拨后地方财政经制开支。至于指拨后地方财政有无机动的非经制开支，户部并不关注。

这一改变，与太平天国战后清廷简化报销手续、一清旧账的做法结合，就可以使清廷只根据朝廷之需以及各省每年的实际收支情况，向各省摊拨应解京城款项。如"京饷"等专项经费，及根据战时各省军务之需，命相关省份供给的"协饷"。

1. "京饷"等专款的调控权

就"京饷"等专项经费而言，实际上是清廷在高度集权的财政税收体

---

① ［美］刘广京：《晚清督抚权力问题商榷》，见《中国近代现代史论集》，第 6 编，364 页。

制因战争巨大开支的冲击而出现分权状况下采取的一种措施，在分解一部分原来高度集中的权力的同时，力求有效地掌控大部分财税权力。同治末年到光绪初年，整个国家的财政收入是 8000 万两左右①，而清廷明令各省应解京的京饷（包括各关摊款）就有 800 万两（雍正时已有，年额 400 万两，咸丰十年增为 500 万两，十一年又增为 700 万两。同治六年后定额为 800 万两）。此外各省应摊拨解京的专项经费还有：固本京饷（65 万两，各省合力通筹）、内务府经费（110 万两）、东北边防经费（光绪六年开始，200 万两）、筹备饷需费（光绪十年开始，200 万两）、加放俸饷（原名抵闽京饷，同治十三年开始，用于偿还筹办福建台湾海防借款，光绪十一年（1885 年）偿清后改此名，1902 年移作偿付庚子赔款，120 万两）、加复俸饷（又名京员津贴，1902 年移作偿付庚子赔款，26.6 万两）、京师旗营加饷（光绪十一年开始，133 万两）、海防经费（光绪元年开始，400 万两）、备荒经费（光绪九年开始，12 万两）、船政经费（同治五年开始，专用于福建船政局，60 万两）、出使经费（光绪三年开始，100 万两）、铁路经费（光绪十五年开始，200 万两，甲午战争后减为 80 万两）、内务府常年经费等 13 项，数额也达到 1600 余万两。这样，一直到甲午战争前，各省每年须缴纳给中央的"京饷"等专项经费总额达到 2426 万两，各海关缴纳总额为 359 万两，两项合计 2785 万两，占当时全国财政收入的 34％。②

清廷不仅在承平时期严格要求各省解送应解京之款项，即便在镇压太平天国起义和捻军起义的战争期间，也严格要求各省如数解交摊款。

2. 厘金的调控权

厘金是清后期的新财税，自咸丰三年（1853 年），为了应付战时财

① 从同治十二年至光绪十年之间，清朝的财政收入基本在 8000 万两上下浮动。每年的具体数字，可参见刘锦藻：《清朝续文献通考》卷六十六，8227～8228 页，杭州，浙江古籍出版社，2000；《户部进呈改办年例汇奏出入会计黄册疏》，《皇朝经世文续编》卷三十；〔英〕哲美森：《中国度支考》，36 页；吴廷燮：《清财政考略》，20 页。

② 上述数字统计核算，根据刘锦藻：《清朝续文献通考》，8227～8228 页；汤象龙：《中国近代海关税收和分配统计（1861—1910）》，9 页，北京，中华书局，1992；彭雨新：《清末中央与地方各省财政关系》，见《中国近代史论丛》，第 2 辑，第 5 册，91 页；周育民：《晚清财政与社会变迁》，242～244 页。

政危机，开始出现。同治朝后期和几乎整个光绪朝，各省厘金收入基本保持在一个比较稳定的状态。以光绪十七年（1891 年）为例，各省厘金收入，据各省报告中央户部的统计，达 1440 万余两，海关洋税收入为 2351 万余两。[1] 那么，厘金等收入是否全由地方支配呢？显然不是。总体而言，晚清厘金收入在同治年间达到一个高峰，同治十三年，全国有案可查（即中央掌握的）厘金总数为 1478 万余两至 1495 万余两，平均数为 1486 余万两，此后基本上是在这一基准线上略有起伏，以略有减少为多。如，光绪七年为 1566 万余两，光绪九年为 1349 余万两，光绪二十年为 1426 万余两。这种情况持续到光绪二十七年（1901 年）、二十八年（1902 年）以后，才出现较为明显的增长，光绪三十年（1904 年）全国厘金收入达到 1843 万两，到光绪三十四年更是增加到 2076 万两。[2] 厘金收入虽然弊端丛生，但是这种弊端多是各级官吏个人中饱私囊，并不能形成地方势力割据的资金来源，故不在本文讨论之列。清廷重视对厘金的整顿管理，在太平天国战争后期的同治二年、三年就已经开始，至迟到同治八年，各省已经按照中央的要求，将其厘金征收情况半年一报，因此中央政府基本掌握着全国厘金收支大局。

3. 海关洋税的控制权

海关洋税也是清后期才出现的新财税，其数量前后有所变化。初期的整个海关洋税数额为 1150 万两，到同治十三年仍基本维持此数。光绪年间，海关洋税的征收数额不断增加，到光绪中期增加到 2250 万两左右。例如光绪十七年海关关税收入就增加到 2351 万余两，光绪二十年（1894 年）略减为 2252 万余两。也就是说，光绪朝海关洋税的征收总额基本恒定在 2300 万两左右。

在海关洋税的管理方面，虽然地方政府有专门的海关道参与海关洋税的管理，但是，自近代条约制度以来，具体负责海关洋税征收的是由外国人充任的税务司，并由各关税务司（通常由外国人担任）将本关洋税

---

[1] 这项统计数字来自何烈：《厘金制度新探》，174 页，台北，传记文学出版社，1972。

[2] 以上数据参见罗玉东：《中国厘金史》，469 页。

收入数额，汇总报总税务司。而清后期的总税务司先后由英国人李泰国和赫德担任，尤其是赫德，担任总税务司40余年。各海关洋税情况经总税务司汇总后，定期报告清政府总理衙门，此外还刊印各关华洋贸易总册等档案统计材料，因此，清廷对常年海关洋税的收支情况完全掌握，地方政府（包括各关所在省区督抚及海关道）很难进行大规模的作弊、隐瞒活动，清廷对其使用支配也能有效地控制。第二次鸦片战争清廷战败后签订的不平等条约规定，赔款由海关洋税中分五年赔付，因此，从咸丰十年（1860年）后至同治四年（1865年），各关洋税的四成用于支付给英法的赔款。这五六年间，海关洋税只剩下六成（约为690万两）归清中央和地方支配，而其中仅解送到京师的京饷等各项专款即达到359万两。此外，诸如平定西北回民起义、新疆之役及中法战争等所需各类款项，也通过协饷等方式，从六成洋税中拨付。而且，在甲午战争前的30余年时间里，清廷为军务、洋务新政、宫苑工程以及战争赔款等的需款，曾经27次以海关关税为担保举借外债，并以海关关税分担清偿一部分债务，33年间共达1720余万两。[1] 虽然海关洋税的收入也从同治初期的1150万两增加到光绪中期的2250万两左右，但中央直接调拨仍占据其中大部分，地方实际上并未能获得对六成洋税的控制。

同治五年五月，给付英法赔款的本息全部偿清后，原来用于赔偿的各关"四成洋税"依据奏案，全部改为专款解送中央户部。虽然地方督抚不时也争取获得中央同意，从这四成洋税中抽拨部分出来。但总体上，地方督抚不可能直接控制海关洋税。

4. 协饷的调配权

清廷要求各省协饷，在战争期间是非常频繁的。而且同治中期以后，虽然太平天国战争和捻军起义已经被镇压下去了，清廷每年仍命相关各省和富裕省份维持或增加协饷与摊款，以支持此后不断出现的对内、对外战争等军务需要和宫廷的需要。太平天国和捻军起义被镇压之后，实际上清廷面临的对内、对外的局部战争依然不断。在西北，回民

---

[1]　汤象龙：《民国以前关税担保之外债》，载《中国社会经济史集刊》，第3卷，1935(11)。

起义、阿古柏侵占新疆并建立伪政权、沙俄出兵伊犁等接踵而至，西北军务持续了十余年，尚未完全平息，而以西南边疆和东南沿海为战场的中法战争又爆发了，也需要巨大的饷糈支撑。仅靠一省或数省之力皆无法承受，只能依靠清廷从全国相关各省调集饷需军械等，而这主要就靠"协饷"的方式和体制来完成。军务稍平之后，清廷又成立海军衙门，北洋海军的建设加速，加之慈禧太后修筑三海、颐和园工程所需等一系列浩繁的开支，从同治中期一直延续到光绪后期，即便以甲午战争为界限，也延续了近 30 年。这几十年间，各省督抚对清廷所派下的解京摊款和协饷的谕命，常常是不得不遵行，又穷于应付，无力一一解付，因此，我们可以看到各省督抚时常都有请求清廷减免或推迟解送、协济有关款项的奏折。这种制度的变化，导致清廷与督抚之间为了摊款和协饷问题，讨价还价，谕折往来频繁。而且，清廷在一定的情况下也同意了减免或延缓这些省区应解应协之款项。

这从一个层面也为我们展示了太平天国战争以来中央集权的财政控制权力受到冲击的程度。但是，督抚对于请求朝廷减免或延缓所摊派的解款和协款多有限度，并不是也不能无限度地力拒。因此，督抚在这方面往往处于两难的境地：一方面，督抚管辖之省区税赋能否如期征收以及征收成数情况，必须依靠下属官员的工作能力与可靠程度等因素提供一定的保障，这就使得督抚在地方的财权受到属下官吏的限制；另一方面，由于督抚与朝廷的讨价还价总是限制在一定程度之内，因此，一旦出现不允许讨价还价的情况，在朝廷的三令五申之下，督抚也只得按照朝廷原有的谕命解款，否则就不能不担心自己的职位能否保住。中央户部、吏部对各省督抚是否如期按命交足摊款和协款都有备案，而这完全可以名正言顺地成为决定督抚任期长短的考绩依据。这种制度虽然是中央财权受到冲击时的一种应变之举，但是，对于清廷来说，其重新掌控全国财税、控制权力大局的目的已经达到：各省区的财政税收，不仅传统的正税仍受中央政府的控制，即便是新出现的税种——厘金和关税，也主要由中央掌控。

随着清中央逐步回收权力，督抚在财权上不可能专擅地方财政，而常受到中央户部的控制，甚至在自己正常权限之内的行为，也时常受到户部等中央部门的监督，动辄遭受挑剔与处分。如李鸿章在直隶总督、北洋大臣任上，他的许多请拨财税的请求，就经常被中央户部驳回。再如张之洞在湖广期间，光绪十五、十六年间"己丑庚寅间，大枢某大司农(指军机大臣、户部尚书翁同龢)立意为难，事事诘责，不问事理，大抵粤省政事无不翻驳者，奏咨字句无不吹求者。醇贤亲王大为不平，乃于囊所议奏各事，一一皆奏请特旨准行，且事事皆极口称奖：有粤省报销用款不为多，一也；于沙路河道立阻敌船铁桩，二也；修琼廉炮台，三也；修镇南关炮台，四也；购枪炮厂机器，五也；购织布机器，六也；清查沙田给照缴费，七也。并作手书于枢廷诸公曰：公等幸勿借枢廷势恐吓张某。又与大司农言曰：如张某在粤有亏空，可设法为之弥补，不必驳斥。其实粤省报销款乃合曾张前两任及本任五年用款汇报，名第五案报销，五年共一千余万，并不为多。与前任第四案，海防并无战事之报销数相等，数且较少，户部有案，固无所谓亏也，然贤王之意，则可感矣。"[1]

(三)对军队控制的权力

对军队的控制，究竟是清廷更有力，还是湘淮、北洋集团更为有力？这是一个极其复杂、多面的问题，我们从以下几个方面入手作一初步考察。

1. 清廷能否对勇营和新军的数量进行有效控制

太平天国战争后，清朝的正规军队——八旗、绿营更加腐朽，清廷不得不依靠湘淮将领所率领的勇营来维持各省治安，这是相当一部分勇营没有按照惯例在战后解散的一个重要原因。但是，清廷也尽量将其数量控制在一定范围，而且，中央已经能通过常规手段严格控制勇营的数量。同治元年，当镇压太平天国起义的局势更为有利于清王朝时，清廷就开始整顿军队数量，谕命"各督抚及统兵大臣将存营出师各兵数，按

---

① 《抱冰堂弟子记》，见张之洞：《张文襄公全集》卷二二八，28～29页，北平，楚学精庐刻本，1937。

限造报，并将军营征调兵勇名数及随时有无增减，限三个月咨报一次"。毕竟因为当时军务未定，故未能得到严格执行。但是，到了同治后期，各省勇营的数量必须向中央兵部严格呈报，并基本得到遵行。同治十年，清廷颁下谕旨规定每省可保留勇营人数，"各省防勇陆续裁汰，多不过暂留七八千人，少或酌留三四千人"，只在极少数有特殊需要的省区可保留万人以上的勇营。① 以后历年均有整顿裁汰，到光绪初年，全国勇营数目就基本定型，维持在 20 万人左右。即便是在中法战争、甲午战争期间勇营不得不有所扩展，如中法战争期间，淮军由常规的 80 余营，扩展到 132 营；中日战争期间则由常规的 80 余营扩至 146 营，但战后均大量裁减，回复到常规营数。② 通常情况下，清廷总能有效地将勇营总数裁减到不超过 20 万人。

北洋集团时期，由于新军是清廷正式军队，因此无论是北洋新军还是其他各省新军，全国募练三十六镇的数量都是在清廷严格掌控之下的。这主要表现在清廷对各省新军的编制有严格规定。③ 袁世凯在担任直隶总督后，以拱卫京畿"根本重地，与他省形势，轻重悬殊"为由，请求"增练大支劲旅"。④ 他想要招募的人数必须奏报清廷同意后才能实施，"厘定募兵章程十九条，遴委臣部武卫右军营务处候选道王英楷、王士珍等，分赴正定、大名、广平、顺德、赵州、深州、冀州各属，会同各该地方官，按属均派精选壮丁六千人，即令该道等分领训练。……应募之后，按名注册，交地方官，分存备案。以便稽考。"⑤对各省新军编练之后的情况，有专门的检查制度：各省"一俟新军编练已有规模，即由该部(陆军部)奏请简派大员前往校阅"⑥。而且各省必须定期向中

---

① 刘锦藻：《清朝续文献通考》卷二二〇，"兵考一"，9505、9503 页。

② 淮军在中法、中日战争后大量裁减的情况，台湾学者王尔敏有论。参见王尔敏：《淮军志》，359～364 页。

③ (清)朱寿朋：《光绪朝东华录》，5722～5723 页。

④ 袁世凯：《畿辅防务重要请将各省协饷解归户部收放折》，见《袁世凯奏议》上册，418 页，天津，天津古籍出版社，1987。

⑤ (清)朱寿朋：《光绪朝东华录》，4828 页。

⑥ 同上书，5601 页。

央陆军部等造送新军表册，这一方面是为调控各省新军饷需的需要，同时也是清廷控制并实际掌握各省新军数量的重要手段。①

2. 清廷能否有措施调控勇营将领和新军军官

在湘军初起之时，由于湘军将领的人选均是由湘军首脑自行决定，因此，清廷为了防止这种状况侵蚀政府职官系统，实施的对策是不让湘军将领的级别与政府职官系统衔接，不给予相应的地位和待遇。这种不衔接的情况，在低层人员中执行的时间极其短暂，不过在勇营将领企图升任中高级实任官职问题上，执行了较长一段时间。随着战争的深入和持久，清廷对湘军及后期的淮军依赖日益严重，不得不授予一些湘淮将领正式官职。主观上，清廷也意识到将湘淮将领排斥在政府职官体系之外不是个好办法，而将勇营将领与经制绿营制度紧密联系在一起，才更有利于朝廷的控制。随着太平天国战争的深入，特别是战后到清朝灭亡这一段时期，清廷都一直采用将以湘军、淮军为代表的勇营将领的职务升迁，与绿营武官系统捆绑在一起的策略。在这种情况下，勇营虽然不是绿营，并且始终没有获得与绿营一样的经制军地位，但是从湘军于咸丰三年成军、出省作战开始，勇营不少立功将士通过其首领曾国藩、胡林翼的奏保而被授予绿营官衔，少数人员甚至能获得绿营实缺官职。越到后来，随着勇营立功将士职衔不断累积升高，湘淮勇营将领的内部职务提升，逐渐与其在政府职官体系中的提升同步。勇营的统领可以被授予绿营制度下的提督、总兵、副将，勇营的营官可以被授予副将、参将、游击。这无疑对出身低微的湘淮勇营将士产生了非常大的吸引力，因为他们即便是获得绿营官衔这种荣誉，也能光耀乡里，提高社会地位，带来一定的经济利益，更何况还有可能得到绿营实缺，既拥有权力又能获得经济利益。尽管清廷通常规定获得绿营高级官职的勇营将领须离开勇营的原职、离开原来所在军队、只能带少量部属赴他省绿营充当总兵或提督，勇营将领们也愿意这样做以获得利禄与社会地位。另外，清廷又通过编练"练军"等手段来进一步控制勇营军队。

———————

① 各省按年造送新军表册的情况，可参见上书，5792 页。

有学者称，各省督抚所代表的地方权重，表现在各省督抚时常奏荐通过军功而获得绿营职衔的勇营将领补任绿营实缺上。但是，这些学者没有具体看到，这种奏荐是否能够落实，实际权力并不操之于督抚，而操之于兵部，即这类绿营实缺的甄补基本由兵部控制。而且，总兵、提督一级的人选，是由军机处遇缺先行题奏，再由兵部奏准补授，督抚只有推荐权，而没有任命权。督抚推荐绿营提督总兵，多以署任的方式，在少数特殊情况下，可由谕旨特准。但是，一般情况下，兵部负责遴派的各省绿营提镇，各省督抚一般都遵照兵部令使其履任。仅有少部分情况较为特殊，就是较为强势的督抚有时会奏请将本省的提镇与他省提镇互调，以使自己满意的将领能担任本省绿营统帅。但无论哪种情况，最关键的权力都不在督抚手上，也就谈不上地方权重甚至尾大不掉的问题。不可否认，晚清军队控制体制较清初中期确实发生了一些新的变化，但是，兵部仍能通过各种措施控制各省大部分勇营将领，使他们不敢轻视朝廷的权威。

北洋集团时期，由于新军各级将领自然就是清廷经制各级武官，因此，光绪三十年十一月，清廷谕命议定新军官制，就是针对原来勇营将领任绿营官职时存在的"保举冗滥，或以记名提镇，降充末弁，或以后补千、把，骤膺将官，官职既太悬殊，名器不无淆杂"的情况，整饬营伍，"以官配职""明定等级"的举措，也就是"以实授之官，任相当之职"。具体规定是："计军官自正都统以下九级，各任其职，以类相从"[1]。清中央兵部、练兵处及官制改革后的陆军部对新军将领的任免还是可以控制的。如北洋六镇新军是袁世凯编练的，成军之初重要军官皆是袁世凯安插的心腹，从与袁世凯对立争权的满族亲贵铁良掌管陆军部开始，通过中央陆军部掌管全国军队的权责，采取措施，明确了"凡天下各镇统制，皆由部奏请简派，督练官始由督抚委用"的格局。[2] 而

---

① （清）朱寿朋：《光绪朝东华录》，5398 页。

② 孙宝瑄：《忘山庐日记》，光绪三十二年十二月二十日，972 页，上海，上海古籍出版社，1983。

且，清廷也确实在以留学日、德、法的陆军留学生取代袁世凯嫡系，"以挟持北洋派势力"。[①] 留日士官生中的佼佼者，也开始在其他各镇取代袁世凯嫡系。吴禄贞取代段祺瑞出任北洋第六镇统制，张绍曾出任第二十镇统制，蓝天蔚出任第二混成协协统。另外，从 1901 年至 1910 年，毕业的留日士官生有 620 名，大部分被清廷编入北洋新军中。[②] 这对于北洋军产生了很大的分化作用，但是，清廷尤其是摄政王载沣辅政时期，却未善于充分运用这支力量。加上这些士官生多是在清末最后几年陆续补充进入北洋军的，时间短暂，因此并未达到中央控制北洋军的效果。

3. 决定晚清军队（包括湘淮军和北洋新军）防区和供饷的力量

在镇压太平天国起义期间，湘军和淮军的防区是由当时的军务需要决定的，如淮军在同治三年六月以前长期驻防江苏，就是当时江苏的军务需要。而曾国藩湘军长期在湖北、安徽、江西、浙江等地驻防和调遣，也是由军务需要所决定的。但是，曾国藩、李鸿章等必须奏请清廷确认后方能取得合法性。[③] 而且，这种确认到追剿太平军余部时，已经非常重要。况且，清廷并不一定同意湘淮军因军务而造成的驻防事实，一旦不同意，湘淮军就会因其他军务而撤离已进入地区。如在追剿太平军余部期间，以左宗棠湘军为主，李鸿章淮军也有大支部队进入闽广一带追剿，但却没有获得驻防闽广的委任，后撤离闽广参与剿捻军务。随着镇压太平天国战争尤其是剿捻战争的结束，清廷开始有意识地主动掌控湘淮军的驻防区域。同治七年，清廷主动调刘铭传军驻防直隶，并命江苏继续供饷。同治七年、八年以后，清廷以左宗棠为统帅，将湘军绝大部分集中驻防于西北镇压回民起义和收复新疆。而此后淮军的驻防区

---

① 王镜芙：《南北两方军事行动的回忆》，见《辛亥革命回忆录》（八），489 页。

② 北京中国研究会：《当代中国官绅录》第 2 册，392～405 页，东京，出版者不详，1918。

③ 即便是在战争时期，曾国藩湘军、李鸿章淮军有大规模的移防、调遣，都必须事先奏请朝廷批准，或因军务紧急先行动后也须事后补奏。清廷考虑军务需要予以同意，则无问题。一旦清廷不同意，军务完毕后，湘军或淮军须撤回原防区。

域由直隶、山东、湖北、江苏变为直隶、湖北、江苏、山西、陕西，再变为直隶、湖北、江苏、广东、台湾等地，也都是清廷根据局势变化进行调整的结果。

清廷在甲午战争后编练新军，随着北洋六镇和各省新军的编练，实际上清末新军的驻防区域是明确固定的，即各省由本省编练的新军驻防。北洋六镇近 7 万人，实力虽然最强大，但它是由直隶总督、北洋大臣负责编练，因此，其驻防区域主要为直隶。不过，随着清中央陆军部将北洋新军收归自己管辖，北洋六镇的驻防区域也发生变化，光绪三十三年，清廷允准陆军部和东三省总督徐世昌的奏请，将原北洋第三镇及从"第六镇及第二、第四、第五镇内抽拨步、炮、马各队，立混成两协"赴东三省驻防。[①]

镇压太平天国和捻军起义战后，驻防各地的湘军和淮军的供饷，基本是由清廷命户部协调各省供应。这表现在湘、淮军饷需供给中，协饷占了军饷来源的大部分。光绪七年以前，在西北作战的湘军，其饷需大部分是以"协饷"形式提供。同治五至十二年，左宗棠军共获得 4059 万余两军费，其中各省和海关协饷约计 3000 余万两，由户部掌控的各省各种捐输得款 750 余万，来自厘金、丁课等入款 300 万两。[②] 同治十三年，左宗棠军军需入款 828 万余两，各省和海关协饷约计 600 多万两，户部筹拨"西征军饷银一百万两"。[③] 光绪元年正月至三年十二月，左宗棠军军需入款 2674 万余两，其中各省和海关协饷 1700 余万两，户部拨解饷银 300 余万两。[④] 光绪四年（1878 年）正月至六年十二月，左宗棠军军需入款 2562 万余两，其中各省和海关协饷为 1700 余万两，借华商、洋商款约 500 万两。[⑤] 李鸿章淮军在军费数量逐年递减的情况下，其军

---

① 张国淦：《北洋军阀的起源》，见《北洋军阀史料选辑》（上），53 页。

② 笔者提炼上述统计数字，根据《遵旨开单报销折》，见《左宗棠全集·奏稿六》，68～75 页。

③ 《同治十三年分军需收支款目开单报销折》，见《左宗棠全集·奏稿七》，328～334 页。

④ 《光绪元年正月初一日起至三年十二月底止军需款目报销折》，同上书，440～448 页。

⑤ 《光绪四年正月初一日起至六年十二月底止甘肃新疆军需报销折》，见《左宗棠全集·奏稿七》，105～109 页。

费构成中协饷一直占 50％以上，而由地方督抚掌握的厘金，在李鸿章淮军军费构成中所占比例没有超过 50％。如，同治九年四月至十年十二月，淮军军需入款 700 万两，其中厘金为 270 余万两，所占比例为 38％；同治十一年，淮军军需入款 380 余万两，其中厘金为 170 余万两，所占比例为 45％。同治十三年七月至光绪元年十二月期间，淮军军需收入中厘金所占比重为历年最高，570 万两入款中厘金为 280 余万两，所占比例为 49％。①而且需要注意的是，厘金收入虽然由地方督抚掌握，但是随着清廷清理厘金，厘金收支的大局为清廷控制，厘金也越来越被清廷以协饷的方式加以调配。淮军军需入款中的厘金收入，有相当一部分就是其他省区征收的厘金以协饷方式供支淮军。而且，在厘金收入中还包括属于国家经制税项的两淮盐厘。如光绪十一年，淮军军需入款 190 余万两，其中厘金收入 84 万两，而这 84 万两厘金中，两淮盐厘就占了 70 万两。②

北洋军的军饷，大量来自于各种来源的协饷，最初是由中央户部直接拨到北洋。清末官制改革后，户部改为度支部，兵部改为陆军部，特别是亲贵铁良掌管陆军部后，为了进一步限制袁世凯军政势力的发展，经铁良"以接管练兵，必须先清饷源"为由奏请清廷批准，"协饷均解由度支部转陆军部收"，控制北洋新军和各省新军的饷需供应大权。不过，随着辛亥革命的爆发，袁世凯重新出山并担任内阁总理大臣，不仅重掌兵权而且全面控制财政等大权，使清中央的各种举措付之东流，清王朝也随之灭亡。

---

① （清）李鸿章：《李文忠公全集·奏稿》卷二十一，30～31 页；卷二十五，40～41 页；卷二十七，16～17 页；卷二十九，33～34 页；卷三十二，35～36 页。

② 同上书，33 页。

第二章　湘淮集团崛起初期清中央的主要对策及其演变过程

太平天国起义后，清朝长期实行的高度中央集权受到巨大冲击，地方军政大员的权势明显增强，这早已是学术界占统治地位的观点。前辈学者罗尔纲在《湘军兵志》一书中认为，早在湘军将帅取得督抚职位之前，就已经出现了"督抚专政"的局面。至于湘军集团崛起后督抚专政的情况，罗尔纲是这样说的："晚清兵为将有的起源，始于湘军，已如上述。但是，这种兵为将有的局面，所以会直接地影响到政治上去而牵动了一代的政局，却是由于湘军将帅得有总督、巡抚的地位，因为他们既擅兵柄，又握有地方上的财政、民政等权柄，于是他们便上分中央的权力，下专一方的大政，便造成了咸、同以后总督、巡抚专政的局面。……这种局面，咸、同后日益加甚，到光绪末年，朝廷一兵、一卒、一饷、一糈，都不得不仰求于督、抚。而为督、抚者，都各专其兵，各私其财，唯知自固疆圉，而不知有国家，故康有为至以当时十八行省，比于十八小国。宣统初元，清廷曾有中央集权的企图，计划要收回各省的政权，而积重难返，终无成效。武昌起义，袁世凯遂得因势乘便以遂其私"①。此后众多学者的著述大多强调湘淮集团的崛起造成的权力下移。有的学者认为，在咸丰末年至同治初年，全国大多数省区"都被湘军集团所控制"，"湘军集团拥有的军事政治力量，与满洲贵族为主导的清廷，已经形成双峰对峙，甚至有驾凌而上之势"。② 另有学者认为，在

---

① 罗尔纲：《湘军兵志》，221、217、227～228 页。
② 龙盛运：《湘军史稿》，289 页。

中央与地方的权力争夺中，清中央先是"无其奈何地听任中央权力的流失，容忍地方督抚侵夺中央权力"，后来则"较为主动地将中央权力下放地方督抚了"。① 似乎这场权力之争只是地方势力步步进逼、中央步步退让的过程。有的学者还认为，这种发展趋势导致了清中央对地方的控制力不断削弱，以至完全丧失，最终导致了清王朝的必然崩溃。

笔者认为，对于太平天国起义后这种变化究竟达到何种程度，尚需具体探讨。上述这些论断，过分夸大了地方势力向中央争权及其所取得的成果这一方面，而低估甚至忽略了清中央对地方势力进行制约和反击及其所取得的成果的一面。笔者认为，太平天国起义后清中央和地方之间权力的争夺和转移并非单向的而是双向的，双方的攻守进退并非直线式的而是波浪式、拉锯式的。本书试图对双方权力争夺的一个重要时期（咸丰和同治两朝）的情况进行较为具体的梳理，力求对这一问题有较为全面的了解。鉴于过去的著述对湘淮集团的攻势行动言之较详，本书偏重于谈问题的另一方面——清中央的反制政策、措施及其效果。关于湘淮集团的攻势行动则尽量简略，以免与已有著述过分重复。而对过去著述中未细谈的某些重要问题则做一些较为具体的补充，关于湘淮集团针对清廷反制采取的反击行动相对补充得更多一些。

一、咸丰六年之前清廷对
湘军集团的利用和压制并重政策

（一）湘军崛起之初湘军首脑和清廷的权力意识

对于曾国藩、胡林翼等湘淮集团首领而言，最初极力谋取统辖地方大权，首先是在战争的残酷形势下，出于自身生存的需要，主观上还没有与清廷分权的意识。正如有的学者所言："自募自练勇营，则地方督抚须有统兵之权，而粮饷自筹则统兵将帅必须兼领地方。否则，他们皆

_____

① 朱东安：《曾国藩集团与晚清政局》，31 页。

难以为功,且难以自存。这是因为,当时的战争形势犬牙交错,各自为政,无论地方督抚还是统兵将帅,若非将军事、行政、财政、人事大权集于一身,遇事独断专行,则难以独当一面,也难获得成功。经过数年的战争,地方督抚与统兵将帅都受到严格的检验,凡这样做、做得好的,即得以生存、发展、壮大,反之,则被革、被免、被杀。懵然无知或反应迟钝者,受到历史无情的淘汰,而遇事留心者,终于掌握了这一战争发展规律"①。但是,实际上无论是统军权,还是财政筹饷权、人事任免权,清中央都不可能完全"下放",而是在不得不下放部分权力的同时,采取多种手段对湘淮集团实施制约。湘淮集团不可能真正集权于一身。

清廷在开始阶段(主要是咸丰六年以前),恐怕并不是"无可奈何地听任中央权力的流失,容忍地方督抚侵夺中央权力",而是采取利用与压制并重的政策,尽量遏制湘军集团(此时尚无淮军)对中央权力的侵夺,并在一定程度上限制其发展。

清廷在湘军建立的初期,只是把它看作过去经常性临时招用的练勇,作为绿营兵力不足时的补充,而并非要其担当镇压主力。但是,曾国藩练兵绝不是像清廷所想的那样仅仅作为绿营之辅助,他有建立不世功勋的雄心。曾国藩的筹划从一开始就不是局限于一时一地,而是把局部和全局的战略结合起来考虑,双方的想法有很大差距。咸丰三年十月初二日的上谕说:

> 前因江西贼匪窜扰湖北,逼近武昌省垣,当经谕令骆秉章、曾国藩派拨兵勇船炮,驶赴下游会剿,谅已遵照筹办矣。现在台涌所带官兵,及咨调江西官兵,未知何日赶到? 武昌兵单,实恐不敷剿捕,曾国藩团练乡勇,甚为得力,剿平土匪,业经卓有成效,着即酌带练勇,驰赴湖北,合力围攻,以助兵力之不足。②

---

① 朱东安:《曾国藩集团与晚清政局》,32~33 页。
② 《清实录(第 41 册)·文宗显皇帝实录》卷一〇八,"咸丰三年十月上",652 页,北京,中华书局,1986。

这份上谕明白地道出了清廷对湘军初练时的认识。曾国藩对湘军出省之事却看得很重，不肯在条件不成熟时轻率出兵。清廷对此十分不满，痛加贬斥。咸丰三年十一月二十二日，清廷上谕令曾国藩将"前募楚勇六千，由该侍郎统带，自洞庭湖驶入大江，顺流东下，直赴安徽江面，与江忠源会合，水陆夹击，以期收复安庆及桐、舒等城，并可牵制贼匪北窜之路。"对此，曾国藩在《筹备水陆各勇赴皖会剿俟粤省解炮到楚乃可成行折》中说："窃自田家镇失防以来，督臣吴文镕、抚臣骆秉章与臣往返函商至十余次，皆言各省分防，糜饷多而兵力薄，不如数省合防，糜饷少而力较厚。即与张芾、江忠源函商，亦言四省合防之道，兼筹以剿为堵之策"，并声言"统计船、炮、水勇三者，皆非一月所能办就。……而事势所在，关系甚重，有不能草草一出者，必须明春乃可成行"。即便是咸丰皇帝在朱批中对曾国藩大加训斥："现在安省待援甚急，若必偏执己见，则太觉迟缓。朕知汝尚能激发天良，故特命汝赴援，以济燃眉。……着设法赶紧赴援，能早一步即得一步之益。汝能自担重任，迥非畏葸者比。言既出诸汝口，必须尽如所言办与朕看。"甚至嘲讽道："今观汝奏，直以数省军务，一身克当，试问汝之才力能乎？否乎？平日漫自矜诩，以为无出己之右者，及至临事，果能尽符其言甚好，若稍涉张皇，岂不贻笑于天下！"[1]曾国藩对湘军的组织建设、训练、初战也是极为慎重的，绝不肯轻率出兵，他一定要等到他认为可以出战之时，才起行。

从咸丰三年到六年，随着清廷逐步认识到湘军的战斗力，在对湘军加以利用的同时，逐渐加强了对湘军的防范和压制。

1. 以满族（蒙古族）官员监视战区的督抚和统兵大员

这并非是清廷专门对付湘军的，而是清廷普遍用于对付汉人督抚和统兵大员的手段，只是客观上起到了压制初建的湘军的作用。

这一时期，处于太平军强大压力下的湖广总督吴文镕、湖南巡抚张

---

① 清廷上谕、曾国藩的奏折和咸丰帝的朱批，均见《曾国藩全集·奏稿一》，80～82页。亦见（清）曾国藩：《曾文正公奏稿》第2卷，20页，传忠书局光绪二年刊本。

亮基、骆秉章是支持曾国藩编练湘军的①（虽然骆秉章对曾国藩在湖南练兵时侵夺地方事权，以及处理问题的方式不赞同，甚至反感，但对曾国藩练兵保卫地方，实际上有利于巩固他这个湖南抚臣之位，他是看得清楚的）。曾国藩就自陈："自上年田家镇失防以后，吴文镕、江忠源二人与臣往来书函，皆以筹办水师为第一要务。臣在衡州试造战船，吴文镕屡函熟商，言造船、配炮、选将、习战之法，精思研究，每函千余字，忠荩之忱溢于行间。"②根据王闿运的记载，也证明吴文镕对湘军编练水师的支持：

> （咸丰三年）十月，诏国藩督练勇援武昌、汉阳，始命率船炮赴下游。而国藩亦先于衡州治水军，访船制，皆不知其状，筏成不可用。羽檄征军日数至，人人以逗留为疑……水师守备成名标者，颇能言船炮，事国藩，亦自以意用商船改造为长唇宽舷，试发炮，果不震。而资费无所出，乃奏截留大营粤饷银八万，兴水军四千，船二百……其军亦募操舟人为之，增设炮手。其统将国藩自主之，其裨将亦号营哨官，纯用儒生、农氓或陆营弁丁。其经营尺寸轻重之度数，皆自虑度之。而总督吴文镕颇与同心，时相商定焉。③

吴文镕对曾国藩的支持，除了支持其添船炮外，还表现在他能尊重曾国藩的意见，不急于征用湘军，而湖北巡抚崇纶等人是不认同他这种"政策性支持"的，并奏闻于朝廷。清廷遂下旨说：

> 前据台涌奏称，应否统兵赴援，请旨遵行一折，朕详阅所奏，先后接据吴文镕、崇纶函咨，一则令其带兵赴省，一则令其不必来

---

① 相关奏疏和函札，如吴文镕《复江岷樵大令》《致江岷樵大令》皆与江忠源商议练军战守，并议商支持曾国藩练军。可参见吴养原编：《吴文节公（文镕）遗集》卷六十七，见《近代中国史料丛刊》第34辑，2～6、7页，台北，文海出版社；张亮基和骆秉章的有关材料，可参见《张大司马（亮基）奏稿》《骆文忠公奏稿》，皆为《左文襄公全集》附本，光绪十六年湘阴左氏校刊本。

② 《缕陈鄂省前任督抚优劣折》，见《曾国藩全集·奏稿一》，269～270页。

③ 王闿运：《湘军志·水师篇第六》，见《湘绮楼诗文集》，654页，长沙，岳麓书社，1996。

省，是该督抚各执一词，意见已属两歧，兹据崇纶奏，力筹剿贼各情，并称吴文镕闭门坐守等语。……著吴文镕一面严饬该臬司(唐树义)迅图剿洗，一面亲督官军，出省督战，并察看何路紧要，即驰往何路截剿，不准以守候船炮造齐，致滋延误。①

这里的一句"不准以守候船炮造齐，致滋延误"，一方面看出清廷的恼火，另一方面也看出吴文镕对曾国藩及其湘军的支持。在曾国藩编练军队初期，有这样的地方大员的支持，是十分重要的。

此时，清廷派驻地方的满族官员，一般行使着监视汉族官员的秘密使命，如湖北巡抚崇纶等旗员不仅监视，而且打压上下级的汉族官员，客观上对初建起来的湘军集团是一种打击，这符合清廷该时期的政策。咸丰四年(1854 年)，湖广总督吴文镕被旗员、湖北巡抚崇纶一再诬告、不断逼迫②，在兵力不敌太平军，所谓"战则不足，守则有余"的情况下，被迫率部分军队出防黄州。《清实录》记载：

(咸丰四年正月)革职留任湖北巡抚崇纶奏，防守省城兵力单弱，雇募壮丁以张声势。得旨：……吴文镕出省自拥多兵，置省垣重地于不问，殊昧大局，不知轻重，是视自己性命有重于地方。著速传旨吴文镕，将伊所带之兵勇，酌量撤回以固根本，并将此原折朱批，寄与阅看。朕岂为保一崇纶，实为鄂省民命计也。③

崇纶当时是因咎革职，清廷让其"革职留任"湖北巡抚，而崇纶却仍

---

①　《清实录(第 41 册)·文宗显皇帝实录》卷一一三，"咸丰三年十月下"，770～771 页。

②　崇纶的奏折，如咸丰三年十一月十六日《奏陈总督吴文镕坐守省城不敢出兵并请饬台涌迅速往剿片》、十二月二十六日《奏报省城留防兵单并现在布置防守情形折》、《奏报探闻黄州之敌大股下窜片》等，使得清廷不断严谕斥责吴文镕，并严旨催促吴出兵，甚至因为崇纶和清廷的不断逼迫，迫使吴文镕上奏自请革职，如咸丰三年十一月二十八日吴文镕上《奏陈与巡抚崇纶战守意见不合并自请罢斥片》。均见中国第一历史档案馆编：《清政府镇压太平天国档案史料》第 11 册，237～238、379～381 页；第 12 册，81～83 页，北京，社会科学文献出版社，1994。

③　《清实录(第 42 册)·文宗显皇帝实录》卷一一七，"咸丰四年正月上"，9 页，北京，中华书局，1986。

如此张狂，动辄上奏，参劾总督，而清廷则对其上奏显然信任有加。曾国藩指出，吴文镕当时所有之兵为"屡溃杂收之兵勇，新募未习之小划，半月不给之饷项"，所谓"自拥多兵"，并非事实。而崇纶一奏，清廷就立即"传旨吴文镕，将伊所带之兵勇，酌量撤回以固根本"。吴文镕所带之兵本不足与太平军对抗，清廷又听信崇纶之言，令吴文镕将部分兵力撤回省城，致使吴文镕败死。曾国藩在《缕陈鄂省前任督抚优劣折》中提到："六月二日武昌城陷，崇纶随众军逃出，辗转偷生。反称革职回京，已于前一日先出鄂城"①，而清廷竟然相信崇纶之言，在曾国藩上奏揭露之前，长达数月，未予深究。②

吴文镕之死，对成军初期的曾国藩军是一个很大打击，因为吴文镕对曾军的形成，以及在各方面的支持（包括筹饷、止谤、稳定军心等方面）作用很大。吴文镕一死，湘军失去了一位强援。其后的湖广总督台涌显然不像吴文镕那样支持湘军。难怪曾国藩难以释怀，一待时机成熟，就对崇纶穷追不舍。咸丰四年九月，曾国藩攻克武昌、汉口之后，一度得到咸丰帝的器重，便抓住时机，在《缕陈鄂省前任督抚优劣折》中褒扬吴文镕为国尽忠、谴责崇纶等危害国家社稷，使清廷不得不对崇纶予以追究。但是清廷的谕旨命崇纶所在之旗查明崇纶现在何处，表明清廷原来根本没有追究崇纶失职之罪的想法。随后在咸丰四年十月十一日的谕旨也只是说："该革员现在陕西就医，著王庆云派员押解来京，交刑部候旨讯办"③，此后再无消息。

安徽巡抚福济显然也肩负着监视两江地区，尤其安徽战区作战的湘军等军队的任务。福济因畏惧战事，屡次上书请辞，清廷不准④。咸丰六年（1856年）和州、全椒接连被太平军攻克后，咸丰帝也只是下令将其下部议处。后福济又遭钦差大臣、督办江北大营军务大臣都兴阿参劾

---

① 《曾国藩全集·奏稿一》，271～272 页。

② 同上书，271～272 页。

③ 同上书，273 页。

④ 如咸丰七年初，福济还屡次上奏请辞，被清廷驳回。参见《清实录（第 43 册）·文宗显皇帝实录》卷二二一，"咸丰七年三月上"，454 页，北京，中华书局，1986。

"株守临淮，粉饰军情，擅截饷银，浮支兵勇口粮"等战时危及大局的严重问题，并说"若仍令福济督办，恐贻误事机"①，清廷仍未按照惯例严惩。《清实录》所载咸丰八年（1858 年）六月十三日的上谕只是轻描淡写地说："革安徽巡抚福济头品顶戴、太子少保，命来京。以候补侍郎翁同书为安徽巡抚，督办军务。"②由恭亲王奕䜣等领衔编纂的官方文书《钦定剿平粤匪方略》中所录更为完整的上谕就更明确显示出清廷的回护之意："福济办理安徽军务徒知株守，日久无功，已明降谕旨革去头品顶戴、太子少保衔，令其来京，另候简用。"③

此外，学者们常常谈及的以官文任湖广总督，监视、钳制湖北巡抚胡林翼、湖南巡抚骆秉章，并对曾国藩湘军起着监控作用，也是清廷以满族督抚监视、牵制汉族督抚及统兵大员的故技。

清廷对湘军首脑曾国藩深怀疑忌，迟迟不授予高级官职，而湘军中的满员塔齐布，一旦作战得力，很快就得到拔擢。从咸丰三年七月塔齐布得曾国藩之荐由参将加副将衔开始，短短不到一年时间内，职衔不断上升，咸丰四年五月克复湘潭后，加总兵衔，"诏塔齐布以副将署湖南提督"，寻实授。④ 与同时期曾国藩手下其他汉人将领相比，不可同日而语。就是与该时期的曾国藩相比，塔齐布在清廷谕令中的名次也跃居曾国藩之前。如咸丰四年闰七月初五日湘军岳州获胜后，在清廷上谕中的人员顺序和传旨方式为："湖南巡抚骆秉章、湖南提督塔齐布，传谕已革前礼部侍郎曾国藩。"⑤清廷这样做，既有以满制汉的意图，又有破坏曾国藩在湘军中一人独尊局面的用意。只是湘军集团初起时，将领均对曾国藩十分崇敬，一心想在他的率领下建"不世之功"，成"不朽之名"。塔齐布虽然受到清廷特殊恩宠，迅速跻身高位，仍是忠心于曾国藩。王闿运曾就此事专门写道："塔齐布以都司署守备仅二年，超擢大

---

① 《钦定剿平粤匪方略》卷一九八，3 页，同文馆活字本。
② 《清实录（第 43 册）·文宗显皇帝实录》卷二五六，"咸丰八年六月上"，976 页。
③ 《钦定剿平粤匪方略》卷一九八，4 页。
④ 王闿运：《湘军志·曾军篇第二》，见《湘绮楼诗文集》，591 页。
⑤ 参见《曾国藩全集·奏稿一》，159 页。

帅……是时，依故事，提督列衔在巡抚前，曾国藩以事降黜，衔名又在巡抚后，而塔齐布仅事国藩，自比于列将。"①清廷的目的并未达到。

2. 利用地方督抚牵制湘军

曾国藩等人编练湘军，以及湘军在省和出省作战，都必然在募将招勇、筹饷、处理事情等方面涉及所在地方的事务，不可避免会出现侵夺地方事权的情况，必然引起湖南巡抚、藩、臬，甚至许多中下级官吏的反感。王闿运记载，咸丰四年"四月庚午，国藩自攻靖港寇不利。布政使徐有壬、按察使陶恩培汇详巡抚，请奏劾侍郎曾国藩，且先罢遣其军"②。湖南巡抚骆秉章对曾国藩侵夺事权、处置事情的方式也很反感，听任曾国藩受攻击而不予过问，"俄而辰勇与永顺兵私斗。……标兵汹汹满街，国藩欲斩所缚者以徇，虑变，犹豫未有所决。营兵既日夜游聚城中，文武官闭门，不肯谁何，乃昌狂公围国藩馆门。公馆者，巡抚射圃也。巡抚以为不与己公事，国藩度营兵不敢决入，方治事，刀矛竞入，刺钦差随丁，几伤国藩。乃叩巡抚垣门，巡抚阳惊，反谢，遣所缚者，纵诸乱兵不问。司道以下公言，曾公过操切，以有此变"③。王定安的记载基本相同："八月，永顺兵与辰勇械斗，提标复吹角列队攻辰勇。俄而围塔齐布参将署，文武官坐视置不问。标兵益猖狂，公围国藩行馆，矛伤从者。巡抚谕解之。"④因此，清廷不用多作布置，只需强调地方大员的权力，就可利用地方官员的权力意识，起到钳制湘军统兵大员的作用。以湖南巡抚骆秉章、湖南藩臬以及其他督抚牵制曾国藩、胡林翼等；利用湖广总督官文钳制、监视湖北巡抚胡林翼，等等，皆是如此。而官文对胡林翼、骆秉章、曾国藩等的监视，就既有满员监视汉员的因素，也有制约湘系地方督抚的因素在内。

地方督抚企图直接控制军队也被清廷利用来制约湘军。战争时期，诸多封疆大吏的战死，重要原因，就是督抚身边没有一支有战斗力的军

---

① 王闿运：《湘军志·湖南防守篇第一》，见《湘绮楼诗文集》，566 页。
② 同上书，565 页。
③ 同上书，587 页。
④ （清）王定安：《湖南防守篇》，见《湘军记》卷二，13 页，长沙，岳麓书社，1983。

队。活生生的经验教训，使得地方督抚必然希望自己身边有一支能直接控制、有战斗力的武装力量。这种心理在湖南巡抚骆秉章和曾国藩争夺湘军的问题上就充分显示出来，成为清廷作为借鉴施用的案例。

几乎与曾国藩受命在湖南督办团练同时，骆秉章在咸丰三年三月开复处分，重新回到湖南巡抚任上，三月十八日署湖南巡抚①。此前经历的种种艰难，使骆秉章看到，如果不与曾国藩合作，真正练成一支能经战阵的军队，一旦湖南战事不利，他的必然结局是：或死难，或获罪。因此，骆秉章支持曾国藩练军。咸丰四年四月在湖南藩臬借曾国藩靖港之役不利，"汇详巡抚，请奏劾侍郎曾国藩，且先罢遣其军"时，骆秉章表示"不可"②；但是，他的着眼点是以自己身为湖南巡抚的优势，控制这支湖南军队。

其一，他一方面支持曾国藩练军；另一方面也实实在在地为自己募集相关人员："时粤匪陷武昌后，湖北云扰，江西、广东、广西、贵州等省土匪蜂起，均与湖南接壤。在籍侍郎曾国藩奉命筹办团练，始立湘军。秉章赞成其事，又延湘阴举人左宗棠襄理戎幕，广罗英俊之士，练勇助剿，军威渐振。"③

其二，他在支持曾国藩练军的同时，也以湖南巡抚的身份，频繁插手湘军的一些事务，尤其表现在这支军队还在编练过程中，他就不断使用这支军队，派遣曾国藩练勇中人剿匪。当然，曾国藩之所以同意这样使用自己的军队，一方面是希望在正式成军前后，能不断得到骆秉章这位湖南巡抚的支持，同时他对自己军队的内部凝聚力有信心；另一方面曾国藩也乐于在小规模的实战中锻炼自己的军队。

其三，曾国藩和骆秉章在控制曾国藩编练的湘军问题上，已经发生冲突，表现在对这支军队的调遣上。例如，咸丰四年十月，田家镇战役之后，太平军西上，骆秉章令驻浏阳的邹寿璋营移防岳州，但曾国藩却

---

① （清）骆秉章：《骆文忠公自订年谱》卷上，27页，思贤书局光绪二十一年刻本。
② 王闿运：《湘军志·湖南防守篇第一》，见《湘绮楼诗文集》，565页。
③ 《大臣画一传档后编一·骆秉章》，见《清史列传》卷四十五，3563页，北京，中华书局，1987。

令邹寿璋原地防守，而湘勇将领在接到骆秉章等的调遣命令后，显然并非马上就服从命令，而是先禀告曾国藩。曾国藩明确表示："嗣后抚部院与本部堂若调该营乡勇，必彼此咨商。该军功若非接到本部堂札饬，不准轻自移营"。①

其四，曾国藩准备带兵出省作战时，骆秉章眼见阻止曾国藩出省不成，自己控制这支军队失败，就退而求其次，开始借助行政权，企图分解曾军。在曾国藩带勇东征之前，骆秉章以"岳州一郡，不独六省藩篱，抑系大军根本"，事关紧要，奏请"飞调新任四川臬司胡林翼，带勇驰赴岳州，相机防剿。拟将来水陆各兵勇赴岳后，一并归其统带"，企图使胡林翼部脱离曾国藩，转归自己统辖。曾国藩对骆秉章这一图谋坚决抵制，屡次奏调、函催胡林翼带勇东下，骆秉章遂上奏称：

> 岳州关系甚大，必须重兵防守，始为计出万全。……设使大军东下之后，余匪复肆鸱张，或逆贼乘我军后路空虚，间道抄袭，致大营粮台声息中梗，所关殊非细故，频年逆贼纵横，凶焰日炽，经湘潭、岳州屡次大捷，大局甫有转机，岂可稍涉疏虞，自贻伊戚！湖南官绅兵勇之曾经战阵者，均已调赴东征。若胡林翼又复带勇随征，则岳州一军更不可恃，于大局实两有所妨。②

清廷在这场斗争中明显支持骆秉章。其谕旨说：

> 岳州一郡，为湖南全省门户，即为四川、滇、黔等省藩篱，逆贼屡次窥伺，虽经击退，防范更宜严密。且该处驻有重兵，则曾国藩等统师东下，可无后顾之虞。著骆秉章等即饬胡林翼仍驻岳州，毋庸随往湖北。并饬令督率兵勇，严密防堵，以为曾国藩等后路声援。若武汉贼匪被剿下窜，岳州防堵较缓，仍可饬令胡林翼出境随

---

① 《批管带湘勇右营军功监生邹寿璋禀奉抚宪札委调赴岳州防守并在浏获匪由》，见《曾国藩全集·批牍》，110页。

② （清）骆秉章：《请留胡臬司驻守岳州》，见《左宗棠全集·奏稿九》，215～216页。

剿。惟在该抚等体察情形，熟筹妥办。①

其五，在眼见无法控制曾国藩编练的这支军队后，骆秉章也在不断尝试建立自己的武力，并借机分化曾国藩军，以获得一支自己控制的军队。王鑫事件，就是骆秉章为了获得自己控制的有力的武装力量，分化、限制曾国藩部下的显例。对王鑫事件，本书将在第五章第一部分专门进行分析。

骆秉章参与湘军集团，并由此控制了几支湘军部队②，客观上对清廷分化湘军集团、施展政治手段控制湘军，起到重要的示范作用。其他如官文也是不断拉拢湘军统兵将领，在咸丰六、七年间曾与骆秉章争夺王鑫部队。

3. 利用湘军集团内部主要人物之间的分歧，在人员调动上制造矛盾，积累一些以人事权分解军队控制权的经验

清廷还利用战局以及湘军集团内部各派系因驻扎地区、管辖范围的差异存在的利益差别，来分化以曾国藩、胡林翼为主的派系③，同时进一步分化曾国藩派系内部的力量。王鑫事件和罗泽南事件就是典型事例。关于湘军集团内部战略认知上出现的差异，有不同的人员认知、思维本身的因素，但是清廷的战略认识影响力不容忽视，因为这直接体现

---

① 军机大臣字寄咸丰四年闰七月二十九日奉上谕，《清实录（第 42 册）·文宗显皇帝实录》卷一四一，"咸丰四年闰七月下"，473～474 页。

② 骆秉章最初是使王鑫脱离曾国藩，归属自己统辖。以此为开端，他的系统中掌握了周达武、田兴恕、刘岳昭、萧启江、沈宏富等几支湘军部队。

③ 关于胡林翼派系的形成和早期状况，简要介绍如下：胡林翼在道光三十年十二月补授黎平府知府，咸丰三年以记名道黎平知府由湖广总督吴文镕奏调，募练勇奉旨调湖北委用，四年迁贵东道，因湖广总督吴文镕战死，经曾国藩、骆秉章奏留湖南，依附二人，开始形成自己的一支湘军。随着他咸丰五年三月迅速升任湖北巡抚，形成并壮大自己的势力，并不惜将罗泽南从曾国藩江西战场拉到自己湖北战场，遂开始控制一支有战斗力的湘军主力。也因此，其派系往往也可归属曾国藩派系，无法作泾渭之分。早期就进入该派系并成为代表人物的主要有：罗泽南、李续宾（官至浙江布政使）、李续宜（官至安徽巡抚）、毛鸿宾（官至两广总督）、丁宝桢（官至四川总督）、阎敬铭（官至户部尚书、军机大臣、东阁大学士）、严树森（官至湖北巡抚）、卫荣光（官至江苏巡抚）、罗遵殿（官至浙江巡抚）、方大湜（官至山西布政使）、庄受祺（官至湖北布政使）、张建基（官至湖北布政使）、唐际盛（官至湖北按察使）、栗耀（官至湖北按察使）、多隆阿（官至西安将军）、周宽世（官至湖南提督）、鲍超（官至浙江提督），等等。上述皆参见梅英杰：《胡文忠公年谱》，光绪三十一年梅氏抱冰堂刊本。

在军事部署、军队调派、粮饷供给，以及人员的安排、奖赏等前途利益问题上。因此，分析清廷的战略认知对湘军集团成员的影响，是其重要方面。

关于清廷的战略认知和湘军首脑尤其是曾国藩的战略思维问题，以往的研究者多是从清廷与曾国藩战略认知的高下来作出分析。如《湘军史稿》认为："湘军与清廷在战略上的分歧，固然是由于他们所处环境地位各不相同，因而利害关系互异，但也反映出各自判断力水平确有高低之分。咸丰三、四年之交，满族贵族既没有觉察出北伐军已是强弩之末，更没有洞察到太平军集中兵力，以两湖为主攻方向的战略转变。而曾国藩则高出一筹，敏锐地看出太平军这一战略转变的意图。但这种分歧在四年春并未引起双方矛盾，因为当时湘军远在湖南，中隔太平军，只能打武汉，才能与北方相连接。""五年春至七年春这两年中……攻下武汉，夺回湖北全省，并在江西的全面反攻中获得较大进展，奠定了以两湖为基地，稳踞中游，顺流东下，争夺下游的战略态势。"总之，"力争长江控制权，确保武汉安全，进而争夺安徽，以图天京，则为湘军始终坚持的战略根本"。[①]

关于湘军的战略规划，曾国藩对湘军同仁可以说是屡屡申述，力图在湘军集团内部将自己的战略规划逐步变为湘军的共识。咸丰三年十月，曾国藩在给王鑫的书信中就说道：

> 荆、襄扼长江之上游，控秦、豫之要害，诚为古来必争之地。然以目前论之，则武昌更为吃紧。盖贼首既巢金陵，近穴镇、扬二城，远处所宜急争者，莫要于武昌。昔人谓江自出蜀以后，有三大镇：荆州为上镇；武昌为中镇，九江次之；建业为下镇，京口次之。今粤逆已得下镇矣。其意固将由中镇，以渐及上镇。闻九江、安庆近已设立伪官，据为四窟。若更陷鄂城，上及荆州，则大江四千里，遂为此贼专而有之。北兵不能渡江而南，两湖、两广、三

---

① 龙盛运：《湘军史稿》，114、166～167 页。

江、闽浙之兵，不能渡江而北，章奏不克上达，朝命不能下宣。而湖南、江西逼近强寇，尤不能一朝安居。即使贼兵不遽渡湖南窜，而沅、湘固时时有累卵之危。然则鄂省之存亡，关系天下之全局固大，关系吾省之祸福尤切。鄂省存，则贼虽南窜，长沙犹有幸存之理；鄂省亡，则贼虽不南窜，长沙断无独存之势。然则今日之计，万不可不以援鄂为先筹，此不待智者而决也。①

因为清廷首都在北京，故清廷的战略认知是以确保北京安全为中心，以围绕北京为中心的北方防务来安排的。尤其是在太平天国北伐军威胁北方根本之地时，咸丰帝在咸丰三年三月上旬的谕旨中曾明确表示："旬日前，江南江北原应兼顾，辰下则北方为不可缓之势。朕为天下主，非惑于浮言，忍置江南不顾，第根本微摇，将来不堪设想。"②从这一段话，结合战局，我们可以看到，清廷这一战略认知是有时局变化的背景因素的，而且从中我们可以进一步看出，清廷的战略认知并不是僵化的。

其实，曾国藩对战略重点的判断，其基本出发点与清廷并无二致，即都是以自己所在之地为战略重点。曾国藩在两湖时，以武昌为重点，他在江西时，则以九江、南昌等地为重点，并为此与胡林翼、罗泽南发生矛盾。胡林翼身为湖北巡抚，当然是以武昌为根本重点。因此，罗泽南想离开江西、离开曾国藩、驰援武汉，胡林翼是非常欢迎的。罗泽南到武汉后，胡林翼倚为支柱。当江西和武汉皆处于太平军的猛烈攻击时，胡林翼为确保克复武昌，并不支持罗泽南赴江西支援处于危局中的曾国藩，为清廷施展政治手段留下空间，导致了湘军的一次分裂和伤害。当曾国藩困于江西、胡林翼危于武汉之时，清廷认为武昌当北去之要冲，当然比九江、南昌重要。这与曾国藩此前灌输给湘军将领的并无区别。基于以武昌为重点的战略认识，更加上清廷与胡林翼对他进行的利益、前途等不言而明的诱惑，导致了罗泽南事件。对于这一湘军内部

---

① 《与王鑫》(咸丰三年十月初八日)，见《曾国藩全集·书信一》，273～274 页。
② 《清实录(第 41 册)·文宗显皇帝实录》卷八十七，"咸丰三年三月上"，158 页。

的分裂，本书将在第五章第二部分作出分析。

4. 在高级官员任命上避免任命曾国藩为督抚，打压曾国藩这一首脑人物的气势和权威

随着湘军在咸丰四年至五年间表现出强大的战斗力，清廷对曾国藩作为这支生力军的唯一统帅颇为担忧，于是利用手中的官员任免权作了一些钳制的部署："文宗以国藩一人兼统水陆军，心忧之，特诏贵州提督布克慎自黄州还，赴其水营，诏总督台涌会其师。"①打击曾国藩在湘军中的权威，显然是清廷在这一时期很乐意做的事：前面已经述及，将追随曾国藩的偏裨副将塔齐布迅速拔擢为湖南提督，而曾国藩则仍是"已革前礼部侍郎"，职位低于塔齐布。而且，在塔齐布任湖南提督后，清廷将湘军称为"塔齐布陆师、曾国藩水师"。其意图很明显，就是要将"湘军锐甚"②时"兼统水陆军"的曾国藩的气势、权威压下去。

咸丰帝在咸丰四年对曾国藩署湖北巡抚旋任旋除一事，是清廷最高决策者的心态、清代规制和打击曾国藩威势相结合的产物。对于该事件，龙盛运《湘军史稿》是这样分析的：

> 最初一年多时间中，咸丰帝对湘军时加赞许，双方关系十分和谐。四年八月，湘军攻克武汉，咸丰帝一接捷报，便"立沛殊恩，以酬劳勋，曾国藩著赏给二品顶戴，署理湖北巡抚"。但曾的辞谢折未到京，咸丰帝又改任他人为巡抚，只令曾以空头侍郎衔领军东下作战。这样出尔反尔是由于某军机大臣的进言："曾国藩以侍郎在籍犹匹夫耳，匹夫居闾里一呼蹶起，从之者万余人，恐非国家之福。"咸丰帝一听，便"默然变色者久之"。这一进言，揭示出曾国藩拥有巨大的潜在势力，湘军又是他个人掌握的军队，而两三天之内攻下华中重镇武汉的事实，则显示湘军惊人的战斗力。对曾国藩及其湘军有了这样的认识，咸丰帝便断然收回令曾署鄂抚的成命，使曾不仅不能调动一省人力物力财力去扩充湘军，甚至为了维持现有

---

① 王闿运：《湘军志·曾军篇第二》，见《湘绮楼诗文集》，588 页。
② 同上书，592 页。

规模，也不能不仰赖地方大吏，乃至清廷的支持，从而达到控制湘军的目的。咸丰帝如此出尔反尔，曾国藩自然会有警觉。①

朱东安《曾国藩集团与晚清政局》一书是这样分析的：

> 咸丰四年秋，曾国藩率军攻占湖北省城武昌，咸丰帝闻报大喜，立即任命尚未服阕的曾国藩署理湖北巡抚。不料，某相国一言触到其痛处，使之翻然悔悟，立即收回成命。薛福成《书宰相有学无识》一文对此作了较为生动的描述："捷书方至，文宗显皇帝喜形于色，谓军机大臣曰：不意曾国藩一书生，乃能建此奇功。某公对曰：曾国藩以侍郎在籍，犹匹夫耳。匹夫居闾里，一呼，蹶起从之者万余人，恐非国家福也。文宗默然变色者久之。由是曾公不获大行其志者七八年。"……反对重用汉臣，极力压制湘军，却是一致的。②

学者们喜欢考证"某相国""某公"究竟是谁，但是，他们用作考证根据的材料大多是笔记材料或时人的一些得自传闻的记载，如薛福成《庸庵文续编》、黎庶昌《拙尊园丛稿》，并没有铁证材料。其实，有学者已经坦言："因系宫廷密事，不可能见诸档案，故多属传闻，无切实记载。"③

笔者认为，究竟是谁为咸丰进言并不重要，重要的是曾国藩的巨大威势必然使咸丰帝深怀疑忌，而一旦有大臣进奏、进言，他就可以顺应"舆情"，应大臣之请对曾国藩及湘军采取措施。我们知道，湘军水陆军都成军后，"文宗以国藩一人兼统水陆军，心忧之"，派布克慎入水师营进行钳制，乃是在咸丰四年正月就已发生的事。④ 可见咸丰皇帝早就不放心曾国藩这位掌握着一支富有战斗力的生力军的大臣。而让布克慎入

---

① 龙盛运：《湘军史稿》，169～170 页。
② 朱东安：《曾国藩集团与晚清政局》，35～36 页。朱东安《曾国藩传》一书的论述基本一致，只是相对简略一些。
③ 同上书，37 页。
④ 王闿运：《湘军志·曾军篇第二》，见《湘绮楼诗文集》，588 页。

曾国藩水师营的措施显然不见效，咸丰的烦恼也可以想见。因此，最终不愿授予曾国藩这位统兵大员兼辖地方大权的心态也是很自然的。此外，清代统兵大员不能兼辖地方这一规制，也是清廷不让曾国藩任地方督抚的重要理由之一。

清廷有意压制曾国藩，还有一条证据，就是任命代替曾国藩的湖北巡抚为陶恩培。《清实录》记咸丰四年九月中旬清廷上谕："赏署湖北巡抚曾国藩兵部侍郎衔，办理军务。以江苏布政使陶恩培为湖北巡抚。未到任以前，以湖广总督杨霈兼署"。陶恩培此人是曾国藩在湖南练军时的湖南按察使，与曾国藩不睦，甚至多方作对。咸丰五年（1855 年）三月陶恩培战死后，清廷仍不任命曾国藩，而以胡林翼接任。[①]

胡林翼虽然也是湘军重要将领，但他是进士出身，在湘军成立前，早就自募练勇，镇压农民起义，并已官至道员，即在咸丰四年"二月，公补授贵东道"[②]。后与曾国藩合兵，在湘军集团中并非嫡系，在初起的湘军集团中也不是像曾国藩那样举足轻重的人物。清廷有意提高胡林翼的地位，用以牵制曾国藩，打破曾国藩在湘军中一人独尊的局面。胡林翼任湖北巡抚后，虽受清廷特殊待遇，未按湖北巡抚不兼领军队的惯例交出所领军队，但此后他主要是管理地方事务，尤其是为湘军筹措饷银，所部中多出行政后勤人员，而少出卓越将领，他自己也说："本省既无得力之兵将"[③]，这也是清廷对他这支湘军稍微放心的原因。由于湖北一带为清军和太平军必争之地，战争形势迫使清廷允许胡林翼军政兼辖，虽属于战时特殊情况，但实际上已经打破了清代统兵者不能兼辖地方的规制。当然，清廷敢于在胡林翼身上打破规制行事，还在于清廷安排了满员官文为湖广总督，监视并钳制胡林翼、骆秉章、曾国藩

---

① 根据《清实录》记载，咸丰对曾国藩"赏给二品顶戴，署理湖北巡抚"是在咸丰四年九月初，而非学者著述中所说的八月。《清实录（第 42 册）·文宗显皇帝实录》卷一四四，"咸丰四年九月上"；卷一四五，"咸丰四年九月中"，534、545 页。

② 梅英杰：《胡文忠公年谱》卷二，1～2 页。

③ 《敬陈湖北兵政吏治疏》，见《胡林翼集》第 1 册，"奏疏"，201 页，长沙，岳麓书社，1999。

等人。

应当注意，首先，湘军集团内部并非铁板一块，而是各有派系，矛盾重重。如江忠源虽然与曾国藩有师友之谊，但并非湘军嫡系。曾国藩练湘军前，他早已自率练勇（号称"楚勇"）随清军作战。咸丰三年九月已任安徽巡抚。江忠源那支湘勇，在相当程度上，与曾国藩、胡林翼等湘军部队保持距离。① 他的弟弟江忠淑显然就不太尊重和服从曾国藩。据记载，江忠淑既不尊重曾国藩，也未遵从曾国藩的安排。

> （咸丰三年）五月，洪寇分党围南昌，江忠源往援，因乞师湖
> 南。以罗泽南将湘勇千二百，六月辛卯起行，道醴陵。忠源弟忠淑
> 将楚勇千，壬辰起行，道浏阳。署盐道夏廷樾将营兵六百人，湘勇
> 七百，丁酉起行，道醴陵。援军之行也，国藩念营将积散不可用，
> 纯用书生为营官，率皆生员、文童，以忠诚相期奖。然未经行陈，
> 故以楚勇百战者偕。楚勇尚剽锐，营制疏略。乃命千总张登科领湘
> 勇二十人为前哨，戒忠淑、登科曰："哨探必百里，至瑞州，待湘
> 军而行。"忠淑狃其家军称劲旅，心笑曾公怯，驱而前。中途讹言寇
> 至，哗而溃走，奸民噪惊之，弃军械、饷银，退保义宁。②

其次，地方督抚间的争夺，使得湘军内部的矛盾扩大化。当时两湖战区的督抚之间对湘军部队的争夺是很激烈的。就以王鑫脱离曾国藩追随骆秉章这一典型案例来说，王鑫为骆秉章、左宗棠拉拢，从很大程度上讲，还属于湘军内部的分合问题。但是湖广总督官文也想插手。咸丰六年（1856 年）王鑫驻防岳州，连克湖北四城后，官文主动上奏请加王鑫按察使衔，以道员留湖北简放，图谋把王鑫纳入自己帐下。骆秉章、左宗棠急忙采取措施，一方面由骆秉章上奏以军务为由请清廷暂缓将王

---

① 咸丰三年九月十九日上谕，参见中国第一历史档案馆编：《清政府镇压太平天国档案史料》第 10 册，213 页。

② 王闿运：《湘军志·曾军篇第二》，见《湘绮楼诗文集》，585 页。

鑫简放为湖北的道员①，另一方面由左宗棠急函王鑫，晓以利害。函中历数湘军各派与官文的嫌隙，并强调指出王鑫部队即使归附官文，官文也不供给军饷，仍须由湖南供饷给王鑫。他说：

> 顷阅官督公文称：王道一军极为可靠，除已由本大臣奏留驻扎崇、通一带，督率地方官实力搜捕，所有王道一军勇粮等项，不得不由南省筹发云云。而其奏稿，则并未抄附，未知如何立言？老兄一军，原系奉旨赴援吉安，因值石逆上窜，中丞以大局攸关，改赴北路。嗣因石逆虽经败窜，而武昌尚稽克复，诚恐逆党窜踞鄂城上游，计图牵制攻鄂之军，而为湘省北路之患，尊军之由岳而通城、蒲圻、崇阳、通山，原所以靖鄂而保湘也。现尚驻通山极力搜捕，何劳官督奏请？既径行入奏，而又以此军之饷仍委之湖南，其意不过有此一笔，可见其能调度，能知人，将来或东或西，均可随意指挥，而每年可潜取湖南十余万之饷耳……且此后南局支应北军之饷，事何可长？

左宗棠还专门提到胡林翼、骆秉章的态度：官文"此公为众所不与，润公（指胡林翼）已与构隙，想尊处亦有所闻"，"中丞（指骆秉章）阅公牍至此，殊为怫然，即饬草檄调尊军回湘。俟奉有寄谕，再当复陈"，也就是说骆秉章对官文的做法很不满，态度很强硬，坚持将王军调回湖南。左宗棠还从道义上提醒王鑫不要成为别人钳制湘军的棋子："为老兄计，明珠暗投，固已太辱……老兄一军为邦人所倚藉，岂可竟为局外所牵帅耶？……湖北虽渐有肃清之期，然北岸政以贿成，群邪森布，深为可忧"，左宗棠给王鑫提出建议："北督亦必有札饬知，当禀复以不能留鄂之意"。②左宗棠以湘军所持之道义和很实际的饷需，来劝说并要挟王鑫，而王鑫也不能不考虑，官文虽然以官衔拉拢，而实际的饷需，仍要湖南供应。投靠官文，脱离骆秉章，显然得不偿失。王鑫转投官文

---

① （清）骆秉章：《王道带勇剿贼请暂缓简放实缺折》，参见《左宗棠全集·奏稿九》本，496～497 页。

② 《与王璞山》，见《左宗棠全集·书信一》，170～171 页。

的活动终被阻止。

再次，以朝廷的战略认知(通过上谕的宣示和军事部署来表现)和利益前途关系来影响湘军集团人员，并获得了成效。清廷这一策略取得成效的典型案例，就是王鑫事件、罗泽南事件等，这也能说明当时复杂的历史面相。①

总之，清中央政府对文武官员黜陟权力的垄断，是清朝中央集权制度的重要内容和基石，对于保证中央对地方文武官员的控制，防止地方割据至关重要。湘淮集团的兴起使清中央政府面临新的问题，即湘淮集团内部官员的黜陟基本上由湘淮首脑自行决定。

清中央政府的对策是湘淮集团内部的官职不与政府职官体系衔接，不给予相应的地位和待遇。湘淮官员在集团范围以外行使权力常受到政府官员牵制，与地方官员难以协调行动。湘淮官员的长远前途也无保证。无论从战区的统一指挥和协调、湘淮集团的发展，还是从湘淮成员的个人前途考虑，湘淮集团都有必要在保持本集团相对独立性的同时，谋求使本集团的部分成员取得清朝官方的文武官职，特别是使领导成员取得官方的高级官职。

就清中央政府而言，部分湘淮人员取得政府官职，会使一部分政府权力落入湘淮集团之手，有不利的一面。但这部分人成为政府官员之后，清中央也就有了更多手段对其思想、行动施加影响和约束，因而也存在有利的一面。

清朝在对太平天国的战争中，越来越依赖湘淮军队，也就不能不接受湘淮集团的要求，授予其越来越多的官职，甚至不得不任命部分湘淮高层人员为封疆大吏。与此同时，清廷着力利用高级官职对一些湘淮高层人物进行拉拢、分化，动摇曾国藩在湘淮集团中一人独尊的局面，破坏湘淮集团的内部团结。双方为了各自的利益进行了长时间的明争暗斗。

---

① 参见本书第五章对这些典型事件所作的详细分析。

(二)咸丰四年至六年,双方在权力斗争中各自选择不同的重点

此时,除了江忠源、骆秉章、胡林翼等少数人员外,湘淮人员绝大多数没有官职(连曾国藩也只是已革前礼部侍郎,严格来说也是没有官职的士绅),或只有很低的官职(甚至只是记名低级官职)。因此,曾国藩从争取低级官职入手,通过大量保举使尽可能多的人开始进入清政府职官系统,并使其中一部分人逐渐升至中级职位。

对于曾国藩、胡林翼等湘淮集团首脑大兴军功保举案的做法,有学者认为:

> 汇保之案办理较易,受奖面较大,但仅能保荐候补、候选、记名、即用之类一般任职资格。上述愈保愈滥终成晚清一大弊政之事,即指此而言。故其在很大程度上带有欺骗性,而武职尤其如此。为了鼓励军中末弁和广大兵勇为他们卖命,视国家神器为儿戏,明知兑现无望仍随意奏保,致使候补提镇大员连个千总、把总也补不上,当年曾被尊为圣品的奖札几成废纸,仅能换得一醉。而要得任实缺,则非另案密保不可。①

笔者认为,这一观点有失偏颇:(1)先候补后实任是清朝任命官员时采用的常规做法。其实用性为:可以有较充分的时间对候补官员进行考察,分辨其优劣,以便在出现职位空缺时择优选任。当然,候补官职也可以作为一种欺骗手段,因为相当一部分候补官员长期甚至终身不能由候补转为实任。但对许多人来说,候补乃是实任前必经的受考察阶段,是一个必经的阶梯,不经候补直接实任并不多见。把授予候补官职笼统地斥为欺骗是片面的。(2)通过"密保"直接求得实任固然更有实效,但密保人数太少而湘军人数众多,不能满足多数人的需要。而且,湘军人员数以万计,将帅对众多官兵不可能都了解,选择密保对象很难做到准确无误。一些地位低下却有特殊才能者很容易被遗漏。而大量保举则可大面积筛选,才能突出者多次列入名单的概率自然会大于一般人,可

---

① 朱东安:《曾国藩集团与晚清政局》,285页。

以经过多次保举脱颖而出。多次大量保举可以为重点保举做好准备。(3)大面积筛选对湘军内部选拔人才也同样有参考价值，有助于提高内部人才选拔的准确性。(4)在激烈的战争中，人员(包括一度是非常突出的人员)因伤亡而出局是常有的事。单纯把选拔对象局限于少数已被重视的人有很大风险，通过大面积筛选可以提供较多的后备人选。

1. 咸丰三年的保举问题

咸丰三年湘军初建时，除了个别的进剿湖南当地土匪等小规模的战事外，作战尚少，军功不多。但就是在这种情况下，曾国藩在奏折中还是不断提到湘军早期的一些突出人物，如在咸丰三年三月《现办湖南各属土匪情形折》中提到"札饬委员管带楚勇之训导刘长佑、管带湘勇之生员王鑫，共带勇八百，前往协剿"①。五月《江广土匪窜入桂东及桂阳州境折》则提及"前因江西上犹县土匪，在桂东县境滋扰，并约会广东匪徒来至该州之语。当即饬委署盐法长宝道夏廷樾，督同广西候补知州张荣组，管带兵勇，驰往剿办"。六月《汇奏剿办窜入桂东等县江西土匪折》又说："湖南现办防堵署盐法道夏廷樾，熟悉情形，现已饬调回省，委令会同两司办理"(夏廷樾最终也只官至湖北布政使)②，等等。不过这些都不是真正的保举案。

曾国藩在咸丰三年保举的人员数量很少，笔者根据《曾国藩全集》这一目前收集曾国藩奏稿较全的文集，对咸丰三年的保举进行了统计，主要有两起保举，且都是属于"密保"案：咸丰三年六月十二日《保参将塔齐布千总诸殿元折》中，在参劾长沙协副将清德之后，"具折密保"当时的"升用游击署抚标中军参将事塔齐布""准补千总武举诸殿元"。奏折说："谨将二人履历开单进呈，伏乞皇上天恩，破格超擢。当湖南防堵吃紧之际，奖拔一人，冀以鼓励众心"③。清廷显然是允准了曾国藩的

---

①　参见《曾国藩全集·奏稿一》，46页。

②　同上书，50、54页。

③　同上书，61页。

保举，使塔齐布成为升用副将①。七月《两广窜入湖南县境匪徒次第剿除折》中则专门保荐王鑫："候选县丞王鑫，前经臣……拟保知县遇缺即选。……合无仰恳天恩，破格奖励，俯准以同知直隶州知州升用，先换顶戴，并请赏戴蓝翎，用昭激劝"②，清廷也是允准此保。③

此时，清廷对湘军并不重视，更未感到威胁，双方的争夺尚未展开。

2. 咸丰四年的保举与湘淮集团重要成员的登场

咸丰四年开始，随着湘军编练成军，尤其是出省作战，情况开始发生变化。在此，笔者将对咸丰四年至六年曾国藩、胡林翼等所作的保举案、保举人数，以及后来成为湘淮集团重要人物和督抚（包括少数因战死未能成为督抚，但确实是湘军集团重要成员，以及部分武职人员中成为提督的典型人物）的被保升职人员情况作一统计。

咸丰四年，湘军开始出省作战，立功渐多。湘军首脑对军功保举日益重视。全年保举案多达 17 起，680 人。现排列如下：

曾国藩在咸丰四年正月十五日《上年道州等处土匪滋扰业已剿办事竣折》中开始了这一年第一起保举案（基本属于"密保"案），保举了罗泽南、邹道堃 2 人。

> 候选训导罗泽南，前……经臣骆秉章拟保以知县归部尽先选用。嗣经臣派随补用道夏廷樾赴援江西……经江西抚臣张芾等保以同知直隶州留于江西补用，并请赏戴花翎；均未接准部复。……合无仰恳天恩俯准将罗泽南、邹道堃均以知府升用，先换顶戴，以示鼓励。④

---

① 查曾国藩奏折，在咸丰四年二月二十三日所上《逆匪上窜靖港宁乡截剿获胜折》中明确称呼"署抚标中军升用副将塔齐布"。《曾国藩全集·奏稿一》，108 页。

② 同上书，71 页。

③ 《王壮武公（鑫）年谱》卷上，18～19 页，见《近代中国史料丛刊》第 25 辑，台北，文海出版社。而曾国藩在咸丰四年二月《逆匪上窜靖港宁乡截剿获胜折》中已明确称呼"候选知县升用同知直隶州王鑫"。同上书，107 页。

④ 同上书，97～98 页。

曾国藩四月十二日在与湖南巡抚骆秉章联衔上《会奏湘潭靖港水陆胜负情形折》中，保举后来成为督抚、提督的塔齐布、杨载福、彭玉麟等8人：

> 补用副将塔齐布……前剿办江西土匪案内，请旨赏换花翎，以副将补用，尚未接准部复，应仍请赏换花翎，加总兵衔，并赏给勇号。蓝翎守备周凤山，饶有胆略，深得士心。上年冬……拟以都司保奏。……此次奋勇当先，克获全胜，应请旨以游击升用，先换顶戴，并赏换花翎。委员山西升用知府即补同知褚汝航，熟悉水战情形，才优胆壮，调度有方，请旨免补同知，以知府归原省优先补用，并赏加道衔。委员即选知县夏銮，督勇力战，胆识俱壮，应请旨以同知升用，先换顶戴。蓝翎千总杨载福，以陆路武弁，督带水师，被贼枪伤左肋、右腿数处，裹创血战，奋不顾身，陆续烧毁战船四百余艘，请以守备留于本省补用，并请赏换花翎。六品军功附生彭玉麟……拟以县丞府经保奏。此次……应请旨以知县归部遇缺即选。……国子监学正衔、候选训导江忠淑，系前安徽巡抚臣江忠源胞弟……应请旨赏加五品衔。①

这一保举案，从曾国藩随后的奏折中可以看出于咸丰四年四月二十三日为清廷所准。

七月十一日《水师克复岳州南省已无贼踪折》中再次保举褚汝航、彭玉麟、杨载福等5人。这一保奏随即在清廷七月二十三日的明谕中得到允准。②

> 道衔山西即补知府褚汝航……应请免补知府，以道员归部尽先选用。升用同知遇缺即选知县夏銮……应请以同知归部遇缺即选，并赏戴花翎。即选知县彭玉麟……应请加知州衔，并赏戴花翎。补

---

① 《曾国藩全集·奏稿一》，135～136页；《骆秉章奏稿》，见《左宗棠全集·奏稿九》，185～186页。

② 《清实录（第42册）·文宗显皇帝实录》卷一三八，"咸丰四年七月下"，416页。

用守备杨载福……应请以都司留于本省，遇缺即补，并请赏加勇号。①

七月十六日《水师迭获大胜将犯岳贼船全歼折》，曾国藩保举了褚汝航、夏銮、杨载福等5人。

> 营务处兼正后营道衔山西即补知府褚汝航……前次已保升道员即选，此次应赏加运司衔。副后营升用同知夏銮……前次已保同知即选，并请赏戴花翎，此次应赏加运同衔。左营即选知县彭玉麟……前次已保同知衔，并请赏戴花翎。此次应免选知县，以同知归部选用。右营升用守备杨载福……前次已保都司即选，并请赏加勇号。此次请免补都司，以游击留于本省，遇缺即补。

清廷七月三十日明谕允准。②（曾国藩保举的褚汝航、夏銮在咸丰四年七月十六日的水师失利中阵亡③）

七月二十一日《水师失利镇道员弁同时阵亡陆营旋获胜仗折》中，曾国藩保举了把总童添云、六品军功周岐山、抚标兵丁黄明魁等3人。④清廷在闰七月初三日明谕允准。

闰七月初三日，曾国藩于《岳州水陆官军四获胜仗折》保举罗泽南等4人。其中"管带湘勇委员罗泽南……永兴剿匪案内已保知府，尚未接准部复。此次仍请以知府尽先选用，并请赏戴花翎"。此保举案得到清廷允准，同时也讲到曾国藩大力保举过的诸殿元战死。⑤

闰七月初九日，曾国藩在《岳州水陆大捷踏平沿江贼营进驻螺山折》中择其尤为出力者酌保李续宾、周凤山等6人。并得到了清廷明谕

---

① 《曾国藩全集·奏稿一》，156～157页。
② 《曾国藩全集·奏稿一》，167～168页；《清实录（第42册）·文宗显皇帝实录》卷一三八，"咸丰四年七月下"，426～427页。
③ 《曾国藩全集·奏稿一》，174、176页。
④ 同上书，174页。
⑤ 同上书，183、184页。

允准。①

> 升用游击周凤山……应请免补游击，以参将补用。已保府经历
> 李续宾……保升府经历，并赏戴花翎，尚未接准部复；永兴剿匪案
> 内，拟保知县，尚未出奏；此次请免选府经历，以知县选用，仍赏
> 戴蓝翎。

咸丰四年闰七月初九日，曾国藩连上《请以夏廷樾总理粮台片》和
《胡林翼罗泽南随同东征片》，实际上就是变相保举 3 人。夏廷樾出自曾
国藩幕，六月新授湖北藩司，正在经理曾国藩行营粮台，胡林翼此时新
授四川按察使，曾国藩还专门强调"新授四川按察使胡林翼，系前督臣
吴文镕奏调赴岳之员。因道途梗阻，经臣国藩及抚臣骆秉章先后奏留湖
南，委办军务"。罗泽南时为"升用知府"。②

八月二十七日，曾国藩在《官军水陆大捷武昌汉阳两城同日克复折》
中保举了李孟群、罗泽南、李续宾、杨载福等 10 人。清廷九月初五日
明谕允准。③

> 广西升用道李孟群……应请加按察使衔，并赏加勇号。候选知
> 府罗泽南、候选知县李续宾……罗泽南应请记名以道员用；李续宾
> 应请以直隶州选用，赏换花翎。升用游击杨载福……请以参将补
> 用，并加副将衔。

八月二十七日《遵旨汇保出力员弁兵勇折》（明谕批复奏保奖叙）中，
曾国藩保举彭玉麟水营、杨载福水营、褚汝航夏銮水营、陆路各营、粮

---

① 《曾国藩全集·奏稿一》，190～192 页。
② 《曾国藩全集·奏稿一》，193～194 页。清廷在咸丰四年六月中旬谕命"四川按察使夏
廷樾为湖北布政使"，六月下旬清廷将贵州贵东道胡林翼升任四川按察使。参见《清实录（第 42
册）·文宗显皇帝实录》卷一三三，"咸丰四年六月中"；卷一三四，"咸丰四年六月下"，368、
378 页。
③ 曾国藩：《官军水陆大捷武昌汉阳两城同日克复折》，见《曾国藩全集·奏稿一》，221、
224 页。清廷允准的上谕见《清实录（第 42 册）·文宗显皇帝实录》卷一四四，"咸丰四年九月
上"，534 页。

台委员中出力员弁83人。其中，时任"咨保把总邓翼升（即黄翼升）……应请以千总遇缺拔补，并赏戴蓝翎。……蓝翎尽先外委李成谋……请以千总遇缺即补。兵丁鲍超……请以外委尽先拔补。监生萧启江……请从优以县丞归部选用，并赏戴蓝翎。六品衔湖南试用知县李瀚章……应请免补本班，以直隶州留于湖南补用"等。九月初五日为清廷明谕允准。①

九月初七日《遵旨汇保出力员弁兵勇折》（明谕批复保奏奖叙第二单）保举塔齐布本营、周凤山营、李新华营、罗泽南营、杨名声营、黄玉芳营、亲兵营、黄三清营、粮台委员中出力人员104人。清廷在九月十八日明谕允准。②

> 帮办军功蒋益澧……请以从九选用。即选同知直隶州左宗棠。该员才略冠时，在南抚臣幕中，自湖南用兵以来，出虑发谋，皆其赞画。现又经营船炮，接济大军，应请以知府归部尽先选用。

九月二十七日，曾国藩在《遵旨汇保出力员弁兵勇第三折》保举李孟群水营、杨载福水营、萧捷三水营、塔齐布陆营、粮台文案办捐各员92人。其中，新保"内阁中书衔即选教谕李元度……应请以知县在任候选。文生刘蓉……应请以训导归部遇缺即选"，并再次保举"蓝翎千总邓翼升、李成谋。……邓翼升请以守备归于湖南补用，李成谋请加守备衔，均请赏换花翎。蓝翎外委鲍超……请以千总尽先拔补"，这些人后来都成为湘淮集团重要成员。十月初九日清廷明谕允准。③

十月十五日《南路陆军矺断江中铁锁水师绕出贼前折》中曾国藩保举了罗泽南部李续宾等3人。其中"候选直隶州李续宾，手刃逃勇，临阵誓师，有名将风，应请记名以知府用，并赏加勇号"。清廷于十月二十二日明谕允准："以攻剿湖北田家镇贼匪获胜，赏道员罗泽南、李续宾

---

① 《曾国藩全集·奏稿一》，229～233 页。
② 同上书，248～253 页。
③ 同上书，261～267、266、263 页。

巴图鲁名号，余升叙有差"。①

十月二十一日，曾国藩在《官军大破田家镇贼折》中保举杨载福、彭玉麟、罗泽南等8人。十月二十九日清廷明谕允准。②

　　　　副将衔升用参将杨载福……应请记名以副将用，仍加总兵衔。即选同知彭玉麟……应请记名以知府用，并赏加勇号。浙江宁绍台道罗泽南……应请赏加按察使衔。

十一月初六日《遵旨酌保克复武汉兴冶出力员弁兵勇折》中保奏塔齐布陆营、罗泽南陆营、李孟群水师前营、杨载福水师右营、彭玉麟水师左营、萧捷三水师后营、秦国禄水师中营、俞晟水师清江营、刘培元水师副左营、洪定升水师副右营、留防新滩口水师各营、护卫水师各陆营、行营委员中出力人员340人。其中，"候选府经历县丞萧启江……应请以州同归部尽先选用"；杨载福水师右营"守备衔千总李成谋……应请以守备尽先补用，并赏加都司衔。补用守备邓翼升……应请以都司升用。蓝翎千总鲍超……请以守备尽先补用"；秦国禄水师中营"哨官六品军功李朝斌……请以把总尽先拔补并请赏戴蓝翎"；护卫水师各陆营"大挑教谕唐训方……服阕后请免选教谕，以知县归部尽先选用"等，后来都成为湘淮集团重要成员。此外，曾国藩还明确说："窃照水陆官军于八月二十一日、二十二、二十三等日攻克武汉，二十四日搜剿襄河，扫平巢穴，各营官如李孟群、罗泽南、杨载福等，当蒙优擢。"对这一保举案，清廷在十一月十七日明谕允准。③

十一月十一日，曾国藩在《官军双城驿大获胜仗克复黄梅县城折》中保举了守备衔千总周友胜、补用守备佘星元、滕国献等3人。清廷于十

　　① 曾国藩的奏请，见《曾国藩全集·奏稿一》，296页。清廷谕准，见《清实录（第42册）·文宗显皇帝实录》卷一四九，"咸丰四年十月下"，606页。

　　② 《曾国藩全集·奏稿一》，304页。清廷谕准，见《清实录（第42册）·文宗显皇帝实录》卷一四九，"咸丰四年十月下"，619页。

　　③ 《曾国藩全集·奏稿一》，313～326页。清廷谕准，见《清实录（第42册）·文宗显皇帝实录》卷一五一，"咸丰四年十一月中"，636页。

一月二十一日明谕允准。①

十一月二十一日，曾国藩在《官军濯港大捷浔郡江面肃清折》中保举补用守备朱南桂（保升都司）、都司童添云（保升参将）2人。清廷于十二月初二日明谕允准。② 童添云刚刚被升为参将，在咸丰四年十二月一日围攻浔城时就战死了。③

曾国藩在十二月十四日《浔城逆党两次扑营均经击败折》中保举蓝翎守备刘国斌、孙昌国2人。清廷于十二月二十六日明谕允准。④

总计起来，咸丰四年一年内，仅曾国藩一处的大大小小保举案（包括"汇保"和"密保"两种）共17起，保举人数共计680人。

湖南巡抚骆秉章在咸丰四年有很长一段时间，都是与曾国藩一起奏保。后来，随着曾国藩带兵出省，以及骆秉章控制曾国藩湘军企图的失败，他开始通过拉拢王鑫逐步建立起自己控制的军队，同时奏保人员也开始独立进行。

咸丰四年十一月初二日，骆秉章在《两广贼匪同时犯界各路均获胜仗折》中，保举王鑫等7人。其中"管带湘勇已革直隶州知州王鑫……请开复原官，并赏换花翎"。⑤ 清廷十一月中旬明谕："以湖南防剿出力，赏同知王鑫……花翎……余升叙有差"。⑥

从咸丰四年随后数月开始，湘淮集团在基本骨干将领群体形成的基础上，通过大保举案遍植基础，保举案的人数很快就由数十人上升到数百人，同时以小规模的密保掺入。我们可以看到，以后的湘淮集团重要

---

① 《曾国藩全集·奏稿一》，340页。清廷谕准，见《清实录（第42册）·文宗显皇帝实录》卷一五二，"咸丰四年十一月下"，642页。

② 《曾国藩全集·奏稿一》，352～353页。清廷谕准，见《清实录（第42册）·文宗显皇帝实录》卷一五三，"咸丰四年十二月上"，655页。

③ 事见曾国藩：《浔城逆党两次扑营均经击败折》，见《曾国藩全集·奏稿一》，367页。

④ 《曾国藩全集·奏稿一》，371页。清廷谕准，见《清实录（第42册）·文宗显皇帝实录》卷一五五，"咸丰四年十二月下"，689页。

⑤ 《骆秉章奏稿》，见《左宗棠全集·奏稿九》，248页。

⑥ 《清实录（第42册）·文宗显皇帝实录》卷一五一，"咸丰四年十一月中"，633页。亦可参见《王壮武公年谱》卷上，33页，见《王壮武公遗集》附，光绪十八年王氏刻本。有"骆公（骆秉章）列公（王鑫）前后功，得旨复原官并赏换花翎"的记载。

成员基本都已登场，包括后来的实力督抚集团成员在内。

3. 咸丰五年的保举与湘军集团策略的变化

咸丰五年，曾国藩继续实施军功大保举案，保举人员数量又有进一步的增长。这一年，曾国藩所上大大小小的保举案有 7 起，保举人数达 1558 人。现排列如下：

正月二十七日，曾国藩上《谨遵五次谕旨保奖出力员弁兵勇折》，保举塔齐布陆营、罗泽南陆营、彭玉麟水师左营、杨载福水师右营、李孟群水师前营、萧捷三水师后营、水师中营及副左副右清江各营、行营粮台文案委员中出力人员达到 446 人，如果加上随后续保的其次出力各弁勇 176 名，共计 622 名，一次保举人员的人数，创自曾国藩开保举案例以来的新高。其中除专门提及"营官罗泽南、杨载福、李续宾、彭玉麟等，当蒙优擢并赏加勇号"外，其余出力员弁中，罗泽南陆营的"湘乡县生员杨昌浚……请以训导归部选用"，"选用从九蒋益澧……应请以县丞归部选用，并赏戴花翎。尽先选用知县唐训方……应请赏戴蓝翎"，杨载福水师右营的"都司衔尽先守备李成谋……应请以都司补用，并加游击衔。尽先守备鲍超……请加都司衔。鲍超并请赏换花翎"，水师中营及副左副右清江各营的"尽先把总李朝斌……请以千总遇缺即补，李朝斌并请加守备衔"，行营粮台文案委员中"候选知县李元度……应请免选知县，以同知尽先选用，并请赏戴花翎"等，后来皆成为湘淮集团重要成员。[①] 升用都司萧捷三，这时已经是湘军水师营官，称为"萧捷三水师后营"，在这一次保举中，他被保"应请加游击衔"，可以说是湘军中颇受器重之将，但是，萧捷三在咸丰五年八月攻湖口的战斗中战死，曾国藩有"顿失指臂之助"的伤痛[②]。这一保举案在咸丰五年二月十六日被清廷明谕允准。

四月十二日，曾国藩在《陆兵追剿广信股匪克复郡城折》中保举罗泽

---

① 《曾国藩全集·奏稿一》，397～410 页。
② 事见曾国藩咸丰五年八月初七日《水陆进攻湖口已入县城折》，参见《曾国藩全集·奏稿一》，502～503 页。

南 1 人时说:"按察使衔宁绍台道罗泽南⋯⋯应请交部从优议叙"。①

八月初七日,曾国藩在《攻剿义宁克复州城折》中保举罗泽南等 5 人。其中,

> 除刘开泰一军由江西抚臣另折奏保外,按察使衔宁绍台道罗泽南专善察看山势,迂道数十里,力争鳌岭要隘,杀贼之多,与去年半壁山相等。前此克复广信府,此次克复州城,并关系数省大局,为功甚伟,可否准加布政司衔,出自天恩。安庆府知府李续宾朴诚勇敢,战必身先,应请交军机处记名以道员请旨简放。⋯⋯候选知县唐训方,均请以同知直隶州,不论双单月即选。候补县丞蒋益澧,请以知县补用,并加同知衔。②

九月初五日,在《遵旨奏保克复广信胜仗出力弁勇折》中,曾国藩奏保 246 人,另有水师四月以后攻剿都昌等处获胜出力兵勇兵部咨保清单 144 人。两项共计 390 人。其中,主要是时任"蓝翎尽先州同萧启江⋯⋯请以同知即选,并请赏换花翎。⋯⋯升用都司邓翼升(即黄翼升)⋯⋯以游击归部尽先选用。"③九月二十六日清廷明谕允准。④

九月初九日,在《师久无功自请严处并兼保各员片》中,曾国藩保举的 8 人,没有明确保举职衔,但这种保举很重要。其中说"侍郎臣黄赞汤、巡抚臣骆秉章受恩深重,自应竭诚报国;李孟群职任两司,亦不敢仰邀奖叙",实际上就是向朝廷表彰他们 3 人的功绩,此外还备述"南昌府知府史致谔、候补直隶州知州李瀚章、候补知府彭玉麟、礼部主事胡大任、前任知府黄冕"的才干和功绩。⑤

咸丰五年五月十五日兵部咨开四月十二日内阁奉上谕要求"各省保举堪胜陆路总兵人员,现经用竣,著各该督抚于陆路副将内,即行遴选

---

① 《曾国藩全集·奏稿一》,460~461 页。
② 同上书,497 页。
③ 同上书,518~520、524~525 页。
④ 《清实录(第 42 册)·文宗显皇帝实录》卷一七八,"咸丰五年九月下",998 页。
⑤ 《曾国藩全集·奏稿一》,530~533 页。

晓畅营务、堪胜总兵者，酌保数员，送部引见，候朕记名，以备简用。并著各路统兵大臣，于军营副将内，察核保奏。其参将、游击、都司、守备各员，如有才能出众、勇敢有为者，该督抚大臣等一并核实开单具奏"①。曾国藩于九月二十三日上《遵旨保举堪胜总兵人员折》，保举了"总兵衔湖南常德协副将杨载福、广东罗定协副将周凤山、保升参将彭三元"，认为"此三人者，似皆足以胜任总兵之任"。均获清廷允准："曾国藩奏，遵保堪胜总兵人员一折。除副将杨载福业经简放湖北郧阳镇总兵外，广东罗定协副将周凤山、保升参将彭三元，均著记名以总兵用。"②不过彭三元在九月二十四日崇阳战斗中战死。③

　　十二月十九日曾国藩在《遵旨汇保克复义宁州城攻破湖口县城出力员弁兵勇请奖折》中，奏保罗泽南军营、湖口各营出力员弁 292 人。此外还有克复义宁州城攻破湖口县城出力诸勇请奖名单中 237 人，两项共计 529 人。折中除专门提及宁绍台道罗泽南督带湘勇、候选同知李元度迭次获胜"奏明请奖，亦奉谕旨准保在案"，"至江西、湖南办理军务之官绅，如南昌府知府史致谔等七员，臣曾附片奏请归入义宁案内一并请奖"外，涉及后来成为湘淮集团重要成员的有："候选从九李续宜……请从优以知县尽先选用。即选同知直隶州左宗棠……应请以郎中分发兵部行走，仍请赏戴花翎。湖南候补直隶州知州李瀚章……请以知府归湖南补用"。④ 此外还提到"礼部主事胡大任、金华知府彭玉麟，业由署湖北抚臣胡林翼另案奏保"。清廷在咸丰六年正月十一日明谕允准⑤。

　　从咸丰五年三月起，胡林翼开始担任湖北巡抚。在上保举案方面，与曾国藩的大规模保举相比，他显得小心谨慎得多，很少大规模"汇

---

①　中国第一历史档案馆编：《咸丰同治两朝上谕档》第 5 册，146 页，桂林，广西师范大学出版社，1998。

②　《清实录（第 42 册）·文宗显皇帝实录》卷一七九，"咸丰五年十月上"，1001 页。《曾国藩全集·奏稿一》，534～535 页。

③　事见曾国藩十月二十日所上《罗泽南一军分剿崇阳及参将彭三元殉难折》，参见《曾国藩全集·奏稿一》，542 页。

④　《曾国藩全集·奏稿一》，569～575，570，574，575 页。清廷允准，见《清实录（第 42 册）·文宗显皇帝实录》卷一八四，"咸丰五年十一月下"，1061 页。

⑤　《清实录（第 43 册）·文宗显皇帝实录》卷一八八，"咸丰六年正月上"，10 页。

保"，而多采用小规模"密保"。这一年中，胡林翼所上保举案有 7 起，61 人。基本情况排列如下：

三月二十七日，胡林翼在《添募水陆二军分布南北岸克期进剿疏》中保举署荆宜施道拣发知府庄受祺 1 人，堪以委司总办后路粮台。① 这还不算严格意义上的保举案。

五月十三日《攻剿武汉得获胜仗疏》、五月二十九日《官军大获胜仗疏》，胡林翼备述金口大获胜仗中枭司李孟群，记名知府彭玉麟、都司鲍超等将弁勇丁克胜的情况，从他折中并未有明确保举人物，可见其小心谨慎。但是，清廷显然也知道他的意思，并且从清廷军功爵赏的体制上考虑，清廷六月二十一日上谕说："胡林翼奏南北两岸剿贼连获大胜，请将出力人等先行奖励一折……所有各营将弁兵勇，连月以来，屡次打仗出力，自应先行奖励，以昭激劝。"② 当然，对于曾国藩所上作战情况，但并未保举出力人员的奏折，清廷也是这样主动提出让他保举有功人员。六月二十四日，胡林翼奏报雕剿咸、蒲窜匪并柞山开仗获胜各情，以及总兵衔副将杨载福、记名知府彭玉麟等作战情况。对此清廷朱批"着准择尤保奏"。③ 但是，不管胡林翼行事多么小心谨慎，他毕竟是在逐步保举人员，而且上奏明确荐举人员名单迟早是不可避免的，不过胡林翼多行"密保"之法。

六月二十四日，胡林翼在《特参提督违例需索请旨严行查究疏》中，严参代理江夏知县江世玉、咸宁县知县莫若玑、嘉鱼县知县李文灏后，保举拣发知县黄昌辅、邢高魁 2 人委署嘉鱼县、江夏县事。④

八月初三日，在《驰报进剿汉阳连获大胜水师劳绩尤著请先行奖励疏》中，胡林翼就开单保举了彭玉麟、鲍超等 21 人。八月二十四日接奉

---

① 《胡林翼集》第 1 册，"奏疏"，4 页。
② 同上书，10～19 页。
③ 《陈奏水陆雕剿咸蒲窜匪均获胜仗并北岸水陆连日获胜现在会议克期进剿疏》，同上书，20、22 页。
④ 同上书，24～25 页。

旨准。①

> 水师知府彭玉麟，忠勇冠军，胆识沉毅，坐舢板督战，被炮中断其桅，神色不变，杀贼极多，可否记名以道员用。都司衔尽先守备鲍超，请以都司尽先补用，并请赏游击衔。……游击衔尽先都司李成谋，请以游击尽先补用。②

九月初一日，在《整顿诸军援师会剿请敕川省迅筹军饷疏》中，胡林翼保举胡大任等7人，并于九月二十二日接奉旨准。③

十月二十二日，在《陈报官军剿贼大胜会师蒲圻水陆并进疏》中，对杨载福、鲍超、李成谋等4名水师将才作了具体荐举。尤其对杨载福评价甚高：

> 惟查水师将才，以副将杨载福为最忠勇廉明，每战必先。自道员彭玉麟调往江西之后，外江水师仅恃杨载福一员，积年力战，肺病日增，而灭贼之志终始不渝。病不言劳，功不言赏，志识已高出寻常。④

十一月初一日，胡林翼在《官军会剿蒲圻克复城池疏》中保举了罗泽南、李续宾、唐训方、蒋益澧、刘蓉等22人。其中，"蓝翎候选直隶州知州唐训方，操练营勇精悍敢战，恳请加知府衔，赏换花翎。同知衔蓝翎候选知县蒋益澧，身先士卒，不避艰难，恳请以同知补用，赏换花翎。训导刘蓉，筹画大局，动中机宜，克复三城，屡立奇功，恳请以知县补用，加同知衔，并赏戴花翎"。同折另片奏道，罗泽南"该员等身经百战，已蒙特恩加衔，并简任实缺，核与请封之例相符。且屡次禀称受恩深重，不敢再邀议叙，可否仰恳皇上天恩，将布政使衔浙江宁绍台道罗泽南，赏给其祖父母、父母二品封典。记名道安庆府知府李续宾，赏

---

① 《清实录（第42册）·文宗显皇帝实录》卷一七五，"咸丰五年八月下"，955页。
② 《胡林翼集》第1册，"奏疏"，32～33页。
③ 同上书，39～40页。
④ 同上书，56～57页。

加盐运使衔，给其父母三品封典"。并且，这些请功保举案皆得到清廷十一月二十日、二十七日谕旨允准。①

十一月二十一日，在《陈奏陆军克复咸宁山坡进兵纸坊水师克复金口进屯沌口疏》中，胡林翼保举了鲍超、刘蓉等4人。其中，"水师游击衔都司鲍超……可否赏加勇号，以游击尽先补用"，"前保同知衔知县刘蓉……初次保举训导，刘蓉力辞……即饬刘蓉迅速赴营，随同罗泽南办理营务"。②清廷允准此请。③

咸丰五年，湖南巡抚骆秉章奏保案有2起，9人。

九月十二日，骆秉章在《东安窜贼分扑祁阳新宁官军大捷生擒首逆折》中保举王鑫等4人，其中"委绅即选知府王鑫……请旨以道员归部选用"。④

十一月初七日，骆秉章在《南路诸军迭胜同日克复茶陵桂阳两州折》中保举赵焕联、田兴恕等5人。其中"即选同知赵焕联"，"请加知府衔，并请赏带蓝翎……千总田兴恕……请以都司补用，并请赏换花翎"。⑤

4. 咸丰六年的保举对中央地方关系演变的重要性

咸丰六年，开始进入清廷与湘军集团关系演变的一个重要年份。这一年，曾国藩实施的保举案有10起，867人。现将这一年他实施的保举案排列如下。

正月初九日《迭奉谕旨缕陈各路军情折》这一并非保举案的奏折中，曾国藩有一段话很能表明其心态：

> 至于行军之道，择将为先。得一将则全军振兴，失一将则士气消阻，甲寅年秋冬之间，臣军所以长驱千里，势如破竹者，以陆路有塔齐布、罗泽南，水路有杨载福、彭玉麟诸人。军中士卒，皆以

---

① 胡林翼的奏请，见《胡林翼集》第1册，"奏疏"，61～62、63页。清廷允准，见《清实录（第42册）·文宗显皇帝实录》卷一八四，"咸丰五年十一月下"，1054、1060页。

② 《胡林翼集》第1册，"奏疏"，69、70页。

③ 《清实录（第42册）·文宗显皇帝实录》卷一八四，"咸丰五年十一月下"，1061页。

④ 《骆秉章奏稿》，见《左宗棠全集·奏稿九》，312页。

⑤ 同上书，346～347页。

塔、罗、杨、彭为法。沿江村市，亦知有塔、罗、杨、彭之称。故
能旌旗生色，席卷无前。不幸塔齐布中道殂谢，而罗泽南、杨载
福、彭玉麟三人者，又分往湖北、临江，不克遽聚一处。而后起之
才，如周凤山、李续宾、李元度数人者，又未知果能血战成名、仰
邀恩眷否？①

文中曾国藩迫切希望他当时特别倚重的主要人员能迅速成长，获得
清廷特别的看重，迅速升任高位。

三月二十六日，曾国藩在《遵保克复樟树新淦水师出力员弁折》中，
奏保 35 人，在二十四日咨保克复樟树镇出力稍次各员弁 24 人，两项共
计 59 人。四月三十日由清廷明谕允准。②

五月二十三日《饶州防剿迭次接战折》中，保举赣南道耆龄、都司毕
金科 2 人。清廷六月初十日明谕允准。③ 而且清廷很快在七月就擢升耆
龄为江西布政使。④

六月三十日，曾国藩上《官军会剿建昌府城连获胜仗折》，保举营官
蓝翎把总李大雄、胡应元，哨官江永和等 3 人。并于七月十七日由清廷
明谕允准。⑤

八月初七日，曾国藩在《湖北援师进攻瑞州府城折》中，保举湖北补
用参将普承尧、湖南候补同知吴坤修、同知衔曾国华、候选知县刘腾鸿
等 4 人。同日还有《水师迭获胜仗折》，保举记名道刘于淳 1 人。同时还
提及彭玉麟麾下出力员弁。清廷于八月二十七日明谕允准。⑥

八月三十日，曾国藩还上《围攻瑞州收复靖安安义二县折》，保举营

---

① 《曾国藩全集·奏稿二》，627 页。
② 同上书，668～670、672 页。
③ 同上书，693 页。清廷允准，见《清实录（第 43 册）·文宗显皇帝实录》卷二〇〇，"咸
丰六年六月上"，175 页。
④ 《清实录（第 43 册）·文宗显皇帝实录》卷二〇四，"咸丰六年七月下"，212 页。
⑤ 《曾国藩全集·奏稿二》，705 页。清廷的允准，见《清实录（第 43 册）·文宗显皇帝实
录》卷二〇四，"咸丰六年七月下"，211～212 页。
⑥ 《曾国藩全集·奏稿二》，732、736～737 页；《清实录（第 43 册）·文宗显皇帝实录》
卷二〇六，"咸丰六年八月下"，257 页。

务处都司彭山屺等 7 人。并于九月十八日由清廷明谕允准。①

同日，在《边钱会匪围攻广信府城浙兵援剿解围折》中，曾国藩虽未明确所保何职衔，但明确保举沈葆桢等 4 人。表示署广信府"知府沈葆桢系原任云贵总督林则徐之甥，又系其女婿，讲求有素。……两年以来，江西连陷数十郡县，皆因守土者先怀去志。惟汪报闽守赣州，沈葆桢守广信，独能申明大义，裨益全局。……可否容臣等分别保奖，抑或另将浙江援师归于浙江抚臣保奏之处，伏候圣裁训示"。②

十一月十七日《遵旨克复饶州丰城等前后六案出力员弁折》中，曾国藩保举即用道刘于淳管带水师、广东惠潮嘉道彭玉麟所带水师出力员弁 235 人。清廷于十二月初八日明谕允准。③

十二月二十三日，曾国藩上《刘于淳水师迭获胜仗折》，保举道员刘于淳等 2 人。④

同日，曾国藩在《遵保鄂省援师出力员弁折》中，保举文童刘连捷等 289 员。此前的十七日，在给兵部的"请将水陆军其次出力员弁分咨各省拨补"的咨文中，保举 261 人，两项共计 550 人。⑤

咸丰六年一年内，胡林翼所实施的保举案有 9 起，共 104 人，现排列如下：

正月十七日，在《遵旨保举得力将官附请拨补实缺人员疏》中，胡林翼保举了 14 人。

> 数月以来，详细体察水师十余营，营官以总兵杨载福、记名道员金华府彭玉麟为尤著。……该二员业蒙皇上天恩，不次擢用。其外江水师将官十余员，查有尽先游击李成谋……尽先游击鲍超……

---

① 《曾国藩全集·奏稿二》，747 页；《清实录（第 43 册）·文宗显皇帝实录》卷二〇八，"咸丰六年九月下"，279 页。

② 《曾国藩全集·奏稿二》，751～752 页。

③ 同上书，800～801、828 页。

④ 同上书，825 页。

⑤ 同上书，826～834 页。

以上二员，其勇敢才略，似堪水陆方镇之任。①

同日，在《水陆攻剿迭获胜仗疏》中，胡林翼保举了李续宜等 25 人。

> 候选知县李续宜，勇敢争先，请以同知选用，并赏戴花翎。……其水师尤为出力之尽先游击李成谋，可否以参将尽先补用，并请赏加勇号。②

七月十七日，胡林翼上《附陈左郎中韩知府才略疏》，专折保举左宗棠和韩超 2 人。他在胪陈左宗棠情况时说：

> 臣与兵部郎中左宗棠同受业于前御史贺熙龄之门，深知其才学过人，于兵政机宜、山川险要，尤所究心。臣曾荐于前两江总督陶澍，前云贵总督林则徐，均称为奇才。咸丰二年，贼犯长沙，臣荐于前抚臣张亮基，招入幕府，专襄兵事。张亮基调任山东巡抚，该员仍入山居。四年，南抚臣骆秉章、侍郎臣曾国藩，招入幕中办事。其才力犹能兼及江西、湖北之军，而代臣等为谋。业经御史宗稷辰奏明在案。该员秉性忠良，才堪济变，敦尚气节，刚烈而近于矫激，面折人过，不少宽假。人多以此尤之，故亦不愿居官任职。臣思圣明之世，正气常伸。该员畏罹世网，殊为过虑，但久在两湖办事，所用多系楚人，自是廉颇思用赵人之意。不乐吏职，可从其志；义在讨贼，谅可无辞。臣既确知其才，谨据实胪陈圣听，以储荆鄂将材之选。③

八月十五日，胡林翼上《官军分攻合剿大破援贼疏》，保举了李续宾等 3 人。其中，"统带湘营之盐运使衔记名道安庆府知府李续宾……可否赏加升衔。"④

---

① 《胡林翼集》第 1 册，"奏疏"，76～77 页。
② 同上书，86～87、88 页。清廷相关谕旨，见《清实录（第 43 册）·文宗显皇帝实录》卷二〇九，"咸丰六年十月上"，307 页。
③ 《附陈左郎中韩知府才略疏》，见《胡林翼集》第 1 册，"奏疏"，152～153 页。
④ 同上书，161 页。

十月初八日，胡林翼上《水师击毁贼船直抵田镇并咸宁剿贼大胜疏》，保举37人。十月二十二日接奉旨准。①

十一月二十三日，在《奏陈官兵克复武昌并分兵迅取武昌县兴国州大冶县等处事宜疏》中，胡林翼保举了李续宾等11人。其中，"布政使衔记名道安庆府知府李续宾功绩最伟……可否均恳皇上恩施"。清廷明谕允准。②

十一月二十九日，胡林翼在《水陆追剿克复武昌县黄州府城池仍即乘胜东下疏》中保举李续宾等10人。其中"记名道李续宾……可否仰恳皇上恩施逾格？出自圣裁"③。

十二月初三日，在《敬陈湖北兵政吏治疏》中，胡林翼保举前任湖南臬司降补知府魁联1人。④

十二月十五日《奏陈收复大冶兴国等州县水师迭次大胜江面肃清疏》中保举李续宾1人。

> 布政使衔记名道李续宾，于咸丰四年十一月十九日钦奉上谕："补授安徽安庆府知府，并准吏部给发文凭。"因其时管带湘勇，转战攻剿，未能赴任，暂将文凭留于营次。……肃清楚境，亟应乘胜东征，一时必难到任。且该员业奉谕旨，记名以按察使用，可否先开安庆府员缺，伏候圣裁。⑤

咸丰六年，骆秉章所上保举案有6起，共35人。

正月初三日，骆秉章在《郴州克复阵斩逆首折》中保举王鑫、刘长佑、陈士杰等6人。其中"选用道王鑫……照实任道员例给予该绅父母四品诰封"，"江西补用知府刘长佑……应请旨以道员归部选用"，"桂阳

---

① 《胡林翼集》第1册，"奏疏"，166页。
② 同上书，183～184页。
③ 同上书，189～190页。清廷的允准，参见《清实录（第43册）·文宗显皇帝实录》卷二一四，"咸丰六年十二月上"，369页。
④ 《胡林翼集》第1册，"奏疏"，202页。
⑤ 同上书，210页。

州绅士户部额外主事陈士杰……应请旨以员外郎尽先补用,并赏戴花翎"。① 正月十四日上谕允准。②

二月二十四日,骆秉章在《永明江华克复南路肃清折》中保举王鑫 1 人:"委绅选用道王鑫……可否免其缴捐,以道员归部即选"。③ 三月初五日上谕允准。④

七月初九日《援江各军会攻袁州鄂省援军收复新昌上高进攻瑞州折》中,骆秉章保举萧启江、刘坤一、田兴恕等 7 人。其中,"即选同知萧启江……请以知府归部即选。教谕刘坤一……请以知县归部即选,并赏加同知衔。花翎都司田兴恕……请以游击留于湖南补用,并请赏给勇号"⑤。七月十八日上谕允准。⑥

七月二十一日,骆秉章在《遵保堪胜道府各员折》中保举"湖南省堪胜道府"的人员 7 名。⑦

十一月十三日,在《援江官军克复袁州分宜郡县两城折》中,骆秉章保举刘长佑、萧启江、刘坤一、田兴恕等 7 人。十一月二十四日上谕允准。⑧

> 江西即补道刘长佑……请赏给该员父母三品封典。即选知府萧启江……请赏加道衔并赏给该员父母四品封典。同知衔即选知县刘坤一,请以直隶州归部即选,并赏戴花翎。湖南即补游击田兴恕,请以参将仍留湖南补用。⑨

十月十三日,骆秉章在《援黔官军攻克三元屯三角庄逆巢折》中保举

---

① 《骆秉章奏稿》,见《左宗棠全集·奏稿九》,362~363 页。
② 《清实录(第 43 册)·文宗显皇帝实录》卷一八八,"咸丰六年正月上",13 页。
③ 《骆秉章奏稿》,见《左宗棠全集·奏稿九》,385 页。
④ 《清实录(第 43 册)·文宗显皇帝实录》卷一九二,"咸丰六年三月上",65 页。
⑤ 《骆秉章奏稿》,见《左宗棠全集·奏稿九》,428 页。
⑥ 《清实录(第 43 册)·文宗显皇帝实录》卷二〇四,"咸丰六年七月下",216 页。
⑦ 《骆秉章奏稿》,见《左宗棠全集·奏稿九》,446~448 页。
⑧ 《清实录(第 43 册)·文宗显皇帝实录》卷二一三,"咸丰六年十一月下",352 页。
⑨ 《骆秉章奏稿》,见《左宗棠全集·奏稿九》,470 页。

7 人。①

5. 湘军集团保举的初步成效和清廷的初步对策

从上面的统计我们可以看到，从曾国藩这一方面来看，最初从咸丰三年开始，重点保举少数突出人物。自咸丰四年八月起，开始改变策略，将重点保举突出人物的"密保"与大批保举一般军功人员的"汇保"结合进行。下面的数据可以证明这一点。查考前列各保举案，我们可以看到，八月以前都是保举人数不超过 10 人的小保举案（无论其方式是"密保"或是"汇保"）。从八月开始，大、小保举案结合的情况就很明显。八月二十七日有两案分别保举 10 人和 83 人，九月初七日保举 104 人，九月二十七日保举 92 人，十月十五日保举 3 人，十月二十一日保举 8 人，十一月初六日保举 340 人，十一月十一日保举 3 人，十一月二十一日保举 2 人，十二月十四日保举 2 人。

咸丰五年同样如此。正月二十七日保举人数更多达 622 人，四月十二日保举 1 人，八月初七日保举 5 人，九月初五日保举 390 人，十一月十七日保举 235 人，十二月十九日保举 529 人。

咸丰六年数量巨大的保举案主要有：六月三十日保举 524 人，七月二十一日保举 204 人，十一月十七日保举 235 人，十二月二十三日保举 550 人。

咸丰四年到六年这三年之中，曾国藩、胡林翼两大湘军首脑再加上骆秉章所上保举案共计 59 起，保举人数总计多达 3321 人。清中央政府对这些保举案基本上都予以批准，明令封赏，湘军大批人员取得了清朝官方的文武官员职衔。

现将三年中湘军集团典型人物通过大、小保举案升职情况，分类列表如下。

---

① 《骆秉章奏稿》，见《左宗棠全集·奏稿九》，480～481 页。

表 2-1　名列大保举案中，后来成为总督、巡抚的湘军人物

姓　名	咸丰三年	咸丰四年	咸丰五年	咸丰六年	备　注
杨载福		四月，由蓝翎千总以守备留于本省补用 七月以都司留于本省遇缺即补，同月以游击留于本省遇缺即补 八月以参将补用并加副将衔 清廷九月下旨"杨载福补授湖南常德协副将" 十月记名以副将用并加总兵衔	九、十月间由总兵衔湖南常德协副将简放湖北郧阳镇总兵	署提督	咸丰七年十月授福建陆路提督，八年六月改福建水路提督。同治三年五月授陕甘总督，五年八月久战无功以病免
彭玉麟	时为附生	四月，由六品军功附生以知县归部遇缺即选 七月加知州衔，同月免选知县以同知归部选用 记名以知府用	授浙江金华府知府 八月记名以道员用	授广东惠潮嘉道	咸丰十一年九月授安徽巡抚，十二月力辞
李瀚章		八月，由六品衔湖南试用知县免补本班，以直隶州留于湖南补用	十二月由湖南候补直隶州知州以知府归湖南补用		同治四年二月任湖南巡抚，六年正月改江苏巡抚署湖广总督，十二月改浙江巡抚，九年八月迁湖广总督。光绪间历任四川、湖广、两广总督
蒋益澧		九月，以帮办军功以从九选用	正月由选用从九以县丞归部选用并赏戴花翎 八月以知县补用并加同知衔——以同知补用并赏换花翎	六月时为同知	同治五年任广东巡抚

姓　名	咸丰三年	咸丰四年	咸丰五年	咸丰六年	备　注
左宗棠		由即选同知直隶州以知府归部尽先选用	十二月由即选同知直隶州以郎中分发兵部行走并赏戴花翎		同治元年十二月任浙江巡抚，同治二年三月迁闽浙总督
刘　蓉		九月，由文生以训导归部遇缺即选	十一月由训导以知县补用加同知衔，并赏戴花翎		同治二年七月任陕西巡抚
杨昌浚			正月，由生员以训导归部选用		同治九年八月授浙江巡抚，光绪十年七月任闽浙总督，十四年二月调陕甘总督，二十一年十月解任
李续宜			十二月由候选从九从优以知县尽先选用	正月由候选知县以同知选用，并赏戴花翎	咸丰十一年九月授湖北巡抚，十二月改调安徽巡抚
刘长佑	时任教谕		江西补用知府	正月由江西补用知府以道员归部选用	咸丰十年闰三月迁广西巡抚，同治元年闰八月迁两广总督、十二月改直隶总督
刘坤一			教　谕	七月由教谕以知县归部即选，并赏加同知衔	同治四年五月迁江西巡抚。光绪年间先后任两广总督、两江总督
陈士杰				正月由户部额外主事以员外郎尽先补用，并赏戴花翎	光绪七年八月迁浙江巡抚，八年十二月调山东巡抚

姓　名	咸丰三年	咸丰四年	咸丰五年	咸丰六年	备　注
唐训方		十一月由大挑教谕以知县归部尽先选用	正月由尽先选用知县赏戴蓝翎 八月以蓝翎同知直隶州即选 十一月加知府衔并赏换花翎	六月时为同知，十一月时为知府①	同治二年四月署安徽巡抚，寻实授，十月获咎降为布政使

表 2-2　名列保举案，不论文职、武职，未能成为总督、巡抚，但是湘军重要成员者

姓　名	咸丰三年	咸丰四年	咸丰五年	咸丰六年	备　注
塔齐布	六月，由升用游击署抚标中军参将事被保升用副将	四月，由补用副将以副将补用，加总兵衔，同月署湖南提督，六月实授	湖南提督，八月病死		
王　鑫	七月，由候选县丞以蓝翎同知直隶州知州升用	管带湘勇已革直隶州知州王鑫开复原官，并赏换花翎	九月由委绅即选知府以道员归部选用	二月，委绅选用道王鑫以道员归部即选	咸丰七年七月病死军中
罗泽南	四年正月前，经湖南巡抚骆秉章拟保以知县归部尽先选用，江西抚臣张芾等保以同知直隶州留于江西补用，均未接准部复	正月，由候选训导以知府升用 闰七月，以湘军内部职位"管带湘勇委员"以知府尽先选用，赏戴花翎 八月，记名以道员用 九月实授浙江宁绍台道 十月赏加按察使衔	八月由按察使衔浙江宁绍台道加布政使衔	咸丰六年三月战死	

---

① 《胡林翼集》第1册，"奏疏"，142、174页。胡林翼在咸丰六年十一月十一日《襄樊匪众败窜现饬马步会川豫两军合力兜剿疏》中有"臣派往之知府唐训方"一语，可为力证。

姓　名	咸丰三年	咸丰四年	咸丰五年	咸丰六年	备　注
褚汝航		四月免补同知，由山西升用知府即补同知以知府归原省优先补用 七月道衔山西即补知府以道员归部尽先选用，同月赏加运司衔			咸丰四年七月在赏加运司衔后不久即因水师失利而阵亡
李续宾		闰七月，由已保府经历以知县选用 八月以直隶州选用 十月记名以知府用 十一月授安徽安庆府知府	八月由安庆府知府记名以道员简放 十一月加盐运使衔	由布政使衔记名道记名以按察使用	咸丰八年十月在三河镇战役中战死
李孟群		八月，由广西升用道加按察使衔		十月实授湖北按察使	咸丰八年七月曾署安徽巡抚，寻战死
李元度		九月，由内阁中书衔即选教谕以知县在任候选	正月由候选知县请免选知县以直隶州同知补用		咸丰十年五月为按察使衔皖南兵备道，革职
周凤山		四月由蓝翎守备（前经以都司保奏）以游击升用并赏换花翎 闰七月免补游击以参将补用	至迟在四、五月间，已实授广东罗定协副将 九月记名以总兵用	二月在江西樟树镇兵败革职回籍	后屡次募兵皆溃败，不知所终

表 2-3　无论文职、武职，在湘军和政府职官体系中，

原地位极低而跃升特别快者及其跃升情况

姓　名	咸丰三年	咸丰四年	咸丰五年	咸丰六年	备　注
鲍　超		八月以前为普通兵丁。八月二十七日被保以外委尽先拔补九月以千总尽先拔补	正月由尽先守备加都司衔并赏换花翎八月以都司尽先补用并赏游击衔十一月以游击尽先补用	八月时为游击，至迟到十一月十一日升为参将①，胡林翼并保以堪任水陆方镇之选	咸丰八年授湖南绥靖镇总兵，同治元年正月授浙江提督
邓翼升（后改归本姓为"黄翼升"）②		八月，由咨保把总с千总遇缺拔补，赏戴蓝翎九月以守备归于湖南补用十一月以都司升用	九月由升用都司以游击归部尽先选用		同治元年署长江水师提督，三年实授长江水师提督
李成谋		八月，由蓝翎尽先外委以千总遇缺即补九月加守备衔十一月以守备尽先补用并赏加都司衔	正月由都司衔尽先守备以都司补用并加游击衔	正月由尽先游击以参将尽先补用，并赏加勇号，胡林翼并保以堪任水陆方镇之选	同治五年迁福建水路提督，十一年调任长江水师提督

---

① 参见《胡林翼集》第 1 册，"奏疏"，155、174 页，分别为八月十五日《官军分攻合剿大破援贼疏》中记七月十七日"臣杨载福率游击鲍超……"十一月十一日《襄樊匪众败窜现饬马步会川豫两军合力兜剿疏》中记十月底和十一月初"飞调参将鲍超迅带新勇前往会办"，即是力证。

② 参见《邓翼升归宗片》，见《曾国藩全集·奏稿二》，994 页。

续表

姓　　名	咸丰三年	咸丰四年	咸丰五年	咸丰六年	备　注
李朝斌		十一月由哨官六品军功以把总尽先拔补	正月由尽先把总以千总遇缺拔补并加守备衔		李朝斌在同治三年迁江南提督①

注：实际上，彭玉麟、刘蓉、唐训方、蒋益澧、刘坤一等也是原来职位极低，而跃升很快之员，但是由于他们后来都出任过总督、巡抚，故将他们归类于出任总督、巡抚一类的湘军人物表中。见《曾国藩全集·奏稿》《胡林翼集·奏疏》《骆秉章奏稿》等。具体引用材料均见正文注释。

这一时期，清廷的注意力集中于湘军集团高层人员，极力从中寻找可供利用的人物。由于江忠源战死，首选人物为塔齐布、胡林翼。塔齐布是镶黄旗人，原属乌兰泰部，任三等侍卫。咸丰元年调湖南绿营，二年升游击，署抚标营中军参将。咸丰三年曾国藩于长沙练湘勇，他带领本营营兵参与会操，遂开始跟随曾国藩。湘军参战后，他以战功在咸丰三年六月保升用副将。咸丰四年四月，清廷更是直接将塔齐布由总兵衔副将越级擢升为署湖南提督，六月实授。② 胡林翼则是在跟随曾国藩之前，于咸丰元年任贵州黎平知府，四年奉旨率黔勇 600 人调湖北时已为贵东道。清廷从咸丰四年六月开始到咸丰五年正月，不到一年时间内，先后超擢他为四川按察使、改湖北按察使、湖北布政使，咸丰五年三月任命胡林翼为湖北巡抚。就因为塔齐布、胡林翼这两位湘军集团高层人员，在进入湘军集团之前，已经有一定的地位，与曾国藩自募的嫡系人员有所不同。清廷有意将二人快速提升，而对曾国藩则刻意压制，不授予督抚职位，使塔齐布、胡林翼的官位超过曾国藩，并有意将湘军称为"塔齐布陆师、曾国藩水师"，特许胡林翼在任鄂抚后继续保有领兵权。其用意在抬高二人地位、威势，打破曾国藩在湘军集团中水陆兼统、一

---

① 这里将黄翼升、李朝斌、李成谋都列入表中，一方面是因为他们最初都是职位极低的武弁，由于频繁身列保举案，职位上升很快，并最终都出任提督；另一方面，就是他们的最高任职，都与本书专门分析的长江水师控制权的争夺密切相关。

② 《清实录（第 42 册）·文宗显皇帝实录》卷一二八，"咸丰四年四月下"，272 页。

人独尊的局面，削弱湘军集团内部以曾国藩为核心的凝聚力。但当时此二人在湘军集团内部的威望远不及曾国藩，二人并无与曾国藩分庭抗礼、自立门户的野心和能力，而且塔齐布于咸丰五年即病死，清廷上述图谋未能实现。

不过，清廷并未放弃这种图谋。杨载福、罗泽南、李续宾、彭玉麟虽然都是曾国藩、胡林翼保举的湘军将领，但是，在授予他们实任的问题上，清廷一是独断，二是给予特殊恩宠，进行笼络，力图使他们成为可供利用的人物。因此，对他们连续授予实任职位：咸丰四年九月十六日，"杨载福补授湖南常德协副将"；九月二十五日明谕"罗泽南补授浙江宁绍台道"；十一月十九日上谕"安徽安庆府知府员缺，着李续宾补授"。① 咸丰六年，至迟五月，彭玉麟由记名道员实授惠潮嘉道，并已成长为曾国藩湘军水师重要统领。曾国藩在五月二十三日的奏折中说："水师九营，惠潮嘉道彭玉麟带四营，驻吴城，防下游湖口之贼"②，足证。

曾国藩对塔齐布也曾大力保举。咸丰四年四月十二日《保水陆统领各员片》中，曾国藩一方面表示自己不胜任水陆总统之重任："特微臣才疏识暗，用兵无术，终必贻误大局，是以吁恳皇上特简谋勇兼资之大臣，畀以水陆总统重任，实见此军关系非细，胜任为难，非臣敢置身事外也。"随即着重保举数人："至分统水陆诸人，如副将塔齐布之忠勇绝伦，守备周凤山之精练持重，贵州知县徐河清之胆略优长，堪膺陆路统领、分领之选。塔齐布、周凤山现在臣军，徐河清现经臣与抚臣奏调在案。水勇惟两粤最强，必须粤中官绅统带，方可驾驭得宜。查广西臬司许祥光、右江道张敬修，皆素谙水战，素蓄健卒，制备火器多而且精。该二员胆识过人，与现在臣军之褚汝航、新经咨调之李孟群，均堪膺水陆统领、分领之选。"③ 曾国藩没有考虑到的是，清廷本来就不愿曾国藩

① 清廷所颁上述授职的明谕，均见《曾国藩全集·奏稿一》，255、258、344页。
② 《水师近日开仗情形片》，见《曾国藩全集·奏稿二》，696~697页。
③ 《保水陆统领各员片》，见《曾国藩全集·奏稿一》，142页。

兼统水陆，曾国藩的自谦之词被清廷利用。不久后，清廷将塔齐布擢升为提督，并故意把湘军说成是"塔齐布陆师、曾国藩水师"。①

这一阶段，湘军集团通过大保举获得了大量下级职位和部分中级职位，收益甚多。但是，湘军所得并不等于清中央政府所失，清中央也能从中获益。大批湘军官兵取得清朝官位，既可使他们感谢"大帅"的保举，也能使他们感谢清朝的"皇恩"；既可增强他们对曾国藩的忠心和集团意识，也能增强他们对皇帝的忠心和"大清"意识。双方在该问题上没有针锋相对地交锋。

二、湘军集团争夺权位策略的变化和清廷政策的调整

（一）咸丰七年至九年，湘军集团保举策略和重点的转移

咸丰七年至九年，湘军集团在继续进行大保举的同时，侧重点转向重点保举，以道府、副参为主，兼及藩臬、提镇。

经过咸丰四年至六年的多次保举（特别是大保举），湘军人员取得清朝官方文武职衔（包括候补在内）者已达千人以上，其中绝大部分是低级职衔，也有一部分人取得了知府、道台、参将、副将等中级职衔。此外，还有个别人已跻身藩臬、巡抚，总兵、提督等较高职位（这主要是清廷为了分化湘军集团有意为之，并非湘军集团争取所得）。但总的说来，湘军人员在官方职官体系中地位仍然相当低，与其在战争中的实际地位和作用很不相称。这种状况当然不能令湘军集团满意。咸丰七年以后，湘军领导层关注的重点逐渐转移，着重争取使那些已从保举中脱颖而出，并且在湘军内部受到重用的骨干人物取得较高的官职，特别是力争取得一部分地方管辖权，这对于湘军的军事行动和湘军集团自身的发展，都是一项关系重大而且亟待完成的任务。因此，咸丰七年以后，湘军集团将保举工作的侧重点转向重点保举。对职位的争取着重点在文职

---

① 参见《大臣传续编九·塔齐布》，见《清史列传》卷四十四，3494～3495 页。

知府、道台以上，直至省级大员——藩、臬；武职参将、副将以上，直至总兵、提督。

但是，侧重点的转移并不意味着对大保举不再重视。相反，大保举的规模总体说来仍在继续扩大。咸丰八年十月十六日，曾国藩在《遵保防守广丰玉山两城出力员弁折》中，保举了213人。咸丰九年七月六日《遵保萧启江军南安信丰两次出力员弁折》中保举"尤为出力者"524人。咸丰九年七月二十一日，又在《咨保攻克南安及信丰解围两案出力稍次各员弁》的咨兵部文中，保举了"出力稍次各弁勇"204人，两案合计728人。咸丰九年十月十七日，在《酌保攻克景德镇浮梁县城出力员弁折》中，保举出力员弁多达1027人。十月十三日，在《咨保克复景德镇浮梁两城出力稍次各弁勇》的咨兵部文中还保举了"出力稍次"者527人，两案合计达1554人之多。以上仅咸丰九年七月至十月的几次保举案中，保举人数就达两千多人。现将湘军集团大保举的主要情况排列如下。

咸丰七年，由于曾国藩父殁守制，在守制问题上几经反复，以及清廷对他希望出任督抚的"要挟"毫不留情地打压，致使他一年多时间基本处于闲置状态，能看到的人事努力不多。只有正月十七日曾国藩在《吴坤修军克复奉新县城折》中，保举3人，其中"湖南候补知府吴坤修……交军机处记名，以道员请旨简放"①。

而湖北巡抚胡林翼、湖南巡抚骆秉章在咸丰七年则及时填补了曾国藩留下的空缺，不断保举人员。当然，胡林翼的保举仍坚持小心谨慎的风格，保举人数不多。

骆秉章保举人员的数量也不多②。如咸丰七年，骆秉章在五月二十八日上《汇保剿办黔匪三次出力员弁折》，汇保人员数量在文集中未载。同日上《匪徒谋逆先期扑灭在事官绅量请鼓励折》中保举刘典等10人：

---

① 《曾国藩全集·奏稿二》，847～848页。
② 在骆秉章的奏折中，还有几个看似是要进行大保举的奏折，但是却没有人员名单，不知是清廷没有允准，还是骆秉章后来另有考虑，没有续奏名单。笔者也没能查阅到其他相关材料，只能存疑。

"附生刘典请以训导归部尽先补用"。① 清廷在闰五月初九日上谕允准。

骆秉章曾一再保举王鑫。闰五月二十七日，骆秉章在《援江官军驰剿援贼大捷擒斩逆目折》中保举王鑫1人，"王鑫……可否赏加勇号"。清廷在六月初十日的上谕中说："记名道王鑫，着赏给爱什兰巴图鲁名号"。②

八月初四日，骆秉章在《援黔官军克复永从县城及剿办黎平各苗寨情形折》中保举了4人。③ 同日还有《遵保北路官军越境肃清鄂边出力员弁折》，保举王鑫所部。

王鑫死后，骆秉章又大力保举接统该军的张运兰等人。八月二十一日，骆秉章在《张丞王令战功最著请先行奖励片》中保举张运兰等2人，"即选同知张运兰可否归部即选，并赏加道衔"。清廷九月初二日上谕允准④，并让张运兰接统"疾殁"的王鑫所部。

十一月二十二日，骆秉章在《援粤官军克复平乐府城首逆就擒折》中保举蒋益澧、江忠浚2人："尽先选用道额哲尔克克巴图鲁蒋益澧可否赏加按察使衔"，"即选道江忠浚可否赏加盐运使衔"。⑤ 清廷十二月初四日上谕中将"即选道蒋益澧……即选道江忠浚……均着赏加按察使衔"。⑥

十二月二十日，骆秉章在《援江官军大捷击退石逆大股折》中保举张运兰等6人，其中"道衔即选知府张运兰……可否以道员归部选用"。⑦ 清廷十二月三十日上谕允准。同日，在《援江官军克复临江府城折》中，保举刘长佑、萧启江、刘坤一等人。其中，"按察使衔江西补用道刘长

---

① 《骆秉章奏稿》，见《左宗棠全集·奏稿九》，531、535~536页。
② 《清实录(第43册)·文宗显皇帝实录》卷二二九，"咸丰七年六月上"，573、574页。亦见《骆秉章奏稿》，542页。
③ 《骆秉章奏稿》，见《左宗棠全集·奏稿九》，569页。
④ 骆秉章的奏折，选自《骆秉章奏稿》，见《左宗棠全集·奏稿九》，576页。清廷的允准并赐予王鑫布政使衔，见《清实录(第43册)·文宗显皇帝实录》卷二三五，"咸丰七年九月上"，650页。
⑤ 《骆秉章奏稿》，见《左宗棠全集·奏稿九》，598页。
⑥ 《清实录(第43册)·文宗显皇帝实录》卷二四一，"咸丰七年十二月上"，730页。
⑦ 《骆秉章奏稿》，见《左宗棠全集·奏稿九》，612页。

佑……可否赏加布政使衔？即选道萧启江……可否赏加按察使衔？参将田兴恕……可否开缺，以副将升用，先换顶戴？""花翎同知直隶州知州刘坤一……可否以知府归部选用？蓝翎同知衔知县江忠义……可否以知府归部即选，并赏换花翎？"清廷十二月三十日上谕允准。①

曾国藩在咸丰八年复出后，从六月起开始奏事。

八月二十四日，他上《官军攻克安仁县城折》，专门提到"按察使衔即选道张运兰从前路兜截，迟速攻剿，皆合机宜。可否赏加勇号？"②

十月十六日，在《遵保防守广丰玉山两城出力员弁折》的大保举案中，曾国藩保举了 213 名，其中"蓝翎遇缺即选知县屈蟠……请免选知县，以同知直隶州不入班次，遇缺即选，并加知府衔"③。

咸丰九年的保举第一案是由二月初九日的《遵保新城安仁两次出力员弁折》和二月初十日《咨保张运兰等军克复新城安仁出力稍次各弁勇》的咨兵部文组成④。清廷二月二十四日的上谕对曾国藩保折所请基本同意。⑤ 不过，需要指出的是，保折中提出的最高职位要求仅仅是"（营务处花翎）即选知府王勋，着免选本班，以道员归于湖北补用。（花翎即选知府）王开来，着赏加道衔，并赏给正四品封典"⑥。

咸丰九年的保举第二案由七月初六日的《遵保萧启江军南安信丰两次出力员弁折》、七月初六日《酌保楚师三局出力官绅片》和七月二十一日《咨保攻克南安及信丰解围两案出力稍次各员弁》的咨兵部文组成。曾国藩在《遵保萧启江军南安信丰两次出力员弁折》中，所保举的"萧启江一军攻克南安府城、力解信丰重围两次出力员弁"中"尤为出力者"共计 524 人，职位最高者大抵不超过"花翎选用知府刘岳昭，请赏加道衔"

---

① 《骆秉章奏稿》，见《左宗棠全集·奏稿九》，619 页。清廷旨准，见《清实录（第 43 册）·文宗显皇帝实录》卷二四二，"咸丰七年十二月下"，757 页。

② 《曾国藩全集·奏稿二》，891～892 页。

③ 同上书，902 页。

④ 同上书，946～960 页。

⑤ 《附录明谕：答遵保新城安仁两次出力员弁折》，见《曾国藩全集·奏稿二》，954～957 页。

⑥ 《答遵保新城安仁两次出力员弁折》，见《曾国藩全集·奏稿二》，955 页。

"花翎参将梁万贵，请以副将升用"等，其中后来成为湘淮督抚的是刘岳昭。① 清廷在七月十八日的上谕中，也基本允其所请。②

在七月初六日《酌保楚师三局出力官绅片》中，曾国藩说明：

> 自咸丰五年至江西重整水师，与前江西巡抚商定，设立楚师子、药、炮三局，专济楚军之用。嗣臣于七年二月丁忧回籍，该局仍照常应付。去年七月，臣至江西，始与抚臣耆龄商同裁撤。计自设立各局，历时三载有余。该局员悉心筹济，从无脱误，实属著有微劳。现江西全省肃清，自应吁恳恩施，量予奖叙。因与抚臣函商，择尤酌保，理合缮单附入南安案后，仰恳鸿施，以为实心办事者劝。所有酌保楚师三局出力官绅缘由，谨会同江西抚臣附片由驿具奏。③

此次所保人员 27 名，主要是"以道员用前南昌府知府史致谔，请以道员不论双单月尽先选用。杨咏邠，请仍以知府留于江西，不论繁简尽先补用"及其以下官职。其中，后来成为湘淮集团重要成员的是史致谔。④ 对于曾国藩所保，清廷也是如其所请："以江西办理军需出力，赏道员史致谔等加衔升叙有差"。⑤

在七月二十一日《咨保攻克南安及信丰解围两案出力稍次各员弁》的咨兵部文中，曾国藩又保举了"出力稍次各弁勇"共计 204 人，职位主要是"把总""外委"之类低级职衔。⑥

---

① 《遵保萧启江军南安信丰两次出力员弁折》，见《曾国藩全集·奏稿二》，996～1005 页。

② 《清实录（第 44 册）·文宗显皇帝实录》卷二八八，"咸丰九年七月中"，233 页，北京，中华书局，1987。亦见《转录明谕：奖叙克复南安解围信丰诸出力员弁》，见《曾国藩全集·奏稿二》，1006～1011 页。

③ 《酌保楚师三局出力官绅片》，见《曾国藩全集·奏稿二》，1014～1016 页。

④ 同上书，1015 页。

⑤ 清廷批准曾国藩所请的情况，见《清实录（第 44 册）·文宗显皇帝实录》卷二八八，"咸丰九年七月中"，233 页。亦可参见《曾国藩全集》中所附"批复明谕"，见《曾国藩全集·奏稿二》，1016～1017 页。

⑥ 《咨保攻克南安及信丰解围两案出力稍次各员弁》，见《曾国藩全集·奏稿二》，1011～1014 页。

咸丰九年的保举第三案（也是该年最后一宗人数众多的大保举案）是由十月十七日《酌保攻克景德镇浮梁县城出力员弁折》和十月十六日《咨保克复景德镇浮梁两城出力稍次各弁勇》的咨兵部文组成。在十月十七日《酌保攻克景德镇浮梁县城出力员弁折》中，曾国藩将道员张运兰所带领的楚军，会合刘于淳之江军会剿，并得"曾国荃督带抚州全军五千八百人，前往协剿"，遂于"六月十四日攻克景德镇，十五日攻克浮梁县城"出力之员弁 1027 名，其中后来成为湘淮集团重要成员的是时任"花翎湖南补用参将刘松山……请以副将归于湖南尽先补用；花翎参将萧孚泗，请以副将归于江西补用……湖南候补知府李瀚章……以道员仍归湖南尽先补用；蓝翎守备郭松林请以守备归于江西补用；即用道前吉安府知府黄冕……以道员不论双单月遇缺尽先选用"，等等。十月十六日《咨保克复景德镇浮梁两城出力稍次各弁勇》的咨兵部文中保举了 527 名，没有涉及后来成为湘淮集团重要成员的人物。[①] 清廷予以照准。[②]

在以上的保案中，值得注意的是：第一，武职人员的保举要求已经提升到总兵职位上，"总兵衔湖北竹山协副将朱品隆，请交军机处记名，遇有总兵缺出，请旨简放"[③]。清廷在十月二十六日的上谕中说："在事出力员弁，均属著有微劳，自应量予奖励"，并明谕："副将朱品隆，着交军机处记名，遇有总兵缺出，请旨简放。"[④]第二，副将数量则较前大为增加。但是，在文职人员的保举上，除人数更多以外，基本未获得大的突破，最高职位仍是道员，"湖南候补知府李瀚章，请免补本班，以道员仍归湖南尽先补用。运司衔前任荆宜施道雷维翰，请赏戴花翎"[⑤]。我们都知道，清朝重文轻武，在此也可看出，清廷在武职上既不如文职之重视，也是承认湘淮集团成员对军队的实际控制。

---

①　《酌保攻克景德镇浮梁县城出力员弁折》，见《曾国藩全集·奏稿二》，1034～1048 页。

②　《清实录（第 44 册）·文宗显皇帝实录》卷二九八，"咸丰九年十月下"，362 页。

③　《酌保攻克景德镇浮梁县城出力员弁折》，见《曾国藩全集·奏稿二》，1034 页。

④　《转录明谕：答酌保攻克景德镇浮梁县城出力员弁折》，见《曾国藩全集·奏稿二》，1048 页。

⑤　《酌保攻克景德镇浮梁县城出力员弁折》，见《曾国藩全集·奏稿二》，1035～1036 页。

大保举继续大力进行的原因主要有二：其一，在庞大的湘军队伍中，已取得官方职衔的毕竟只是极少数。绝大部分人的要求远未得到满足，少数已得到职衔者也需通过大保举取得升迁的机会。其二，湘军队伍在战争中不断扩大。众多新加入者尚无职衔或仅有很低的职衔，有必要通过大保举大范围地激励他们奋勇作战，争取立功受赏。

同时，我们也必须看到，大保举与重点保举之间并无不可逾越的界限。曾国藩在咸丰九年的多次大保举中，常将重点保举掺入其中。如十月十七日的大保举（共保举 1027 人）中，就有多人涉及副将、道员等中级职衔："花翎湖南补用参将刘松山……请以副将归于湖南尽先补用，花翎参将萧孚泗，请以副将归于江西补用……湖南候补知府李瀚章……以道员仍归湖南尽先补用，蓝翎守备郭松林请以守备归于江西补用，即用道前吉安府知府黄冕……以道员不论双单月遇缺尽先选用"。如前所述，其中甚至还包括保举个别人出任总兵之职。清廷对大保举通常是一律照准。这些掺入其中的涉及中高级职位的重点保举也都顺利获准。据不完全统计，曾国藩在咸丰九年一年内，通过重点保举和大保举相结合，使湘军人员得到知府、副将以上职衔者总计不下 10 人。其中最高职位为文职道员、武职总兵。

这一时期，清廷方面也继续利用政府官职作诱饵，对某些湘军人员进行笼络、分化，湘军方面则进行了针锋相对的回击。咸丰七年二月十五日骆秉章上《王道带勇剿贼请暂缓简放实缺折》就是一例。在此以前，骆秉章曾一再荐举王鑫出任道员。官文为了拉拢王鑫，也出面荐举，清廷立即旨准。骆秉章看穿了他们的图谋，为了不让王鑫被官文拉走，一反过去的态度，奏请"暂缓简放实缺"。[①]

咸丰七年以后，湘军集团首脑仍然大力实施军功保举案，湘军集团中逐步跻身督抚的人员，都继承了曾国藩、胡林翼广植湘军集团在政府中人事组织基础的思想，大力保举军功人员；而且，从咸丰九年开始，曾国藩等在晚清人事黜陟权力格局中，对黜陟大权的介入实际上已经作

---

① 《骆秉章奏稿》，见《左宗棠全集·奏稿九》，495～497 页。

出了一些策略调整，就是更注重省级人员的荐举，力求更多地获得地方管辖权。曾国藩和胡林翼也有意识地开始进行"分工"，除了广植基础，鼓舞激励集团人员的士气外，还有转移清廷注意力的用意。从骆秉章、胡林翼的奏保案则可以看出，他们两人在这一时期侧重点是进行重点保举，尤其是那些有可能跻身更高职位的、通过军功获得道员知府职衔的人才。

在此期间，曾国藩也作过小规模的保举（多数为密保），不过数量不多，所保荐的多数仍是道员及以下的中下级职位的官吏，如咸丰九年二月二十八日，"候补同知曾国荃……以知府尽先选用，并赏加道衔"，六月二十二日保举"按察使衔即选道张运兰……赏加布政使衔"。[①] 清廷在七月初二日上谕中允准说："道衔候选知府曾国荃，着免选知府，以道员用。按察使衔即选道张运兰，着赏加布政使衔。"[②]咸丰九年十月十七日，曾国藩在《特保贤才请旨记名简放折》中，保举："四品卿衔礼部员外郎胡大任……以四品京堂记名，遇缺题奏"，"盐运使衔湖南、湖北补用道厉云官……交军机处记名，遇有道员缺出，请旨简放"。[③] 清廷十月二十六日上谕允准。[④] 不过，明确说厉云官"遇有两湖道员缺出，请旨简放"。

胡林翼在保举中仍保持小心谨慎的作风，保举人数也不多。但值得注意的是，他保举的职位却较高，文职达到布政使一级。咸丰八年六月十六日，胡林翼在《密陈替署司道各员附片》中保举罗遵殿为湖北布政使、严澍（树）森为湖北荆宜施道："藩司马秀儒……兹以患病已久呈请开缺，委系实在情形。如蒙俞允，查有臬司罗遵殿……堪以就近委署。……惟荆宜施道一缺，盐务关课，极关紧要。查有候补道严澍

---

① 《曾国荃保升道衔知府谢恩折》《官军攻克景德镇及浮梁县城折》，见《曾国藩全集·奏稿二》，976、991 页。

② 清廷具体允准的谕旨，转见《曾国藩全集·奏稿二》，993 页。笔者查阅了《清实录》和《咸丰同治两朝上谕档》，均未查到，不过在《咸丰同治两朝上谕档》第 11 册，598 页，有"记名按察使人员名单。……道员曾国荃"的记载，足见清廷是允准了曾国藩的保荐。

③ 《曾国藩全集·奏稿二》，1030～1031 页。

④ 《清实录(第 44 册)·文宗显皇帝实录》卷二九八，"咸丰九年十月下"，363 页。

森……堪以委署。"而上谕在六月下旬予以允准:"湖北布政使马秀儒因病解任,以按察使罗遵殿为湖北布政使,荆宜施道庄受祺为按察使","湖北荆宜施道员缺,着严澍森补授"。① 十月十四日在《首要知府员缺乞分别调补疏》中,胡林翼还加以说明:"窃查武昌府一缺……现署之严澍森,已奉旨以道员用。"②

从中可以看出,在实际的具体操作过程中,胡林翼、骆秉章等人与曾国藩在保举活动中有了"分工"。胡林翼、骆秉章等着重进行人数较少的重点保举(主要是所谓的"密保""特保",涉及职位较高),这种特点也与两人已经位居巡抚之职有关系。而曾国藩则以大规模保举、广植基础为重点(数量较少的密保,所荐举职位也较低)。在上面列举的咸丰七年的保举案是如此,下面将分析的咸丰八、九年的保举也是如此。

这一时期,我们可以看到,继续通过大保举广植基础的同时,湘淮集团在密保,甚至是大保举案中,有意识地将文职官员保至道员甚至是藩臬,武职人员保至副将甚至是记名总兵。

如前面保案中,文职人员,咸丰七年正月十七日,曾国藩奏请将"候补知府吴坤修","交军机处记名,以道员请旨简放";咸丰八年六月十六日,胡林翼奏请将"候补道严树森"补授荆宜施道;咸丰九年十月"候补知府李瀚章以道员尽先补用";咸丰八年六月十六日,胡林翼奏请将"臬司罗遵殿"补授湖北布政使,等等。武职人员,咸丰九年七月初六日,曾国藩奏"花翎参将梁万贵,请以副将升用";九年十月曾国藩奏请"补用参将刘松山,以副将尽先补用";咸丰九年十月,"副将朱品隆""请交军机处记名,遇有总兵缺出,请旨简放"。

经过胡林翼等人的保奏,我们看到,跟随胡林翼的一些湘军早期重要成员纷纷跻身藩臬,个别人员已经升任巡抚(罗遵殿),或是署任巡抚(李孟群)。咸丰七年三月,清廷连续升迁李孟群和罗遵殿,"以湖北按

---

① 《胡林翼集》第 1 册,"奏疏",497~498 页。清廷允准的情况,见《清实录(第 43 册)·文宗显皇帝实录》卷二五七,"咸丰八年六月下",991 页。

② 《首要知府员缺乞分别调补疏》,见《胡林翼集》第 1 册,"奏疏",366~367 页。

察使李孟群为安徽布政使，两淮盐运使罗遵殿为湖北按察使"①。咸丰八年七月，清廷命"安徽布政使李孟群暂署巡抚"。②咸丰九年四月，罗遵殿授福建巡抚。

（二）咸丰六年至九年，清廷迫于压力的政策调整期

随着湘军集团在战争中不断发展，湘军有功将领的职衔不断上升，湘军部分将领获得地方管辖权已成为不可避免的趋势。为了使这些将领在获得地方管辖权之后，不致形成尾大不掉之势，清廷一般要求军队将领被授予地方官职后，必须脱离自己的军队（有清廷命令的军事行动可以暂时例外），其军队可以由自己指定的人员接管。当然，湘军体制也使非本派系中人极难接手。清廷紧接着更为重要的一手就是在湘军内部制造分化，使得接管军队的将领地位上升，甚至与原主相埒，升任地方大吏者虽具有掌管民财之权，但是却再不能自如地驾驭军队，由此，政权与军权分离。另外，既在湘军中逐步授予更多的人以地方官职，又让他们在有限的行省中轮转，使得湘军集团内部成员因利益而产生矛盾。同时职位相当者众多，原来的上下级，因为职位已经相当，往往也互不能统属，为朝廷进一步多方面实施分化、控制提供了方便。这些政策，与汉代实施的"众建诸侯而少其力"的"推恩令"政策，在实施的环境、手段、目的和过程方面都有相似之处，由于本书主要是在省级政府层面分析地方政府和中央政府权力关系的变迁，因此，笔者将清廷这一政策称为"众建督抚而分其力"的政策（简称为"众建分力政策"）。

1. "众建督抚而分其力"政策的初步尝试

关于湘淮集团人员出任藩臬并进而跻身督抚问题的研究，历来与对晚清权力格局变迁状况的认识密不可分。涉及这一问题的论著，数量可观，也取得了显著的成绩。但是，目前已有的研究成果普遍存在着夸大湘淮集团对地方的控制力（即"督抚专政"论）和静态认识湘淮督抚对晚清

---

① 《清实录（第 43 册）·文宗显皇帝实录》卷二二二，"咸丰七年三月下"，478 页。

② 同上书，1001 页。

权力格局影响的倾向。① 本书针对上述问题，力求动态地考辨和分析咸丰六年到十年清廷与湘淮集团对省级政权的控制力。

咸丰六年之前，湘军在镇压太平天国的战争中虽已地位明显上升，但清廷在利用湘军的同时，仍极力对其实行压制，尽量不给予湘军成员控制地方的权力，特别是对省级政权控制极严。这一时期，湘军集团成员中得以出任督抚职位的仅有：咸丰三年九月，江忠源以湖北按察使直接授安徽巡抚②，同年十二月即战死。此后七八年间，虽战事紧张，但安徽巡抚未被再次授予湘军人员，江忠源之后出任安徽巡抚的福济、翁同书，都是清廷钳制湘军集团的力量，也是湘军集团处心积虑要打击的人员。③ 咸丰五年三月胡林翼被命署、任湖北巡抚。④ 而骆秉章于咸丰三年三月开复处分署湖南巡抚并于八月实授之时，还并非湘军集团成员。⑤ 湘军首脑曾国藩长期受压，未能取得督抚职位。

随着湘军集团在战争中不断获得发展，湘军有功将领的职衔不断上升。总体来看，湘军部分将领获得部分省级地方管辖权已成不可避免的趋势。因此，清廷在对督抚职位严格控制的情况下，对藩臬职位不得不逐渐放松控制。从咸丰六年三月起到咸丰十年四月曾国藩出任两江总督这一学界公认的分界点为止，湘军集团成员较多地取得了省级官员中的藩臬职位。现将有关情况简列如下。

---

① 涉及湘淮督抚任职状况的论著数量不少，在此仅举几种具有代表性的论著：龙盛运的《湘军史稿》，罗尔纲的《湘军兵志》《绿营兵志》，朱东安的《曾国藩集团与晚清政局》，傅宗懋的《清代总督巡抚制度之研究》，刘伟的《晚清督抚政治》，等等。需要说明的是，本节及后文所考论者，涉及湘淮问题研究的两个重要时段：一个是咸丰十年四月曾国藩出任两江总督以前，学界一般认为是清廷压制湘军集团时期；另一个为咸丰十年四月以后至同治四年以前，有学者称为清廷与湘淮集团的蜜月期。

② 钱实甫：《清代职官年表》第 2 册，1697 页。

③ 有关材料，参见《清实录（第 43 册）·文宗显皇帝实录》卷二二一，"咸丰七年三月上"；卷二五六，"咸丰八年六月上"，454、976 页；《钦定剿平粤匪方略》卷一九八，3、4 页，同文馆活字本。

④ 《胡文忠公年谱》卷二，1～6 页，光绪三十一年梅氏抱冰堂刊本。

⑤ 《骆文忠公自订年谱》卷上，27 页。需要说明的是，严格讲骆秉章出任督抚并非因湘军集团的力量，只是他得以巩固地位是靠湘军的力量。他是先出任巡抚后逐渐归为湘军成员的。而且骆秉章进入湘军集团，因其已经是巡抚，反而对曾国藩在湘军集团内部的权威形成一定冲击，客观上起到分化湘军集团的作用。对于这一问题，在本书本章第一部分已有论及。

咸丰六年三月五日，邓仁堃以江西督粮道迁江西按察使；咸丰七年正月被劾降五级调用。他属于曾国藩系，对曾国藩重建内湖水师和江西作战的饷糈供应，作用较大。①

六年十月二十三日，李孟群授湖北按察使，七年三月，迁安徽布政使。② 八年七月，李孟群在安徽巡抚翁同书未到任前，以安徽布政使署安徽巡抚③。他最初属于曾国藩系的统兵将领，后清廷命其统兵转战于湖北、安徽一带，隶湖北，逐渐转属胡林翼系。④

咸丰七年三月，罗遵殿由两淮运使迁湖北按察使，咸丰八年六月由胡林翼奏保迁湖北布政使。⑤ 九年四月迁福建巡抚，九月改浙江巡抚。⑥他属于胡林翼系，原为胡林翼幕僚，积功出任封疆。

咸丰七年十月，李续宾以记名布政使实授浙江布政使，咸丰八年十二月战死。他属于胡林翼系，亦甚得曾国藩信重。⑦

咸丰八年六月，庄受祺以荆施宜道迁湖北按察使；九年四月二十二日，迁湖北布政使，十年闰三月降福建按察使，旋于同年六月任浙江布政使。他虽然属于胡林翼系，是由胡林翼提拔起来的，但后来长期依附湖广总督官文，成为官文钳制胡林翼、严树森的力量，为湘军集团内部

---

①　《清实录（第43册）·文宗显皇帝实录》卷一九二，"咸丰六年三月上"，68页；中国第一历史档案馆编：《邓仁堃》，《清代官员履历档案全编》第3册，"咸丰朝"，315页，上海，华东师范大学出版社，1997；《遵查邓仁堃被参各款据实复奏折》，见《曾国藩全集·奏稿二》，841页。

②　《清实录·文宗显皇帝实录》卷二一〇，"咸丰六年十月下"，第43册，318页。

③　同上书，1001页。

④　关于李孟群隶属关系的演变，曾国藩、李鸿章都有记述。参见《酌拟报销大概规模折》，见《曾国藩全集·奏稿二》，870页；《李卿毂父子请列祀典片》，见（清）李鸿章：《李文忠公全集·奏稿》卷十八，83页。

⑤　《清实录（第43册）·文宗显皇帝实录》卷二二二，"咸丰七年三月下"，477、478页；卷二五七，"咸丰八年六月下"，第43册，991页。《密陈替署司道各员附片》，见《胡林翼集》第1册，"奏疏"，497、498页。

⑥　《清实录（第44册）·文宗显皇帝实录》卷二八一，"咸丰九年四月下"，126页。

⑦　《李忠武公年谱》，见梅英杰等：《湘军人物年谱》（一），156、183页，长沙，岳麓书社，1987；《查明巡抚衔浙江布政使李续宾三河镇阵亡实绩恳恩加等优恤疏》，见《胡林翼集》第1册，526、532页；《清史稿（第39册）》卷四〇八，列传一九五，11955页，北京，中华书局，1977。

的异己势力。①

咸丰九年四月，蒋益澧由候补道迁广西按察使，四月二十六日迁广西布政使，九月十三日降道员。② 他原来属于罗泽南系，由于罗泽南战死较早，他游走于胡林翼、刘长佑、骆秉章各系，后属左宗棠系。

咸丰九年四月，严树森由胡林翼奏保，以荆施宜道迁湖北按察使，咸丰十年闰三月迁湖北布政使。他属胡林翼系，曾为胡林翼幕僚，后积功出任藩臬直至封疆大吏。③

咸丰九年九月，刘长佑以候补按察使授广西按察使，十月二十三日迁广西布政使，十年闰三月迁广西巡抚。他以拔贡随江忠源领兵，原属江忠源系。江忠源战死较早（咸丰三年），他一度暂属骆秉章系，后自成一系。④

咸丰十年闰三月，唐训方由湖北督粮道迁湖北按察使。他原属罗泽南部，罗泽南战死较早，后属胡林翼、李续宜系。⑤

统计起来，在咸丰六年三月至咸丰十年四月的四年之中，湘淮集团成员中升任藩臬者共9人。同时期内，升任督抚者仅2人，即咸丰九年四月罗遵殿由湖北布政使迁福建巡抚，九月改浙江巡抚；咸丰十年闰三月刘长佑升任广西巡抚。即使加上咸丰八年七月李孟群以安徽布政使署安徽巡抚，勉强算有3人（到十年四月时却仅存1人）。曾国藩仍被压制，未能得到督抚职位。

这一时期，清廷陆续授予湘军将领9个藩臬职位，并不能简单视为湘军权力扩大，清廷权力削减。这些人的升迁降黜，仍由清廷牢牢控制。9人中，罗遵殿、李孟群任巡抚和李续宾任布政使后不久皆战死，邓仁堃不久即被降革，蒋益澧被降为道员。咸丰十年闰三月间，刘长佑

---

① 《清实录（第43册）·文宗显皇帝实录》卷二五七，"咸丰八年六月下"，991页；《密陈替署司道各员附片》，见《胡林翼集》第1册，"奏疏"，498页。

② 《清实录（第44册）·文宗显皇帝实录》卷二八一，"咸丰九年四月下"，132页。

③ 同上书，126页。

④ （清）邓辅纶等：《刘武慎公年谱》卷一，见《刘武慎公遗书》，35、43～44页，光绪二十六年刻本。

⑤ 钱实甫：《清代职官年表》第3册，2164页。

升任巡抚，唐训方新授臬司。过去，湘军将领的前途完全由曾国藩、胡林翼掌控，他们对曾国藩、胡林翼必须唯命是从。升任藩臬后，其前途则主要由清廷掌控。清廷在授予部分湘军将领地方权力的同时，也掌握了控制和分化湘军人员的更多手段。

有学者认为，咸丰十年以前是压制湘军及其领袖曾国藩的时期，清廷并不需要实施分化等其他策略手段，单纯压制即可。这种观点的问题在于，他们思考清廷压制湘军集团及曾国藩时，过于关注曾国藩受打压的事实，而对清廷仍须利用曾国藩湘军镇压太平军的一面考虑不够。而笔者认为，清廷在压制曾国藩湘军集团的同时，不能不利用湘军对抗太平军，故咸丰十年以前，清廷对湘军集团实施的并非单纯压制政策，而是压制与利用并重的政策。既然清廷还要利用湘军作战，那么曾国藩这位"统兵大员"及其部下重要将领就必须拥有一定程度的"军权""事权""财权"。其军队的饷银虽是"就地筹饷"，但史料说明他们并非擅自行动，而是获得了清廷允准的"财权"。这些客观存在的情况说明清廷是不可能实施单纯压制策略的。

对湘军在客观上必然拥有的军权、事权、财权，清廷不可能单纯采取压制手段予以剥夺或削减，而必须多方考虑如何才能更好地使之为己所用的问题。清廷注意到湘军集团内部派系众多，并非铁板一块，便采取内部分化、相关省区督抚的牵制等手段来辅助其压制政策。清廷实施压制也好，分化牵制也好，都有一个底线，就是如何更有利于镇压太平天国革命，更有利于维护自己的统治。从上述咸丰十年四月以前清廷对湘军集团成员出任省级政府官员的操控情况来看，通过这种复杂斗争情况下的试验，在湘军集团急剧发展时期，朝廷在任用一批湘军重要将领为藩臬大员之后，仍能够较为自如地升降他们的官职并有效控制。这为清廷随后实施在督抚一级的分化控制政策打下了基础，使清廷有信心为战争需要任命更多的湘淮督抚。由此可见，即使在压制湘军集团和曾国藩的过程中，清廷也并不是单一、僵化地实施打压策略，而是区别对待，将重点打击、压制与分化、利用等多种手段并用。

清廷为了使这些将领在获得管辖地方的部分权力之后，不致形成尾大不掉之势，采用了多种具体的、有针对性的手段来应对。一般要求军队将领被授予地方官职后，必须脱离自己的军队（有清廷命令的军事行动可以暂时例外，当然这种例外在镇压太平天国时期比较多见），其军队可以由自己指定的人员接管①（当然，湘军体制也使接手者若非本派系中人，则极难接手）。同时，清廷着重在湘军内部制造分化，使得接管原主军队的将领地位上升，甚至与原主相埒。这样，升任地方大吏者虽具有掌管民、财之权，但是却再不能自如地驾驭军队，使行政权与军队控制权分离。另外既在湘军中逐步授予更多的人员以地方官职，而又让他们基本在有限的行省中轮转，使得湘军集团成员之间因利益而产生矛盾。同时因职位相当者众多，原来的上下级，因为职位已经相当，往往也互不能统属，为清廷进一步多方面实施分化、控制手段提供了方便。这一时期，清廷主要是在藩臬这一层级试验、施行这一策略，为今后战争持续过程中控制督抚一级人员积累了经验。

2. 清廷初步实施"众建分力"政策过程中的典型案例

在清廷的政策调整期，这一政策主要是在藩臬层级试验、施行，为今后在最为关键的督抚一级中施行积累经验。

如前所述，湘军集团成员较多地跻身藩臬是从咸丰六年开始的。这一时期，清廷陆续授予湘军将领 8 个藩臬职位，并非出于对湘军的信任和重用，而是在藩臬一级初步尝试"众建分力"政策，以观察其效果，为以后不得不分封湘淮将帅为督抚时如何控制积累经验，搜寻应对措施。在试验过程中，清廷与湘军集团的斗争相当复杂，升用和降黜的情况以及被授职的湘军将领战死的情况也比较频繁地出现。

战死者的情况：李孟群于咸丰八年七月署安徽巡抚，未及十日，庐州陷落，革职留军营效力②，不久战死；咸丰八年十二月李续宾战死；罗遵殿在咸丰九年四月迁福建巡抚，九月改浙江巡抚后不久，于咸丰十

---

① 如刘长佑被任命为两广总督并调任直隶总督后，上谕命"饬挑旧部得力将弁数员自随"外，他的军队并未跟随北上直隶，而是仍留广西、江西等战区，由刘坤一接统。参见（清）邓辅纶等：《刘武慎公年谱》卷二，61 页。

② 《清实录（第 43 册）·文宗显皇帝实录》卷二五九，"咸丰八年七月下"，1024 页。

年三月十二日战死。

降黜的情况：邓仁堃于咸丰六年三月迁江西按察使，七年正月即降职；咸丰九年四月，庄受祺迁湖北布政使，十年闰三月降调福建按察使；蒋益澧在咸丰九年四月至九月，经历了由候补道迁按察使、布政使以及降道员的大喜大悲过程。

升迁较快者则是刘长佑，从咸丰九年九月以候补按察使授广西按察使，十月二十三日迁广西布政使，到咸丰十年闰三月迁广西巡抚。短短八个月就由候补按察使跻身封疆。当然，严树森从咸丰九年四月由道员升按察使，再到咸丰十一年（1861年）十月升河南巡抚，也是升迁较快。不过二者也有区别——刘长佑继续升迁（同治元年闰八月迁两广总督）①，而严树森则在改任湖北巡抚后被降黜（同治三年四月降道员）。

在这种升降过程中，咸丰九年四月至九月，湘军集团骨干蒋益澧在四月份一个月内由道员连擢按察使、布政使，不及半年再降为道员一案，就是一个典型事例。咸丰九年三月，蒋益澧在平乐与太平军作战，"以兵至，援之，贼退。四月，授按察使。旋擢布政使"。②六月，就有人奏参"广西藩司蒋益澧近来志意骄盈，因扣留军中口粮，以致兵勇解体，骚扰乡民。去冬贺县之败，实由于此。该藩司自败后，退居省垣，委任畏葸贪鄙之候补知府潘家馥带勇暂驻贺县，数月之久，未闻进仗，任听湘勇掳掠村庄。本年三月间，湘勇溃散，该府踉跄奔走，抛弃军装，以致贼匪蹂躏各村。……蒋益澧迁延不进，迨柳州复为贼踞，始行出省，致误事机"。清廷在上谕中说："广西被兵日久，民生凋敝，全赖地方大吏保卫闾阎。若如所奏，蒋益澧以带兵大员，辄敢不发军粮，致令兵勇扰累居民，亟应确切根究，以严法纪。著曹澍钟按照所参各节……详细查明，据实参办，毋稍徇隐。"③八月，太平天国国宗石镇吉部"由兴安窜入，诇知会城无备，遂犯桂林"，蒋益澧回援不力。学政李

---

① （清）邓辅纶等：《刘武慎公年谱》卷一，47、63页。
② 《大臣画一传档后编五·蒋益澧》，见《清史列传》卷五十，3916页。
③ 《清实录（第44册）·文宗显皇帝实录》卷二八六，"咸丰九年六月下"，204页。

载熙疏劾："益澧贪鄙任性，偾事丧民，自击退平乐贼后，并不追剿，反赴修荔，致贼蹈虚窥省。迨省城被围，益澧仅以疲病之兵千余人回援。以豢勇为名，浮冒钱粮，遇有调发，雇募充数。贺县团勇击贼得力，乃忌其功不用。坐拥厚赀，不发军饷。"[①]疏入，清廷以蒋益澧尚有战功，革去布政使，以道员留于广西差委。所参各节，交抚臣查明复奏。会蒋益澧与道员萧启江等军水陆合剿，桂林围解。九月二十四日，湖南巡抚骆秉章在《粤西重围已解及蒋藩司用兵情形折》中疏言：

仰见桂林被围、援师迟缓，圣怀忧切，有加无已之至意，臣跪诵再四，愧悚难名。顷据萧启江十一日广西省城来禀，具称：八月二十八日所部全军已抵桂林，一路通行无梗，各营驻扎城北。初四日客军三路进剿，毙贼数百，中路锐进，因地势生疏，中贼地雷，伤亡弁勇至五百余名之多。刘长佑于初九日驰至桂林，共筹进剿。贼闻楚军大至，即于是夜卯刻悉数由南路遁窜，城围立解。现在正筹追剿。并据禀称：窜扑广西省城者，为伪石国宗一股，至石逆达开，尚踞义宁、永福一带。……所不解者，李载熙[②]原奏系八月二十七拜发，称萧启江所部已入粤境柳州，虽有湘勇千余及另起志同军赤字营，以檄调稍迟，为贼所隔，至今未到，此外别无可待之援等语。查萧启江一军实于二十八日驰抵桂林，据管带赤勇之萧荣芳禀称，由柳赴援，二十五日在石门洞得获大捷，亦于二十八日到省。曹澍钟二十八日业经具奏，彼时桂林东北实已无贼，文报常通。李载熙近在一城，何以先一日拜折之时竟无闻见，而以省城危急，外援难到情形入奏，至烦圣虑？

接着他又奏道：

至蒋益澧，本湖南湘乡童生，随罗泽南转战江、鄂两省，积功

---

① 《大臣画一传档后编五・蒋益澧》，见《清史列传》卷五十，3916～3917页。

② 根据《清史列传》记载，李载熙当时任广西学政，根据相关内容来看，显然担负着清廷授予他的监视湘军和广西事务的使命，参见《清史列传》卷五十，3916页。

蒙恩荐擢知府。……均经劳崇光奏报，蒙恩荐升广西臬司。自贺县两挫后，威望稍损，众谤渐集。该员少年气盛，阅历甚少，自以身经百战，颇习兵事，每论用兵事宜，于僚属及各绅多所凌忽，臣早虑其不能以功名终。劳崇光赴广东时，亦颇以为虑。然广西一省除该员所部水陆各勇外，实别无兵勇可调。以积劳疲病之卒，当大股窜逼之时，未能迅筹痛剿，原属咎无可辞。皇上鉴其微劳，仅予薄罚，该员感天地生成之恩，应如何激发天良，勉思报称？至该员被参各款，有无实据，均在劳崇光巡抚任内及曹澍钟藩司任内时事，自无难一一查明参奏。①

广西巡抚曹澍钟亦奏称：

益澧克平乐后，因各军疲病，暂留养锐，而贼伺瑕窜省。初令知府潘家馥回援，不甚得力；继又自统全师协筹防剿，守御完固，人心以安。所部湘勇向照楚省原定营制条款，难悉与例符。综计册籍，尚无侵蚀。惟连年军需匮乏，移前济后，不克按期。而益澧年轻性急，间有过当，于伤病士卒未能优恤，致有刻薄寡恩之谤。贺县团勇因系新抚之众，未经督带来省，实非忌功不用，请宥其罪，仍以道员留省。②

清廷考虑到战事需要，从之。从中可以看出，蒋益澧于咸丰九年四月由道员升臬司、藩司，升任藩臬之职非常迅速，但同年被参劾，在所参内容尚未查实的情况下，即被降回道员职位。这表明清廷对他并非真正信任、重用。清廷通过这种复杂斗争情况下的试验，看到在湘淮集团急剧发展时期，任用湘军重要将领为藩臬大员之后，仍能够较为自如地升降他们的官职。这为清廷随后实施在督抚一级的"众建督抚而分其力"政策打下了基础，使得清廷有信心，迅速任命了一系列的湘淮督抚，并且不在官职上继续压制曾国藩，任命他为两江总督。

---

① 《骆秉章奏稿》，见《左宗棠全集·奏稿九》，767～768、769～770 页。

② 《大臣画一传档后编五·蒋益澧》，见《清史列传》卷五十，3916～3917 页。

3. 清廷采取与"众建分力"策略相辅而行的一系列措施

(1)清廷在湘军统兵权上，将压制政策与"众建分力"政策结合。

清廷在这一时期，主要是利用湘淮内部派系分化、矛盾，着力在湘军集团内部强化各派系的分割(从人事、官职任用、饷银供给等方面来进行)，辅以外部牵制手段，使统兵权不集中于一手，而是分散于众手。当时军事行动散于两湖、安徽、江西、江苏、浙江等省，清廷这种政策，也考虑了军事行动的需要。

同时，强调各支部队按照朝廷的调遣和战略部署来行动。为此，针对一个军事行动，部署调遣包括湘军在内的军队的谕旨往往迭下，以压制政策、强硬的姿态调遣湘军，以分解湘军统兵权。如咸丰六年四月初一日，清廷上谕："湖南南境业已肃清，选用道王鑫带勇素称得力，着骆秉章添拨兵勇，饬令该员由茶陵州进剿莲花厅、吉安府一带，以为刘长佑后路策应"。[①]

为了进一步分化、分解湘军统兵权，清廷还采取了各种措施。比如，在一些作为重要战区的省区，令总督、巡抚、统兵大员叠床架屋、各不统属。同时，又将湘军不同支系的部队掺入，分由不同的督抚、将帅统辖。如在安徽这一重要战区，清廷实际上就将军事统帅权一分为三：先后分别任命安徽巡抚福济、翁同书帮办军务(翁同书主要是负责以寿州为中心的皖北[②])；咸丰六年，胜保已经奉旨带兵转战于安徽、河南等地，咸丰八年七月清廷任命胜保以钦差大臣督办安徽军务[③]，咸丰九年十月，清廷命漕运总督袁甲三代替胜保为钦差大臣督办安徽军务[④]；又命两湖的曾国藩、胡林翼湘军进军皖南，将湘军将领任命为安徽藩臬。咸丰七年三月，清廷任命湘军将领李孟群为安徽布政使，先后

---

① 转见于《骆秉章奏稿》，见《左宗棠全集·奏稿九》，407 页。
② 翁同书在奏折中说："查寿春重镇、颍郡偏隅皆系皖北要区，亦可通一线之饷道，若居中扼要，尚有可为，愈于束手待毙。"参见(清)翁同书：《粟斋奏稿》，稿本，中国国家图书馆善本部藏，第 6 号。
③ 《清实录(第 43 册)·文宗显皇帝实录》卷二五九，"咸丰八年七月下"，1024 页。
④ 《清实录(第 44 册)·文宗显皇帝实录》卷三〇〇，"咸丰九年十一月中"，385 页。

归安徽巡抚福济、翁同书指挥、调遣。翁同书在给咸丰帝的奏折中就说："皖军疲惫，不独李孟群一军为然"，可为明证。①

　　利用湘军"各私其军"的体制特点，采取手段使部队不集中于少数人手中。如曾国藩系军力在各湘军派系中相对较盛，在萧启江因军事需要、清廷调遣且经曾国藩同意，脱离曾国藩归依刘长佑之后，清廷就利用刘长佑将萧启江军视为己有的心理（曾国藩数上奏折请调回萧军，刘长佑则不断奏留），使萧军不得回归曾国藩。萧启江虽归入刘长佑，但相互关系并不如刘长佑嫡系稳固，而与骆秉章关系密切。最终萧启江军基本归入骆秉章系。再如罗泽南虽离开在江西的曾国藩，而归湖北巡抚胡林翼（胡林翼也是倚为支柱），但是罗泽南毕竟觉得有愧于曾国藩，又不愿负胡林翼，最后急攻武昌城而战死。这也是清廷在其中的上下其手的非常突出的事例。②

　　咸丰六年以后，湘军内部主要派系基本形成，其间虽有离合，但由于清廷实施"众建分力"政策，使得湘军将领"各私其军"的状况日益突出，一直未能整合起来。如江忠源虽然在咸丰三年底战死，但是他的几个弟弟即统其军，并未与曾国藩、胡林翼等密切联合，而是与势力较弱的骆秉章关系比较密切。在安徽战区，自咸丰四年开始，江忠源弟弟江忠浚即"安徽带勇"征战多年③，但却与曾国藩、胡林翼等并无密切联系。刘长佑、刘坤一部一度长期被骆秉章奏留湖南，后来继续长期游离于曾国藩、胡林翼、左宗棠等湘军主要派系之外，从咸丰六年到九年直到同治、光绪朝仍是如此④。甚至连曾国荃部，随着其职位的上升，曾国藩也无法轻易调动。而胡林翼在咸丰六年，也正是因为无法调动曾国

---

① 《钦定剿平粤匪方略》卷二○一，2页。
② 这两个事例，可参见本书第五章和本章的相关论述。
③ 这是骆秉章奏折中所述。参见《左宗棠全集·奏稿九》，415页。
④ 如刘坤一于同治四年闰五月二十八日所上《谢补授江西巡抚恩折》中说："将来到任后，惟有恪访前任抚臣沈葆桢成规，折中至当"，这一言辞的背景是在同治三年曾国藩与沈葆桢因江西厘金问题决裂，沈葆桢屡欲引疾并忧免后所说，显见与曾国藩的疏离。参见中国科学院历史研究所第三所主编：《刘坤一遗集》第1册，6～7页，北京，中华书局，1959。

藩水师，想自建湖北水师，才给清廷提供了分化、分解湘军水师的机会。[①]

这一系列事例，其中有以湘军各私其军，清廷加以利用的情况；也有清廷借湘军体制主动出击，分解其权"为我所用"的情况。斗争虽然复杂，但仍说明清廷以压制和分化政策相结合所取得的成效。

(2)清廷坚持以利益分化湘军集团的策略，以湘制湘，对湘军内部派系区别对待、重点打击。

本来，湘军的招募、遣撤、筹饷制度是湘军区别于以前绿营兵制的特色，也是湘军具有较强战斗力的优势所在。但是，随着它的成熟和发展，这种体制的一些弊端也日益表现出来，并被朝廷利用。

由于湘军体制使得将领们各私其军，因此湘军集团内部派系林立、互不统属、难以真正整合。

罗尔纲在《湘军兵志》一书中说："湘军的招募与遣撤的制度，是造成兵为将有的根本原因，湘军的筹饷制度是助成兵为将有的副因。……兵既为将所有，于是将便各私其军。那时候，湘军将帅对于他们自己招练的军队，都认为是自己的武力，他人不得调拨，即国家也不能随便征调。……同样，自己的军队拨调给他人，归人管辖，他将帅也便视为其私军，于是自己便不能再操指挥之权，甚至调回也不可得。所以做将帅的相戒不以己军拨调给他人，都紧紧的掌握着自己的部下不放。但是，倘使请求的对方是跟自己有特别的关系的人，却不在此例。"[②]笔者以为，罗尔纲的论点有以下思虑未周之处。

事实上，饷银自筹和湘军的招募、遣撤制度都是造成兵为将有的不可缺少的原因，难分主副。比如，罗尔纲书中所举萧启江军的案例。[③]萧启江军原来直属曾国藩，后来调拨给刘长佑。咸丰九年，曾国藩奉命援皖，奏请拨调回萧启江军，但是屡次索要不回，甚至两次请旨严饬刘

---

① 胡林翼想建立湖北水师的计划，参见第八章关于长江水师问题的内容。
② 罗尔纲：《湘军兵志》，213页。
③ 同上书，215页。

长佑遵照,但刘长佑依然两次奏留,始终不放,而且萧启江军也没有脱离刘长佑回归曾国藩之意。笔者认为造成这种情况的根本原因并不是招募和遣撤制度。因为,就萧启江本人而言,他本随罗泽南隶属曾国藩部。罗泽南脱离曾国藩、归附胡林翼后,萧启江却留在曾国藩部。由此,萧启江已有脱离旧主的经历。这次萧启江之所以不自行脱离刘长佑,回归曾国藩部,不排除萧启江有对自己前途的考虑。我们知道,咸丰九年在曾国藩奏调萧启江时,刘长佑已经位列藩臬(咸丰九年九月刘长佑为广西按察使,十月下旬迁广西布政使,咸丰十年闰三月任广西巡抚),而且他出身于湘军集团中较早得到清廷重用的江忠源一系[①],在发展趋势上为清廷重用已很明显,而当时清廷对曾国藩还在实行压制。从前途考虑,追随刘长佑,似乎比追随曾国藩更有利。再者,当时曾国藩筹饷艰难,而刘长佑从咸丰九年九月就以候补按察使授广西按察使,十月二十三日迁广西布政使,兼辖地方筹饷权,同时还长期得到湖南巡抚骆秉章的支持,所谓"犹藉湖南解旧饷融济各营",拥有相对较优的饷源。[②] 刘长佑营的粮饷显然比曾国藩和湘军其他派系充足。而且,萧启江与骆秉章关系较近,"所有萧启江兵勇,仍着骆秉章接济兵饷"。[③] 因此,萧启江无论从军功前途着想,还是从现实的饷银来源考虑,都不想回归旧主曾国藩,也是入情入理的事。这不单纯是甚至并非主要由招募、遣撤制度所决定的。

而在湘军内部曾国藩、胡林翼两大统帅并立时,清廷有意识地扶植后起的胡林翼,打压湘军原来独尊的统帅曾国藩,则是众所周知的

---

① "湖南巡抚代递遗折疏",参见《刘武慎公遗书》卷一,17页;《清实录(第44册)·文宗显皇帝实录》卷二九八,"咸丰九年十月下",358页。

② (清)邓辅纶等:《刘武慎公年谱》卷一,35、43~44、47页;《国史列传·刘长佑》,参见《刘武慎公遗书》卷一,8~9页。关于刘长佑以统兵大员兼辖地方后,较易获得饷源,以及清廷的支持,在《国史本传》中有一例:"同治元年,贼陷杭州,长佑檄蒋益澧率师援浙,以浔州为饷源所出。亲督弁兵防剿,奏入,温谕褒勉。"(8页)而得到骆秉章支持一事,则参见《年谱》卷一,45页。

③ (清)骆秉章:《萧道一军改道驰赴黔蜀之交折》(咸丰九年十二月十五日),见《左宗棠全集·奏稿九》,797页。

情况。

（3）清廷的威势制约着湘军集团首脑的思维。

虽然湘军集团呈崛起之势，但是，任命封疆大吏毕竟仍由清廷决定。而且，清廷政策及其适当的调整，已经在湘军集团首脑中造成了一定的威势。咸丰九年、十年间，曾国藩谋求出任四川总督一事就是突出的案例。

许多学者在谈及咸丰九年、十年间湘军集团为曾国藩谋求四川总督一事时，往往认为是胡林翼等人在极力促成此事。然而，王闿运另有一种说法："自湘军起，文武名者颇或遥授蜀监司以歆劝之。胡林翼治军江汉，仰饷货于上流，恒欲通川督以自裨助。同时资望材德，独曾国藩可重任，而又久屈，无尺寸之地，故林翼私策，冀国藩督四川，特未有闲，未有以发也。"①我们知道，就一个重要职位而言，内部几个人的私下商议（尤其是这几个人在该职位上的发言权还极其有限）与公开向朝廷争取完全是两回事。而且私下商议的人（尤其是拥有提议、荐举实权的人，如胡林翼）因种种因素，实际上迟迟未向中央政府提及此议。而一个重要职位的任命，不可能久拖不决，故我们看到的实际情况并不如学者们的论著中所讲的情况那样，似乎胡林翼等人在积极为曾国藩争取四川总督一职。但此事背后的原因要进一步征诸材料却很困难。不过我们查阅胡林翼、骆秉章等人的奏疏，还应该有所发现。首先，胡林翼在咸丰九年、十年间的奏疏，除了曾经荐举左宗棠入川督办军务外②，并未见他荐举曾国藩入主四川。而对于胡林翼荐举左宗棠入川督办军务，以及清廷对此事的垂询，曾国藩的回应是，主张留左宗棠襄办江皖军务。③再查阅骆秉章的奏疏，也并未有议及曾国藩入川为总督一事，仅

---

① 王闿运：《湘军志·川陕篇第十三》，见《湘绮楼诗文集》，741 页。

② 《胡林翼集》第 1 册，"奏疏"，711 页。所附之清廷上谕中有关于胡林翼荐举左宗棠督办四川军务的信息："至四川军务，关系紧要。……该抚所保之左宗棠一员，前已有旨，赏给四品京堂，令其襄办曾国藩军务。若令督办四川军务，能否独当一面，于大局有无裨益，即着妥速筹商。"

③ 《请留左宗棠襄办江皖军务折》，见《曾国藩全集·奏稿二》，1181～1182 页。

在咸丰九年十二月中旬，有请敕曾国藩带兵援川之议："臣愚，窃谓为四川计，萧启江、田兴恕两军人数尚止九千，仍嫌单薄，且恐其才足当一路，而未足规划全局。可否仰恳皇上速敕曾国藩从长计议，如皖事暂尚可缓，即带所部陆军并酌带水师数营赴蜀，与署督臣曾望颜相机图之。四川如获保全，则兵力转弱为强，饷源更裕……"①显然这与学者们所说的积极争取曾国藩入川为督相去颇远，而且先奉旨入川的萧启江、田兴恕是属于骆秉章、刘长佑系的人员，实际上已经预示着清廷不太可能派曾国藩入川。

在四川总督这一问题上，清廷和湘淮集团进行了又一轮博弈。正如前述，在江南战火数年之后，承平已久的四川也出现蓝大顺、李永和起义；同时四川总督出缺，湘军集团为曾国藩能否出任四川总督在内部进行了密议，但是，胡林翼并未及时向清廷奏荐曾国藩。此时，清廷闻知李、蓝起义后，诏陕西巡抚曾望颜为四川总督，"征兵湖广。于时湖南巡抚方奏与曾国藩进军安徽，以萧启江诸军属之。未发，被命，遣启江率所部援蜀。胡林翼乃奏荐国藩，因言蜀财赋险固，宜以时镇抚，系天下根本"。但是，胡林翼奏请的是以曾国藩为四川总督，还是仅带兵入川、负责军务？王闿运没有说明。而清廷并没有采纳胡林翼的意见，自有布置，甚至在发生成都知府勾结成都将军有凤排挤曾望颜之事后，清廷仍不用曾国藩，而是命驻藏大臣崇实代有凤为成都将军，"十年春……趣国藩入蜀，而别授东纯（福州将军）为总督。国藩、林翼皆惮以空名将客军，复疏言江南寇势盛，宜先所急"。显然清廷并非一定要曾国藩援川不可，并随即任命"广西巡抚曹澍钟代国藩援蜀。澍钟不以知兵闻，特习四川，以有此命。大喜，将行，遭母丧，自奋夺情。林翼劲罢之，奏荐刘长佑。文宗意重广西，而念蜀寇无能为。七月，诏曰：'湖南巡抚骆秉章，素习湘军将士，可督办四川军，更增率湘军将士'"。

---

① （清）骆秉章：《萧道一军改道驰赴黔蜀之交折》（咸丰九年十二月十五日），见《左宗棠全集·奏稿九》，799 页。

其间，还有"湖广总督复奏留秉章防施南"等情况，而且骆秉章"自为巡抚时，稔知军饷不肯应客军，故观望，未敢直进"[①]。湘军人物的这些思维、筹划、行止，显然受制于清廷的威势。

---

① （清）崇实：《惕盦年谱》，53～54、56、58 页，光绪三年家刻本；王闿运：《湘军志·川陕篇第十三》，见《湘绮楼诗文集》，742～744 页。

第三章 清廷在湘淮集团全面实施
"众建督抚而分其力"的政策

咸丰十年至同治四年，清廷镇压太平天国起义进入关键时期和最后阶段，因此，在军事活动中，清廷必须对镇压太平军的主要力量湘淮集团的首脑人物、骨干人员，继续实施利用和分化压制并重的政策。而在湘淮集团重要成员中全面实施"众建督抚而分其力"的政策，正是清廷这种政策思维的集中体现。

一、咸丰十年以后湘淮集团
进一步向"封疆藩臬之任"冲击

咸丰十年曾国藩出任两江总督以后，一段时间内似乎不再热衷于保举，保举案一度明显减少。[①] 与此相反，湖北巡抚胡林翼在保举方面却明显加大了力度。特别是在荐举湘淮骨干人员出任高级官职方面起了突

---

① 曾国藩在咸丰十年只有两次大的保举案：一是闰三月初五日遵旨开具《遵议分析楚军克复景德镇浮梁县城出力各员折》和复具之"分析单"的大保举案，主要有"湖南补用知府李瀚章……以道员仍归湖南尽先补用"等；二是闰三月十一日《官军克复太湖县城会保折》，涉及重要成员为"花翎江西补用副将萧孚泗，请赏加勇号。花翎湖北补用游击张诗日……以参将仍留湖北补用……宝庆协标蓝翎守备李臣典……请以都司尽先选用。李臣典并请赏换花翎。候选知府屈蟠……以道员选用。江西补用同知刘连捷……以知府仍留江西遇缺即补。礼部员外郎甘晋请赏四品卿衔，俟服阕后送部引见，听候简用"。参见《遵议分析楚军克复景德镇浮梁县城出力各员折》《官军克复太湖县城会保折》，见《曾国藩全集·奏稿二》，1068～1086、1086～1117 页。咸丰十年一年中，曾国藩没有再大举保奏的情况，可参阅《曾国藩全集·奏稿二》的相关内容。当然，曾国藩很快就发现继续大量保举、广植基础的做法不可废。

出的作用。

咸丰十年、十一年，曾国藩和胡林翼在保举人员方面的"分工"似乎更加明确，曾国藩主要还是通过大保举广植基础（主要指曾国藩在认识到大量保举、广植基础的做法不可废之后）。湖北巡抚胡林翼不作大保举，而是重点推荐可任封疆藩臬的人员。这一时期，胡林翼在文职人员的荐举方面，已经向清廷明确请求对一些重要人员"逾格简用"，"畀以封疆藩臬之任"。武职人员荐以提督、总兵之任。

咸丰十年二月初七日在《克复太湖县城疏》中，胡林翼奏荐的重要人员主要有："福州副都统多隆阿，统筹大局，谋勇兼优，摧艰陷阵，所向披靡。湖南绥靖镇总兵鲍超，勇挚坚强，力遏凶锋。惟均系二品大员，臣等未敢擅拟请奖，伏候圣裁。"[①]清廷上谕均给予奖赏："官文、胡林翼、曾国藩督师进剿，调度有方，均着先行交部从优议叙。副都统多隆阿，着赏戴头品顶戴。总兵鲍超，着赏加提督衔。"[②]

咸丰十年五月初三日，胡林翼在《敬举贤才力图补救疏》中说：

> 臣查前任江西广饶九南道沈葆桢，识略冠时，才堪济变。……按察使衔浙江记名道李元度，血诚果毅，志节清严。……以上二员，如蒙皇上天恩，畀以封疆藩臬之任，责令筹兵筹饷，必有守正不阿之节，应变无穷之略。……又，湖南在籍四品卿衔兵部郎中左宗棠……湖南同知衔候选知县刘蓉……以上二员，应请天恩，酌量器使，并请旨饬下湖南抚臣，令其速在湖南募勇各六千人，以救江西、浙江、皖南之疆土，必能补救于万一。

除此之外，还有"吏部主事梅启照""现任湖北藩司严树森""湖北安襄郧荆道毛鸿宾""总办湖北营务、兼管粮台直户部员外郎阎敬铭"，这些人"前已随案保奏，均堪备异日任使"。胡林翼还特意呈明："夫用人行政，朝廷自有大权……惟湖北筹兵筹饷急切需才，臣应举其姓名而不

---

① 《胡林翼集》第 1 册，"奏疏"，679 页。
② 《清实录（第 44 册）·文宗显皇帝实录》卷三〇七，"咸丰十年二月上"，499 页；《胡林翼集》第 1 册，"奏疏"，680～681 页。

可遽求恩泽。臣为疆事孔棘，急图补救起见，应如何破格录用，因材器使之处，臣不敢擅请，均求出自圣裁。"①胡林翼在这一保举奏疏中保举的沈葆桢、左宗棠、刘蓉、梅启照、严树森、毛鸿宾、阎敬铭等人，后来都被任命为地方督抚。

咸丰十一年正月二十三日上谕："授李续宜为安徽巡抚。……至胡林翼前保之同知刘蓉，现在何处？闻该员才具尚好，应如何录用之处，并著胡林翼酌量具奏。"②三月初三日，胡林翼在《附陈湖北兵力不敷暂难筹拨情形疏》中复奏道：

> 臣奉恩旨垂问，刘蓉如何录用之处。当即钦遵转询湖南抚臣骆秉章。嗣据骆秉章函称，刘蓉新募护军营勇丁八百名，总办营务，随同入蜀，并经附片奏明在案。臣查刘蓉，器识远大，兼知兵事。如蒙天恩逾格简用，畀以封疆藩臬之任，尚能独当一面，不负职守，谨复片复陈。③

咸丰十一年三月初五日，胡林翼在《奏陈发捻大股犯楚请分别将弁功罪疏》中，奏请将"记名总兵湖南乾州协副将成大吉，以二千五百人当贼五万之众，竟能力扼岩关，叠挫凶焰，厥功甚伟，可否请加提督衔"。④

咸丰十一年八月十三日，胡林翼在《请恤阵亡之大冶县知县疏》中说：

> 统领安庆全军即用道曾国荃，管带湘恒等营；国子监学正衔候选训导曾贞干，均系两江总督曾国藩胞弟。……该员等自进攻安庆，相度地势，审探贼情，开挖长濠，苦守苦战，力御援贼十数万众。潜疏地道，设计进攻，坚城得以克复，城逆无一漏网。该员等

①　《敬举贤才力图补救疏》，见《胡林翼集》第1册，"奏疏"，709~711页。
②　《清实录（第44册）·文宗显皇帝实录》卷三四一，"咸丰十一年正月下"，1064页。
③　《胡林翼集》第1册，"奏疏"，787页。
④　同上书，789页。

智勇兼施，厥功甚巨，合无仰恳圣恩，赏加曾国荃布政使衔，以按察使记名简用。①

这一奏保的方式，很难区分究竟属于"汇保"还是属于"密保"。因为胡林翼此折还对程学启奏保"以游击归部尽先选用"，这并非实缺之保，而且折中对已阵亡的湖北大冶知县倪应颐，曾国藩的弟弟、已阵亡之曾国华，请求"从优议恤"，等等。

湘淮集团的很多奏保是可以明确区分"汇保"或"密保"的，但也有很多保奏的案例，很难明确区分"汇保""密保"，不仅形式上，内容上也是"酬功"与"荐职"混在一起，主要是便于浑水摸鱼，将重点人物掺于其中，又不特别显山露水，招清廷的顾忌。

综合上面列举的材料，我们可以看到，这一时期湘淮首脑荐举重点人物，非常用力。咸丰十年五月初三日胡林翼建议对前任道员沈葆桢、记名道李元度"畀以封疆藩臬之任"；咸丰十一年三月，胡林翼荐举同知刘蓉，建议"逾格简用，畀以封疆藩臬之任"；咸丰十年五月初三日的奏折中还对"兵部郎中左宗棠""湖北藩司严树森、道员毛鸿宾、总办湖北营务兼管粮台阎敬铭"等大加赞誉，虽未明确建议"畀以封疆藩臬之任"，实际含有此意。沈葆桢、李元度原职位尚低，按常规尚不够升任"封疆藩臬"的资格，刘蓉的职位则更是与"封疆藩臬"相距很远，胡林翼却要求"逾格简用"，可谓十分大胆。

清廷在任命曾国藩为两江总督后，也费尽心机，筹划制约之策，此时便利用湘淮首脑急欲取得较多督抚之位的心情，顺水推舟，连续任命湘淮多名重要人物为督抚，用"众建分力"的手段分割湘淮集团，削减曾国藩对本集团的控制力。②

---

① 《胡林翼集》第 1 册，"奏疏"，832 页。
② 关于清廷在这一时期任命湘淮多名重要人物为督抚的情况，可参见本书第二、第三章的相关内容。

二、清廷与湘淮首脑在湘淮督抚藩臬的
安排、使用、调动上的明争暗斗

由于曾国藩等湘淮集团首脑在镇压太平天国的战争中作用越来越大，对他们保举的人员，特别是军功卓著人员，清廷往往如其所请，这对于清廷牢固控制人事黜陟大权是一个冲击，而并非一些学者所认为的仅是华而不实的表面文章。对此，前面已经作出分析、论述。

不过，对总督、巡抚的任命和人事调动，包括一部分事关大局的藩、臬甚至道府人员的具体安排，清廷非常注意，任命往往出乎曾国藩等人之意料。在人事任免调配权问题上，清中央和地方实力集团的争夺是非常厉害的，而清廷在斗争中仍然基本上控制住了局面。

在人事任免调动大权上，湘淮集团对清廷的冲击，是不可讳言的事实，表现在：一方面，军事斗争造就湘淮军功集团的战功，清廷不得不犒劳。从胡林翼、曾国藩等人十余年中人数众多的保举案看，清廷对非涉及军政大权的职位的赏赐，基本上不讨价还价，照准所请。① 另一方面，湘淮集团往往不会满足于一般性的奖赏（这当然也需要，但主要是针对一般成员），对于重要成员，需要位列封疆的奖赏。而对一般奖赏的主动要求，是为更多地获得封疆大权奠定基础和增强讨价还价的机会、能力。但是，冲击并不代表就已形成对清廷黜陟大权的分享。相反，清廷还利用湘淮集团内部矛盾、运用黜陟大权进一步制造矛盾，分化其集团内部派系；同时，利用湘淮集团位列封疆的大员往往仍各领一军的情况，进一步分解湘淮将领的统军权。

不过需要看到的是，清廷在湘淮内部制造矛盾，也知道不一定就能造成湘淮各派系绝对的分裂、绝对的为其所用，但只要达到相互牵制，

---

① 关于这些保奏军功爵位的奏折，可以参阅胡林翼、曾国藩、骆秉章、李鸿章、左宗棠等人的文集。另外，在本书下面的论述中，对湘淮集团军功爵位的保奏也有较为详细的描述。

不发生如果曾国藩、胡林翼这样的人要造反、整个集团都拥戴的情况就可以。在客观情况（战争所造成的格局）已造成的必要的分权，只要清廷感到自己还能基本控制局面，也就能为清廷所接受；至于湘淮集团成员的矛盾，虽然曾造成个别的决裂，但总的说来，还未严重到可能使集团崩溃的地步，毕竟，无论以前的出身如何，既已置身湘淮之列，想彻底改变身份，完全消除清廷的猜疑，已不可能。

（一）清廷和曾国藩在藩臬级官员的实际使用、调动问题上的激烈斗争

清廷和曾国藩等湘淮首脑之所以在藩、臬一级官员的实际使用、调动问题上发生非常激烈的斗争，是因为这一级官员的任命、使用，大多关系到湘淮系地方督抚的军队控制、粮饷征调等生死存亡的大问题。

在统兵将领授予实职及其陛见赴任问题上，曾国藩和清廷也是各有打算，彼此皆有或调或留的计谋。

以下，本书将讨论湘军集团重要成员彭玉麟的任职问题。从彭玉麟任职道员到升任藩臬，就已经突出表现了清廷和曾国藩之间调与留的斗争。咸丰十一年三月，清廷命布政使衔广东惠潮嘉道彭玉麟补授广东按察使。按例，彭玉麟应当离开自己统率的水师，陛见后赴任。但是曾国藩鉴于统带水师的重任因杨载福请假回籍而落在彭玉麟一人肩上，遂于六月初八日上奏表示："该员统带水师，扼要驻守，屏蔽江西。本年贼犯湖北，统军上援鄂省……刻下攻剿吃紧，实属万不可少之员。且提臣杨载福现已请假回籍，如蒙俞允，彭玉麟责任更重，尤难赴广东新任。"[①]（提出因战事需要，奏留）而清廷也只得从战事着眼，同意曾国藩的请求。咸丰十一年七月初四日清廷上谕："广东按察使彭玉麟，现在统带水师，防剿贼匪，一时未能赴任。所有广东按察使篆务，著劳崇光、耆龄派员署理。彭玉麟俟军务稍平，再行奏请陛见。"[②]

咸丰十一年五月五日，清廷命布政使衔河南开归陈许道张运兰补授

---

① 《奏请彭玉麟缓赴新任片》，见《曾国藩全集·奏稿三》，1588～1589 页。
② 《清实录（第 44 册）·文宗显皇帝实录》卷三五六，"咸丰十一年七月"，1249 页。

福建按察使。九月九日，曾国藩上奏以"该司统带湘勇驻扎徽州，逼近群贼巢窟，刻下伪侍王股匪在浙之严州，伪辅王股匪在皖之宁国，距徽州仅二百里内外，防剿吃紧。张运兰实属军中不可少之员，势难令其即赴福建新任"。[①] 但是清廷没有允准曾国藩的请求。

以上两例，都是按察使的任命，一广东按察使、一福建按察使，时间接近，曾国藩奏留的理由也基本一样，但是，一准一未准，可见清廷虽然顾忌军务形势，但也有自己的判断，并非全凭曾国藩的奏闻来决定自己对人事任免、调动的决策。

另外，在奏留二人的奏折中，曾国藩都有"即照例迎折北上，由臣派员暂管，亦无人可以接办"之语，结合奏折内容，可以看到，因清廷定制，二人任职地方之后，不能带兵前往，必须交卸军队。而这支军队一直由他们统领，将兵熟悉，便于指挥，贸然派人接统，不利于军队的管理和作战。同时，也不排除曾国藩担心清廷会借机派人接统，攘夺自己对水师和张运兰陆军的控制权问题。

在战时体制下，为军队和战事需要服务的粮台管理人员，往往由相关各省的藩司、臬司或道员充任，尤其是在咸丰九年、十年以后，大多是这样一种局面。战区地方督抚和统兵大臣的粮台管理人员最初往往由清廷指定，后演变为统兵督抚或统兵大臣自行选人奏准。如曾国藩就多次自己选定粮台人员，上奏清廷确认批准。

清朝前中期，为了更好地控制统兵大臣，在负责后勤供应大员的选派上，通常由中央选定。在镇压太平天国起义的战争中，最初也是如此安排的。但是，随着战争的长期化、局势的复杂化，这种局面逐渐被打破。[②] 不可否认，这在后勤供应体制及其权力分配上，已经对专制主义中央集权和军饷粮草供应体制造成很大冲击，对相应的人事任免格局也

---

① 《请将福建按察使张运兰留营片》，见《曾国藩全集·奏稿三》，1629～1630 页。

② 湘淮集团首领从较早开始，包括出任督抚后，基本上都是自己选择、确定管理粮台人员的人选，而报请朝廷批准一般也是属于例行公事，走一个程序而已。如曾国藩在咸丰四年闰七月初九日上《请以夏廷樾总理粮台片》、五年四月初一日上《奏请胡大任甘晋二员委管粮台片》，皆是如此。参见《曾国藩全集·奏稿一》，193、457 页。

有影响。不过,清廷也有应对的策略,主要就是通过对相关人员的授职、调动、任免来解决这一问题。曾国藩粮台重要人员万启琛就是一个突出事例。

万启琛出自曾国藩系,曾国藩湘军成军出省作战后不久,在咸丰四年他就入曾国藩幕,此后长期肩负为曾国藩湘军筹饷、管理粮台的重任。咸丰五年四月曾国藩在《请饬大员总理盐饷派员协理盐运片》中,提出"查江西……候补道万启琛,精细笃慎,堪以协理西省盐运事件"。清廷认为既然万启琛为曾国藩得力的筹饷干员,确有能力,办事缜密,决定拔擢,但是,不是任命在江西,而是任命他为湖北督粮道,将其置于官文属下,以利于控制甚至收服。而曾国藩显然对此很警惕,咸丰五年七月,曾国藩在《奏请万启琛暂缓赴湖北粮道任片》中要求"新选湖北督粮道万启琛……例应即赴新任。惟查浙盐充饷,事属创举。该道廉明详慎,办理易于就绪,欲改行奏派,一时实乏得力之员,相应请旨敕下吏部查照,留万启琛在樟树镇总局协理饷盐事件,暂缓赴湖北粮道之任"[1]。清廷为了战事需要同意了曾国藩的请求,仍留万启琛在曾国藩营办理江西、浙江饷盐等事务。

咸丰十一年十一月,曾国藩在《拣员署理安徽臬司江宁盐巡道折》中保举"按察使衔前任湖北督粮道万启琛,江西丰城人,咸丰五年选授是缺,经臣奏留江西军营办理济楚饷盐。……留于苏、皖两省以道员请旨简放,即令署理安徽按察使,于军务、地方皆有裨益"[2]。清廷在十二月上旬谕旨允准:"两江总督曾国藩奏请将前任湖北督粮道万启琛留于两江补用,并委署安徽按察使,允之。"[3]曾国藩之所以突然又同意任命万启琛以实职,问题的关键在于,安徽属于他这位两江总督管辖之省份,同时,安徽按察使负责安徽厘金等饷银的征收调拨,对保证曾国藩湘军军饷有利。但清廷随即于同治元年四月再次出击,在四月十五日密

---

① 《曾国藩全集·奏稿一》,452、484 页。
② 《曾国藩全集·奏稿三》,1668~1669 页。
③ 《清实录(第 45 册)·穆宗毅皇帝实录》卷十二,"咸丰十一年十二月上",329 页,北京,中华书局,1987。

谕两江总督曾国藩、四川总督骆秉章，表示因为"匪踪阑入陕晋二省，防务吃紧"，饬速酌保藩臬人员："著曾国藩于所保之道员万启琛、李榕，骆秉章于所保之道员金国琛、席宝田各该总员内，择其可胜北省藩臬两司之任并能刻即起程者，公同酌保，迅速具奏，听候简用。"①对于清廷的举措，曾国藩在同治元年七月初二日上《复陈现无堪胜北省藩臬人员片》说："臣查署安徽按察使两江简用道万启琛，廉明详慎，敏而知要。第工于筹饷，军务非其所长。且现办安徽通省牙厘总局，兼管盐务，昼夜综核，甫经就绪，碍难调赴他省，致失驾轻就熟之助。"②同治二年正月上谕"以记名道万启琛为安徽按察使"③，按例应进京陛见，曾国藩随即上奏以"现当军事吃紧，筹饷亦属至急之务，一时实无熟悉情形之员堪以接替。合无仰恳天恩，俯准饬令该司暂缓入都，俾臣得收指臂之助"④。曾国藩不放万启琛进京，固然不排除对筹饷任务紧急的考虑，更担心的是万启琛进京后会被清廷调任他职，不能返回。清廷考虑到安徽军务，暂时隐忍不发。

同治二年，安徽军事形势趋于稳定后，三月十八日清廷明谕"以安徽按察使万启琛为江苏布政使，记名道马新贻为安徽按察使"。⑤这一任命显然出乎曾国藩的意料，因为江苏有李鸿章任巡抚，并负责粮饷的征收供给，万启琛任苏藩，一是与李鸿章职权冲突，二是自己身边重要的粮台干员万启琛被调离，而安插进来的又是清廷信重的干员马新贻，自己的"粮台"重地有"失守"的危险。因此在四月二十二日，曾国藩上《据情代奏万启琛恳辞江苏藩司片》，不惜以放弃江苏藩司要职为代价，奏请万启琛开苏藩缺，留在安徽办差，以留住洞悉安徽办厘、盐务情形

---

① 《清实录（第45册）·穆宗毅皇帝实录》卷二十五，"同治元年四月中"，675页。亦见《曾国藩全集·奏稿四》，2216页。

② 《曾国藩全集·奏稿五》，2541页。

③ 《清实录（第46册）·穆宗毅皇帝实录》卷五十四，"同治二年正月上"，1页，北京，中华书局，1987。

④ 《曾国藩全集·奏稿六》，3174页。

⑤ 《清实录（第46册）·穆宗毅皇帝实录》卷六十一，"同治二年三月中"，193页；见《曾国藩全集·奏稿六》，3225页。

的万启琛。曾国藩在奏折中，首先让万启琛具禀恳辞："惟藩司为财赋总汇之区，而苏赋甲于天下，所关尤巨。……启琛才识庸愚，气体屡弱，现在皖省筹办牙厘，兼全臬事，黾勉从公，已形竭蹶。一旦更膺繁剧，擢授苏藩，任重力微，恐致颠踬。惟有吁请奏恳皇上天恩，俯鉴愚忱，准其开缺。如蒙俞允，现在全皖军事较紧于江苏，启琛不敢自耽安逸，愿仍在安徽当差，敬候驱策"，同时曾国藩在奏折中也强调，江苏藩司职任繁剧，"万启琛积劳善病，尚难胜此繁剧。该藩司沥情具禀，陈请开缺，审已量分，不敢轻于一试，实亦出自至诚。相应据情代恳天恩，俯如所请，准予开缺，留于安徽办理牙厘，兼管盐务。其江苏藩司一缺，仰恳迅赐简放贤员，以重职守。其安徽臬司印务，或仍令万启琛在省署理，或令马新贻在临淮接篆任事，容臣与唐训方商定，续行具奏"。① 由于万启琛身任安徽臬司，并负责全皖重要的厘金征收支用重任，一旦易人，尤其由清廷信重的而非湘淮人物的马新贻掌管此任，显然对曾国藩不利。清廷虽未明说，但是，想用马新贻插手乃至清理、掌握皖省厘金等财税，是很明显的。因此，对于万启琛的力辞，清廷不为所动。同治二年五月二十四日清廷上谕说："曾国藩奏：藩司自陈办公竭蹶，据情代奏，请开缺留皖等语。江苏布政使万启琛，节经曾国藩奏保办事得力，是以叠加升擢，畀以监司之任。正当竭力报称，何得自陈竭蹶，以博退让之名！该督所请万启琛开缺之处，著毋庸议。"② 强硬地表示在藩臬任用问题上，中央黜陟大权不容干涉。清廷钳制地方实力督抚权威的意图，非常明显。不过，在曾国藩以军务相威胁的情况下，清廷在同一天的另一道上谕中，一方面再次强调"万启琛所请代奏恳辞藩司等情，亦经明谕毋庸置议"；另一方面也表示"万启琛现有经手事件，曾国藩可令其仍留皖营；其苏藩一缺，即暂时拣员署理，亦无不可"。③ 这样，为曾国藩、唐训方、万启琛等人保留了颜面。

---

① 《曾国藩全集·奏稿六》，3271 页。
② 《清实录(第 46 册)·穆宗毅皇帝实录》卷六十八，"同治二年五月下"，374 页。
③ 同上书，375 页。

然而，不到半年时间，同治二年十二月九日，清廷借安徽巡抚、湘淮干员唐训方办理军务不力，"于皖北军务措置乖方"，尤其"于苗逆围攻蒙城时，未将马新贻一军调回，复未能亲督兵勇，迅速赴援"，"即属难胜巡抚之任，著即开缺，以布政使降补"，而任命清廷安插的乔松年任安徽巡抚，"于地方吏治、军务，均应实力讲求，以期无负委任"。① 同时，谕旨严令万启琛速赴调补的江宁藩司任，办理江北粮台事务，"至江北粮台，必须大员暂办，关系甚重。万启琛已调补江宁藩司，著曾国藩饬令迅赴江北办理粮台事宜，以资接替而重职守"。② 这样，朝廷以时间换取了黜陟大权的权威性和中央权力的不容置疑，同时以军事形势的变化来催化黜陟大权的效应，在人事权力分配格局的斗争中无疑取得了重大胜利，更进一步巩固了中央在人事权力格局上的绝对优势。

清廷屡屡调任万启琛，并不是特别器重他本人，而是着眼于分化、钳制湘军集团，这从万启琛于同治三年九月赴江宁布政使任，四年八月就被免职，而"以两淮盐运使李宗羲为江南江宁布政使"这件事上就可以看出。③

(二)咸丰十年至同治二年，围绕战区重要督抚人事安排的斗争

咸丰十年初，曾国藩曾想趁四川总督出缺之机，谋求此位。许多学者认为湘淮人物在为此大力活动，帮曾国藩谋求此职。但是正如前面已经考辨分析的，实际上这只是曾国藩、胡林翼等少数几人的内部商议。在揣摩意图，看到清廷并无此意后，未付诸行动。更何况，从战略上考虑，进军江、皖、浙，兼顾湖广，才是曾国藩等湘军将帅的战略重点。咸丰十年，湘淮集团全力进取苏、常后，清廷很快就任命曾国藩署理两江总督，经营两江这一财赋之区和剿灭太平军的重要战场，这种战略重点加上利益重心，就使得曾国藩、胡林翼等人围绕这一战略部署，在人员和军队调配上开始了较长时间、精心地筹划和谋求。

---

① 《清实录(第46册)·穆宗毅皇帝实录》卷八十七，"同治二年十二月上"，837～838页。

② 同上书，838页。《曾国藩全集·奏稿六》，3272、3273、3734页。

③ 《清实录(第48册)·穆宗毅皇帝实录》卷一五〇，"同治四年八月上"，525页。亦可参见钱实甫：《清代职官年表》第3册，1931页。

咸丰十一年至同治三年、四年之间，在湘淮集团政军势力急速膨胀之时，清廷依然牢固控制人事任免权，这也是晚清中央和地方权力变迁的一个消长点。

咸丰十一年到同治元年，清廷和曾国藩集团围绕两江地区和湖北、浙江等省督抚的任命、调配问题展开了激烈的斗争。因为战争形势的需要，清廷做出了一定的妥协，表面上似乎曾国藩集团在督抚任命调配问题上占了上风，以往的研究成果也多认为地方势力已经严重侵夺中央政府的权力，将此作为重要证据。但是，我们仔细分析这一年左右发生的一系列督抚任免调动情况，就可以看出，清廷虽在战争形势面前不得不授予湘军集团一些督抚职位，但是，在具体的任命上却尽力掌控，不做太多让步。更重要的是，随着全国性战争的结束，湘淮集团很快就丧失了对重要人事任免的介入能力。

湘军水师将领彭玉麟在咸丰十一年被清廷任命为安徽巡抚，我们分析，主要是清廷图谋控制湘军水师的举措。在湘军集团安排彭玉麟坚辞安徽巡抚之后，由于安徽在战时情况特殊，皖南、皖北统兵权力分散，曾国藩在部署两江、鄂、浙的人员问题时，为了使新任安徽巡抚的李续宜在安徽能较为顺利地掌控军务、行政，觉得有必要进一步肃清被召京的前安徽巡抚翁同书的势力和影响。然而翁同书作为清廷安置在两江的大员，在安徽巡抚任上对湘军集团的监视、掣肘作用，显然令清廷大为满意，以致在他丧城失地，尤其在处置苗沛霖问题上举措失当之后，仅对他作出召京的决定，这也为曾国藩所不能"姑息"。因此在同治元年正月初九日接到清廷任命李续宜调授安徽巡抚、严树森调授湖北巡抚、郑元善授河南巡抚的谕旨后，[①] 曾国藩在正月初十日就专上《参翁同书片》，表示"军兴以来，督抚失守逃遁者，皆获重谴。翁同书于定远、寿州两次失守，又酿成苗逆之祸，岂宜逍遥法外？应请旨即将翁同书革职

---

① 清廷是在咸丰十一年十二月二十四日发出这一任命的，参见《咸丰同治两朝上谕档》，第 11 册，"咸丰十一年十二月二十四日"，601 页。而曾国藩是在同治元年正月初九日接到廷寄的，参见《曾国藩全集·奏稿四》，2017、2018 页。

拿问，敕下王大臣九卿会同刑部议罪，以肃军纪，而昭炯戒。臣职分所在，例应纠参，不敢因翁同书之门第鼎盛，瞻顾迁就。是否有当？伏乞皇上圣鉴训示"。[1] 这种"义正词严"而且事实确凿的奏参，清廷无法敷衍，只得将"翁同书著即革职拿问，交王大臣九卿会同刑部，秉公定拟罪名具奏"。[2]

曾国藩出任钦差大臣、两江总督、节制四省军务后，将军事部署和人事安排结合起来有这样的考虑，并切实加以实施，就是在自己坐镇两江枢纽的情况下，以李续宜、张亮基巡抚安徽、湖北，左宗棠援浙并经营闽浙，李鸿章援江苏并控制江苏，沈葆桢巡抚并经营江西，同时并举，在军事上固然使太平军首尾不能相应，同时在相关各省的人事安排上，也基本按照自己的意图，纳入以自己为中心的湘淮体系中。

曾国藩很多意见，虽有利于湘淮集团，但同时对清廷、战局也都有利，因而被清廷采纳。这种情况给人一种清廷在督抚任命上为湘淮集团所控制的错觉；而实际上，清廷在督抚人员的任免上，驳斥湘淮集团奏荐的情况也很多，有的情况似乎是同意湘淮集团的推荐，而细究起来，实际上清廷自有主张，只不过双方主张相合而已。

咸丰十一年十一月、十二月间，新授安徽巡抚彭玉麟以自己专带水师、不习陆师，不长于吏治等情，自请开缺。十二月十二日，清廷上谕："彭玉麟沥陈下情，请开缺专意剿贼一折。安徽巡抚现在简用乏人，着曾国藩于所属司道大员内，择其长于吏治、熟悉军情者，不必拘定资格，秉公保奏一二员，候旨简放。"[3]十二月十七日，曾国藩也奏称"彭玉麟难离水营，业于上年十二月十七日专折驰奏，请简员接任皖抚在案。彭玉麟迭次奏陈不能赴任，系属实情"。[4] 为了掩盖双方在争夺水师方面的矛盾，清廷似乎也在考虑他们的请求，故在十二月二十日的上

---

①　《曾国藩全集·奏稿四》，2029 页。

②　《清实录（第 45 册）·穆宗毅皇帝实录》卷十七，"同治元年正月下"，462 页。亦见《曾国藩全集·奏稿四》，2029 页。

③　该上谕转见《曾国藩全集·奏稿四》，2001 页。

④　同上书，2002 页。

谕中，有"当此皖省军情万紧，着即会同曾国藩、李续宜等筹商人才，荐贤自代"这样的话。但同时又说："提督杨载福请假回籍，行抵何处？著曾国藩催令该提督迅速回营。如果彭玉麟可以赴任，庶水师不至无人统带。"①仍然想让彭玉麟出任皖抚。由于彭玉麟确也是不习吏事，不谙陆师，而安徽军情紧急，且曾国藩也坚不令彭玉麟赴任。最后，清廷在自身安危所系的紧急情况下，不得不任命李续宜为安徽巡抚。

对于此时皖抚的人选，正如上述史料所展示的，清廷令曾国藩、李续宜等推荐，也令彭玉麟荐贤自代，同时，湖广总督官文、在安徽办理军务的漕督袁甲三等实际上也参与其中。请看两条材料：一条是曾国藩的奏折，"臣前与官文函商，本有奏请李续宜仍任皖抚之意，缘鄂省关系极重，一时难觅替人，即恐上侵朝廷黜陟之权，又虑转贻鄂疆未靖之患，是以前折中未敢冒昧渎陈"②，可见官文参与到人选荐议之中；另一条材料，清廷在十二月二十五日的上谕中有"袁甲三有仍以李续宜为皖抚之请"，说明当时任钦差大臣督办安徽军务的袁甲三也参与其中。同治元年正月初十日，曾国藩推荐人选有李续宜、张亮基，请清廷从中择一人为安徽巡抚，另一人则任湖北巡抚：

> 兹迭荷温谕畴咨，臣反复筹度，所属司道大员内，实无素统陆军者可胜皖抚之任。查有前任云贵总督张亮基，久任封疆，艰难备尝，威望素著。咸丰二、三年间，在湖南巡抚署湖广总督任内，筹办防剿，布置得宜，舆论翕服。湘勇之初招赴省城训练，实自张亮基发其端，故楚军将弁，乐为之用。该员籍隶徐州，于颍、亳、宿、蒙等处地势、民情，亦甚熟悉。又与袁甲三儿女姻亲，足资联络。至湖北抚臣李续宜，上年九月曾自行奏请回皖抚本任。该员忠勇沈挚，一则感文宗显皇帝超擢之恩，一则抱伊兄李续宾三河之痛。常思奋身而赴义，不愿就易而避难。其所部成大吉、萧庆衍、蒋凝学各军，皆在皖境。可否仰恳圣恩于张亮基、李续宜二员中特

---

① 《清实录（第45册）·穆宗毅皇帝实录》卷十三，"咸丰十一年十二月中"，368页。
② 《遵保皖抚大员折》，见《曾国藩全集·奏稿四》，2002页。

简一员为安徽巡抚，当于大局有裨。如简授张亮基为安徽巡抚，应请旨饬令于湖南募勇数千带赴六安一带，仍责成湖北专济饷项。如简授李续宜为安徽巡抚，亦应请旨饬令先驻六安一带，责成湖北专济湘勇全饷。湖北有事，责成李续宜回顾鄂省全境。并请即以张亮基为湖北巡抚，与督臣官文会办一切，庶足保楚北最要之区。张亮基曾任总督，以之补授巡抚，于例稍有未符。但体制本不甚远，人地实在相宜，或可通融办理。①

清廷则在咸丰十一年十二月二十五日上谕：

> 前因彭玉麟于皖抚固辞不就，尚未简放有人。而皖事日形紧迫，狗逆、苗练凶焰甚炽。贾臻、袁甲三均不足恃。既据袁甲三有仍以李续宜为皖抚之请，是以不及候曾国藩复奏，业经明降谕旨，调授李续宜为安徽巡抚，严树森为湖北巡抚，郑元善为河南巡抚。②

这种安排，清廷显然自有主张，表面上尊重曾国藩等，实际从战局和自己的需要着手安排人员：(1)清廷安排李续宜回任安徽巡抚，不仅是他熟悉情况，统带陆师有经验，更重要的因素是李续宜"所部成大吉、萧庆衍、蒋凝学各军，皆在皖境"，既已有此事实存在，为了战局顺利，当然以李续宜为宜；(2)清廷并未如曾国藩所请，让张亮基任湖北巡抚，而是让曾署任湖北巡抚、后出任河南巡抚的严树森回湖北巡抚任，将河南巡抚换为非湘淮集团而是清廷信员的郑元善，并且在上谕中要求"著严树森将在豫得力兵勇交郑元善督带后，即行驰赴湖北巡抚之任"③，使得湘军集团中严树森一系的部分军队脱离湘军；(3)清廷明明不愿按曾国藩的建议，任命张亮基为湖北巡抚，却假意说等不及曾国藩的复奏，同时又说因与曾国藩关系较好的袁甲三之请，故派李续宜为安徽巡

---

① 《遵保皖抚大员折》，见《曾国藩全集·奏稿四》，2002～2003 页。
② 曾国藩在《遵保皖抚大员折》后所附清廷谕旨，参见《曾国藩全集·奏稿四》，2016 页。
③ 该上谕转见《曾国藩全集·奏稿四》，2016 页。

抚，给曾国藩一个面子。

清廷自咸丰十一年十月开始，到同治元年正月、二月间，围绕曾国藩以两江总督节制江浙四省军务问题，有一系列的举措、布置，力求有利于清廷统治的稳固，有利于镇压太平天国军事活动的发展；在人事布置上，既在表面上尊重了曾国藩的威望（节制四省军务，甚至说"江浙等处军务，朕惟曾国藩是赖"），又在实际布置上处处设置陷阱，布置牵制力量。

对于清廷对曾国藩界以重任，甚至说出"江浙等处军务，朕惟曾国藩是赖"①的话，有学者认为："长期受到压抑的湘军统帅曾国藩，权力不断增大，地位不断提高，承担的任务也越来越重。继咸丰十年授任两江总督、钦差大臣，督办江南军务、宁国军务、徽州军务之后，咸丰十一年十月又奉命督办江皖赣浙四省军务，巡抚、提镇以下文武官员皆归其节制，也就是说，时至今日，已不是曾国藩有求于清廷而是清廷有求于曾国藩了，不是曾国藩伸手向清廷要权，而是曾国藩一再推辞，清廷却非授予不可了。"②不可否认，这说出了当时的一些实情，但是，对该问题的认识一定要结合不同时期情况的发展，清醒地看到清廷在有求于人时的态度和时过境迁时的嘴脸。

咸丰十一年十月十八日上谕：

> 钦差大臣两江总督曾国藩，著统辖江苏、安徽、江西三省并浙江全省军务，所有四省巡抚、提镇以下各官，悉归节制。浙江军务，著杭州将军瑞昌帮办。并著曾国藩速饬太常寺卿左宗棠驰赴浙江剿办贼匪，浙省提镇以下各官，均归左宗棠调遣。③

清廷这样任命，原因如下：其一，客观形势迫使清廷不得不承认曾

---

① 在曾国藩节制四省军务以后，在清廷的上谕中屡屡可以见到"江浙等处军务，朕惟曾国藩是赖"，及其"不负所望""不负委任"的言辞，可参见《清实录》中相关内容。曾国藩文集中所引上谕内容，可参见《曾国藩全集·奏稿四》，2018 页。

② 朱东安：《曾国藩集团与晚清政局》，42 页。

③ 《清实录（第 45 册）·穆宗毅皇帝实录》卷七，"咸丰十一年十月中"，197 页。该上谕亦引录于左宗棠相关奏折中，参见《左宗棠全集·奏稿一》，1 页。

国藩及其带领的湘淮集团的强大战斗力、威慑力，具有不可替代性。正如清廷在十月十八日的另一道上谕中透露的："本日已明降谕旨，令曾国藩节制浙江全省军务，并令江苏、安徽、江西、浙江巡抚、提镇以下各官，悉归节制。该大臣自不能不统筹兼顾"[①]。其二，曾国藩已经是节制江苏、安徽、江西三省的两江总督，因战争形势需要，又有杭州将军瑞昌和浙江巡抚王有龄之奏请，让曾国藩兼制浙江军务，并让随曾国藩帮办军务的左宗棠督办浙江军务，似乎是顺理成章，有利于江浙军情的扭转，有利于"挽救东南大局"。但清廷这样安排还另有其用意。因为"左宗棠业经降旨，令其督办浙江军务，并准其自行奏事"，[②] 以左宗棠的性情和行事风格，曾国藩要真正对他指挥如意，不太可能。对此，曾国藩心里非常明白，他在奏折中恳辞节制四省军务之任，并特别强调"遥制浙军，不若以左宗棠专办浙事，请收回成命"等语。清廷却在咸丰十一年十二月十四日下谕："曾国藩奏：接奉节制江浙等四省军务谕旨，沥陈恳辞一折，览奏均悉。……江浙军情，本属相关一气，凡该大臣思虑所到，谅无不协力同心，相资为理。节制一事，该大臣其毋再固辞。"[③]坚持把曾国藩置于既有责任节制左宗棠，又无能力节制的尴尬境地。

其后，在同治元年正月初十日，曾国藩上《再辞节制四省军务折》中，在全力争取湘淮人员占据湖北、湖南、江西、安徽、江苏、浙江等省巡抚，自己牢牢占据两江总督的同时，又表示"节制四省之名，仍恳圣恩收回成命"，还表示"所以不愿节制四省，再三渎陈者，实因大乱未平，用兵至十余省之多。诸道出师，将帅联翩。臣一人权位太重，恐开斯世争权竞势之风，兼防他日外重内轻之渐"。[④] 在经历几次清廷貌似尊重、实则独断的高层人事任免、调动事件之后，曾国藩采取的是以退

---

①　《清实录（第 45 册）·穆宗毅皇帝实录》卷七，"咸丰十一年十月中"，200 页。该上谕亦引录于《左宗棠全集·奏稿一》，2 页。

②　同上书，343 页。

③　同上书，343～344 页。

④　《曾国藩全集·奏稿四》，2022 页。

为进的策略。

在这一时期，针对曾国藩在人事任免、调动权上以退为进的侵消之势，清廷不遗余力，竭力捍卫对用人行政黜陟之权的绝对控制。在战争形势迫使清廷不得不让出部分军队控制权、饷银控制权以及地方财税权力之时，清廷自始至终都在捍卫自己的人事任免权，并借曾国藩开始采取以退为进的策略之机，将计就计，进一步削减地方实力督抚介入高层人事黜陟决策的程度及其所能释放的能量。

三、清廷对湘淮集团全面实施"众建督抚而分其力"政策

咸丰十年以后，随着江南、江北大营的崩溃，尤其江南大营再次被毁，所谓绿营精锐彻底溃败，要重建一支具有较强战斗力的政府军队并非短期所能见功，此时所能依靠的就只能是湘军。这就促使清廷最终决定放弃所谓的规制，重用湘军集团重要成员，让他们兼辖地方，同时在湘军集团内部全面实施以"众建督抚而分其力"为主的分化政策。

从曾国藩的幕僚赵烈文，到后来学者如罗尔纲、萧一山等，皆认为，清廷在江南大营再次被击破后，不得不重用湘军。但是，学者们分析得不够的是：清廷在被迫重用湘军将帅的同时，又对他们采取了相应的制约政策。其中一项重要政策便是"众建督抚而分其力"。

（一）咸丰十年至同治四年，清廷任命湘淮督抚的具体情况

咸丰十年四月，曾国藩署两江总督，六月二十四日授两江总督、钦差大臣，咸丰十一年十月十八日，统辖四省军务。[1] 由此，清廷开始重用湘军集团重要成员，让他们兼辖地方，以便更好地调配军、政、财资源，同时在湘军集团内部加紧实施分化政策。那么，在此前后清廷是如何布置"众建督抚而分其力"政策的？此后清廷和湘淮集团对省级政权控制力的争夺状况又是如何呢？

---

[1] （清）黎庶昌编：《曾文正公年谱》卷六，17、24 页；卷十，6 页。

有学者强调，湘军集团在咸丰十年夏至同治三年夏之间，一个重要特征是督抚大帅多，先后有 23 人。"其中同治三年夏同时为总督者也有曾国藩、左宗棠、刘长佑、毛鸿宾、骆秉章、杨载福（杨岳斌）6 人；为巡抚者更多至 8 人。这样，江苏、安徽、江西、浙江、福建、湖南、湖北、四川、广东、广西、陕西、山东、直隶，都被湘军集团所控制。当时东北、青海、新疆、西藏未设省，全国只有 18 个省，而湘军集团竟占去 13 个省，占总数的 72％。……这说明湘军集团拥有的军事政治力量，与满洲贵族为主导的清廷，已经形成双峰对峙，甚至有驾凌而上之势。"①

有学者说："该集团首脑和骨干分子共有 475 人，经查证核实，其中文职实缺按察使以上 125 人……位至督抚、堂官以上者 67 人。这个统计虽难称精确，但亦可大致反映出这个集团在清朝统治阶级中的实力地位。"②

粗略地看，情况似乎的确如此。但是湘淮人员出任督抚是一个动态过程，必须动态、细致分析湘淮集团成员占据督抚要职的情况。通过对他们的任职时间、地点和调动、升降情况进行具体考察，就会发现实际情况与已有研究的结论很不一样。

根据表 3-1，我们可以看出咸丰十年至同治四年，湘淮人员占据督抚职位的走势：

咸丰十年，上半年占据 4 省巡抚、1 区总督；下半年占据 3 省巡抚，1 区总督。③

---

① 龙盛运：《湘军史稿》，289 页。
② 朱东安：《曾国藩集团与晚清政局》，65 页。
③ 张亮基严格说不算湘淮督抚，只是因工作关系，较早就与湘军关系密切，故表中列入，但统计时不算入。骆秉章在十年八月入川督办军务，故下半年巡抚统计上未将骆秉章列入。

表 3-1　湘淮人员占督抚职位走势情况

地区/官职	咸丰十年	咸丰十一年	同治元年	同治二年	同治三年	同治四年
湖南巡抚	骆秉章（八月赴四川督办军务，奏请以按察使翟诰署，咸丰十一年二月后清廷将翟诰召京，而代以布政使文格署）	毛鸿宾①（二月署，七月授）	毛鸿宾	毛鸿宾（五月迁两广总督）恽世临（五月以布政使迁）	恽世临②	恽世临（二月降调，实际上免职）李瀚章（二月以广东布政使迁）
湖北巡抚	胡林翼③	胡林翼（八月病假，九月死）李续宜（八月署，九月授，十二月改皖抚）严树森改授（十二月）	严树森④	严树森	严树森（四月降道员）唐训方（四月署）	
湖广总督						

---

① 《清实录（第 44 册）·文宗显皇帝实录》卷三四四，"咸丰十一年二月下"，1093 页；《清实录（第 45 册）·穆宗毅皇帝实录》卷一，"咸丰十一年七月"，82 页；（清）骆秉章：《骆文忠公自订年谱》卷下，1 页。

② 毛鸿宾任两广总督与恽世临任湖南巡抚的谕旨同时下达。参见《清实录（第 46 册）·穆宗毅皇帝实录》卷六十八，"同治二年五月下"，368～369 页。

③ 梅英杰编：《胡文忠公年谱》卷三，13、38、39 页。

④ 《清实录（第 44 册）·文宗显皇帝实录》卷三四四，"咸丰十年十月中"，975 页。清廷同时任命边浴礼为河南布政使、郑元善为河南按察使，牵制严树森。严树森后来参奏边浴礼。

续表

地区/官职	咸丰十年	咸丰十一年	同治元年	同治二年	同治三年	同治四年
安徽巡抚		李续宜（正月至八月）署 彭玉麟（九月授，十二月辞免） 李续宜（十二月改授）	李续宜①	李续宜（四月专办皖北军务） 唐训方（四月授，十月降为藩司） 李续宜死（十一月）		
江西巡抚		沈葆桢②（十二月授）	沈葆桢	沈葆桢	沈葆桢	沈葆桢（五月忧免） 刘坤一③（五月以广西布政使授）
江苏巡抚			李鸿章④（三月以延建邵道署，十月授）	李鸿章	李鸿章	李鸿章（四月署两江总督） 刘郇膏（四月以布政使护）
两江总督	曾国藩⑤（四月署，六月授）	曾国藩	曾国藩	曾国藩	曾国藩	曾国藩（四月赴山东督师剿捻） 李鸿章署

<hr>

① 湖北巡抚李续宜调任安徽巡抚、河南巡抚严树森调任湖北巡抚之命是同时下达，参见《清实录（第 45 册）·穆宗毅皇帝实录》卷十四，"咸丰十一年十二月下"，379 页；卷八十五，"同治二年十一月中"，第 46 册，778 页。

② 《清实录（第 45 册）·穆宗毅皇帝实录》卷十三，"咸丰十一年十二月中"，361 页。

③ 参见刘坤一《谢补授江西巡抚恩折》中所引上谕，见《刘坤一遗集》，6 页。

④ 李书春：《李文忠公（鸿章）年谱》，见《近代中国史料丛刊续编》第 70 辑，4708、4709、4713 页，台北，文海出版社，1980。

⑤ （清）黎庶昌编：《曾文正公年谱》卷六，17、24 页；卷十，6 页。

地区/官职	咸丰十年	咸丰十一年	同治元年	同治二年	同治三年	同治四年
浙江巡抚	罗遵殿①三月战死	左宗棠②（十二月授）	左宗棠	左宗棠（三月迁闽浙总督）曾国荃（三月授，未到任，左宗棠兼）	曾国荃（九月病免，左宗棠兼署）	
福建巡抚						
闽浙总督				左宗棠（三月以浙抚迁）	左宗棠	左宗棠
广东巡抚			黄赞汤③（七月以东河总督改任）	黄赞汤（六月召京）郭嵩焘（六月署）	郭嵩焘④	郭嵩焘（被两广总督瑞麟弹劾）
广西巡抚	刘长佑（闰三月以广西布政使任）	刘长佑（正月兼署广西提督⑤）	刘长佑（闰八月迁两广总督）			
两广总督			刘长佑（闰八月授，十二月改直隶总督）	毛鸿宾（五月以湘抚迁）	毛鸿宾	毛鸿宾（二月，降一级调用，实际免职）

① 《清实录（第44册）·文宗显皇帝实录》卷二八一，"咸丰九年四月下"，126页；卷三一〇，"咸丰十年三月中"，第44册，541～542页。

② 罗正钧纂：《左文襄公（宗棠）年谱》卷二，46页；卷三，13页，光绪二十三年湘阴左氏校刊本。

③ 《清实录（第45册）·穆宗毅皇帝实录》卷三十五，"同治元年七月下"，934页。（清）黄赞汤自编，黄祖络补编：《绳其武斋自纂年谱》，37、44页，同治九年家刻本。

④ 《郭嵩焘》，见中国第一历史档案馆编：《清代官员履历档案全编》第3册，"同治朝"，603页。

⑤ 《清实录（第44册）·文宗显皇帝实录》卷三四一，"咸丰十一年正月下"，1065页。

续表

地区/官职	咸丰十年	咸丰十一年	同治元年	同治二年	同治三年	同治四年
山东巡抚			阎敬铭①（十月以丁忧按察使署布政使赏二品署）	阎敬铭（十一月授）	阎敬铭	阎敬铭（被弹劾）
河南巡抚	严树森（十月以湖北布政使迁任）	严树森（十二月改鄂抚）				
山西巡抚						曾国荃（六月以前浙抚授，未任即辞)②
直隶总督			刘长佑（十二月以两广总督改任）	刘长佑	刘长佑	刘长佑（同治六年十一月革职)③
陕西巡抚				刘蓉④（七月以四川布政使授）	刘蓉	刘蓉（八月降一级调用，仍署）
陕甘总督					杨岳斌（五月以福建水师提督授，未到任)⑤	杨岳斌

---

① 《清实录（第46册）·穆宗毅皇帝实录》卷八十五，"同治二年十一月中"，784页。

② （清）王定安编，萧荣爵增订：《曾忠襄公年谱》卷二，1、10页，光绪二十九年刻本。

③ （清）邓辅纶等：《刘武慎公年谱》卷一，47页，"四月初三日，公拜授广西巡抚"，与一般所说三月有异；63页，记其在"九月二十三日公于浔州军次奉旨补授两广总督"；卷二，1页，"同治二年正月二十六日复奉上谕调补直督，饬挑旧部得力将弁数员自随"；61页。

④ 《清实录（第46册）·穆宗毅皇帝实录》卷七十二，"同治二年七月上"，454页。

⑤ 《清实录（第47册）·穆宗毅皇帝实录》卷一〇二，"同治三年五月上"，250页，北京，中华书局，1987。

地 区/官 职	咸丰十年	咸丰十一年	同治元年	同治二年	同治三年	同治四年
贵州巡抚		江忠义署①（十二月因守制开缺）田兴恕署	张亮基（十一月以前云贵总督署，兼署提督）	张亮基②	张亮基	张亮基
云南巡抚						
云贵总督	张亮基（十月病免）					
四川总督		骆秉章（七月二十日授）	骆秉章	骆秉章	骆秉章	骆秉章（同治六年十二月死于任）③

咸丰十一年，上半年 5 省巡抚，2 区总督；下半年 7 省巡抚，2 区总督。④

同治元年，上半年 7 省巡抚，2 区总督；下半年 8 省巡抚，3 区总督。⑤

同治二年，上半年 9 省巡抚，5 区总督；下半年 8 省巡抚，5 区总督。⑥

同治三年，上半年 8 省巡抚，6 区总督；下半年 8 省巡抚，6 区总督。⑦

———————

① 《清实录（第 45 册）·穆宗毅皇帝实录》卷十四，"咸丰十一年十二月下"，372、377 页。

② 同上书，890 页。

③ （清）骆秉章：《骆文忠公自定年谱》卷上，27、60 页；卷下，10、54～55 页。

④ 署任亦计算在内。另外，胡林翼虽然是八月病假，九月病逝，但也只计入上半年巡抚数，而不计入下半年巡抚数。贵州巡抚先由江忠义署，后由田兴恕顶替江忠义署理，故只算一个数；安徽巡抚一职，李续宜和彭玉麟的替代，也只合计为一个数。以下有类似情况，同上。

⑤ 刘长佑下半年授两广总督，并由两广总督调任直隶总督，也只能算为一个总督数。

⑥ 安徽巡抚一职，唐训方因是四月署理，被降调在十月，李续宜死在十一月，故均不计入下半年巡抚数。

⑦ 不过，下半年浙江巡抚在曾国荃病免后，是由左宗棠以闽浙总督兼署，严格说，湘淮人员担任督抚的职位数虽未变，但人数是减少了一个。

同治四年，上半年 7 省巡抚，5 区总督；下半年 5 省巡抚，4 区总督。①

也就是说，湘淮集团督抚最多时是在同治二年上半年和同治三年上半年，占据总督、巡抚位置合计共达 14 个（全国督抚总计 25 个），但此后总体趋势是盛极而衰。随着太平天国大势已去，湘淮总督、巡抚的数量也就逐渐下降。同治四年上半年减为 12 个，下半年就只有 9 个。如果仅根据同治三年夏的情况来分析这一时期湘淮集团与清廷的权力对比，而不考虑此后的变化趋势，或者静态、笼统地统计湘淮成员出任督抚或其他省级官员的数量，甚至用累计的数量来做出结论，而不考虑湘淮督抚重叠、动态变迁等情况带来的问题，显然是不合理的。

（二）咸丰十年至同治四年，湘淮集团对省级政权的实际控制力

学者们一般认为清廷在江南大营再次被击破后，咸丰皇帝及满族贵族集团从湘军苦战、绿营收功的美梦中猝然惊醒，不得不大量任命湘军集团重要成员为督抚，尤其以任命曾国藩为两江总督为标志，放权督抚。从当时的学者到现在的研究者，多持此说。如曾国藩的幕僚赵烈文就说："迨文宗末造，江左覆亡，始有督帅之授，受任危难之间。盖朝廷四顾无人，不得已而用之，非负衮真能简畀，当轴真能推举也。"②后之学者多承此说。正源于此，有的学者将咸丰十年到同治四年称为清廷与湘淮集团的蜜月期。他们认为，这期间清廷与湘淮集团关系极为融洽，遍封湘淮督抚，清廷全靠湘淮军支撑其统治，只有全面依赖，不可能打击、分化湘淮集团。③ 那么实际情况是否如此？本书通过实证分析说明，咸丰十年以后清廷确实不得不重用湘军，但学者们分析得不够的是：清廷在被迫重用湘军将帅的同时，又对他们采取了相应的分化、制

---

① 广东巡抚一职，在郭嵩焘被弹劾后，同治五年初由湘淮成员蒋益澧接任，仅一年多即落职，此后广东巡抚长期转入非湘淮人员之手。山东巡抚一职，阎敬铭在同治五年落职后由湘系人员丁宝桢接任。总督中，同治五年杨岳斌病免。同治六年，骆秉章十二月死、刘长佑十一月革职后，接任者皆非湘淮人物。

② （清）赵烈文：《能静居日记》，同治三年四月初八日，1348 页，台北，台湾学生书局，1965。

③ 朱东安：《曾国藩集团与晚清政局》，31、65 页。

约策略。双方的政治斗争决不会因为所谓的蜜月期就停止，而手段只会日趋多样化。在此，本书主要从以下两个方面展开考证和分析。

1. 清廷安排非湘淮人员对湘淮督抚进行牵制

分析咸丰十年到同治四年间清廷与湘淮集团对省级政权的控制力，必须面对一个问题，就是必须周密分析清廷在相关督抚人事安排上对湘淮督抚的钳制问题。前文所制表格中空缺部分，其任职者皆不是湘淮人物，而多是清廷专门安排的用以牵制相关省区湘淮督抚的人员。具体情况如下①：

（1）湖广地区

湖南、湖北两省巡抚虽有时均为湘淮人员，但兼辖两省的湖广总督却并非湘淮人员，而长期由清廷信员官文担任（咸丰五年四月至同治六年正月）。

湖北巡抚一职，在咸丰十一年九月胡林翼病死后，由李续宜、严树森先后接任。严树森稳定下来后，已经处在上有湖广总督官文、下有官文长期笼络的湖北司道的夹击下，成为湘军强势盘踞的两湖地区相对弱势的湘军巡抚。一旦他"刚强用事"，就被官文参劾，降为道员。而继任的吴昌寿就是清廷专派到湖北，与官文一起控制湘军集团久踞之地的人员。②也正因此，在同治四年吴昌寿改任河南巡抚，牵制节制河南军务的曾国藩时，曾国藩集团决定打击这一清廷的重要棋子，借御史的弹劾，将其参劾，使其被降调。③但是，接任湖北及河南巡抚的李鹤年仍起着与吴昌寿一样的作用。曾国藩集团的目的未能实现。

湖南巡抚虽然从咸丰十年到同治四年都是由湘军人物担任，如前所述，清廷派往的具体人选往往与前任有矛盾。而且，在恽世临、李瀚章

---

① 在具体论述时，从分析问题的需要出发，时间跨度适当延伸到同治五、六年以后。

② 吴昌寿于同治三年四月授湖北巡抚。《清实录（第47册）·穆宗毅皇帝实录》卷一〇一，"同治三年四月下"，220页。

③ 曾国藩等参劾吴昌寿的情况，可参见《曾国藩全集·奏稿八》，5073～5075、5080～5081页。湘淮人物黎庶昌所编的《曾文正公年谱》卷十第5页中，对同治四年湖北巡抚吴昌寿改河南巡抚、郑敦谨授湖北巡抚还专记一笔："同治四年……（四月）郑公敦谨奉旨授湖北巡抚，吴昌寿调河南巡抚"。

任湖南巡抚期间，从同治三年四月至同治五年正月，湖北巡抚吴昌寿、郑敦谨、李鹤年皆非湘淮集团成员。同治五年正月至六年正月，湖南巡抚李瀚章、湖北巡抚曾国荃均为湘淮人员，湖广总督则为清廷亲信人员官文。① 同治六年正月官文免职，湖广总督和湖北巡抚皆湘淮成员时（李鸿章、郭柏荫），湖南巡抚又为非湘淮人员占据。②

（2）两江地区

咸丰十年四月，曾国藩被任命为两江总督后，到同治七年七月被调任直隶总督，他一直处于两江总督这一职位上。但是，两江所辖三省的巡抚，则屡有变更。

咸丰十年四月到同治元年三月前，江苏巡抚为徐有壬、薛焕，皆是清廷用以牵制曾国藩湘军集团的人物。咸丰十一年前任安徽巡抚者为翁同书（十一年初被曾国藩参劾）。咸丰十一年正月至同治二年十月的皖抚则是湘淮人员（李续宜、彭玉麟、唐训方先后任、署）。同治二年十月后，安徽巡抚则长期由清廷信员、清廷钳制湘淮集团的一枚重要棋子乔松年担任，直到同治五年八月他改任陕西巡抚，仍由满员英翰接任安徽巡抚。③江西巡抚，咸丰十年至十一年十二月间，由清廷信员毓科担任，与湘军集团虽有合作但更多是牵制与矛盾。

（3）闽浙地区

同治二年三月前，闽浙总督皆非湘淮人员。同治五年八月，闽浙总督左宗棠改任陕甘总督后，由慈禧太后的私人信员、漕运总督吴棠接任闽浙总督。④ 同治六年十二月，吴棠改任四川总督，浙江巡抚马新贻授闽浙总督（七月改两江总督，同治九年八月被刺死于任上）⑤，二人对在

①　参见钱实甫：《清季重要职官年表》，189～193、133～137 页。

②　以上人员对比情况，可参见钱实甫：《清代职官年表》第 2 册，1478～1479、1709～1710 页。《清季重要职官年表》，136～137、191～192 页。

③　《清实录（第 49 册）·穆宗毅皇帝实录》卷一八二，"同治五年八月上"，266 页，北京，中华书局，1987。

④　同上书，280 页。《闽浙总督查明事迹疏》，见《杨勇悫公（岳斌）遗集》卷首，42 页，问竹轩光绪二十一年刊本。

⑤　《清实录（第 49 册）·穆宗毅皇帝实录》卷二一九，"同治六年十二月中"，879～880、881 页。亦可参见（清）马新祐：《马端敏公年谱》，55 页，光绪三年刻本。

江、浙的湘淮势力，压制甚厉。

咸丰十年四月至十一年十二月，由非湘淮人员王有龄任浙江巡抚。在曾国荃"病免"后，同治三年九月初四日以非湘淮人员马新贻实授，直至同治六年十二月迁闽浙总督。在左宗棠任闽浙总督期间，马新贻同样是清廷牵制湘淮集团的重要棋子。① 而在福建，从咸丰十年到同治九年，则长期由非湘淮成员的瑞璸、徐宗幹、李福泰、卞宝第等担任巡抚。②

（4）两广地区

在同治元年七月黄赞汤出任广东巡抚之前，广东巡抚大多是与湘军集团关系不睦的非湘淮人员，如劳崇光、耆龄。他们在清廷严令之下，虽不得不负担起湘军军饷的部分供应工作，但与湘军就军饷供应的问题矛盾很尖锐，乃至曾国藩屡有奏参。③ 同治元年至同治五年虽皆为湘淮成员（黄赞汤、郭嵩焘、蒋益澧），却与曾国藩或左宗棠等人有派系矛盾或私人恩怨。同治六年十一月蒋益澧被两广总督瑞麟参革后较长一段时期，继任者皆非湘淮人员。

咸丰十年闰三月至同治元年闰八月，这一时期广西巡抚为湘军成员刘长佑，而两广总督为非湘淮的劳崇光。同治元年，刘长佑迁两广总督后（旋改晏端书），广西巡抚由非湘淮人员张凯嵩一直担任到同治六年二月，湘淮集团成员郭柏荫六年二月接任（十月改湖北巡抚），仅半年多就由非湘淮人员苏凤文替代。其后非湘淮人员苏凤文、李福泰长期担任广西巡抚。

咸丰十年四月至同治元年闰八月，两广总督劳崇光非湘淮人员，其间，广东巡抚耆龄也非湘淮人员，仅广西巡抚为湘军成员刘长佑。同治

---

① 《清实录（第47册）·穆宗毅皇帝实录》卷一一四，"同治三年九月上"，537～538页。亦可参见（清）马新祐：《马端敏公年谱》，26页。

② 闽浙相关督抚迁任情况，参见钱实甫：《清代职官年表》第2册，1480～1484、1704～1713页。

③ 劳崇光等人供应湘军饷糈，还看人行事。如蒋益澧当年在广西征战得力，屡得广西巡抚劳崇光奏荐。后蒋益澧为浙江战事，经清廷允准，"自至广东，请饷于总督，劳崇光念其旧功，资给数十万"。客观上既有利于湘军攻剿太平军，也起到分化湘军为己所用的作用。参见王闿运：《湘军志·援广西篇第十一》，《湘绮楼诗文集》，725页。

元年闰八月至同治四年，广东巡抚先后为湘淮成员黄赞汤、郭嵩焘，而广西巡抚则为非湘淮人员张凯嵩，其间的两广总督刘长佑、晏端书、毛鸿宾则或与曾国藩、或与左宗棠有矛盾。同治四年二月起则由清廷信员瑞麟长期署、任两广总督，对两广湘淮势力压制甚厉。[①]

（5）陕甘地区

同治三年五月以前，陕甘总督皆非湘淮人员。三年五月杨岳斌任陕甘总督，因军务不力，五年八月免职。左宗棠接任后，清廷倚重任西北军务，长期任职，并遥制李鸿章淮系势力。

同治二年之前，陕西巡抚非湘淮人员。二年七月骆秉章系湘军成员刘蓉因军务需要任陕抚，至四年八月被参降革，留署至同治五年八月。等湘系人员坐稳陕甘总督后，陕西巡抚却已非湘淮人员，而是由清廷亲信人员乔松年担任（由安徽巡抚调任陕西巡抚）。[②]

（6）直隶、山东、河南地区

同治二年之前，直隶总督皆非湘淮人员（刘长佑虽是同治元年十二月授直隶总督，却在二年三月才到任）。二年三月刘长佑抵任直督后，从清廷对刘长佑的黜陟看，极有控制力。[③]

山东巡抚，咸丰十年到同治元年十月由非湘淮人员文煜、谭廷襄担任。同治元年后，为山东剿捻等军务需要，较长时期由湘淮人员阎敬铭、丁宝桢担任，但是清廷对他们的监控力度很大。[④] 河南巡抚从咸丰十一年严树森改任湖北巡抚后，就一直由清廷信任的郑元善、张之万、吴昌寿、李鹤年连续任职。[⑤]

---

① 两广有关督抚人员变动情况，参见钱实甫：《清代职官年表》第 2 册，1475～1478、1702～1708 页。

② 相关人员变动，参见钱实甫：《清代职官年表》第 2 册，1711～1716 页。

③ （清）邓辅纶等：《刘武慎公年谱》卷二，61 页。

④ 清廷对湘淮集团山东抚藩的监控、打击及分化的效果，见本书第六章。

⑤ 此数人任职豫抚的情况，可参见钱实甫：《清代职官年表》第 2 册，1704～1713 页。十二月二十四日上谕说："郑元善著补授河南巡抚"，参见《咸丰同治两朝上谕档》第 11 册，"咸丰十一年十二月二十四日"，601 页。

（7）云贵、四川地区

当咸丰十一年七月到同治四年，湘军成员骆秉章担任四川总督时，相邻的云贵地区，总督和云南巡抚、贵州巡抚皆非湘淮集团人员。直到同治五年以后才有湘淮成员出任云贵督抚。[①] 在四川，骆秉章于同治六年十二月死于任上，清廷随即任命信员、闽浙总督吴棠接任。吴棠改任四川总督后，长期在川任职，直到光绪元年十二月因重病免职为止，[②] 对四川的湘淮势力压制甚厉。其间，虽有湘军成员、云贵总督刘岳昭在同治八年参劾吴棠贪黩，却丝毫不能动摇吴棠四川总督之位。[③]

2. 清廷利用湘淮督抚内部的矛盾进行分化与相互制约

在分析咸丰十年到同治四年湘淮督抚任职走势时，我们还需要注意这样一个问题，即是不是一省巡抚或一区总督为湘淮集团成员，甚至在个别省区总督和巡抚皆为湘淮成员，就可以算作是湘淮集团控制了这些省区？

恐怕不能这样简单计算，而必须做出具体分析。其中一个重要因素，就是必须考虑清廷利用湘淮督抚之间在军队调遣、饷源控制等问题上的矛盾，进行分化，使其相互制约的情况。

（1）湖广地区

湖北巡抚，从胡林翼到严树森，一直都处于上受到官文严密监视、下受身为湘军成员而亲附官文的庄受祺等湖北部分司道的为难与牵制中。[④]

湖南巡抚一职，在骆秉章督办四川军务后，清廷先是允准由骆秉章奏荐的湖南按察使翟诰署理，但翟诰显然并不积极援应骆秉章赴川军务，故仅数月后，骆秉章就奏劾翟诰，清廷将翟诰召京后又命与曾国

---

① 钱实甫编：《清代职官年表》第 2 册，1475～1478、1703～1708 页。需要重申的是，这一时期曾出任云贵总督、贵州巡抚的张亮基并非湘淮集团成员。

② 同上书，1479～1483 页。

③ 《大臣画一传档后编九·吴棠》，见《清史列传》卷五十三，4207 页。

④ 对于庄受祺更亲附于官文，甚至与胡林翼有正面冲突的情况，可参见《致庄蕙生方伯》《严渭春阁丹初》，见（清）胡林翼：《胡文忠公全集》下册，843、844 页，上海，世界书局，1936。

藩、胡林翼、骆秉章、左宗棠均不睦的布政使文格署理。^①但清廷很快就发现这种安排于军务不利，咸丰十一年二月开始到同治四年，清廷先后任命湘军成员毛鸿宾、恽世临出任湖南巡抚，但仔细分析起来，清廷派往的具体人选往往与前任有矛盾。毛鸿宾"倚国藩自重"，在湖南实施的政策并不遵循骆秉章的成例，与骆秉章有矛盾。恽世临虽是毛鸿宾提拔之员，在接任湖南巡抚后却因争功、控饷与毛鸿宾发生矛盾。^②清廷则在同治四年借旧事将二人免职，所任命接替之员虽出身于湘军曾国藩系，却是湘淮分途后的淮军首脑李鸿章的胞兄李瀚章，其分化湘淮的用意颇深。^③

（2）两江地区

江苏巡抚薛焕在同治元年三月被曾国藩奏参免职，由湘淮人员李鸿章接任，其后到同治七年间，也多是由湘淮集团成员郭柏荫、李瀚章、丁日昌继任。但曾国藩与李鸿章等人之间的关系也是充满矛盾并不断分化的。

江西巡抚一职，从咸丰十一年十二月至同治四年五月，由湘军人员沈葆桢担任，而沈葆桢与曾国藩围绕江西财税控制权的矛盾逐渐加剧，并于同治二年爆发冲突，这是众所周知的事实。同治四年五月接任江西巡抚的刘坤一，也并不亲附曾国藩。

这几年中，两江总督曾国藩与江西巡抚沈葆桢、江苏巡抚李鸿章之间因厘金等饷银问题产生了大大小小诸多矛盾。甚至有曾国藩与沈葆桢因此而公开决裂的严重情况。李鸿章则不愿公开决裂，他与曾国藩二人

---

① 王闿运：《湘军志·湖南防守篇第一·援贵州篇第十二·筹饷篇第十六》，见《湘绮楼诗文集》，576、728、786 页。

② 相关材料，同上书，577、579 页。

③ 李瀚章任湖南巡抚后，"举措又异"于毛鸿宾、恽世临。参见王闿运：《湘军志·湖南防守篇第一》，见《湘绮楼诗文集》，580 页。湖广人员的任命，不排除清廷有暂时安抚曾国藩、曾国荃兄弟之意，如曾国藩安慰其弟的："惟以少帅督楚，筱荃署之，又以韬斋先生巡湘，似均为安慰吾弟，不令掣肘起见。朝廷调停大臣，盖亦恐有党仇报复之事，弟不必因此而更怀郁郁也"。同时李鸿章"于弟勃然顺斋不甚谓然"，说明大家认识上有差异。曾国藩专门提醒曾国荃与李鸿章兄弟搞好关系，说明局势并不如曾国藩安慰其弟的那样好，可见清廷分化湘系与淮系的效果之一斑。参见《曾国藩全集·家书二》，1322 页。

均在暗藏的矛盾中又各有隐忍与回旋。① 江西巡抚沈葆桢与邻省的湖南巡抚毛鸿宾在军队调遣和供饷等问题上的矛盾，也是层出不穷②。

至于左宗棠和沈葆桢在同治三年就幼天王事件公开向清廷揭发曾国藩欺瞒实情，也是众所周知的情况。

（3）闽广地区

同治元年、二年，曾国藩与自己奏荐的广东巡抚黄赞汤之间，围绕广东财税拨充军饷问题发生争端。黄赞汤自同治元年七月任粤抚后不久即与曾国藩决裂。为了战争需要，清廷不得不将黄赞汤免职。③ 郭嵩焘接署后，对曾国藩援应得力。同治四年，清廷任命闽浙总督左宗棠节制广东、江西、福建三省军务，他与署理广东巡抚郭嵩焘虽都是湘军成员，但派系不同且素有积怨，加上两广总督、慈禧太后的亲信人员瑞麟从中发挥作用，导致郭嵩焘被免职召京。④ 同治五年，由左宗棠系的蒋

① 曾国藩与沈葆桢争夺江西以厘金为中心的财税控制权的矛盾，可参见《请留漕折接济军需折》，见（清）沈葆桢：《沈文肃公政书》卷一，"奏折"，33～34 页，光绪七年吴门节署摆印本（扫叶山房发兑）；《吁提洋税以济援师折》，同上书，22 页；《洋税尽数解营片》，见《沈文肃公政书》卷二，"奏折"，26 页；《江西税厘仍归本省经收折》，见《沈文肃公政书》卷三，"奏折"，1～4 页；《沈葆桢截留江西牙厘不当仍请由臣照旧经收充饷折》，见《曾国藩全集·奏稿七》，3995～3998 页。李鸿章任苏抚后与曾国藩在饷银问题上的矛盾，可参见《复薛世香观察》，见（清）李鸿章：《李文忠公全集·朋僚函稿》卷四，31 页；《代征长江洋税急难筹解折》，见《李文忠公全集·奏稿》卷一，33～35 页；《厘定镇江水陆饷章片》，见《李文忠公全集·奏稿》卷一，53～54 页。另外，曾国藩借李秀成供述，说"巡抚李鸿章到上海接薛焕巡抚之任，招集洋鬼，与我交兵。李巡抚有上海正关，税重钱多"，向清廷发泄对李鸿章不将江苏财税全力供应曾军的不满。参见《李秀成自述原稿注》，279 页，北京，中华书局，1982。

② 沈葆桢与毛鸿宾在饷银等问题上的矛盾，历来的研究者多有述及。亦参见王闿运：《湘军志·筹饷篇第十六》，见《湘绮楼诗文集》，786 页。

③ 关于曾国藩与黄赞汤之间因厘金征收、供应不善产生的矛盾，可以参见清代黄赞汤自编的《绳其武斋自纂年谱》37～38 页，他在其中引了自己任粤抚后，所上《广东吏治民生及军务军饷各情形剀切具奏》的奏折，折中说"广东之民生则甚凋敝，军务则蔓延数载，藏事有稽；军饷则积欠已多，众忧哗溃"，实际上已经显示出为了自己身任巡抚的广东"民生"，他要有所"养息"，军饷不敷供给，也是因"民生凋敝"的缘故，就已埋下曾国藩急需军饷，而他不能保证供给、以致矛盾激化的伏笔。

④ 郭嵩焘与左宗棠的积怨，参见《清史稿·郭嵩焘传》卷四四六，列传二三三，12474 页。左宗棠与郭嵩焘在左军南下广东及广东供饷问题上的矛盾，可参见黄濬：《花随人圣盦摭忆》，99 页，上海，上海书店出版社，1998。郭嵩焘被召京免职一事，可参见《清实录（第 49 册）·穆宗毅皇帝实录》卷一七〇，"同治五年二月下"，81 页。

益澧代替郭嵩焘任广东巡抚。不及两年，蒋益澧就被瑞麟参革，此后较长时期广东巡抚皆非湘淮集团成员。

马新贻迁闽浙总督后，清廷从对闽浙的牵制和为陕甘军务的饷糈供应等考虑，先后任命湘淮成员李瀚章、杨昌浚担任浙江巡抚。

（4）其他相关省区间的状况

骆秉章任四川总督后，与继任的湖南巡抚毛鸿宾关系不洽。毛鸿宾等是"倚国藩自重"的，当时他全力援曾国藩东下江浙，"湖南方谋东征，增税募军以应皖、鄂"，而非应四川。① 恽世临任湖南布政使后，对骆秉章、左宗棠信任的王加敏等湖南筹饷人员大加打击，"布政使恽世临始稽钩军需收支……欲坐局员侵牟，先奏夺王加敏官"。咸丰十一年至同治元年间，因钦差大臣、贵州提督田兴恕"督饷湖南，（毛）鸿宾怒，奏停其协饷"，二人因供饷问题发生矛盾。② 毛鸿宾还对先后署贵州巡抚的江忠义、田兴恕暗中加以奏劾。③

在督抚职权中，直隶总督职权是不与巡抚重叠的，但刘长佑在直隶总督任上，一直处在清廷最为直接严密的监控之下，又没有得到其他湘淮督抚的强力援应，除剿"捻""匪"之外，就是为清廷练军，并未显示出控制直隶的能力和威势，其实际控制力很有限。④ 从咸丰十一年到同治三、四年，两江总督曾国藩与浙江巡抚（后闽浙总督）左宗棠、江西巡抚沈葆桢、江苏巡抚李鸿章，就湘军成员李元度案的处置问题，相互之间的矛盾逐渐明显。⑤ 这类事情在湘淮集团内部也不是个别情况。

从上述具体情况的考辨分析中，我们可以看到，湘淮督抚并不是同时完全占据"13个省"的督抚职位，除了在极其短暂的一段时间和特殊

---

① 王闿运：《湘军志·筹饷篇第十六·援广西篇第十一》，见《湘绮楼诗文集》，786、725 页。

② 同上书，577~578 页。

③ 同上书，729 页。

④ 例如，同治六年，刘长佑上奏表示外省练兵"厘金广设，取给裕如"，而"直隶司库所入只有地粮一项"，且"成一旅而必咨枢院，增一费而必达司农"，造成"措置易歧，恩信不著"。可见他在直隶办事之艰难。参见（清）邓辅纶等：《刘武慎公年谱》卷二，45 页。

⑤ 关于曾国藩、左宗棠、沈葆桢、李鸿章之间围绕李元度案的处置问题产生的矛盾，参见第五章相关内容。

地区之外(如同治元年前后的湖广、两江地区),清廷往往很注意并专门在湘淮督抚任职省区内或是相邻省区安排牵制力量,并在安排湘淮督抚时,有意利用湘淮人员之间的矛盾进行操控。因此,不能简单地认为,这 13 个省都被湘军集团所控制。更重要的是,湘淮督抚一般情况下并不是长期占据某一职位(个别情况除外),更没有出现清廷无法将湘淮督抚调动、形成一种实质性割据的情况,而是清廷可以独断地调动包括湘淮督抚在内的各地督抚,表明清廷仍有绝对的权威来继续执行通过人事变动以控驭各省的传统政策。我们可以对人们观念中长期独占一方的湘淮首脑人物的任职状况作一简单分析,作为例证。

曾国藩咸丰十年四月署、六月任两江总督到同治七年七月调任直隶总督,一共在两江任总督 8 年(其中,同治四年四月至五年十一月,暂离两江负责剿捻,同治五年十一月回任后仅一年多就被清廷调任直隶总督),清廷将他调离两江,曾国藩立即老老实实到直隶上任,可见曾国藩并未能在两江地区形成实质性割据的局面。

左宗棠在咸丰十一年十二月授浙江巡抚,同治二年三月迁闽浙总督,同治五年八月改陕甘总督,从富庶的闽浙调任到贫瘠的陕甘,他在闽浙任职 5 年之久,并未出现清廷不能调动的状况。左宗棠调任陕甘总督后一直任职到光绪六年,担任陕甘总督 14 年多,他长期任职的原因很明确,就是西北军务的需要,当西北军务基本完毕后,左宗棠立即被召京入阁办事,而免陕甘总督职。可见,虽然左宗棠担任陕甘总督十几年,清廷却仍能自如地调动他的职位,并未形成割据状态。

至于李鸿章在直隶总督任上近 25 年(同治九年八月至光绪二十一年正月,其中有一年多忧免),当然是持督抚专政论者所谓权重的典型,但光绪二十一年正月清廷命李鸿章为全权大臣赴日本订约,七月从日本回京后,清廷并未让他回任而是命他入阁办事,从而将李鸿章调离直隶,而将直隶总督改授他人,可见李鸿章虽长期担任直隶总督却也未能在直隶形成清廷无法调动的实质性割据局面。

此外,像刘长佑任广西巡抚两年多被调任、升两广总督旋即调任直隶总督、任直隶总督近 5 年被革职,清廷说调任就调任、说革职就革职的情况，在湘淮督抚的人事变动中是很普通的现象。这些都说明湘淮督抚对所辖省级政权的控制力是有限的，并未能形成与清廷"双峰对峙，甚至有驾凌而上之势"的局面。这些实际情况，与前述有关学者的观点有较大差距。

四、清廷全面实施"众建督抚而分其力"政策后湘淮集团的分化状况

清廷的"众建分力"政策，为一确保中央统治、分散地方势力之策略，而对湘淮集团重要将领来说，则是位列封疆的极好机会。他们看到，要想位列封疆，仅靠曾国藩、胡林翼等的荐举，似乎不够。因为从多年的情况看，即使在曾国藩获得钦差大臣、两江总督职位后，其荐举封疆大员的获准率也并不很高，表面上清廷很尊重他，但实际结果却很不一样。这些将领，尤其是非曾国藩嫡系的其他湘淮派系人员，为了自身利益，往往会通过部分偏离集团轨道，博取清廷的欢心和信任，来换取实授的官位和统辖地方的行政权力。

更为重要的是，这为清廷进一步分化湘淮集团提供了更多的机会和可能性。湘淮集团内部重要成员之间矛盾不断增多，尤其是位列封疆的成员之间，更是在利益问题面前互不相让。同时，在那些本来就是进士出身的重要成员中，向心力更容易发生动摇。而且，清廷对湘淮集团内部人员的脾气秉性、行事作风、利益纠葛、出身派系等都很注意研究。清廷知道，在曾国藩等湘淮首脑人物位居封疆后，制约他们的一个好办法（当然，也会冒很大的风险）就是将一些他们很难控制的湘淮人物也授予封疆之职。

（一）湘淮集团内部的满汉矛盾

对咸丰、同治两朝的满蒙重要将帅，曾有人这样评论过："塔忠武材武过人，未尝独当方面。僧王将蒙古铁骑，驰逐中原，可谓勇矣，而计谋不定，故无成功之望。其绝伦超群者惟忠勇公多隆阿，自武昌、九

江而入皖境，百战百胜之师，卒以意见不协，移军陕西，譬如驱虎入穴与之斗，何以能尽其才？围攻螯屋，受伤身死，惜哉！"①

　　这里提及的三位重要的满蒙将帅，除了僧格林沁之外，其他两位，即塔齐布和多隆阿，都是深入参与到湘军集团的军事行动中，甚至可以称为湘军集团中的重要武将。

　　塔齐布作为旗人，加入曾国藩湘军，因勇武善战，迅速升任提镇。塔齐布任湖南提督后，仍然服从曾国藩。但是在清廷一方，则往往以塔齐布陆师和曾国藩水师并提，目的是多方面的，但是，企图分化塔、曾的关系也是重要原因。另外塔齐布与其他湘淮重要将领之间的关系也多有不协。

　　多隆阿则更是多种矛盾纠合在一起，但他与塔齐布还有区别，塔齐布是严格服从曾国藩的，即使塔齐布一度位列曾国藩之前，也是如此。多隆阿则显然并不遵从曾国藩、胡林翼等湘军统帅的指挥，无论有无意识，他都成为被清廷利用的湘军集团内部的满员，成为分化湘军集团的重要棋子。多隆阿本属都兴阿统带，后都兴阿称疾，"以马队之大半隶多公"②，故其骑兵基本为旗员兵勇，步军除石清吉、曹克忠、雷正绾等部分将领兵勇外，多数是从湖南募勇。而多隆阿其人，"举国均以为多之骄纵，不受约束"③，由于咸丰帝不愿改变重用满员的政策，使得胡林翼任命多隆阿为前敌总指挥，多隆阿以"天子之使"自居，并"以势均权分，再三为告，而实亦苦调度不灵也"④，要求胡林翼按照清廷之命，让他统帅全军，不仅引起湘军许多将领的不满，连胡林翼也直接致函官文说"多礼堂屡言无权，然札饬总兵道员，概归节制调遣，亦颇未当"。⑤胡林翼还说："事权不一，兵家所忌。七年、八年以前，多、鲍

---

　　① （清）刘体仁：《异辞录》，6页，太原，山西古籍出版社，1996。
　　② 《致司道总局》，见《胡林翼集》第2册，"书牍"，242页。
　　③ 同上书，238页。
　　④ 同上书，393页。
　　⑤ 同上书，396页。亦参见《致官揆帅》(己未十一月十六日)，见(清)胡林翼：《胡文忠公全集》下册，777页。

有都公主之，故能战。今年鲍超已实为总兵，多已实为副都统，一请省亲，一言伤发，情状不和，已可想见"，而且"多与鲍不甚相得，涤（曾国藩）与多亦不甚洽"。[①] 可见多隆阿在湘军集团内部所起的离心作用。有学者认为，当时主要是由于塔齐布、杨载福、鲍超等湘军将领互不相能，才造成了多隆阿一度成为前敌统帅。[②] 但是，从上引材料我们可以看到，多隆阿与其他湘军将领关系不洽，甚至与胡林翼、曾国藩也是相处不融洽的，所以，起主要作用的还是清廷的意向和政策的需要。

多隆阿调往陕西前线后，与刘蓉也是矛盾颇多。多隆阿攻打盩厔时，与刘蓉意见不合，而清廷对多隆阿督责过严，致使多隆阿战死。事后，清廷因失去这样一个重要棋子而十分恼怒，决意重重地打击刘蓉，因此，才有刘蓉因上奏申辩言辞不当而失去陕西巡抚职。从王闿运的叙述中，我们可以看得很清楚：

> 钦差大臣将军多隆阿讨陕叛回，以病留河南未进，李云麟以母丧归，官文奏荐刘蓉。六月癸卯，诏秉章遣军从蓉援汉南。七月丙午，复授蓉陕西巡抚，并将前后援陕军。朱桂秋、何胜必、萧庆高等万三千人先解汉中围。……援军不能进攻，惟待统帅。八月丙戌，刘蓉发成都。戊子，何胜必等议曰："汉中寇虽多，心志参差，可一战走也，刘公度吾等功将成，辄先至收其名。宜及其未来，破贼立功。"约朱桂秋、张由庚等俱进。甫至油房，桂秋等失期，先退，胜必等亦收军还屯……败书闻，刘蓉止巴州，增调刘岳昭军。……多隆阿自河南入，解同州之围，克临潼、高陵、三原、泾阳。李云麟进军山阳，取镇安，西攻石泉。十月，刘蓉移屯广元，久之，蜀军不出。朝议重西安，促多隆阿先攻盩厔。……同治三年正月……刘蓉至汉中……且言遣军助攻盩厔。多隆阿大慍，以盩厔功在指顾，檄还其军。盩厔城小寇少，无所用武，论者皆言不足烦

---

① 《致曾国藩三则》《致官文》，见《胡林翼集》，第 2 册，"书牍"，394、396 页。

② 如王闿运就是这样认为的，并说"诸帅无能效之者"。参见王闿运：《湘军志·川陕篇第十三》，见《湘绮楼诗文集》，754 页。

大将，且宜撤围，待其走而歼之。廷议不知多隆阿之战状，依常法督责。多隆阿愤懑，作望楼，躬视城中，中枪子伤目，督攻益急，寇作地道出走。二月丙申，遂克盩厔，而多隆阿目创甚，不能兴，养创西安。三月，刘蓉至省城往问疾，多隆阿方卧向外，闻巡抚至，强扶起，回面向内，目不视，亦不言。月余，伤发薨……四月，廷议多言刘蓉无实，不可用。①

同治四年，刘蓉褫陕西巡抚职，但清廷还用他督办陕西军务，可见并非是因军务缘故褫职。许多学者论及曾国藩向湘军集团成员灌输在掌握军权时，力争获得兼辖地方权力，才能确保军事行动的成功，并惋惜刘蓉因自辞陕西巡抚，而专办军务，以致不能成功。但实际上，刘蓉自辩折中虽有"放马南山"之词，但不过以退为进，认为清廷还需倚重他办理陕西军务，不知清廷恼恨他破坏自己的政策，丧失一员满族悍将，同时着眼于陕甘的钳制态势的部署，早就想将之褫职。可见湘军集团内部满汉矛盾对湘淮督抚去留的影响。

（二）湘淮集团重要督抚之间的矛盾

咸丰十年四月，曾国藩就署两江总督。随着战争形势的需要，清廷不得不实授曾国藩两江总督。不久，又命曾国藩节制包括浙江在内的四省军务。同治元年，经曾国藩推荐，清廷慎重权衡之后，任命沈葆桢为江西巡抚、左宗棠督办浙江军务并很快授浙江巡抚、李鸿章为江苏巡抚。之所以这样任命，首先是江苏、浙江战局需要既能带兵打仗又握有充足军队之员，而江西所需之员除了能带兵打仗外，还要熟悉江西情形，能提供江西、安徽、浙江等战区的军需供给，这是客观需要。但清廷还另有分化湘淮集团的意图。

清廷命曾国藩节制四省军务，同时任命左宗棠督办浙江军务，并准其自行奏事，明显具有挑动曾、左矛盾的意图。左宗棠其人，以恃才傲物著称，曾国藩很难驾驭。曾国藩数次请辞节制四省军务，尤其是浙江

---

① 王闿运：《湘军志·川陕篇第十三》，见《湘绮楼诗文集》，751～753 页。

军务，清政府不许。但是，就在清廷反复强调曾国藩节制四省军务后不久，即命左宗棠就浙江军务专折奏事。清廷上谕是这样说的：

> 曾国藩奏：接奉节制江浙等四省军务谕旨，沥忱恳辞……谓遥制浙军，不若以左宗棠专办浙事。……惟左宗棠业经降旨，令其督办浙江军务，并准其自行奏事。江浙军情，本属相关一气，凡该大臣思虑所到，谅无不协力同心，相资为理。节制一事，该大臣其毋再固辞。[①]

左宗棠、彭玉麟等与李鸿章也是关系始终不协。李鸿章在同治四年二月的一封信函中讥刺左宗棠在剿捻问题上"恇怯异甚"[②]，又嘲笑左宗棠、彭玉麟等剿捻非捻军对手，处理西事则误国，所谓"季重诸务颠顶，外交全不透彻……诸葛公（指左宗棠）提偏师从诸将后，到处寻贼，吾谓非计……其免于九节度之溃者几希"[③]。左宗棠在家书中更是指责"淮军等于捻匪"，他在《与周夫人》的信中说："时事殆不可支，自入关以来，无一事顺手，已知其必有异矣。幸山东诸捻已将剿尽，或可暂救目前。然淮勇本即捻逆，其剽悍断不能改。"[④]

清廷破格授予沈葆桢江西巡抚，表面上是奖励曾国藩，实际上是将曾国藩幕中重要人物抽离出去。而且清廷采用了政治手腕：本来，沈葆桢是曾国藩数次保荐之人，并屡有可荐任封疆之语，清廷迟迟不予任用，却在咸丰十一年十月二十五日给曾国藩的上谕中说："前任吉南赣宁道沈葆桢，上年该大臣曾经保奏。本日已降旨，令该员前赴该大臣军营。现在地方军务，正在需人，该员到营后，即由曾国藩察看才具，如果能胜重任，不必拘守常格，迅速保奏，听候简用。"[⑤]这样，此后曾国藩的荐举似乎就是奉旨行事。加之清廷对沈葆桢桀骜不驯、自视超人的

---

① 《清实录（第45册）·穆宗毅皇帝实录》卷十三，"咸丰十一年十二月中"，343～344页。
② 《复曾相》，见（清）李鸿章：《李文忠公全集·朋僚函稿》卷六，4页。
③ 同上书，18～19页。
④ 《左宗棠全集·家书》，124～125页。
⑤ 《清实录（第45册）·穆宗毅皇帝实录》卷八，"咸丰十一年十月下"，222页。

秉性知之颇深，为曾国藩在控制江西一带军队、饷权的道路上埋下了牵制之笔。清廷在提拔沈葆桢为江西巡抚的同时，还任命李桓为江西布政使，在沈葆桢到江西之前护理江西巡抚，这是曾国藩推荐的。[①] 而且李桓还负责在江西征收厘金的工作，实际上也是曾国藩委任的工作。后来，沈葆桢与曾国藩在江西主要财税问题上（漕折、厘金等）产生巨大矛盾。曾国藩与李桓在厘金问题上也产生了矛盾，与曾、沈矛盾是相关的，曾国藩还为此将李桓参革。[②]

随着沈葆桢在江西站稳脚跟，对江西控制力增强，他不仅未能如曾国藩所期望的那样成为强助，反而与曾展开了一系列利益争夺。

面对清廷的分化策略，不同的人处理态度和方法并不相同。毛鸿宾和沈葆桢在处理相关事情上的方式方法就不同。得胡林翼、曾国藩推荐之力，毛鸿宾于咸丰十一年四月被清廷任命署理湖南巡抚，旋即实授。同治元年、二年间，湖北、川东、贵州、广西等地接连有事，毛鸿宾多能"以大局为重，从无畛域之见，邻封有急，不待求援即悉索以从"。同治二年，"公奏言浙抚左宗棠深入腹地后无援兵，祸且不测，宜命江忠义帅得胜之师，迅赴江西顾其后路，忠义方请病假，应饬道员席宝田率旧部三千人先往，以保江西完善之区。时上方命忠义督办广东军务，不允所请。公三疏而后允之。而江西当事以书来阻，略言韩进春新募五千人，足以应敌，无劳邻封代筹也。公以书示，两司忿甚，谓彼即不愿，我何必强？公笑曰：彼意在于饷事难筹耳，我岂肯以意气之私误大局乎？仍檄催席道速往勿迟。未几，发逆果由皖南上犯，韩进春兵溃，饶州一带势将不支，幸席军先到，大破贼众，人皆服公之识"[③]。这说明湘军集团成员情况很复杂，一些人在一定时期是重视相互团结、协作的。湘淮集团内部矛盾虽有发展，但还未达到全局分裂的程度。

---

① 《咸丰同治两朝上谕档》第 11 册，"咸丰十一年十二月十八日"，586 页。
② 参见《曾文正公年谱》卷六，20 页；卷八，23 页。
③ （清）李庆翱：《诰授光禄大夫兵部尚书都察院右都御史两广总督历城毛公事略》，见《毛尚书奏稿·卷首·事略》，6～7 页，宣统元年刻本。

(三)湘淮集团将帅为便于统辖，故意在内部人员中制造矛盾

这一问题在李鸿章淮军中表现得尤为突出，李鸿章统治淮军，就是不使将领之间和睦，预防将领协谋危害主帅。上行下效，淮军将领往往也如此治军。有人就曾说："李文忠公，出福元修中丞门下。……文忠治军，不使诸将和睦，预防其协谋为主帅害，似传中丞衣钵。文忠常述中丞之言曰：'时时以不肖之心待人。'似此口吻，足以知当时治军之法。我军之终以不振，胥由于此。"[①]

淮军将领除对李鸿章效忠外，往往各自独立，甚至连李鸿章的弟弟也遭到排挤。郭松林、杨鼎勋由曾国藩从湘军拨归李鸿章淮军后，先是跟从李鸿章弟弟李鹤章，但是，两人与淮军四大派系铭、盛、树、鼎四军联合，排挤李鹤章，各自独立，不相统属。[②]淮军中树军首领张树珊与盛军首领周盛波也是互不相能。

实际上，淮军集团内部也不可能出现李鸿章希望的全部将领都绝对效忠于他的局面，加之还有清廷、湘军等因素的介入。如刘秉璋就"与文忠意见殊不能相惬"。[③]

刘秉璋是曾国藩、李鸿章、左宗棠都器重的人物，被曾国藩称为"皖北人才"。初在曾国藩营，李鸿章被委以江苏重任后，在同治元年六月二十五日专门上《奏调刘秉璋片》，请将刘秉璋调至自己大营。该折片说：

> 治军筹饷均须得人襄助为亟。查有翰林院编修刘秉璋，沉毅明决、器识闳远、能耐艰苦。臣与为道义交十有余年，深知其结实可靠。该员去冬由安庆经过，督臣曾国藩一见大加器许，谓为皖北人

---

① （清）刘体仁：《异辞录》，10～11页。

② 《崑山获胜折》，见（清）李鸿章：《李文忠公全集·奏稿》卷三，26页。在这些史料中，就明确透露出李鹤章统辖郭松林等人的情况，而郭松林当时已是总兵衔统兵官，显然并不顺服李鹤章。（清）周盛传著，周家驹编：《周武壮公年谱》，见《周武壮公遗书》，14、17页，光绪三十一年刻本。蔡冠洛：《郭松林》，见《清代七百名人传》，第三编军事，"陆军"，1116～1117页，北京，中国书店，1984。有关情况亦见清代刘体仁《异辞录》29页。

③ （清）刘体仁：《异辞录》，30页。

才。臣今春统军来苏，曾国藩允为奏调臣营学练军事。昨又函催臣
自行奏请，该员与臣所带淮勇各营官多相浃洽，可否请旨饬赴臣
军，酌量委任。①

刘秉璋在淮军中的确属于突出人才。但是，刘秉璋与李鸿章意见并
不能相惬，而且在湘淮分途之后，曾国藩、左宗棠时时有招揽之意。刘
秉璋的儿子刘体仁就说："曾、左二公反时露招致之意。江浙肃清后，
文正拟令统老湘营；东捻平后，文襄拟奏保为晋抚，皆辞勿就。文庄常
曰'老湘军已成之局，晋省偏西之地，是时无重要军事，不能舍易取
难。'"②同治五年正月十四日，曾国藩上《陈请饬调刘秉璋来营帮办军务
片》，着意招揽刘秉璋。

臣近来目力昏花，心血愈耗，精神迥不如前，久膺艰巨，终虞
偾事，必须得人相助为理，庶可弥缝其失而佐其所不逮。查有翰林
院侍讲学士刘秉璋，随同江苏抚臣李鸿章转战苏、常，屡著功绩，
该员志趣坚卓，精实耐劳，籍隶庐江，与淮军均有桑梓亲旧之谊，
若令襄办臣处军务，应可联络诸将，独当一面。③

清廷于五年正月十八日上谕允准。刘秉璋在三月所上《襄办军务谢
恩疏》中表示"如臣愚何所裨助，惟有随同督臣曾国藩严申军纪，迅赴戎
机，联诸将为同心"④，而且刘秉璋确实如他奏折中所说，在剿捻时大
力襄助曾国藩，与其他淮军将领阳奉阴违不同。这当然让遥控淮军不实
力助曾国藩剿捻的李鸿章大为不满。

（四）湘淮将领之间相互倾轧

一个突出事例就是尹漋河之役，湘军悍将鲍超与淮军名将刘铭传结
怨，湘淮之间的矛盾日益突出，并导致鲍超霆军提前裁撤。这一事件在

---

① 《李文忠公全集·奏稿》卷一，47页。
② （清）刘体仁：《异辞录》，30页。
③ 《曾国藩全集·奏稿九》，5190页。
④ 参见（清）朱孔彰编次：《刘尚书奏议》卷一，4页，光绪三十四年江宁刊本。

刘秉璋两个儿子的著作：刘体仁的《异辞录》和刘体信(声木)的《苌楚斋三笔》中皆有提及。

刘体仁在《霆铭军尹漋河结怨》一文中是这样记述的：

> 霆军多容游勇，平时仅给之食，有额则补为正兵。战时常令游勇当先，胜则大军继之；不胜，贼与游勇混斗已久，纪律必乱，乘以锐师，往往克捷。尹漋河之役，纵铭军先战，以当游勇，谑而虐矣。壮肃弃冠而走，鲍忠壮得之，牒于文忠曰："省三殉矣。"省三得头品顶戴，穿珊瑚细珠为帽结，以示异于众，今获于贼手，其殆死乎。文忠与忠壮皆以异籍处湘军，互相友好，忠壮出征，文忠在文正幕中，辄为之内主。暨是役之后，文忠与忠壮不无遗憾，《朋僚函稿》中语多微辞，殆有由也。[1]

刘体信在《鲍超书戏李鸿章》一文中是这样记述的：

> 同治五年冬月，合肥刘壮肃公铭传剿捻，大败于天门县城外尹漋河，无锡薛书耘副宪福成《海外文编》中记载甚详。当时壮肃已得头品顶戴，其顶珠系以玛瑙制成，为他人所未有。及尹漋河之败，衣冠失落，适为霆军所得。奉节鲍武襄公超名位虽与之相埒，平日意甚轻之。时值淮军势盛，湘军且退避三舍，亦无如之何也。至是作书以戏合肥李文忠公鸿章云："刘某必是业已殉难阵亡，余在其军中，得其平日所服之衣冠。其顶珠为玛瑙所制，未见他人服用，确为刘某之物。今顶珠在而人未见，非阵亡而何。"云云。文忠览之不悦，亲为先文庄言之，语时意犹愤愤。[2]

关于尹漋河之役，湘军鲍超与淮军李鸿章、刘铭传结怨之事，王闿运《湘军志》记载：同治六年正月，

---

① （清）刘体仁：《异辞录》，47~48页。
② 刘声木(体信)：《苌楚斋随笔续笔三笔四笔五笔》，536页，北京，中华书局，1998。

刘铭传、鲍超合击东捻于京山北，超失期，铭传战而败。超背攻捻，铭传收军还应，捻退走，超追奔，大破之，超久为名将，而铭传新贵，与之侪，超固不乐。至是，铭传咎超，李鸿章颇右铭传。超既大捷，遂请疾解兵，朝旨五六慰勉，曾国藩、李鸿章函牍相继，超称病笃，所部三十营分别留散，自此无霆军焉。[①]

虽然鲍超一军之遣散，并非简单因为湘淮两系相互倾轧，但是，这也是加速其遣散的原因。

李鸿章也对鲍超及其霆军语多微词，并力挺刘铭传。如在尹隆河之役后不久，李鸿章在同治六年四月二十八日给曾国藩的信中说："敝部现惟铭军有马队二千数百，已成劲旅"，又说："霆营将领力保宋长庆而诋娄峻山，竟有霸持之意。该军习气过重，如唐、谭、曾、陈诸统将，飞扬跋扈，理谕情遣，颇难调停。"[②]而由于鲍超出身于胡林翼系，并非曾国藩嫡系，因此，曾国藩等人也不为鲍超开脱，曾国荃甚至借机排诋鲍超，使鲍超忧愤成疾，执意遣散己军而去。

再如浙江提督欧阳利见为湘系，浙江巡抚刘秉璋对其人甚轻之，在中法战争镇海之役中不慊于其"怔怯无谋，仓皇失措"，"弗予增兵，亦弗重用"。而光绪十二年（1886年）五月刘秉璋调任四川总督后，欧阳利见则对刘秉璋信重的淮系参将吴杰大肆排挤，"函请闽浙总督奏参革职"，闽浙总督卞宝第遂上奏参劾吴杰"居心险诈，不遵调度，并有侵用工料情事，请将该参将革职"，清廷允准。[③]而刘秉璋在光绪十五年（1889年）六月初九日专门上奏为之昭雪。该奏折说：

吴杰系尽先参将，实任镇海营守备，管理镇口招宝山炮台，已历多年。臣前在浙江巡抚任内，因筹办海防，亲往查看，见其队伍

---

① 王闿运：《湘军志·平捻篇第十四》，见《湘绮楼诗文集》，768 页。
② 《上曾相》，见（清）李鸿章：《李文忠公全集·朋僚函稿》卷七，2～3 页。
③ 该谕折的内容，均参见刘秉璋奏折所引。参见（清）朱孔彰编次：《刘尚书奏议》卷六，5 页。

整齐，炮具精洁，演放灵便，颇近西法。……光绪十一年正月法舰
将犯镇口，所有南洋援闽之三轮避入镇口，人心惶怯。浙江提督欧
阳利见惶怯无谋，仓皇失措，倡为徙炮拆台退守之议。……吴杰稳
守招宝一台，扼其咽喉，使不得逞。……欧阳利见因羞成怒，实阴
仇之。……于是乘闽浙总督卞宝第到任未久，不知底蕴，朦请参
革。浙东官绅庶多抱不平。①

清廷在七月命"已革浙江候补参将吴杰著崧骏饬令来京带领引见"，以示
安慰。后来刘秉璋奏请将吴杰发往四川任用。

(五)湘淮将帅对本派系人员多方庇护，对其他派系人员则毫不留情

湘系内部、淮系内部，以及湘淮系之间，随着集团的发展、队伍的
扩大，各种利害纠葛、个人恩怨以及利益前途的矛盾日益增多。再加上
清廷有意利用各种利益问题，分化湘淮集团成员。而湘淮集团成员也因
为这种利益之争，对集团内非本派系人员，弹劾起来毫不留情，对本派
系人员则多方庇护。

如湖南道员王加敏是左宗棠信重之员，毛鸿宾任湖南巡抚后，为了
控制湖南局面，屡屡参劾湖南司道、府县。同治元年，为了控制湖南军
需收支，"欲坐局员侵牟，先奏夺王加敏官"。② 而王加敏随后就被左宗
棠奏调："查有湖南候补道籍隶浙江之王加敏，自咸丰四年以来，在湖
南办理军需粮台，从无贻误，事无巨细，均必躬亲，所办军装、子药，
费省工良，远胜各省。该员朴谨耐劳，臣所深悉。……若令遄赴臣营听
候差遣，必有裨益。合无仰恳皇上天恩，敕下江西、湖南抚臣查照臣
奏，饬催各该员迅速遵办。"③其后，王加敏随左宗棠办理粮台，则为左
多方庇护，屡加保荐。④

---

① 《奏参将吴杰前办海防有功才具可用疏》，见(清)刘秉璋：《刘尚书奏议》卷六，5页。
② 王闿运：《湘军志·湖南防守篇第一》，见《湘绮楼诗文集》，578页。
③ 《官军入浙应设粮台转运接济片》，见《左宗棠全集·奏稿一》，28～29页。
④ 如同治十年九月初九日，左宗棠奏请"将二品顶带、湖南补用道王加敏赏给从一品封
典"，并为清廷允准。参见《左宗棠全集·奏稿五》，125页。

同治元年三月，王德榜因"所部索饷哗争，又违浙江巡抚左宗棠节制，越境驻广丰，为江西巡抚沈葆桢所劾，革职留营"。但是，王德榜是左宗棠信用之人，所以事过不久，同治二年正月，"左宗棠奏请开复，奉旨以道员留浙江补用"①。清廷随即在二月份还允准："以克复浙江金华汤溪龙游兰溪各府县城，赏道员王德榜父母二品封典。"②同治三年四月，沈葆桢又奏"留于浙江补用道王德榜……以尽先道员指省浙江，与例不符"，后因清廷认为"于奏定章程，并无不合"，乃止。③

咸丰十一年十二月，毛鸿宾等人"疏劾贵州提督署巡抚田兴恕捏报军情、信用劣员各款，上命四川总督骆秉章等查办"。④ 清廷咸丰十一年十二月十八日上谕："骆秉章自湖南入川，于该员材器谅所素知。且川黔接壤，该员近来办理军务情形，亦必确有闻见。著按照所参与前谕各节，一并详查，据实具奏"，又说："潘铎简署云贵总督，现已出京。黔省是其兼辖地方，将来道出蜀中，著将田兴恕被参各节及黔省一切应办事宜，一并商同骆秉章奏明办理"。⑤ 同治元年，"寻得实，褫兴恕职，逮问"⑥。

同治八年五月，李宗羲授山西巡抚，六月就奉旨查劾同为湘军成员的山西布政使胡大任。从他的复奏中可以看出他并不回护胡大任："臣抵任后，遵即留心察看，兼访舆论，该藩司心地尚厚，才气稍平，在任三年，迄无建树，平时以饮酒自娱，僚属或经旬不见。且年逾六十，精神较短，遇事健忘，凡于地方利弊，州县贤否，只能略言其概，究未了然于心，虽无贪婪情事，而废弛因循，亦所不免。晋省山多田少，所产米豆，不敷民食，故栽植罂粟，向例禁止。该藩司上年倡议弛禁，以致

① 《新办大臣传五·王德榜》，见《清史列传》卷六十一，4786页。
② 《清实录(第46册)·穆宗毅皇帝实录》卷五十七，"同治二年二月上"，69页。
③ 《清实录(第47册)·穆宗毅皇帝实录》卷九十九，"同治三年四月上"，170~171页。
④ 《大臣画一传档后编四·毛鸿宾》，见《清史列传》卷四十八，3807页。
⑤ 《咸丰同治两朝上谕档》第11册，"咸丰十一年十二月十八日"，584页。
⑥ 《大臣画一传档后编四·毛鸿宾》，见《清史列传》卷四十八，3807页。

物论沸腾，声名之减，大率由此。"①经李宗羲这一查劾，再加上清廷有意罢黜胡大任，遂将胡大任"命勒令休致"。②

(六)湘淮将领实力雄厚后往往自立

湘淮集团中，统兵将领在逐步拥有自己的军队，并在军队指挥权和饷银有所保障之后，往往独立成军，一般将领之间很难相互调援。

在湘军成立之初，就有江忠源一军独立于曾国藩、胡林翼等系，而曾国藩、胡林翼等人对他这支部队调动不便，如江忠源弟弟江忠淑不服从曾国藩调遣等事，前文已经述及。

骆秉章以地方督抚获得自己掌握的军队后即自成体系。他最初企图依靠并控制曾国藩编练的湘军，曾国藩在编练完备后即独立行事，不愿再与骆秉章牵扯。骆秉章则分化之，控制了王鑫一军，开始自己独立成军的路程。他还企图通过分化曾国藩与胡林翼，达到控制胡林翼军的目的。胡林翼最初投靠曾国藩，但一旦势力增长，尤其在其出任湖北巡抚后，也独立成军。

在湘军发展的中期阶段，沈葆桢在任江西巡抚，逐步拥有一支自己掌控的军队（如韩进春军）后，就开始脱离曾国藩的荫庇，甚至在曾国藩企图控制这支队时，不惜反目③；左宗棠也是独立成军而自立一系，李鸿章独立军后更是脱离湘军，形成与湘军并立的淮军。

在淮军势力发展过程中，"（同治）二年……时浙西各郡犹为贼据，与苏省犬牙相接。鸿章令秉璋自募一军，进图嘉善"④。这就使刘秉璋得以自立一军。加之他与湘军统帅曾国藩关系甚密，故常在曾国藩、李鸿章两方面寻找支持，并得以独树一帜。

总之，清廷实施的以"众建督抚而分其力"为主的分化策略，辅以压制、钳制等政策，在控制崛起的湘淮集团过程中取得了相当大的成效。

①　（清）李宗羲：《遵查藩司居官情形疏》，见《开县李尚书政书》卷五，"山西书"，1页，光绪十一年武昌刻本。
②　《大臣画一传档后编十·李宗羲》，见《清史列传》卷五十四，4239页。
③　相关内容参见《曾国藩全集·奏稿七》，4000页；《曾国藩全集·书信五》，3160页。
④　《新办大臣传五·刘秉璋》，见《清史列传》卷六十一，4838页。

在太平天国起义被镇压下去后，清廷针对湘军集团、淮军集团实施的诸如"裁湘留淮""抑湘扬淮""抑曾扬左""佑沈压曾"等策略，学者们论之颇多。① 笔者以后将专文论述清廷从"以淮制湘"发展到"湘淮互制"的政策，这更能切实体现清廷策略的要点。

---

① 学者论述诸如，罗尔纲：《晚清兵志》第 1 卷，见《淮军志》；苑书义：《李鸿章传》，北京，人民出版社，1991；朱东安：《曾国藩集团与晚清政局》；王尔敏：《淮军志》，等等。

第四章　清廷在重点地区继续分化、牵制、挤压湘淮集团

清廷的"众建督抚而分其力"，并非是孤立实行的一种政策，因为，清廷已经认识到，这一政策并不能代替牵制、挤压等长期有效的政策。相反，它们必须相辅而行，才能见到成效。

一、咸丰十一年至同治四年，后胡林翼、骆秉章时代湖广地区的争夺

在湖北，官文对在胡林翼之后出任湖北巡抚的湘军人员进行打击、分化。

对于湖广总督官文在牵制湘军势力方面的作用，论者一般都集中在他与胡林翼的关系上，而实际上，在胡林翼死后，官文牵制湘军的举动仍不少。如官文利用受其笼络的湘军人物、曾任湖北布政使的庄受祺（咸丰十年闰三月被降调福建按察使），贬损胡林翼的声望①。接着，继续利用他所笼络的湖北司道人员牵制湘军重要将领、湖北巡抚严树森。同治三年四月，更是"奏劾湖北巡抚严树森把持兵柄，刚愎用事"②，最终使得"严树森著以道员降补，以示薄惩"。③ 为清廷安置信重人员出任

---

① 参见《湖北兵事述略》，见(清)庄受祺：《枫南山馆遗集》卷五，同治十三年刊本。
② 《大臣画一传档后编一·官文》，见《清史列传》卷四十五，3585 页。
③ 《清实录(第 47 册)·穆宗毅皇帝实录》卷一〇一，"同治三年四月下"，218 页。

湘淮集团久踞的湖北巡抚创造了条件。

此外，官文还针对湘军水师展开行动。随着曾国藩出任两江总督，湘军水师军事行动的重点移入两江地区，官文就秉承清廷的旨意，于同治元年提出裁并、控制湘军水师，建立长江水师的计划。

> 先是，武、汉克复，官文即奏请抽撤陆营官兵，设立长江水师，派镇协一员专领。至是奏称："各营兵额已扣出二千名，备水师充补，俟皖省荡平，即酌撤炮船水勇，设立水师专营，以重巡防而资控扼。其先后扣撤兵额月饷，由藩司按数扣存，为将来新设水师之费。……湖南洞庭水师有名无实，将来亦应统归长江水师总领节制，按季会哨，或添设水师提督一员，兼辖安徽、江西各省水师，期于事权归一，呼应较灵。……"①

官文这些活动受到湘军强烈反对，决心猛烈回击，将官文逐出湖广。曾国荃在其中起到急先锋的作用。

同治五年正月，随着官文"与曾国藩议奏长江水师营制事宜，下部议行"，筹建长江水师正式启动不久，八月二十六日，曾国荃就奏参总督官文"贪庸骄蹇，欺罔徇私，宠任家丁，贻误军政"②。曾国荃在参折中除陈述所参官文各款之内容外，还将"督臣官文劣迹实事逐条开列恭呈"，开列了官文 7 项劣迹：一是"滥支军饷也"，二是"冒保私人也"，三是"公行贿赂也"，四是"添授漏规也"，五是"弥缝要路也"，六是"习尚骄矜也"，七是"嫉忌谗言也"③，足见这一参折的用心周密。难怪曾国藩满意地说："所言皆系正大应说之事，无论输赢皆有足以自立之道，

---

① 《大臣画一传档后编一·官文》，见《清史列传》卷四十五，3583 页。

② 《劾督臣疏》，见(清)曾国荃：《曾忠襄公奏议》卷一，46 页，光绪二十九年刻本。《曾忠襄公年谱》是这样记载的：同治五年"八月……公劾总督官文听信幕友家丁等款"。参见清代王定安编，萧荣爵增订：《曾忠襄公年谱》卷二，12～13 页，光绪二十九年刻本。《清史列传》说：十一月曾国藩参劾"官文贪庸骄蹇"。对照《曾忠襄公奏议》和《清实录》相关内容，曾国藩奏劾当在八月，十一月为清廷命查办的时间。参见《大臣画一传档后编一·官文》，见《清史列传》卷四十五，3585 页。

③ 《劾督臣疏》，见(清)曾国荃：《曾忠襄公奏议》卷一，49～53 页。

此后惟安坐听之而已。"①五年十一月下旬清廷上谕：

> 前因曾国荃奏参督臣官文贪庸骄蹇各节，内有馈送升任侍郎胡家玉等程仪银两一款，当命尚书绵森、侍郎谭廷襄前往查办，并令胡家玉明白回奏。……上年胡家玉等差竣过鄂，官文等照向章，由省提银支应，以免州县赔累，濒行又因水程阻滞，沿途需添雇车马犒赏，费用孔多，另筹银二千两致送。胡家玉、张晋祺始而力辞，继因水程费重，恐致沿途周折，权留备用。核其情节，虽与私相馈送者有间，究属不知远嫌。胡家玉、张晋祺均著交部议处。湖广总督官文著先行撤任，听候查办。湖广总督著谭廷襄暂行署理，钦差大臣关防，著交谭廷襄封存。②

同治五年十二月下旬，清廷上谕：

> 兹据绵森、谭廷襄奏，遵旨查明总督被参各款，分别定拟一折。据称就原参各款，逐一核实推求，官文尚无贪婪欺罔通贿各重情。……此案大学士、湖广总督官文虽查无骄纵贪婪各劣迹，惟滥支公款，信任家丁，实属咎有应得。官文著照绵森等所拟，交部严加议处。③

同治六年正月，清廷上谕：

> 前因官文在湖广总督任内，动用捐款各情，当经降旨交部严加议处。兹据吏部议以革职，自属咎所应得。惟念官文在湖广总督任内十余年，历经会同胡林翼、曾国藩，廓清江鄂，勋劳甚著，而被议各款，尚非贪污欺罔可比，若遽尽予罢斥，殊非朝廷保全功臣之意。大学士一等伯官文，著革去湖广总督，加恩仍留伯爵大学士，

---

① 《致沅弟》，见《曾国藩全集·家书二》，1293 页。
② 《清实录（第 49 册）·穆宗毅皇帝实录》卷一九○，"同治五年十一月下"，394～396 页。
③ 同上书，453 页。

改为革职留任，八年无过，方准开复，并罚伯俸十年，不准抵销。即行来京供职。①

虽然清廷派员查办后认为官文被参之事、"被议各款，尚非贪污欺罔可比"，②但是，毕竟官文行有瑕疵，也就不可能久于湖广总督之位，不久就被调回京，闲置数月后署直隶总督。筹建长江水师之权，也就不可能操于这位清廷的干员之手，清廷也就暂时放缓长江水师筹建进程。清廷恼怒之下，首先对官文仅给以象征性的处分，给湘淮集团以巨大的心理压力，如曾国藩说："顷阅邸抄，官相处分极轻。公道全泯，亦殊可惧。"③同时在剿捻前线和两湖地区的督抚布置上，清廷以分化和威慑之策并行：在同治五年十一月将官文撤任，同治六年正月将他调回京供职的前夕，就命曾国藩卸去钦差，回两江总督本任，而任命江苏巡抚李鸿章为钦差大臣，专办剿捻事宜。④湖广总督一职，则在同治六年正月命李鸿章担任，且在李鸿章赴任前并不由湖北巡抚曾国荃署理，而是任命李鸿章的胞兄新任江苏巡抚李瀚章署理。以淮制湘的用心十分明显。从同治六年五月开始，曾国荃就屡屡称病，而清廷也就屡屡"赏假调理"，到了十月，曾国荃就被免去湖北巡抚职位，回籍"调养"。⑤而曾国荃的落职，仅仅是同治四年、五年、六年湘淮督抚纷纷落职中的一件而已。

在湖南，清廷最初也是通过官文等人之手来分化、打击湘军人员，看到效果并不明显后，就借"例事"直接进行处理。

湘军人物毛鸿宾、恽世临于骆秉章之后接任湖南巡抚，显然并不尊重骆秉章的前规，毛鸿宾与其继任者恽世临也发生矛盾，同时二人有违反规制的行为。而官文等也是积极为清廷寻找证据，尤其是有针对性地严密搜集其违反黜陟大权的事情，力图一击而中。清廷则先是利用清

---

① 《清实录（第49册）·穆宗毅皇帝实录》卷一九四，"同治六年正月上"，477～478页。

② 《大臣画一传档后编一·官文》，见《清史列传》卷四十五，3585页。

③ 《致沅弟》（同治六年正月二十六日），见《曾国藩全集·家书二》，1322页。

④ 《清实录（第49册）·穆宗毅皇帝实录》卷一八八，"同治五年十一月上"，369页。

⑤ （清）王定安编，萧荣爵增订：《曾忠襄公年谱》卷二，16页。

议、弹劾，然后于同治四年罢前湖南巡抚、已任两广总督之毛鸿宾和现任湖南巡抚恽世临之职。有关情况，王闿运有一段记载：

（咸丰）十一年二月庚申，骆秉章军行于道，奏翟诰浮侈，罢之，仍以文格署巡抚。石寇后队复自蓝山走桂阳县。三月，贵州寇入靖州。五月，诏文格还本官，以毛鸿宾为巡抚。九月，石寇部党复犯绥宁，其前在贵州者复自来凤入龙山。四川军将易佩绅募兵长沙，道永顺驰击之，败绩。刘岳昭军前留湖北，攻随州，闻警，遣援来凤。诏以江忠义为贵州巡抚，鸿宾以西南防急，奏留领军，其词言"贵州巡抚需员"云云，湖南巡抚始自尊矣。

是秋，胡林翼薨。病革时，密奏劾裕麟，鸿宾闻之，阳奏遣裕麟赴湖北，因解其任。裕麟久专利权，兼摄两司，开敏无过状，官吏民士用舍在其指顾，一旦罢去，鸿宾意益得。庆远知府陆增祥惮之官，从鸿宾来，用黔捐例，改道员，以代裕麟。文格以丧归，召岳常澧道恽世临署布政使，超用李逢春，解长沙县印即知本府。又专以赵焕联居省城，领防军，总营务兵饷。吏治皆有私寄。异于骆秉章时云。

十月甲戌，石寇党陷会同。十一月，鸿宾奏劾周凤山募军冗滥，因颇短湘勇不可尽用，欲他省命将，权悉归湖南。奏入，报闻石寇攻黔阳，陷泸溪，劾江忠义委军归葬，罢其贵州巡抚，诏改提督。石寇至永明，与来凤寇合走四川。

同治元年正月，席宝田等军攻来凤寇，破之，复其城。刘岳昭屯施南，闻捷，先上功于湖北，以合击论功。布政使恽世始稽钩军需收支，计足陌钱百万，当赢万四千千，扣水钱百万，当赢万六千千。悉拘制造工匠，欲坐局员侵牟，先奏夺王加敏官，核讯无所得。贵州苗、教寇起，援军出铜仁，诏授田兴恕钦差大臣，专治贵州军。兴恕督饷湖南，鸿宾怒，奏停其协饷，未几兴恕罢。是时，湖南无寇，惟月报广西、贵州边防以为战功。

……

以厘税收数不符，奏劾辰沅道陆传应。传应至，复漫谢之。通判椿龄怨鸿宾劾罢己官，因撼事诉总督，且及其大丧取妾事。文格时还湖南本官，道武昌，为解于总督。湖南军需局以三千金偿椿龄，寝其事。……（二年）五月，毛鸿宾迁两广总督，世临代为巡抚，鸿宾以文格挟前事，因劾罢之……十月，广东军禽斩复猷于连州，湖南以捷闻。世临本依鸿宾以起，至是鸿宾大怒。世临又追前事，奏征陆传应自贵州至长沙，会计厘税收数，钩考其事，不能竟也。……

四年二月，恽世临罢，以李瀚章为巡抚。世临为政，多倖门，高下任意，又刻核，自以习例案，明铨格，于补官屡诘难吏部。而时议追咎毛鸿宾专擅威福，皆自世临发之，欲并去此两人，然其牵引多，重发难，乃假例事付吏议。鸿宾、世临皆自以为无恐。及奏上，竟降调。……瀚章……举措又异矣。①

这里涉及几个有利于清廷分化、钳制湘军的问题是：（1）湘军集团内部分化严重，甚至是原来的上下级之间也相互拆台，毛鸿宾和恽世临之间关系变化就是显例；（2）这些湘军督抚的"劣迹"及其在任职地区属官中形成的恩怨，都被官文等清廷的"密探"掌握奏闻；（3）湘军"内讧"不断，如毛鸿宾弹劾骆秉章信用的田兴恕、左宗棠信重的王加敏；（4）一些湘军将领如恽世临等"治军疏"②，还得到湘军军士的欢迎。

二、清廷和湘军集团在两江地区的控制与反控制

另一个典型地区，就是曾国藩出任两江总督的两江地区（按照传统省区划分，两江地区主要包括江苏、江西、安徽三省。本书所说的两江

---

① 王闿运：《湘军志·湖南防守篇第一》，见《湘绮楼诗文集》，576～580 页。
② 同上书，580 页。

地区，在曾国藩节制江苏、江西、安徽、浙江四省军务后，包括浙江省在内）。

（一）咸丰十一年至同治元年，围绕江浙巡抚职位的权力争夺

咸丰十一年下半年到同治元年，是清廷、湘军在两江地区（包括浙江）对太平军作战的关键时期，也是清廷和湘军集团对两江争夺的一个关键时期。按照曾国藩的筹划，他总领两江，安徽、江苏、江西、浙江都由湘淮将领带兵进剿，并任巡抚，这样军饷合一，对于江浙战事，就可统筹规划，与湖广地区也可协调如一（当时，湖北巡抚为严树森，湖南巡抚为毛鸿宾）。在曾国藩的计划中，安徽由李续宜任巡抚，江苏由李鸿章带兵为抚，浙江由左宗棠带兵为抚，江西由沈葆桢任巡抚，这样就可确保规复江浙战争的顺利进行。[①]

很明显，这样的筹划与清廷的安排是不相符的。故此，湘军集团在江西、安徽人员眉目初定的情况下，展开了扳倒现任江浙巡抚薛焕、王有龄的攻势。

薛焕长期在江苏任职，从道光二十九年任江苏金山县知县开始，历任松江府知府、苏松粮储道、苏松太道、按察使，咸丰九年十一月擢江宁布政使，十年闰三月调江苏布政使，五月升江苏巡抚兼署两江总督，[②] 在江苏控制力较强。薛焕出任苏抚，是在曾国藩被任命为两江总督但是尚未赴任之际，清廷用他牵制曾国藩的意图再明显不过了。而从现有材料来看，薛焕其人确是清廷在江苏地区的一名干员，无论是在攻剿太平军的军务方面，还是在筹饷等方面，都做得颇为突出。咸丰十年五月初一日，薛焕出任江苏巡抚后不久，清廷在七月二十六日的上谕中

---

① 曾国藩没有这样明确的文件留下，但是，从他在咸丰十一年到同治元年的事关这些省份督抚人员的安排的奏折中，可以看出他筹划的大致脉络。另外，搜览曾国藩这一时期对于军事战略大局的考虑，与清廷就此的奏对内容，也可见其概貌。如咸丰十一年六月初八日曾国藩上《复陈左宗棠军暂难援浙折》，既摆明军情实况，又暗含要挟之意。参见《曾国藩全集·奏稿三》，1586 页。随后，就有湘军集团重要成员毛鸿宾在七月十三日奏请授左宗棠以封疆重任的奏折。

② 《大臣画一传档后编九·薛焕》，见《清史列传》卷五十三，4190～4191 页。

即因功赏给他头品顶戴。①

王有龄也长期任职于江浙，咸丰七年六月，由云南粮道迁江苏按察使，咸丰八年二月迁江苏布政使，咸丰十年三月迁湘抚，未行即以江苏布政使署浙江巡抚，次日即实授。②

无论是从清中央的角度，还是从薛焕、王有龄力求巩固自身地位的角度，薛焕、王有龄都是清廷在江浙安置的对曾国藩的制约力量。

曾国藩、左宗棠、李鸿章等湘淮集团重要人物，在曾国藩任两江总督后，他们对江浙两省巡抚等军政要职，有着自己的战略要求。而当时的江浙巡抚薛焕、王有龄都长期盘踞江浙，颇有势力，并且与湘淮集团并不友善，如薛焕拖延湘淮兵饷、王有龄拉拢李元度等，成为清廷牵制、打击湘军集团的重要力量。因此，曾国藩等必欲去之而后快。他们寻找时机，开展了一轮轮猛烈的攻势。

咸丰十一年九月，御史杨荣绪等弹劾薛焕贪劣各款。此折笔者暂未查到，只是据《清史列传》中记载得知。③ 十月十六日，又有人上《请饬密查江浙抚臣能否胜任折》：

> 奏为东南军务紧要，请严饬督兵大员速图进剿，并请密查江、浙抚臣果否能胜其任，以彰天讨而挽时局，恭折仰祈圣鉴事。
>
> 窃奸邪去而后朝政清，寇贼除而后民气靖。我皇上冲龄践阼，两宫太后亲理大政。将载垣等明正典刑，人心欢悦。犹复圣怀谦抑，博采刍荛，此正欣欣向治之秋也。
>
> 特是各省军务，皆宜迅速蒇事，而东南尤为紧要。何则？江、浙为财赋之区，地丁、漕粮甲于天下，海运、织造，国家之衣食资焉。自上年金陵贼焰窜踞苏、常，蔓延两浙，焚烧掳杀无孑遗。我

---

① 《剿捕档》，咸丰十年七月二十六日，中国第一历史档案馆藏档。亦见中国第一历史档案馆编：《清政府镇压太平天国档案史料》第 23 册，499 页。

② 王有龄署、任浙江巡抚的任命，参见《清实录（第 44 册）·文宗显皇帝实录》卷三一○，"咸丰十年三月中"，541、542 页。其余任职情况，可参见钱实甫：《清代职官年表》第 2 册，1703～1704 页；第 3 册，1924～1926、2161～2162 页。

③ 《大臣画一传档后编九·薛焕》，见《清史列传》卷五十三，4192～4193 页。

文宗显皇帝宵旰勤劳，特授曾国藩为两江总督，薛焕、王有龄为江苏、浙江巡抚，固冀其速奏肤功也。乃至今一年有余，曾国藩尚能整师而出，克复城池。而该抚等旷日持久，捷奏无闻。一则久驻海滨，处偏隅以自固；一则专防省会，顾他郡而未遑。岂仅以此塞责耶？抑将谋定而动耶？或曰非不欲进攻也，兵不足也，饷不充也。然臣窃谓今日之贼，大半皆由于裹胁，其迹易聚，而其心亦易离。果能奋勇进剿，尚可次第扑灭。若推委于兵单饷缺而委靡不振，岂迟之又久而兵可足、饷可充乎？恐迟之又久而兵愈老、饷愈竭也。且嘉兴自失守以来，未有一师一旅过而问焉。现在浙省四面皆贼，岌岌可危，万一杭城有事，上海岂能独安？该抚等虽势处万难，亟宜谋勇交资，力除逆焰。若再迁延日久，贼久踞财赋之区，征银索米，盗粮足而分股四出，臣恐时事之难图有日甚一日者，不可不早虑也。伏愿皇上一怒安民，严饬江苏、浙江抚臣会同两江督臣曾国藩，迅速进兵收复郡县，万不可托防堵之名而失进剿之实。至该抚等为大局所关，果否能胜其任？并恳饬议政王密查酌择，克协机宜，庶军务日有起色而时事大有转机也。臣为彰天讨、挽时局起见，是否有当？伏乞皇上圣鉴训示。谨奏。

再，兵不论多寡，要在将帅得人。臣窃见用兵以来，惟楚兵最勇而善驭。楚兵者，惟曾国藩最著。曾国藩出师数载，凡有胜仗，从无虚饰捏报之语。此即忠直可靠之征也。现在东南军务需才孔亟，可否请旨专饬曾国藩于军营中择其智勇兼全、堪胜封疆将帅之任者，酌保数员，听候简用。臣为行军需才起见，是否有当？谨附片具奏，伏乞皇上圣鉴。[①]

---

① 该折转见《曾国藩全集·奏稿三》，1655～1656 页。该奏折，曾国藩的文集在附录时，只注明"咸丰十一年十月十六日抄寄"，未标明具体上奏日期，亦未说明是何人所奏。清廷十月十六日上谕，就此奏作出答复时，也没有说明此折就是在十月十六日奏上的。不过，在咸丰十一年十月十七日的上谕中，则明确指出："昨因有人奏请密查江浙抚臣能否胜任，已谕令曾国藩悉心察看，据实具奏矣"，明白指出：《请饬密查江浙抚臣能否胜任折》是在十月十六日上奏的。参见《剿捕档》，咸丰十一年十月十七日，中国第一历史档案馆藏档。亦见中国第一历史档案馆编：《清政府镇压太平天国档案史料》第 23 册，545 页。

从这一奏折的内容来分析，对曾国藩等赞扬有加，对薛焕、王有龄则痛加指责，并建议由曾国藩于其营中择人取代薛、王，显然是完全站在湘军集团一边。紧接着，在十月十七日，又有一折，奏参王有龄、薛焕，原文如下：

奏为浙省军务不振，疆地日蹙，请皇上另简贤员督办，以保危疆而维大局，恭折仰祈圣鉴事。

窃惟东南大局，固以克复金陵为要。而浙江与江苏省唇齿相依，尤为全局所关。若浙省疆吏得人，内守外攻，与楚军相为犄角，即可以制贼命而收全功。溯自上年瑞昌、王有龄督办军务以来，将及二载，府县纷纷失守，处处戒严，该将军等一筹莫展，几有坐以待毙之势。刻下贼氛日逼，宁、绍二郡危在呼吸。若宁、绍不保，即省城不能固守。浙省苟有他虞，贼势愈炽，曾国藩一军，独力难支，东南大势去矣！

查瑞昌朴忠素著，惜乏智谋。始居将军之职，颇有令誉。继秉总统之权，竟无胜算。王有龄但知理财，不娴将略。又不能选择贤才，讲求吏治。其所信任府县长吏，皆系贪鄙之徒，但以掊克夤缘为事，全不以保惠训练为心。竭数百万捐输易尽之脂膏，以养数万千骄惰不职之士卒，日复一日，终有财尽兵溃之时，况浙省统兵大将如张玉良等，皆拥兵观望，动辄挟制。本年四月间，金华失守，张玉良不但不肯剿贼，并且手执令旗，督率兵勇，恣情抢掠。万目共睹，哭声震野，该将军等岂无见闻！然竟不敢申明军律，一味优容，以致百姓畏兵同于畏贼。似此督率无方，岂能济事？

臣愚以为当今将才都在楚营，诚得如左宗棠者统率一军来浙，畀以封疆重权，与两江督臣曾国藩声气相通，谋定而战，互相援应，庶几浙省可保，郡县可复。可否请旨将浙省军务，兼归曾国藩督办，并请敕令议政王军机大臣，就楚营带兵大员内公举一人，请旨简授浙江巡抚，专督浙军剿贼；其现任巡抚王有龄，或另行简用，出自圣裁。臣为浙省军务不振，通筹全局起见。是否有当？伏乞皇上圣鉴。谨奏。①

同一奏折还附参薛焕违旨拒解何桂清及不胜封疆重任片：

再，江苏巡抚薛焕，屡次奉旨派员押解何桂清到京严审，竟敢有意抗违，延不拿解，实属胆玩。复以收复苏、常专折保奏何桂清，显谓不准其保奏，该抚即无收复苏、常之日，迹近要挟，情尤可恶。现闻该抚在上海娱情古玩，不理军务，实不胜封疆重任。至总办粮台之金安清，声名狼藉，行止卑污，恃与薛焕拜认师生，侵蚀粮饷，兵民啧有怨言。应请旨一并查办。臣既有所闻，不敢不据实直陈。谨奏。②

正如前面我们分析的，在任命曾国藩为两江总督、钦差大臣之后，薛焕、王有龄作为清廷的两枚棋子，在江浙一带，对曾国藩湘系势力的发展，起着重要的牵制作用，是制约曾国藩、维护清中央政府权威的重要力量。且二人在军务、筹饷、行政等方面也表现出一定的能力。所以，在九月份参劾折上后，清廷并无动作。于是，湘系集团加大力度，在十月十六、十七两日连上两折，"请饬密查江浙抚臣能否胜任"，再次奏参王有龄和薛焕，迫使清廷在十月十六日接到奏折后，当天就对此奏折发出谕旨，着曾国藩察看苏抚薛焕、浙抚王有龄能否胜任，十月十七日又发上谕给曾国藩，要求他相机派军援浙并确查所参薛焕、王有龄各款，并于咸丰十一年十一月十五日以廷寄的方式发给曾国藩。

十月十六日的上谕称：

江浙所属郡县，为东南财赋之区，岂容任贼久踞！曾国藩驻军安庆，规取金陵，若得江浙两省抚臣并力进攻，自不难将被陷城池次第收复。薛焕前在苏州府任内，声誉颇著。惟该省军务正当吃

---

① 此奏转见《曾国藩全集·奏稿三》，1657～1658 页。
② 《曾国藩全集·奏稿三》，1659 页。

紧，督带兵勇，或恐非其所长。且前据有人奏：该抚在上海偏隅自固，日享安福等语。如果属实，即不能胜此重任。浙抚王有龄颇有才具，前任苏藩时，虽尚能筹办军饷，惟于浙抚一缺，未知能否胜任？以上二员，均著曾国藩悉心察看，据实具奏。又另片奏：东南军务，需才孔亟，请饬曾国藩酌量保奏等语。该大臣久历戎行，见闻较广，著择其智勇兼全、堪胜封疆将帅之任者，酌保数员，听候简用。①

十月十七日上谕称：

本日有人奏，浙省军务不振，请另简贤员督办一折。浙省贼氛日炽，宁绍两郡情形，较为吃重，必得谋勇兼备大员统兵援救，可期渐有起色。鲍超追剿贼匪，已抵广信。如江西全境肃清，即著该总兵前赴浙江督兵进剿。左宗棠一军，能否可以抽拨？并著曾国藩相机筹办。王有龄叠被参劾，其平日不洽舆情，已可概见。著该大臣仍遵前旨，确切查明，迅速具奏。又有人片奏：江苏巡抚薛焕娱情古玩，不理军务。其总办粮台之金安清，声名狼藉，恃与薛焕拜认师生，任意侵蚀粮饷各等语。并著曾国藩秉公确切查明，一并据

---

① 这道谕旨，笔者查阅第一历史档案馆所编之《咸丰同治两朝上谕档》第11册，咸丰十一年十月十六日和十一月十五日，均未查到。鉴于第一历史档案馆所藏上谕不完整，笔者又查阅了《清实录》。本段上谕文字，参见《清实录(第45册)·穆宗毅皇帝实录》卷七，"咸丰十一年十月中"，189~190页。《清实录》中上谕文字，与录存于《曾国藩全集·奏稿三》(1654页)者略有出入。笔者又查找了第一历史档案馆馆藏军机处全宗《剿捕档》，其所存录的该上谕内容，与《曾国藩全集》中所录上谕内容完全相同。《曾国藩全集》所录上谕内容如下："江、浙所属郡县，为东南财赋之区，岂容任贼久踞！曾国藩驻军安庆，规取金陵，若得江、浙两省抚臣并力进攻，自不难将被陷城池次第收复。薛焕前在苏州府任内，声誉颇著。及升任上海道，办理关税及外国事宜，亦臻妥协。惟该省军务正当吃紧，督带兵勇，或恐非其所长。且前据有人奏：该抚在上海偏隅自固，日享安富。又称：上海离城三十里即有贼垒，官吏奔竞如常。各等语。如果属实，即不能胜此重任。浙抚王有龄颇有才具，前任苏藩时，虽尚能筹办军饷，惟于浙抚一缺，未知能否胜任？以上二员，均著曾国藩悉心察看，据实具奏。又另片奏：东南军务，需才孔亟，请饬曾国藩酌量保奏等语。该大臣久历戎行，见闻较广，著择其智勇兼全、堪胜封疆将帅之任者，酌保数员，听候简用。"

实复奏，毋稍徇隐。原折片著钞给阅看。①

在十月二十五日前后，又有参劾薛焕、王有龄的奏折：

　　再，牧令之贤否，全在督抚之得人。未有督抚实力整顿而牧令不知振作者也。江苏省郡久陷，地方糜烂。臣闻抚臣薛焕安居上海，遍召画工，日写丹青以自娱，购买玩好珍物，无远不搜。自办理通商以来，广进贿赂，时辇金银赠遗权贵，以为固身之计。军务则不复一城，吏治则不办一事。大江南北，民生涂炭，不可问矣。浙江抚臣王有龄，自到任以后，失城无数，遍地皆贼。该抚不以克复为事，惟以暴敛为能，贪婪无厌，任用私人，兵不加增而征税日益加倍。臣闻其捐输之入，作为三分：一济军饷，一充私橐，一为交结馈遗之用。该抚籍隶福建，离浙甚近，运金归里，舆论哗然。是以人心瓦解，而寇患日深。尤可诛者，该二员营私纳贿，宦橐丰盈，已足肥其身家矣。亦自知无平贼之才，只求参劾，以罢黜为福，得以安享余生。此极巧宦之变计，而为圣世所难容。伏祈皇上垂念东南大局，关系非轻，严法律以惩治贪庸，简贤良以救民水火。臣为保护封疆起见，不避嫌怨，据闻直陈。是否有当？吁请圣裁。谨附片具奏。②

十一月初五日前后，又有奏参金安清折，称他在"江北总办捐输。

---

　　①　见《清实录(第45册)·穆宗毅皇帝实录》卷七"咸丰十一年十月中"，192～193页。《曾国藩全集·奏稿三》(1656～1657页)所录上谕文字与《清实录》所载略有不同："昨因有人奏请密查江、浙抚臣能否胜任。已谕令曾国藩悉心察看，据实具奏矣。本日又有人奏，浙省军务不振，请另简贤员督办……浙省贼氛日炽，宁绍两郡情形较为吃重，必得谋勇兼备大员统兵援救，可期渐有起色。鲍超追剿贼匪，已抵广信，如江西全境肃清，即著该总兵前赴浙江督兵进剿。左宗棠一军能否可以抽拨？并著曾国藩相机筹办。王有龄迭被参劾，其平日不洽舆情，已可概见。著该大臣仍遵前旨，确切查明，迅速具奏。又有人片奏：江苏巡抚薛焕，屡奉谕旨派员押解何桂清到京严审，竟敢抗违不解。且该抚娱情古玩，不理军务。其总办粮台之金安清，声名狼藉，恃与薛焕拜认师生，任意侵蚀粮饷。各等语。已明降谕旨，令该大臣派委干员，前往江苏押解何桂清到京，听候审办。其所参薛焕娱情古玩、不理军务及金安清拜认师生、侵蚀粮饷各节，并著曾国藩一并秉公确切查明，据实复奏，毋稍徇隐。原折片均著抄给阅看。"

　　②　此奏转见《曾国藩全集·奏稿三》，1755～1756页。

该员旋驻泰州，令人风示地方，向伊捐资投效，方得差委。于是牟利者争相贿赂，委员遂至百数十人之多，其余职员、生监希图渔利者又凡百数，四出需索，民不聊生。……窃思里下河南邻苏、常，西邻天、六，北邻徐、海，粤逆捻踪，三面逼近，民情时虞摇动。今复迫以贪虐，道路怨咨，情势汹汹，诚恐激而生变。应请旨饬下该省大臣，严行查办，据实参奏"。而且，此事仍将薛焕牵涉在内，"其（指金安清）经手安徽捐项，以多报少，至今款数未清，前经袁甲三奏请谕令该员赴皖核算。……该员不敢赴皖，潜至里下河地方避匿，复营求江苏巡抚薛焕，奏派江北总办捐输"①。

该事件之后，在咸丰十一年十一月十五日，清廷发出明谕，即曾国藩等人在收到上谕的记录中所谓"准兵部火票递到咸丰十一年十月十八日内阁奉上谕"。该上谕称："钦差大臣两江总督曾国藩，著统辖江苏、安徽、江西三省，并浙江全省军务，所有四省巡抚、提镇以下各官，悉归节制。浙江军务，著杭州将军瑞昌帮办。并著曾国藩速饬太常寺卿左宗棠驰赴浙江剿办贼匪，浙省提镇以下各官，均归左宗棠调遣。"②同日，还以廷寄的方式发给曾国藩、闽浙总督庆端、福建巡抚瑞璸、江西巡抚毓科，再次明确曾国藩节制江皖赣浙四省军务，饬即统筹兼顾，并命左宗棠赴浙督办军务。③战局为曾国藩提供了有利条件和权力。

咸丰十一年十一月二十日，清廷以廷寄的方式给曾国藩：

> 钦差大臣两江总督曾国藩：咸丰十一年十月二十五日奉上谕：前因有人奏，江浙抚臣不洽舆情、玩视军务各节，业经谕令曾国藩秉公查奏。兹有人奏：江苏巡抚薛焕，自到任后，株守上海，莫展一筹，且收买宝玩，性耽曲蘖。并将丁忧候补盐运使金安清违制保奏，派伊劝捐。金安清于通泰设局，煊赫奢侈，逐户搜刮，怨声鼎沸。又有人奏，薛焕自办理通商以来，广通贿赂，时辇金银，赠遗

---

① 此奏转见《曾国藩全集·奏稿三》，1759～1760 页。
② 《清实录（第 45 册）·穆宗毅皇帝实录》卷七，"咸丰十一年十月中"，197 页。
③ 该廷寄可参见《曾国藩全集·奏稿三》，1660～1661 页。

权贵。浙江抚臣王有龄，不以克复为事，惟以暴敛为能各等语。江浙军务孔亟，全赖封疆大吏实力整顿，方能维持危局，保卫地方。如所奏情形，营私纳贿，惟顾身家，又安望其奠民生而扫贼氛耶？著曾国藩将所参薛焕、王有龄、金安清各款，汇入前参各款内，一并秉公严密详查，据实复奏，毋稍徇隐。原折片著钞给阅看。曾国藩如果察看薛焕不能胜任，著即遵奉前旨，迅速保奏数员，候旨简放。江苏巡抚现驻上海，所保之员，必得于军务、地方及外国事务均属相宜，方为妥协。①

清廷在咸丰十一年十一月初五日发出上谕，于十一月二十二日廷寄钦差大臣两江总督曾国藩、安徽巡抚彭玉麟，令"曾国藩严密确查，汇并前案据实参办。"②

曾国藩前后奉旨确查江苏巡抚薛焕、浙江巡抚王有龄和薛焕的部属金安清，有上谕达四道之多，而曾国藩好像并不急于查清此事。是他要袒护薛焕、王有龄等人吗？当然不是。无论从薛焕、王有龄的作为及其与湘军（尤其与曾国藩）的关系来分析（薛焕、王有龄不仅不能在粮饷等方面支援曾国藩，反而多方给曾国藩以掣肘，如王有龄暗中拉拢李元度，挖湘军的墙脚等），还是从曾国藩查访上奏的结论来看，曾国藩绝

---

① 《清实录（第45册）·穆宗毅皇帝实录》卷八，"咸丰十一年十月下"，222页。《曾国藩全集·奏稿三》（1754～1755页）所录上谕与《清实录》文字上略有出入："前因有人奏，江浙抚臣不洽舆情、玩视军务各节，业经谕令曾国藩秉公查奏。兹有人奏：江苏巡抚薛焕，自到任后，株守上海，莫展一筹，且收买宝玩，性耽曲蘖。并将丁忧候补盐运使金安清违制保奏，派伊劝捐。金安清于通泰设局，煊赫奢侈，逐户搜刮，怨声鼎沸。又有人奏，薛焕自办理通商以来，广通贿赂，时辇金银，赠遗权贵，军务则不复一城，吏治则不办一事。浙江抚臣王有龄，不以克复为事，惟以暴敛为能各等语。其捐输之人，作为三分：一济军饷，一充私囊，一为交结馈遗之用。该抚籍隶福建，运金归里，舆论哗然各等语。江浙军务孔亟，全赖封疆大吏实力整顿，方能维持危局，保卫地方。果如所奏情形，营私纳贿，惟顾身家，又安望其奠民生而扫贼氛耶？著曾国藩将所参薛焕、王有龄、金安清各款，汇入前参各款内，一并秉公严密详查，据实复奏，毋稍徇隐。原折片著抄给阅看。再，曾国藩如果察看薛焕不能胜任，著即遵奉前旨，迅速保奏数员，候旨简放。江苏巡抚现驻上海，所保之员，必得于军务、地方及外国事务均属相宜，方为妥协。"

② 《清实录（第45册）·穆宗毅皇帝实录》卷九，"咸丰十一年十一月上"，243页。该上谕亦见《曾国藩全集·奏稿三》1759页，文字与《清实录》略有出入。

不想保留这两位江浙抚臣与自己共事,而是必欲除之而后快。是战事让曾国藩无暇查访参奏?似乎也不是,而且从战事的需要来说,清廷也准许曾国藩举荐适宜之人,曾国藩应该尽快上奏才是正理。曾国藩迟迟不上奏,主要原因在于,参奏薛焕、王有龄的这些奏折,无论直接还是间接,均与湘军集团有关系,是他们谋求在战局中真正掌握江浙军政权力的战略部署,所以曾国藩在查看奏折上呈后各方面的反应,以决定自己的出手时机。我们再从曾国藩十一月二十五日回奏他查明事情原委的奏折——《查复江浙抚臣及金安清参款折》来分析,看看曾国藩的意图:

首先,曾国藩将清廷的四道上谕一一列出,是要大家都看到参奏薛焕、王有龄一事的严重程度。①

其次,在奏复被参各人的情况时,表面上看似公正客观,对参折中的一些不确切之词,或一时无法查证之弹劾内容,都如实指出,不予确认。对二人某些方面的才能和政绩还予以肯定。但是,对参折中真正核心的部分皆予以坐实,结论也明显对被参者继续担任其职位不利。金安清在这一事件中,仅是为了坐实薛焕贪劣各款的附带被弹劾者,所以曾国藩对他的查证仅是简单说明参折内容"多相符合"。而薛焕、王有龄二人,则是真正的参劾目标。

曾国藩对王有龄问题的上奏原文如下:

> 臣查王有龄前任苏藩,其筹饷之才,为远近所推许。上年升任浙抚,适值金陵师溃、苏常并陷之时,败将逃兵,萃于浙省,以万难整驭之卒,又素无统辖之权,时势之难,亦为远近所共谅。然使另练亲兵,裁汰疲卒,亦未始不可以主而制客,转弱而为强。王有龄不谙军情,但求速效,整理尚未就绪,即催令进围嘉兴,且言嘉郡即日可克。臣于去夏颇以为虑,曾奏明嘉兴师疲,恐生他变。厥后嘉兴果败,王有龄不能严参以治罪。严州贼退,又复冒奏以饰功。于是将领狎而生玩,兵勇败而转习,遂成不可制之象矣。逮至

---

① 《查复江浙抚臣及金安清参款折》,见《曾国藩全集·奏稿三》,1763~1765 页。

本年金华之失，兰溪之陷，兵团仇杀而不能究，弁勇抢掠而不敢问。谕旨所询，动受张玉良等挟制，系属实在情形，今则贼氛环逼，饷项久亏，即使杭省幸而保全，而数万败军亦断非王有龄所能管辖。自去夏以来，浙饷月需三十余万，大率取之宁波、绍兴，输将不为不尽力，绅士不为不竭诚。乃王有龄奏参团练大臣邵灿，立予罢黜，其下委绅数人，皆革职永不叙用。其所参者，并非军旅之大端，但争体制之末节，以致宁、邵众绅，各怀公愤，痛恨次骨。外间相传有杭兵不许守绍，绍饷不准入杭之说。驯至绍郡沦陷，杭省围困，皆由官绅水火之所致。谕旨所询"舆论哗然"者，或由于此。近年苏、浙官场陋习，以贪缘钻刺为能，以巧猾谲诈为才。王有龄起自佐杂微员，历居两省权势之地。往年曾带浙员赴苏，去岁又带苏员赴浙，袒庇私党，多据要津，上下朋比，风气日敝。其委员派捐，但勒限以成数，不复问所从来。委员既取盈于公数，又欲饱其私囊，胲削敛怨，势所不免。谕旨所询"属吏多贪鄙之徒，但以掊克贪缘为事"，证以臣之所闻，殆非无因。至抄阅折内所称：捐输之入，作为三分：一济军饷，一充私囊，一为交结馈遗之用。该抚籍隶福建，运金归里等语。非吊查卷宗，明察暗访，不能悉其底细。臣处相隔较远，道途久梗，尚无所闻。此遵查王有龄之大略情节也。[①]

对薛焕，曾国藩主要强调其剿贼不力，且信任之部，多系朝廷禁用的广勇，"纵兵扰掠，商民怨愤"；"其所援引之人，类多贪缘之辈"。其原文如下：

> 江苏巡抚薛焕，前在苏州府任内，颇著循声。在上海道任内，办理关税及外国事宜，亦臻妥协，及擢任巡抚，驻扎上海，陆续募勇四万余人，每月糜饷二十余万，不能专办一路之贼。江苏所存地方，惟镇江、扬州两处尚据形势，该抚未尝亲至两郡一行，又不能

---

① 《曾国藩全集·奏稿三》，1765～1766 页。

多济饷项以联声援。上年夏间，薛焕奏请通饬各路，禁用广勇。而该抚信任之曾秉忠、冯日坤等所部，多系广勇，纵兵扰掠，商民怨愤。曾秉忠之勇，抢劫洋船，酿成巨案；冯日坤之勇，在金山围杀绅首、团勇多名，目无法纪，薛焕莫可如何。沪城绅民，既畏贼踪之环逼，又虞兵勇之肆掠，日夕惊惶，不获安处。谕旨所询"带勇非其所长，株守上海，莫展一筹，三十里外即有贼垒"等语，臣之所闻，大约相符。自苏、常失陷，各县镇市流离转徙，萃于上海一隅，又为西洋各国交汇之所，人民如海，财货如山。中外商贾，文武员弁，肩摩毂击，昼夜喧嗔。地少员多，人浮于事，每有差委，不能不由营求而得。或并无可派之差，亦谋为位置之法，辄复添一捐目，给一委札。其官职较大者，如奏派金安清总办饷局，奏免前藩司蔡映斗、首府吴云失守罪名，且委吴云总办捐局。此数人素工应酬，不惬人望，其所援引之人，类多夤缘之辈。谕旨所询"官吏奔竞如常"，殆即此类也。上海既繁盛异常，苏州之书籍、字画，自贼中贩卖而出，亦充积市肆之中。薛焕设立书画局，多延画工，购买名迹。谕旨所询"日享安富、娱情古玩"者，与臣之所闻相同。至抄示折内所称："办理通商以来，广通贿赂，时辇金银赠遗权贵"等语。风闻薛焕九年由臬司进京，途次有失银之案，在京有馈遗之情，此外别无所闻。此遵查薛焕之大略情节也。[①]

对于薛焕，曾国藩还特别痛恨他设立筹饷总局，在江苏办饷，严重阻碍了曾国藩在两江筹饷的意图和举措，并且，薛焕并不积极供给曾国藩军粮饷，而为薛焕在江苏具体办饷的人员是金安清。因此，他对为薛焕"总办饷局"的金安清，也不放过："金安清才略颇优，而物议最劣，应请旨即行革职。撤去筹饷差事，不准仍留苏境"。得到清廷明谕允准，金安清"先行革职，并著吴棠押赴袁甲三军营销算款项"。[②]

---

① 《曾国藩全集·奏稿三》，1766～1767 页。
② 曾国藩的奏折参见《曾国藩全集·奏稿三》，1767、1768 页。清廷回复的谕旨见《清实录（第 45 册）·穆宗毅皇帝实录》卷十四，"咸丰十一年十二月下"，389 页。

曾国藩对王有龄、薛焕的处置建议是："苏、浙财赋之区，贼氛正炽，该二员似均不能胜此重任。应否降革之处，出自圣主鸿裁。"①

对于江浙抚臣的人选，曾国藩为首的湘淮集团已经有系统的考虑，尚在咸丰十一年七月中旬，原江苏布政使署理湖南巡抚毛鸿宾在奉旨统筹东南大局、审地势察人才时，就荐请授左宗棠封疆重任。②此前，在奏参薛焕、王有龄的奏折中，曾国藩已经具体地提到左宗棠可带一支湘军援浙江，并可代王有龄出任浙江巡抚，十二月清廷命左宗棠速援杭州并调度节制浙江和援浙诸军，自行奏报军情，对更换浙抚之议则不予理睬。③对于江苏，清廷曾令曾国藩奏荐江苏巡抚："曾国藩如果察看薛焕不能胜任，著即遵奉前旨，迅速保奏数员，候旨简放。江苏巡抚现驻上海，所保之员，必得于军务、地方及外国事务均属相宜，方为妥协。"④曾国藩随即保举李鸿章才堪重寄，可为江苏巡抚人选。但是，清廷根据自己的战略考虑，当时仅做这样的安排："道员李鸿章既据察看其才可胜重寄，著照所拟，即饬督带水军，并再由曾国藩拨给陆军六七千，驰赴下游。"显然，只是同意了曾国藩上奏中的一部分，也是对清廷有利的部分，让李鸿章负责江苏援剿。而在江浙巡抚的配备上，清廷却以战局为借口，暂不考虑二人的撤换问题。清廷上谕如下：

> 曾国藩遵查王有龄各款，持论平允。惟王有龄困于危城，左宗棠尚须赴救，一时骤难更换。鲍超之军，仍著迅攻宁国，以牵贼势。薛焕被参各款，亦经该大臣查明得实。上海系僻处一隅，该大臣所筹苏抚应于镇江驻扎之处，于地势军情，极得要领。道员李鸿章既据察看其才可胜重寄，著照所拟，即饬统带水军，并再由曾国藩拨给陆军六七千，驰赴下游。诚如所奏，北可联络淮、扬，南可

① 《曾国藩全集·奏稿三》，1768 页。
② 中国第一历史档案馆编：《清政府镇压太平天国档案史料》第 23 册，371 页。
③ 曾国藩所奏的相关内容，参见《左宗棠定议援浙请节制广徽饶诸军并自行奏报军情折》，见《曾国藩全集·奏稿三》，1664～1666 页。而清廷谕旨答复的内容参见《清实录（第 45 册）·穆宗毅皇帝实录》卷十二，"咸丰十一年十二月上"，328 页。
④ 《清实录（第 45 册）·穆宗毅皇帝实录》卷八，"咸丰十一年十月下"，222 页。

规复苏、常，扼金陵之背，与该大臣搤吭之师，相为策应，实中机宜。薛焕现在办理通商等事，一俟可以移交，再降谕旨，或令其专办外国事宜，分别交替。李鸿章到镇后，并著将镇江一带水师战船，是否得力，两淮盐务，现应如何整顿，及该运司等能否得力之处，一并查明，由该大臣妥筹具奏。[1]

对于曾国藩奏查复薛焕等人贪劣之情，清廷到了同治三年四月，在上谕提到这事时还说："至薛焕巡抚任内被参各款，前此业经曾国藩查明复奏，尚无实据"[2]，显然仍在袒护薛焕。

湘军集团还未达到目的，即由湘军人物出任江苏巡抚。故在同治元年二月，又有御史再次奏参薛焕"不以军务为重，恣意营私"，三月十三日，清廷谕命曾国藩"将所参各款，秉公详查，据实具奏"。[3] 至此，湘军集团才在这次权力斗争中收获一定胜果。同治元年三月，"上命道员李鸿章署江苏巡抚，焕以头品顶戴充办理通商事务大臣"。按制，江苏巡抚一般兼办理通商事务大臣，清廷虽然出于战局的考虑，向弹劾薛焕的势力妥协，任命李鸿章为署江苏巡抚，但是，并未给予李鸿章以江苏巡抚应得的所有权力，而是仍令薛焕分享部分权力。而接管江苏所有权力，包括通商权力，以及与外国接触，获得外国势力在军械甚至人力上的支持，显然是曾国藩、李鸿章的盘算之一。因此，薛焕仍盘踞上海，仍是湘淮势力要进一步扫除的障碍。于是，"有言焕增兵糜饷及借兵外国为非者"，而在江苏，在曾国藩、李鸿章的排挤之下，薛焕诸事扞格，也不得不自请裁撤。五月十七日，上谕命曾国藩等人议商，曾国藩很痛快地在六月初六日就上《议复兼摄通商大臣折》，进一步向清廷暗示应撤换薛焕。[4] 最终，清廷不得不在十二月"命焕来京，另候简用"。[5] 而实

① 《清实录（第45册）·穆宗毅皇帝实录》卷十三，"咸丰十一年十二月中"，344页。该上谕亦抄录于《曾国藩全集·奏稿三》，1805～1806页，文字上有出入。

② 《大臣画一传档后编九·薛焕》，见《清史列传》卷五十三，4194页。

③ 《曾国藩全集·奏稿四》，2150～2151页。

④ 同上书，2358～2360页。

⑤ 《大臣画一传档后编九·薛焕》，见《清史列传》卷五十三，4193、4194页。

际上，李鸿章掌江苏之后，所做的事情，也是增兵、筹饷、借兵外国。

而作为江浙抚臣，薛焕和王有龄也没有坐以待毙，在为清廷的军务和筹饷方面也是竭力建功，以期扭转自身在权力斗争中的颓势。其实，在湘淮集团发动攻势之前，薛焕、王有龄就有许多针对湘淮集团的动作，企图分化湘淮集团，拉拢带兵将领。此前王有龄，利用李元度战败被曾国藩奏参、产生离心倾向的时机，将他拉到自己手下，只是因受各种阻挠，李元度暂时无法率兵赴浙江。李元度事件发生后，王有龄知道曾国藩与湘淮集团必然会寻找机会打击自己，把自己排挤出浙江。他自知职位难保，便努力在湘军中寻找接替自己的合适人选，找到了左宗棠。王有龄对人表示："一年以来，失地丧师者屡矣，若再不知难而退，则大局不堪设想。近看各路统兵大员，如左季高京堂，有胆有识，为贼所畏惧，能得其抚浙，则桑梓之邦军务定有起色。……阁下顾全乡里，务为代我图之，此非为一己之私，实为大局计也，倘有虚言，有如此日。"[①]当然，也不排除王有龄在太平军大军压境之下，有全身而退的想法，但是，这并非清廷的意图，清廷并未立即更换浙抚。

咸丰十一年到同治元年这一场争夺，最终还是战争帮助湘淮集团在很大程度上达到了目的：李续宜任安徽巡抚；薛焕被撤后，李鸿章任江苏巡抚，但通商大臣仍由薛焕担任；浙江则是在王有龄战死后，左宗棠任浙江巡抚；江西是沈葆桢任巡抚。表面看来，似乎曾国藩的筹划得以实现，但是，经过清廷长时间的阻挠、多方牵制，湘淮四大巡抚的气势已经被消磨很多。

如前所述，为应对最终可能到来的湘淮将帅占据沿江督抚职位的局面，在咸丰八年、九年之后，清廷对几个重点地区的督抚人员作出安排，以牵制湘军集团。湖广地区，由于胡林翼、骆秉章久居湖北、湖南巡抚，因此，清廷便以官文久居湖广总督之位。两江地区，尤其是在曾国藩任两江总督后，江苏巡抚为非湘系的薛焕，安徽巡抚则是根据战争

---

① 《王有龄致吴煦函》(1861 年 5 月 3 日)，太平天国历史博物馆编：《吴煦档案选编》第 2 辑，48 页，南京，江苏人民出版社，1983。

形势，由湘军人物和清廷信用之员交替占据。江西本来也是由清廷安排的人物任巡抚，同治元年开始由沈葆桢担任江西巡抚，但是，这恰恰是清廷实施"众建督抚分其力"等分化政策甚见效果的时期和地区，沈葆桢与曾国藩并不能协力，矛盾重重。继沈葆桢之后任赣抚的刘坤一，与曾国藩等其他湘军派系也较为疏远。闽浙地区，清廷显然对湘淮人物的性格、来历等情况摸得很清楚，对左宗棠似乎比较信任一些（关于左宗棠与前督抚大员陶澍、林则徐的关系，以及清廷因此对他具有一定的信任度，学者们多有论述）。① 但是，闽抚和浙抚的安排也是着意为之。其他省份，如广西巡抚在咸丰十年闰三月到同治元年闰八月由刘长佑担任之后，除同治六年江苏布政使郭柏荫署桂抚未成行留署江苏巡抚外，长时期都是由非湘淮系人物担任。只有在同治十年以后，清廷重新控制局面，才陆续由降调之刘长佑、严树森以及涂宗瀛等湘淮人物担任。②

（二）同治二年以后围绕江浙督抚职位的权力斗争

清廷与湘淮集团的斗争中，两江无疑是沿江省份中双方争夺的焦点之一。江南为财赋之区，也是剿太平天国的最重要战区之一，薛焕、王有龄、吴棠、乔松年、马新贻等人与湘淮集团人物的争斗中，有在各种事件、各个时期中体现出来的典型事例。

前面已经论述了清廷、湘淮集团以及薛焕、王有龄在江浙地区的斗争情况。而吴棠和马新贻是在薛焕、王有龄之后，清廷在两江和闽浙陆续布置的牵制湘淮集团的力量。

吴棠长期在江苏任职，从道光二十九年补江苏桃源县知县开始，到咸丰十一年擢江宁布政使，兼署漕运总督，督办江北粮台。其后，吴棠任职封疆（包括署理）的地方皆是对湘淮集团特别重要的江苏、广东、四

---

① 对此，曾国藩也是知道的，所以在咸丰十一年末杭州城破、王有龄死后，曾国藩立即"密疏荐公（左宗棠）巡抚浙江"，就是想抢在清廷之前，以免清廷借机卖好，拉拢左宗棠。（《左文襄公年谱》卷二，44 页）同时，曾国藩还书致左宗棠说："浙江于十一月二十八日失守，六十万生灵同遭浩劫。弟二十五日复奏已附片密请简阁下为浙江巡抚，目下经营海事，全仗大力，责无旁贷。"参见《曾文正公书牍》卷十七。

② 有关人员任职变迁的情况，可参见钱实甫：《清代职官年表》第 2 册，1703～1718 页。

川等地，同治二年十一月署江苏巡抚、四年二月调署两广总督、五年八月调补闽浙总督、六年十二月调四川总督，等等。① 在江苏作为战局重点，也是湘淮集团逐渐形成盘踞之势时，吴棠受命为江苏重要官员。李鸿章署两江总督后，他取代李鸿章奏请署抚的刘郇膏，署任江苏巡抚，而清廷借机将湘淮人物调离，形成清廷控制江苏的局面。同治六年，吴棠又为清廷打击湘淮人物立功。"十一月，（两广）总督瑞麟疏劾蒋益澧任性妄为，列款入奏，（清廷）命闽浙总督吴棠查办。吴棠奏称：'蒋益澧久历戎行，初膺疆寄。到粤东以后，极思整顿地方，兴利除弊。惟少年血性勇于任事，凡事但查其当然，而不免径行直遂，以致提支用款，核发勇粮，及与督臣商酌之事，皆未能推求例案，请交部议处。'寻议降四级调用，上改为降二级，以按察使候补，发往左宗棠军营差委。"②使得蒋益澧丢掉了巡抚之职。《清史列传》卷五十三《吴棠传》中也记载："六年十一月，以两广总督瑞麟疏劾广东巡抚蒋益澧、署藩司郭祥瑞等朋比各款，棠奉命赴广东会同将军庆春覆查得实，益澧等下部严议。"③

　　对于吴棠作为清廷牵制湘淮集团的重要棋子，在牵制湘军集团的揽权、打击湘军人物方面所起的作用，湘淮集团成员内心是很明白的。在湘军集团掌控战局之时，为了避免进一步引起清廷的疑忌，曾国藩、李鸿章等人对吴棠采取的主要是常规措施、暗中防范。但是，随着国内战争的结束，湘淮集团的作用和地位逐渐呈下降趋势，那么，吴棠的举动就无疑是雪上加霜，尤其是他不仅实施牵制作用，而且逐渐站到打击湘军集团的前列。因此，湘淮集团不能容忍，开始对这一枚清廷的重要棋子实施打击。起初，在吴棠同治六年十二月调任四川总督后，同治八年五月云贵总督刘岳昭"疏劾棠眷属抵川时，役夫三千余名，仆从需索门包，属员致送规礼，荒谬贪污，物议沸腾等款"④，清廷谕令湖广总督李鸿章驰往确查。李鸿章先是迎合清廷"以淮制湘"的政策，打击湘军，

---

①　《大臣画一传档后编九·吴棠》，《清史列传》卷五十三，4202～4206 页。

②　同上书，3920 页。

③　同上书，4206 页。

④　同上书，4207 页。

提升清廷对自己的信任。他在十月初三日覆奏说：

> 吴棠自为江苏州县，有循吏之目，迨荐擢封圻，惕厉数省，官声尚好，僚属皆知，何至一旦有此悖谬之举，想在圣明烛照之中。然浮言之所由兴，则亦有故。近年川省官场习气，颇尚钻营，遇有大吏新任，多方尝试，稍不如意，则编造竹枝词等私行散布，以伪传伪，使人莫测其从来，远处闻之，或因他故微嫌遂至摭拾入告。臣访闻吴棠履任后，广收呈词，严批痛斥，派员分赴各属查禁私设班馆，饬裁州县夫马局，捐费多用正途而少用捐班，此皆应行整顿之事，殊于贪官猾吏不便，遂造言腾谤以倾之，此等风气最为地方人心之患。若非朝廷知人善任，力为主持，虽忠贤亦将自危，而奸回转为得计……臣详查事实，密查舆论，该督被参各款，毫无证据。①

对此清廷发出上谕："川省吏治防务，均关紧要。吴棠务当振刷精神，力筹整顿，勿稍瞻顾贻误。刘岳昭于所参吴棠各节，并未详查虚实，辄以传闻无据之词，率行入奏，实属不合，著传旨严行申饬。"②李鸿章也并未放过吴棠，"复以御史张沄等奏参道员钟峻等包揽招摇，棠任用之幕友彭汝琮系奉旨饬令回籍之员，经李鸿章查实奏入"③，"著交部照例分别议处。寻吏部议，崇实、吴棠均照上司滥邀属员充当幕友进署办事私罪例革职。得旨：均著加恩改为革职留任"④。在该事件中，李鸿章先打击了湘系，然后又打击了吴棠，可谓一箭双雕。

马新贻长期在安徽战区任职，他从道光二十七年以进士分发安徽以知县即用，"咸丰二年补建平县知县。寻署合肥县知县。……六年十二月，补安庆府知府。七年七月，调庐州府"。寻在署按察使任上革职留

---

① 《查复吴棠参案折》，见(清)李鸿章：《李文忠公全集·奏稿》卷十五，45页。

② 《清实录(第50册)·穆宗毅皇帝实录》卷二六九，"同治八年十月下"，724～725页，北京，中华书局，1987。亦见《大臣画一传档后编九·吴棠》，见《清史列传》卷五十三，4207页。

③ 同上。

④ 同上。

任。他追随袁甲三、翁同书等，并深得信任，"十年，钦差大臣袁甲三奏新贻督练助剿，著有微劳，请开复革职留任处分"。① 十一年二月，"翁中丞（翁同书）以公（马新贻）深得民心，为皖省第一贤员，特疏保奏，请开庐州府缺，以道员用，暂留军营差委"。② 清廷"均从之"。可见清廷对他也颇为眷顾。同治二年三月，马新贻因"叠著战功"，擢按察使，九月，迁安徽布政使。清廷甚至安排马新贻在李续宜开缺后，统领包括湘军在内的安徽驻军："九月初一日安徽藩司马新贻奉旨暂统临淮官军"。③ 同治三年九月马新贻升浙江巡抚，从此就在湘淮势力长期盘踞、经营颇力的江西、浙江等省份任职，同治六年"擢闽浙总督。七年七月，调补两江总督。八月，命充办理通商事务大臣"。④ "十月，奏调候补道孙衣言、山东候补道袁保庆、安徽候补知县桂中行前赴两江备差委，得旨俞允"。⑤他熟悉安徽、江西、浙江等战区情况，在战争中得到历练，又不依附于湘淮集团，显然是清廷在两江牵制、打压湘淮势力的重要人选。但是，任两江督臣仅两年，马新贻就于同治九年"七月二十六日巳刻，校阅甫毕，由偏门步行回署，突有不识姓名人伪作跪状，持刃行刺，各将领奔救，已伤公胁肋。深入数寸，扶归正寝，至二十七日未刻薨逝"。⑥ 而困于直隶总督任上的曾国藩得以回任两江，不管马新贻被杀是否与湘淮集团有关，毕竟客观上为正处于清廷严厉打压下的湘淮集团提供了机会。

我们可以看到，马新贻被刺杀后，大学士曾国藩由"久困之地"的直隶返回两江总督任，协办大学士李鸿章由湖广总督调任直隶总督，浙江巡抚李瀚章署理湖广总督、不久实授，浙江巡抚由浙江布政使杨昌浚署理，不久也实授。至少在客观上，马新贻之死为湘淮势力重新占据（绝

---

① 《大臣画一传档后编五·马新贻》，见《清史列传》卷四十九，3835 页。
② （清）马新祐编：《马端敏公年谱》，18 页，光绪三年刻本。
③ （清）黎庶昌：《曾文正公年谱》卷八，23 页。
④ （清）马新祐编：《马端敏公年谱》，65 页。
⑤ 《大臣画一传档后编五·马新贻》，见《清史列传》卷四十九，3837 页。
⑥ （清）马新祐编：《马端敏公年谱》，93 页。

对控制与否，不能断言）两江地区（包括浙江），提供了机会，也难怪清廷会疑心刺杀马新贻是湘淮势力的举动。在马新贻事件上，清廷对湘淮集团的疑忌，可从曾国藩在这一段时期的日记中看出。他在日记中记道：

> 同治九年八月初四日。接奉廷寄，马谷山被刺客戕害；余调两江总督，李少荃调直隶总督。幕府来一谈。毛、丁二帅来久谈，午末去。……出门拜毛煦初，久谈……
>
> 九月初六日。是日交卸直隶总督印务，午刻交李中堂……
>
> 九月二十六日。巳正三刻，入养心殿之东间，叩谒皇太后、皇上圣安，旋即叩头恭谢天恩。西太后问曰："尔何日自天津起程？"对："二十三日自天津起程。"问："天津正凶曾已正法否？"对："未行刑。旋闻领事之言，俄国公使即将到津，法国罗使将派人来津验看，是以未能遽杀。"问："李鸿章拟于何日将伊等行刑？"对："臣于二十三日夜接李鸿章来信，拟以二十五日将该犯等行刑。"问："天津百姓现尚刁难好事否？"对："此时百姓业已安谧，均不好事。"问："府、县前逃至顺德等处，是何居心？"对："府、县初撤任时，并未拟罪，故渠等放胆出门，厥后遣人谕知，业已革参交部。该员等惶骇，始从顺德、密云次第回津云云。"问："尔右目现尚有光能视？"对："右目无一隙之光，竟不能视。左目尚属有光。"问："别的病都好了么？"对："别的病算好了些。"问："我看你起跪等事，精神尚好。"对："精神总未复原。"问："马新贻这事岂不甚奇？"对："这事很奇。"问："马新贻办事很好！"对："他办事和平、精细。"旋即退出殿门以外。[①]

清廷疑心这是曾国藩等为重回两江而采取的举动，必然会对湘淮集团极力谋求长期占据两江地区产生极大的警惕，也必然会采取相应的牵制措施。

---

① 《曾国藩全集·日记三》，1771、1780、1786～1787 页。

在安徽作为剿灭太平军和捻军的战局重点地区，也是湘淮集团逐渐形成盘踞之势时，同治二年十月，清廷任命乔松年为安徽巡抚，并将湘淮人物降调（他所取代的是湘淮人物原巡抚唐训方，唐被降为布政使），使清廷得以控制安徽的局面。在同治四年、五年，陕西成为剿平捻军和回民起义的重要战区之后，清廷借军事不利，将原陕西巡抚刘蓉降一级调用，因军事需要，仍署陕西巡抚。在安徽局面进一步稳定之后，同治五年八月初，清廷调乔松年改任陕西巡抚[①]，取代刘蓉。乔松年到陕后，屡屡奏调员弁到陕差遣，以逐步肃清刘蓉在陕西经营起来的势力。[②] 后清廷又"以捻寇奔驰陕境，复诏蓉领军，助巡抚乔松年御之。十一月甲戌，蓉军方屯霸桥，捻寇卒至，湘军无统将，又闻其帅与新抚龃龉，固无战心"[③]。乔松年也上奏抱怨陕西兵勇作战不力，屡请调皖军赴陕，可见他与刘蓉的矛盾。同治五年十一月二十一日，乔松年上《沥陈陕省危急情形请调大支劲旅折》说："各路统兵大臣必以为秦军纵不能杀贼，定可堵贼，其来援皆较缓。讵知秦中兵勇堵剿捻匪，已形吃力，倘回捻交讧，则更不能支。……臣再三筹度，非急调淮皖大支劲旅来援，实不足以御侮折冲。"[④]

随着乔、刘矛盾的激化，二人相互攻击。同治六年正月二十三日，乔松年上奏说："臣受恩至重，任事以来，惟忧陨越，方深惭不能灭贼，安敢有居功之一念。刘蓉谓臣意存攘功诿过，难逃圣明洞鉴。臣惟有殚竭血忱，勉图报称。"[⑤]清廷在同治六年正月回护乔松年、罢斥刘蓉的谕旨中说：

　　　　前据乔松年奏，刘蓉军政隳坏，留陕无益。本日据刘蓉奏，捻

---

①　有关情况可见乔松年《乔勤恪公奏议》中同治五年八月二十二日的《谢调授陕西巡抚恩折》，见《近代中国史料丛刊》第71辑，45页，台北，文海出版社。

②　如同治五年九月十七日《恭报交卸皖抚赴陕履任并请带员差遣折》、九月十七日和十二月十六日《调员差遣片》，等等。参见《乔勤恪公奏议》卷十二，1、4、12页。

③　王闿运：《湘军志·川陕篇第十三》，见《湘绮楼诗文集》，756页。

④　《乔勤恪公奏议》卷十二，7～8页。

⑤　《据实复陈调度情形片》，见(清)乔松年：《乔勤恪公奏议》卷十二，32页。

逆由蓝田回窜临渭，盘踞新丰，官军奋力击走，乘胜追袭，中伏挫
衄，请饬左宗棠由襄阳取道荆子关，到陕会剿。并密陈乔松年掣肘
及贪利徇私各情，请另简知兵大员接任。又自陈与乔松年意见不
合，皆为公事起见各折片。前有旨令刘蓉留陕专办军务，并屡谕其
出省督剿，乃刘蓉藉病迁延，不肯出省，又久无军报，以致军无统
率，屡次挫衄，已降旨将刘蓉革职，令其毋庸留陕，是刘蓉有心贻
误之罪也，已属咎无可辞。①

可见，乔松年在将刘蓉赶出陕西事件中起到了一定的作用。因此，
乔松年在安徽和陕西，既为清廷在战局中发挥作用，又为清廷钳制湘淮
集团，控制安徽、陕西发挥重要作用。

三、清廷与湘军集团围绕鄂皖战区
督抚、水陆统兵大员安排的斗争

从咸丰六年、七年，围绕在湖北、安徽战区的湘军水师控制权和相
关督抚配置问题，清廷和湘军集团展开了争夺。

当时，湘军水师只能由曾国藩一人调遣，其他将帅无法调派，身为
湖北巡抚的胡林翼为增强自己的势力，也考虑在湖北江面建立一支水
师，同时扩充陆师。咸丰六年十二月，在湘军克复武、汉不久，胡林翼
就上奏"请于武、汉设陆师八千人，水师二千人。此万余人者，日夜训
练，则平时有黎藿不采之威，临事有折冲千里之势"②。对此，作为清
廷在湖广代理人的官文加以利用，将胡林翼要建勇营水师，变为建立由
清廷控制的经制水师专营，"设立长江水师，派镇协一员专领"③。清廷

---

① 《清实录（第 49 册）·穆宗毅皇帝实录》卷一九四，"同治六年正月上"，470 页。
② 《敬陈湖北兵政吏治疏》，见《胡林翼集》第 1 册，"奏疏"，202～203 页。
③ 《大臣画一传档后编一·官文》，见《清史列传》卷四十五，3583 页。

同意了官文的建议。①

紧接其后，清廷和湘军集团围绕湘军水师统兵大员的任职去向和相关督抚的安排问题，展开了明争暗斗。这一时期，湘军水师统领杨载福多伤病，且已请假回籍，清廷和湘军首脑之间，首先是围绕湘军水师另一统领彭玉麟的任职去向展开斗争。

咸丰十一年三月间，清廷任命彭玉麟为广东按察使，须奏请陛见赴任，离开水师赴新任。曾国藩立即于六月初八日奏请："该道员统带水师，扼要驻守，屏蔽江西。……彭玉麟之责任更重，尤难赴广东新任。即照例迎折北上，由臣派员暂管，亦无人可以接办。相应奏明，请旨饬下两广督抚，将广东按察使一缺，遴员署理。一面准臣行知彭玉麟，俟军务稍平，再行奏请陛见。"②清廷考虑到战局需要，同意了曾国藩的请求，谕命"广东按察使彭玉麟，现在统带水师防剿贼匪，一时未能赴任。所有广东按察使篆务，著劳崇光、耆龄派员署理"。不过清廷上谕中专门吩咐："彭玉麟俟军务稍平，再行奏请陛见。"③

咸丰十一年八月二十八日，清廷信任的湖广总督官文，奏请以李续宜调补湖北巡抚，同时奏请将"统带水师在楚皖剿贼多年之藩司衔保升藩司、广东按察使彭玉麟……升署安徽巡抚"，企图借此同时调控李续宾、李续宜兄弟一部湘军陆师和彭玉麟一部水师。九月十七日，清廷以安徽军务吃紧，擢升彭玉麟为安徽巡抚，并命其"悉心筹画"皖省军务情形，其目的与官文一致。不过，清廷的考虑显然更深一层。按照清朝规制，安徽巡抚例兼安徽提督，彭玉麟任安徽巡抚仍能继续统带湘军水师。因此，曾国藩并未反对这一任命，到十一月他甚至"会同安徽抚臣彭玉麟"奏荐"按察使衔前任湖北督粮道万启琛……署理安徽按察使"。④然而不久，十一、十二月间，有御史就上奏称：

---

① 《清朝续文献通考》卷二二六，兵考二十五，"水师长江"，考9721页。

② 《奏请彭玉麟缓赴新任片》，见《曾国藩全集·奏稿三》，1588～1589页。

③ 七月初四日上谕，参见《清实录(第44册)·文宗显皇帝实录》卷三五六，"咸丰十一年七月"，1249页。

④ 《拣员署理安徽臬司江宁盐巡道折》，见《曾国藩全集·奏稿三》，1668页。

　　安徽提督，向系巡抚兼衔。皖北仅设寿春一镇，兵力较为单弱。或因国家承平，地处腹内，无须重兵镇守。然以今视昔，迥乎不侔，故皖南因军务紧急，添设总兵一员，而于全局，尚未筹及。巡抚政务殷繁，亦未能专心训练，似宜添设提督大员统辖水陆各营，节制南北二镇，以资弹压。安徽、江西向归两江总督兼辖，而江西之九江府与安庆相为犄角，地势切近。请将九江一镇就近归安徽新设提督节制，声势更为联络，江防更为周密。①

　　按照这一奏折，安徽巡抚不再兼安徽提督，新设安徽提督不仅节制安徽水陆，而且兼辖九江，实际上就将九江湖口为根据地的湘军水师也一并归其节制。曾国藩、彭玉麟结合清廷前饬筹建长江水师的意图来考虑，明白此奏背后隐藏的权谋，因此，不待清廷下谕，彭玉麟就抢先于十二月初七日、十二月十七日连续上奏，请辞安徽巡抚，态度坚决。②曾国藩在十二月十七日也专门奏上《苗沛霖应剿彭玉麟难离水营折》，提出"彭玉麟现带水师，难赴北路，请旨另简贤员接任皖抚"，一改承认彭玉麟出任皖抚之原议，而坚决表示彭玉麟不能离开水师，支持他辞安徽巡抚之职，并声称"彭玉麟仍带水师，于南北大局两有裨益"③。对于彭玉麟的辞皖抚职，清廷虽然在上谕中令其"著即会同曾国藩、李续宜等筹商人才，荐贤自代"，同时也不甘心计谋落空，仍说"提督杨载福请假回籍，行抵何处？著曾国藩催令该提督迅速回营。如果彭玉麟可以赴任，庶水师不至无人统带"④。

　　终于，咸丰十一年末、同治元年初，湘军集团在利用战争形势达到部署湘淮将领于两江、浙江、湖北等重要战区之际，也利用战争形势迫

---

　　① "安徽省城宜照旧改建安庆，并请添设提督以资镇守"一折，作为相关文件收入曾国藩的文集中，参见《曾国藩全集·奏稿三》，1794 页。

　　② 《遵议苗逆剿抚事宜并再辞皖抚折》《三辞皖抚并陈明不能改归陆路折》，见（清）彭玉麟：《彭刚直公奏稿》卷一，8～9、9～13 页。

　　③ 《曾国藩全集·奏稿三》，1807、1808 页。

　　④ 《清实录（第45册）·穆宗毅皇帝实录》卷十三，"咸丰十一年十二月中"，368 页。

使清廷让步，同意彭玉麟开皖抚缺，以兵部侍郎候补，仍"带领水师"。① 而命李续宜调补安徽巡抚。②

长江水师建立后，对于统领长江水师的统兵大员，曾国藩提出设立长江水师提督，并说："目下大江水师归彭玉麟、杨载福等统率者，船只至千余号之多，炮位至二三千尊之富，实赖逐年积累，成此巨观。将来事定之后，利器不宜浪抛，劲旅不宜裁撤，必须添设额缺若干，安插此项水师，而即以壮我江防，永绝中外之窥伺。"其目的很明确，想让彭玉麟或者杨载福出任水师提督。曾国藩还提出长江水师的经费，不由中央政府直接负责，而由长江沿岸各省设厘卡解决："当于长江酌留厘卡数处，量入为出，不必另由户部筹款。"③与清廷准备按照经制兵的规制，军队及其粮饷皆由中央直接控制的意图相去甚远。

在长江水师提督任命上，清廷坚持由中央独断，并不征询两江总督曾国藩的意见。同治三年四月十九日明谕"以浙江处州镇总兵官李朝斌为江南提督。遇缺提奏提督黄翼升为江南水师提督"。④ 而江南水师提督，即长江水师提督。清廷虽然避免任命曾国藩信重的水师人员如彭玉麟等任长江水师提督，但是毕竟李朝斌、黄翼升都是出身于湘军水师的人员。不过，水陆兼辖的江南提督与负责长江水师的江南水师提督在职权上有重合之处，这二人又出自不同派系："黄翼升系彭玉麟部下拨出，李朝斌系杨岳斌部下拨出"⑤，而杨岳斌与彭玉麟并不融洽，且不能相互统属，清廷同时任命李朝斌、黄翼升二人似乎是有意使二人互相牵制，达到分而制之的目的。

同治四年十二月二十八日，由湖广总督官文、两江总督曾国藩、漕

---

① 《咸丰同治两朝上谕档》第 11 册，"咸丰十一年十二月二十四日"，601 页。该上谕说："前因安徽军务紧要，特授彭玉麟为安徽巡抚。屡据该抚陈奏，以向带水师，不习吏治恳辞至再，自系实情，未便拂其所请。彭玉麟著开缺以水师提督记名，遇缺提奏。"参见《曾国藩全集·奏稿四》，2016、2017 页。

② 《清实录（第 45 册）·穆宗毅皇帝实录》卷十五，"同治元年正月上"，408 页。

③ 《遵议安徽省城仍建安庆折》，见《曾国藩全集·奏稿四》，2095～2096 页。

④ 《清实录（第 47 册）·穆宗毅皇帝实录》卷一〇〇，"同治三年四月中"，211 页。

⑤ 《长江水师责繁任重彭玉麟不能专驻安庆或兼顾陆路片》，见《曾国藩全集·奏稿七》，4358 页。

运总督吴棠、护江苏巡抚刘郇膏、安徽巡抚乔松年、江西巡抚刘坤一、湖北巡抚郑敦谨、湖南巡抚李瀚章会议，由曾国藩、彭玉麟主稿，官文、曾国藩领衔奏上《会议长江水师营制事宜折》①。其中，"长江水师事宜"包括"提督建衙芜湖、提督立行署于岳州、提督单衔奏事、长江共立六标、长江与各省水面分界、副参游沿江建衙、都司以下不立衙署"等30条，"长江水师营制"24条。② 在经费问题上，表面上是按照曾国藩原来建议的从各省厘金中提取，但又规定，"每年届发饷之时，其在楚境各营，造册呈明湖广总督、长江提督，赴武昌盐库支领；其在江境各营，造册呈明两江总督、长江提督赴江宁盐道库支领。江、楚两总督每年各自具本题销，不汇入各省藩库奏销案内，以免牵混"，实际上是按照经制办理。另外，至迟从同治三年，清廷开始在少数省份清理厘金，同治四年清廷已经在大力清理一些省份的厘金，并有将厘金实际上按照正税管理的计划。③ 相较于同治二年曾国藩首次提出长江水师经费不由户部筹措，而酌留厘金时的情况已经有很大的区别。此外，长江水师营制等各项规定完全是按照绿营经制进行的。

上述情况表明，在清廷稳住局面之后，还是要利用曾国藩及其部下彭玉麟、黄翼升等水师人员，编练长江水师。但同时，随着长江水师提督黄翼升在这一职位上日久（长江水师还在筹建时，同治元年五月二十三日清廷增设长江水师提督，当时又称为江南水师提督，黄翼升在同治元年五月三十日，就以江苏淮阳镇总兵署任江南水师提督④），势力盘根错节，加之水师风气日渐败坏，清廷在同治十一年命彭玉麟巡视长江水师，劾罢庸劣不职之员182人，⑤ 而彭玉麟还上奏，表示提督黄翼升

---

① 由官文、曾国藩领衔上奏的情况，以及参加该折会议人员，参见《曾国藩全集·奏稿八》，5096页。

② 同上书，5094～5108页。

③ 罗玉东：《中国厘金史》上册，24页。罗书中认为官文奏留厘金的折中有改厘金为经常正税的意思，而清廷又立即允准官文奏折。本书根据材料认为，清廷至迟在同治三年、四年已将厘金按照正税管理的计划。

④ 《清实录（第45册）·穆宗毅皇帝实录》卷三十，"同治元年五月下"，800页。

⑤ 朱孔彰：《中兴将帅别传·彭刚直公玉麟》，见《近代中国史料丛刊》第12辑，3页，台北，文海出版社。

"伤病未痊，请开缺回籍调理"。① 清廷借彭玉麟之手，罢去了长期盘踞长江水师提督之位的黄翼升，并且在同治十一年八月二十日的上谕中毫不留情地说：

> 长江水师关系紧要，黄翼升自简任提督以来，巡阅操防是其专责。遇有庸劣不职各员，即应随时参劾，以肃营伍。乃直此次彭玉麟巡阅各镇，该提督始行会衔参奏，殊属颟顸。至该提督所收外来候补人员，至二百七十余员之多，亦属不合。本应即予惩处，姑念该提督从前带兵江上，屡著战功，从宽免其置议。长江水师提督黄翼升著准其开缺回籍调理。②

由此可见，清廷对长江水师监视、控制的力度很大，也可见清廷能控制长江水师官员的任免。

四、咸丰十年至同治十三年
湘淮督抚任职与清廷牵制的部署

研究湘淮集团的学者往往持这样一种观点：

> 首领与成员，成员与集团之间，完全是靠个人感情、道义和一时利害关系而纠集在一起，这自然没有强制性的约束力。正是由于这一点，早在咸丰三、四年之交，王鑫就因为要发展个人势力，与曾国藩大闹矛盾，终至公开决裂；不过，当时王鑫地位低下，力量单弱，这一分裂没有发生多大影响，没有产生严重后果，湘军集团仍然保持着一体性。十年后的情况就大不相同。湘军集团中督抚大帅，纷出并立，与曾国藩官位相近者多达20余人。这就是说，湘

---

① 《为水师提督请开缺养病片》，见（清）彭玉麟：《彭刚直公奏稿》卷二，26～27页。
② 清廷上谕，参见《彭雪琴宫保奏酌筹水师事宜折》，（清）佚名编：《晚清洋务运动事类汇钞》上册，127页，山东图书馆藏本，中华全国图书馆文献缩微复制中心，1999。

军集团已由咸丰五、六年三个司令部三个中心的格局，变为真正的多中心。这虽然促进了湘军的发展，但多头中心的通病，即内部矛盾加剧，甚至公开决裂，也将不可避免。这些大头目气质互异，与曾和集团的关系，也有深浅亲疏之别。……更为重要的是，他们各有辖区，各有部队，所处环境局势又不相同。这样，随着时间的推移、局势的演变，湘军集团各督抚，势必利害不能一致，甚至互相冲突。从而导致各行其是，乃至明争暗斗。而清廷虽然全面依靠湘军去镇压革命，但对湘军集团因此而急速膨胀壮大，也不能不抱着隐忧。湘军集团的裂痕，正为清廷分而治之，甚至促其公开分裂，提供了可乘之机。[1]

这一观点是有见地的，但笔者还想补充三点：第一，湘军内部各派系的裂痕并非仅仅是为清廷提供了可乘之机，有些裂痕正是清廷采取分化策略的结果；第二，上述观点似乎忽略了湘军集团中"督抚大帅，纷出并立"的局面并非纯由战争局势的发展而自然形成的，清廷采取"众建督抚而分其力"的政策也是造成这个局面的重要原因；第三，这些结论，往往采取的是机械的统计结果，如对湘淮集团成员占据督抚情况的统计，而没有实际分析他们占据督抚职位之后，各自实际控制局面或被控制的情况，因而前面讲到有学者认为"湘军集团拥有的军事政治力量，与满洲贵族为主导的清廷，已经形成双峰对峙，甚至有驾凌而上之势"都是可疑的观点。

正如本书前面已经有所述及的，湘淮实力督抚人数确实不少，但是，这需要细致分析。尤其是清廷一般将湘淮督抚限制在部分行省中，让他们相互替代，同时，又利用手中的黜陟大权，一般不让督抚在一省中长期任职，而是让他们在这些省份中轮转，或是用于被兵省份。这是防止实力督抚长期盘踞，形成割据态势的手段。

如曾国藩，他从咸丰十年开始任职两江，但是，到同治五年，清廷

---

① 龙盛运：《湘军史稿》，290～291 页。

利用曾国藩督师剿捻之际，任命江苏巡抚李鸿章署理两江总督。在曾国藩剿捻无功于同治五年十一月回任两江后不久，清廷就采用明升暗降的方法，于同治七年七月调曾国藩任直隶总督，把他调出长期盘踞的两江。① 之所以说是明升暗降，其一，他这位直隶总督一直未能循例兼任通商大臣；其二，从他在直隶总督任上的行事来看，曾国藩一点也显示不出实力督抚、督抚之首的气势，这在本书相关各章分析曾国藩在黜陟权力格局中的地位变化时已有所评论；其三，曾国藩出任直隶总督后，清廷并未任命湘淮人物接任两江总督，而是任命清廷信任的马新贻出任。马新贻一到两江，就奏调了一批人员到两江，清廷立即同意，② 显然就将曾国藩时期的许多人员替代，将曾国藩的势力逐渐清除。因此，清廷对马新贻之死，疑心与曾国藩等湘淮集团有关，也是难免的。

从当时两江地区各省人员安排，也可看出清廷的深意。在江苏巡抚一职上，清廷自同治六年李鸿章督师剿捻后，先后同意李鸿章的推荐，以布政使刘郇膏、郭柏荫等护理，但是皆不实授，而是将他们放到别的省份任巡抚，③ 不久又将李鸿章的胞兄湖南巡抚李瀚章调任，但留署湖广总督，同治六年十二月改授浙江巡抚，到同治六年十二月，任命曾国藩不同意、而李鸿章一度信任后又产生隔阂的丁日昌为江苏巡抚。④ 江西巡抚由湘军中较为亲附清廷、与曾国藩等派系较为疏离的刘长佑一系的刘坤一担任，浙江巡抚则由李瀚章接替马新贻担任，而安徽巡抚则由满员英翰担任。而马新贻也是授闽浙总督不久就改授两江总督，以福州将军英桂为闽浙总督⑤，可以看出两江地区的牵制态势。甚至曾国藩于同治九年八月回任两江总督后，两江仍是牵制态势，直到曾国藩去世。同治九年闰十月到同治十年九月，张之万任江苏巡抚（十年九月授闽浙

---

① （清）黎庶昌编：《曾文正公年谱》卷六，17、24 页；卷十一，9、12、18、25 页。

② 《请调道员孙衣言等到江南差委折》，见《马新贻文案集录》，200～201 页，北京，中央民族大学出版社，2001。

③ 《清实录（第 49 册）·穆宗毅皇帝实录》卷二一九，"同治六年十二月中"，881 页。上谕中说："命署江苏巡抚郭柏荫赴湖北巡抚本任"。

④ 同上。

⑤ 《清实录（第 50 册）·穆宗毅皇帝实录》卷二三八，"同治七年七月中"，299 页，北京，中华书局，1987。

总督），安徽巡抚仍为英翰，江西巡抚仍是刘坤一。① 其他督抚的任职情况，仔细分析起来，也大致如此。具体情况请参见下表。

表 4-1 咸丰十年至同治十三年湘淮督抚任职情况和清廷牵制部署情况一览表

地区/官职	湘淮督抚姓名	任职年月	派系及其变迁	省内藩臬布置情况	相关省份督抚的布置情况	湘淮督抚调任情况	其后该职位人员情况	备注
山东巡抚	阎敬铭	同治元年十月以忧湖北按察使署政赏二品，同治二年十月十七日授	胡林翼系幕僚出身，后与湘淮各系日渐疏远	布政使：同治元年正月至三年八月为贵璜。三年八月后为丁宝桢按察使：元年正月至二年正月为吴廷栋；二年正月至三年八月为丁宝桢；三年八月至四年八月为恩锡；四年八月至六年二月为潘鼎新	直隶总督：同治元年十月至十二月为满员文煜。元年十二月至六年十一月为刘长佑 山西巡抚：同治元年至二年十月为满员英桂；二年十月至四年六月为沈桂芬；六月至十月为曾国荃，未到任；四年十月起为赵长龄 河南巡抚：元年十月至十一月为郑元善；元年十一月至四年四月为张之万；四年四月至五年正月为吴昌寿；五年正月起为李鹤年	同治五年十一月三日乞假，由布政使丁宝桢署，同治六年以病免		这一时期山东、河南、山西、直隶为剿捻主要战区，曾国藩、李鸿章先后任统帅，湘淮督抚任职战区者不少，故清廷安排的钳制之员亦不少

---

① 关于两江地区督抚的任职变迁情况，可以参阅钱实甫：《清代职官年表》第 2 册，1480～1482、1710～1714 页。

续表

地区/官职	湘淮督抚姓名	任职年月	派系及其变迁	省内藩臬布置情况	相关省份督抚的布置情况	湘淮督抚调任情况	其后该职位人员情况	备　注
山东巡抚	丁宝桢	同治六年二月由山东布政使迁	出身于毛鸿宾系	布政使：六年二月至八年六月为潘鼎新；八年六月至十二年正月为满员文彬；十二年正月起为李元华 按察使：六年二月至十二月为卢定勋；六年十二月至八年六月为满员文彬；八年六月十二正月为李元华；十二年正月至十三年十二月为长庚；十三年十二月起为陈士杰	直隶总督：同治六年十一月以前为刘长佑；六年十一月至七年七月为官文；七年七月至九年八月为曾国藩；九年八月以后为李鸿章 山西巡抚：六年至七年二月为赵长龄；七年二月至八年五月为郑敦谨；八年五月至九年七月为李宗羲；九年七月至十年九月为何璟；十年九月起为鲍源深 河南巡抚：五年正月至十年十一月为李鹤年；十年十一月至十三年为钱鼎铭	光绪二年九月十一日迁四川总督	光绪二年九月至八年十二月，由满员滇抚文格，汉员周恒祺、任道镕担任	文格在湖南任布政使时，与湘军集团骆秉章、左宗棠有矛盾；满员文彬、长庚等肩负监视的任务；潘鼎新等淮系人员也被清廷用以相互牵制

续表

地区/官职	湘淮督抚姓名	任职年月	派系及其变迁	省内藩臬布置情况	相关省份督抚的布置情况	湘淮督抚调任情况	其后该职位人员情况	备注
山西巡抚	曾国荃	同治四年六月十日以前浙江巡抚授	曾国藩湘军嫡系	布政使：四年六月至十月为王榕吉（署抚，由按察使钟秀署藩司）按察使：四年六月六日至二十七日为钟秀；二十七日后为陈湜	直隶总督同上表山东巡抚：阎敬铭河南巡抚：四年四月由吴昌寿调任	基本是未到任即辞	同治四年十月二十日以未任陕抚赵长龄署、授	
	李宗羲	同治八年五月以江宁布政使迁	湘系，曾国藩幕僚出身	布政使：八年五月至八月为胡大任；八年八月至九年七月为何璟按察使：八年三月至九年七月为张树声（未任，由河东道李庆翔署）	直督同上山东巡抚：丁宝桢河南巡抚：李鹤年	同治九年七月十二日忧免	同治九年七月二十二日闽抚改授	李与胡大任关系不洽，外有李鹤年的牵制
	何璟	同治九年七月二十二日闽抚改	湘系，曾国藩营务处出身	布政使：九年七月至十年十二月为张树声按察使：九年八月至十年十二月李庆翔	直督同上山东巡抚丁宝桢河南巡抚李鹤年	同治十年九月改苏抚	同治十年九月鲍源深以户部右侍郎授	李鹤年的监视与钳制

地区/官职	湘淮督抚姓名	任职年月	派系及其变迁	省内藩臬布置情况	相关省份督抚的布置情况	湘淮督抚调任情况	其后该职位人员情况	备注
河南巡抚	严树森	咸丰十年十月由湖北布政使迁	胡林翼系，幕僚出身	布政使：十年十月至十一年十月为边浴礼；十月至十二月为郑元善 按察使：十年十月至十一年十月为郑元善；十月以后为王荣第	直隶总督：十年十月至十一年正月为旗员恒福；正月后为满员文煜 山东巡抚：十年十月至十一年正月为满员文煜；正月以后为谭廷襄 山西巡抚：满员英桂	咸丰十一年十二月改湖北巡抚	咸丰十一年十二月由河南布政使郑元善迁，其后历张之万、吴昌寿、李鹤年	内有边浴礼、郑元善的牵制；外有满员恒福、文煜、英桂以及清廷信员谭廷襄等监视和钳制
	钱鼎铭	同治十年十一月由直隶布政使迁	先隶李鸿章淮系，后随曾国藩到直隶，遂入曾国藩湘系	布政使：同治十年十一月至光绪元年五月为刘齐衔 按察使：十年十一月至十三年九月为绍铖；九月至十一月为兴奎；十一月后为沈秉成	直隶总督：李鸿章 山东巡抚：丁宝桢 山西巡抚：鲍源深	光绪元年五月死于任上，谥敏肃	光绪元年山西布政使李庆翱迁	外有李鸿章，尤其鲍源深的监视和钳制；内有绍铖、兴奎等旗员的监视

地区/官职	湘淮督抚姓名	任职年月	派系及其变迁	省内藩臬布置情况	相关省份督抚的布置情况	湘淮督抚调任情况	其后该职位人员情况	备注
安徽巡抚	李续宜	咸丰十一年正月署（未任），十一月二十五日由鄂抚改回	湘系，胡林翼系	布政使：十一年正月至同治元年三月为贾臻；五月至二年九月为江忠浚 按察使：十一年正月至同治元年五月为张学醇；五月至同治二年正月黄元吉署；二年正月至三月为万启琛；三月至九月为马新贻	两江总督：曾国藩 江苏巡抚：十一年正月至同治元年三月为薛焕；三月后为李鸿章 江西巡抚：十一年正月至十二月为满员毓科；十二月起为沈葆桢	至同治二年四月十七日专办皖北军务，十一月死		外有薛焕、毓科等监视、沈葆桢的掣肘；内有贾臻、张学醇、马新贻等的监视
	彭玉麟（未任）	咸丰十一年九月任，十二月免	湘系，曾国藩系	布政使：贾臻 按察使：张学醇	两江总督：曾国藩 江苏、江西巡抚同上			为湘军水师控制权而坚辞皖抚
	唐训方	同治二年四月由鄂布迁	湘系，罗泽南、李续宜系	布政使：二年四月至九月为江忠浚；九月后为马新贻 按察使：二年四月至九月为马新贻；九月后为满员英翰	两江总督：曾国藩 江苏巡抚：李鸿章 江西巡抚：沈葆桢	同治二年十月八日降为布政使	由清廷信任，用来牵制湘淮的乔松年接任。此后直至光绪二十四年，再未被湘淮集团获得	内有马新贻、英翰等的监视

续表

地区/官职	湘淮督抚姓名	任职年月	派系及其变迁	省内藩臬布置情况	相关省份督抚的布置情况	湘淮督抚调任情况	其后该职位人员情况	备注
江苏巡抚	李鸿章	同治元年三月以建邵道署，十月十二日授	出身湘军曾国藩处，延邵署，淮系创立者	布政使：同治元年二月至二年三月为曾国荃；三月至十二月为万启琛；十二月至五年四月为刘郁膏；五年四月后为郭柏荫 按察使：元年正月至三月为陈士杰；三月至二年十二月为刘郁膏；十二月至五年四月为郭柏荫；四月后为刘秉璋	两江总督：曾国藩 安徽巡抚：元年三月至二年四月为李续宜；四月至十月为唐训方；十月至五年八月为乔松年；八月后为满员英翰 江西巡抚：元年三月至四年五月为沈葆桢；五月后为刘坤一	同治五年四月二十九日署江督，十一月一日授钦差大臣，专办剿捻事宜，同治六年正月十一日迁湖广总督	五年四月起，初由布政使刘郁膏护理，刘郁膏忧卸后，由布政使郭柏荫护理	外有乔松年、英翰的钳制；藩臬人员虽皆为湘淮人员，但湘淮间杂，相互掣肘也不少
	郭柏荫	六年二月迁桂抚留署	湘系，曾国藩系，幕僚出身	布政使：丁日昌 按察使：李鸿裔	两江总督：曾国藩 安徽巡抚：英翰 江西巡抚：刘坤一	同治六年十二月十八日赴鄂抚任		外有英翰钳制；内部人员并不协调
	李瀚章	六年正月湘抚改，留署湖广总督	湘系，曾国藩系	布政使：同治六年正月至二月为郭柏荫；二月后为丁日昌 按察使：正月至二月为刘秉璋；二月后为李鸿裔	两江总督：曾国藩 安徽巡抚：英翰 江西巡抚：刘坤一	同治六年十二月改授浙江巡抚		外有英翰；内有湘淮人员内部争夺钳制

地区/官职	湘淮督抚姓名	任职年月	派系及其变迁	省内藩臬布置情况	相关省份督抚的布置情况	湘淮督抚调任情况	其后该职位人员情况	备注
江苏巡抚	丁日昌	同治六年十月由江苏布政使迁	出身于湘系，为曾国藩幕僚出身后入淮系，为李鸿章幕僚	布政使：六年十二月至七年四月为钟秀；七年四月至九年闰十月为张兆栋 按察使：六年十二月至七年七月为李鸿裔；七月至八年六月为李元华；六月后为应宝时	两江总督：同治七年七月前为曾国藩；七月至九年八月为马新贻；八月后为曾国藩 安徽巡抚：英翰 江西巡抚：刘坤一	同治九年六月二十八日赴天津办教案，十月十四日忧免	同治九年张之万以漕督授，同治十年九月迁闽浙总督	外有马新贻、英翰的钳制、监视，内有钟秀、张兆栋、应宝时等人员的监视、牵制
	何璟	同治十年九月晋抚改授	湘系，曾国藩营务处	布政使：恩锡 按察使：应宝时	两江总督：曾国藩 安徽巡抚：英翰 江西巡抚：刘坤一	同治十一年十二月十二日署江督	布政使恩锡署	内有恩锡、应宝时的监视、牵制；外有英翰等钳制
	张树声	同治十一年七月四日漕督署	先李鸿淮系，后直隶于曾藩系，在隶于国湘系	布政使：恩锡 按察使：应宝时	两江总督：十一年二月前为曾国藩；二月至十二年正月何璟、严树森先后署；正月至十三年十二月为李宗羲 安徽巡抚：英翰 江西巡抚：刘坤一	同治十一年十二月十五日署江督；同治十二年正月六日回任；同治十三年九月十一日免	江督李宗羲兼署，李宗羲免职后同治十三年九月由皖抚吴元炳授，光绪七年五月吴元炳忧免；黎培敬漕督授，十一月十四日病免	内有恩锡、应宝时的监视、牵制；外有英翰等钳制

地区/官职	湘淮督抚姓名	任职年月	派系及其变迁	省内藩臬布置情况	相关省份督抚的布置情况	湘淮督抚调任情况	其后该职位人员情况	备注
江西巡抚	沈葆桢	咸丰十年十月二以南赣宁道擢	湘系，出身于系曾国藩幕僚，后与曾藩反目，隶于左宗棠	布政使：十一年十二月至同治二年八月为李桓；八月到四年五月为孙长绂 按察使：十一年七月至同治四年五月为文辉	两江总督：曾国藩 安徽巡抚：十一年十二月至同治二年十月先后为彭玉麟、李续宜、唐训方；二年十月以后为乔松年 江苏巡抚：十一年十二月至同治元年三月为薛焕；三月后为李鸿章	同治四年以丁忧免，由刘坤一接任		文辉长期任职，监视湘淮督抚；外有薛焕、乔松年的钳制
	刘坤一	同治四年五月以广西布政使迁	湘系，刘长佑系	布政使：四年五月至六年三月为孙长绂；六年三月至十一年六月为文辉；十一年六月至十三年十二月为刘秉璋 按察使：四年五月至六年三月为文辉；六年三月至八年十二月为王德固；八年十二月至十年十二月为俊达；十年十二月至十三年十二月为李文敏	两江总督：四年五月至七年七月为曾国藩；七月至九年八月为马新贻；八月至十一年二月为曾国藩；二月至十二年正月何璟、严树森先后署；正月至十三年十二月为李宗羲 安徽巡抚：四年五月至五年八月为乔松年；八月至十三年九月为英翰；九月后为裕禄	同治十三年十二月十五日署两江总督	由淮系的刘秉璋接任	清廷以刘坤一接替沈葆桢，二人与曾国藩都较疏远；同时又以淮系、且与曾国藩较为接近的刘秉璋任臬司、藩司，同时钳制曾、沈、刘的意图很明显

地区/官职	湘淮督抚姓名	任职年月	派系及其变迁	省内藩臬布置情况	相关省份督抚的布置情况	湘淮督抚调任情况	其后该职位人员情况	备注
江西巡抚				江苏巡抚:四年五月至六年正月为李鸿章;正月至十二月为李瀚章;十二月至九年闰十月为丁日昌;闰十月至十年九月为张之万;十年九月至十一年二月为何璟;十一年七月至十三年九月为张树声;九月后为吴元炳				
	刘秉璋	同治十三年十二月以赣布署,光绪元年八月授	先隶李鸿章淮系,后入曾国藩湘系	布政使:刘秉璋 按察使:李文敏	两江总督:李宗羲 安徽巡抚:裕禄 江苏巡抚:吴元炳	光绪四年七月九日以乞养免	由布政使李文敏接任;其后在光绪二十四年前赣抚再未入湘淮手中	内有李文敏,外有裕禄、吴元炳的监视和钳制

地区/官职	湘淮督抚姓名	任职年月	派系及其变迁	省内藩臬布置情况	相关省份督抚的布置情况	湘淮督抚调任情况	其后该职位人员情况	备 注
湖北巡抚	胡林翼	咸丰五年三月以鄂布署，咸丰六年十一月二八日授	湘系，先隶曾国藩，后独立成系，胡林翼派系创立者	布政使：十年闰三月至十月为严树森；十月后为唐训方 按察使：十年闰三月至十月为唐训方；十月至十一年九月为裕麟	湖广总督：官文 安徽巡抚：十年三月至十一年十二月为满员毓科 湖南巡抚：十年八月前为骆秉章，八月至十一年二月翟诰、文格署；二月后毛鸿宾任	咸丰十一年八月病假，九月死		外有官文、毓科，内有裕麟等的监视和钳制
	李续宜	咸丰十一年八月皖抚署，九月授	胡林翼系	布政使：唐训方 按察使：十一年九月至十二月为阎敬铭	湖广总督：官文 安徽巡抚：彭玉麟 湖南巡抚：毛鸿宾	咸丰十一年十二月，仍改皖抚		深受官文的钳制
	严树森	咸丰十一年十月豫抚改授		布政使：十一年十二月至同治二年四月为唐训方；四月后为厉云官 按察使：十一年十二月至同治元年九月为阎敬铭；九月至十一月为栗燿；十一月至二年四月为厉云官；四月至三年三月为武文蔚；三至四月为唐训方	湖广总督：官文 安徽巡抚：十一年十二月至同治二年四月为李续宜；二年四月至十月为唐训方；十月后为乔松年 湖南巡抚：十一年十二月至同治二年五月为毛鸿宾；五月后为恽世临	同治三年四月二十三日降道员	同治三年四月署湖北按察使唐训方署，四月广东布政使吴昌寿迁，后由郑敦谨、李鹤年继任至同治五年正月	深受官文的钳制

地区/官职	湘淮督抚姓名	任职年月	派系及其变迁	省内藩臬布置情况	相关省份督抚的布置情况	湘淮督抚调任情况	其后该职位人员情况	备注
湖北巡抚	曾国荃	同治五年正月前抚授	曾国藩系	布政使：五年正月六年十月为何璟按察使：五年正月至七月为唐际盛；七月至六年十月为李榕	湖广总督：五年正月至六年正月为官文；六年正月后为李鸿章安徽巡抚：五年正月至八月为乔松年；八月后为英翰湖南巡抚：五年正月至六年正月为李瀚章；正月后为刘崑	同治六年十月十七日病免	同治六年十月十七日布政使何璟护	外有官文、乔松年、英翰的钳制；内部胡林翼系人员并不协调
	郭柏荫	同治六年十月桂改，二十二一日兼署湖广总督	曾国藩系	布政使：六年十月至八年八月为何璟；八月至十二年三月为张建基；三月后为林之望按察使：六年十月至八年五月为王文韶；五月至八月为张建基；八月至十二年五月为刘策先；五月后为王大经	湖广总督：六年十月至九年八月为李鸿章；八月后为李瀚章安徽巡抚：满员英翰湖南巡抚：六年十月至十年十月为刘崑；十月后为王文韶	同治十二年十二月十四日病免	同治十二年十二月湖南布政使吴元炳迁，其后至光绪二十年，湖北巡抚与湘淮人物无关	外先后有英翰、王文韶的钳制；内先后受林之望、王文韶、刘策先等的监视

地区/官职	湘淮督抚姓名	任职年月	派系及其变迁	省内藩臬布置情况	相关省份督抚的布置情况	湘淮督抚调任情况	其后该职位人员情况	备注
湖南巡抚	骆秉章	咸丰三年三月由湖北巡抚回任，八月十一日授	湘系，骆秉章系创立者	布政使：满员文格 按察使：翟诰	湖广总督：官文 湖北巡抚：胡林翼 江西巡抚：毓科	咸丰十年八月一日赴四川督办军务	咸丰十年八月湖南按察使翟诰署，咸丰十一年二月二十三日布政使文格署	外有官文、毓科的钳制；内有文格的掣肘
	毛鸿宾	咸丰十一年二月以江苏布政使署，七月二十日授	曾国藩、胡林翼系	布政使：十一年二月至同治元年十二月为文格，十二月至二年五月为恽世临 按察使：仓景恬	湖广总督：官文 湖北巡抚：十一年八月前为胡林翼，八月至十二月为李续宜，十二月后为严树森 江西巡抚：十一年十二月前为毓科，十二月后为沈葆桢	同治二年五月二十一日迁两广总督		外有官文、毓科的钳制，沈葆桢的掣肘；内有文格等的监视、掣肘
	恽世临	同治二年五月以湖南布政使迁	曾国藩系	布政使：二年五月至四年二月为石赞清 按察使：二年五月至八月为仓景恬；八月至四年二月为兆琛	湖广总督：官文 湖北巡抚：二年五月至三年四月为严树森；四月后为吴昌寿 江西巡抚：沈葆桢	同治四年二月十日降调	布政使石赞清护理	外受官文、吴昌寿等钳制；内有石赞清、兆琛等监视、掣肘

续表

地区/官职	湘淮督抚姓名	任职年月	派系及其变迁	省内藩臬布置情况	相关省份督抚的布置情况	湘淮督抚调任情况	其后该职位人员情况	备　注
湖南巡抚	李瀚章	同治四年二月由广东布政使迁	曾国藩系	布政使:四年二月至五年十月为石赞清;十月至六年正月为兆琛 按察使:四年二月至十二月为兆琛;十二月至六年正月为李廷璋	湖广总督:官文 湖北巡抚:四月前为吴昌寿;四月至十一月为郑敦谨;十一月至五年正月后为曾国荃	同治六年正月改江苏巡抚,留署湖广总督	同治六年正月阁学刘崐继任,其后王文韶长期任职	内有石赞清、兆琛、李廷璋的监视;外有官文、吴昌寿、郑敦谨等钳制
福建巡抚	何　璟	同治九年七月由山西布政使迁	湘系,曾国藩系	布政使:邓廷楠 按察使:潘霨	闽浙总督:满员英桂 浙江巡抚:李瀚章 广东巡抚:李福泰	同治九年七月改山西巡抚		外有英桂、内有邓廷楠等钳制
	王凯泰	同治九年七月由广东布政使迁	淮系,李鸿章系	布政使:潘霨 按察使:满员葆亨	闽浙总督:同治十年九月前为英桂;九月至十一月为张之万;十一月后为李鹤年 浙江巡抚:杨昌浚 广东巡抚:十年四月前为李福泰;四至六月为刘长佑;六月后为张兆栋	光绪元年十一月死,由布政使葆亨护	光绪后长期由湘淮系人员交错担任	外有英桂、张之万、李鹤年,内有葆亨等钳制

续表

地区/官职	湘淮督抚姓名	任职年月	派系及其变迁	省内藩臬布置情况	相关省份督抚的布置情况	湘淮督抚调任情况	其后该职位人员情况	备　注
浙江巡抚	罗遵殿	咸丰九年九月以闽抚改	胡林翼系	布政使：沈兆沄　按察使：汤云松	闽浙总督：庆端　福建巡抚：瑞璸　江苏巡抚：徐有壬	咸丰十年三月战死	咸丰十年三月江苏布政使王有龄署授	外有庆端等钳制，内有藩臬监视牵制
	左宗棠	咸丰十一年十二月以太常寺卿授	出身骆秉章幕僚，后自创左宗棠派系	布政使：同治元年正月前为林福祥；正月至五年二月为蒋益澧　按察使：元年正月前为宓曾纶；正月为曾国荃二至三月为李元度；五月后为刘典	闽浙总督：同治元年七月前为庆端；七月至二年三月为耆龄福建巡抚：同治元年正月前为瑞璸；正月后为徐宗幹　江苏巡抚：元年三月前为薛焕；三月后为李鸿章	同治二年三月迁闽浙总督，仍兼署浙抚		外先后有庆端、耆龄、瑞璸、徐宗幹、薛焕等钳制，李鸿章与左宗棠也是素不相洽
	曾国荃	同治二三年月以江苏布政使迁，留办江宁军务	曾国藩系	布政使：蒋益澧　按察使：刘典	闽浙总督：左宗棠福建巡抚：徐宗幹江苏巡抚：李鸿章	同治三年病免	同治三年九月以安徽布政使马新贻迁	外有左宗棠的控制和闽抚徐宗幹的钳制；内刘典等也属左系

地区/官职	湘淮督抚姓名	任职年月	派系及其变迁	省内藩臬布置情况	相关省份督抚的布置情况	湘淮督抚调任情况	其后该职位人员情况	备 注
浙江巡抚	李瀚章	同治六年十二月署湖广总督、江苏巡抚改任	曾国藩系	布政使：杨昌浚 按察使：六年十二月至八年四月为刘齐衔；四月后为兴奎	闽浙总督：七年七月前为马新贻，七月后为满员英桂 福建巡抚：卞宝第 江苏巡抚：丁日昌	同治八年十二月署湖广总督，同治九年八月迁湖广总督		外有马新贻、英桂、卞宝第等钳制；内有兴奎等监视
	杨昌浚	同治八年十二月以江宁布政使署，同治九年八月授	左宗棠系，幕僚出身，后自统军	布政使：卢定勋 按察使：同治十三年九月前为兴奎；九月后为蒯贺荪	闽浙总督：同治十年七月前为英桂，九月至十一月为张之万；十一月后为李鹤年 福建巡抚：九年七月前为卞宝第；七月后为王凯泰 江苏巡抚：九年闰十月前为丁日昌；闰十月至十年九月为张之万；九月至十一年二月为何璟；十一年七月至十三年九月为张树声；九月后为吴元炳	光绪三年二月革职，由布政使卫荣光护理	其后在光绪十四年之前，都是由湘淮集团的梅启照、谭钟麟、陈士杰、刘秉璋、卫荣光等相继担任，十四年后由满员崧骏等长期担任此职	外先后有英桂、张之万、李鹤年，以及卞宝第、吴元炳等钳制；内有卢定勋、兴奎、蒯贺荪等监视、牵制

续表

地区/官职	湘淮督抚姓名	任职年月	派系及其变迁	省内藩臬布置情况	相关省份督抚的布置情况	湘淮督抚调任情况	其后该职位人员情况	备注
广东巡抚	黄赞汤	同治元年七月以东河总督改	曾国藩好友，可归入曾国藩系	布政使：元年十二月前为伊霖；十二月后为文格　按察使：元年闰八月前为刘坤一；闰八月至二年六月为吴昌寿	两广总督：元年闰八月前为劳崇光；闰八月至十二月为刘长佑；十二月至二年五月为晏端书；五月后为毛鸿宾　广西巡抚：元年闰八月前为刘长佑；闰八月后为张凯嵩　福建巡抚：徐宗幹	同治二年六月召京		外有劳崇光、晏端书、张凯嵩、徐宗幹的钳制；内有伊霖、文格、吴昌寿的监视、牵制
	郭嵩焘	同治二年六月由淮盐运使以三品授	先入曾国藩湘系，后入李鸿章淮系	布政使：三年四月前为吴昌寿；四月至四年二月为李瀚章；二至十二月为李福泰；十二月后为张兆栋　按察使：二年六月至三年四月为李瀚章；四月至四年二月为李福泰；二至十二月为张兆栋；十二月后为英秀	两广总督：二年六月至四年二月为毛鸿宾；二月后为瑞麟　广西巡抚：张凯嵩　福建巡抚：徐宗幹	同治五年二月召京		外深受广督瑞麟的钳制、掣肘；内有吴昌寿、李福泰、英秀等人的监视、牵制

地区/官职	湘淮督抚姓名	任职年月	派系及其变迁	省内藩臬布置情况	相关省份督抚的布置情况	湘淮督抚调任情况	其后该职位人员情况	备注
广东巡抚	蒋益澧	同治五年二月由江政使迁	湘系，先隶罗泽南，后属左宗棠系	布政使：五年八月前为张兆栋；八至十一月为李福泰；十一月至六年七月为吴昌寿；七月后为王凯泰 按察使：五月前为英秀；五至六年十一月为郭祥瑞	两广总督：瑞麟 广西巡抚：六年二月前为张凯嵩；二至十月为郭柏荫（吴昌寿署）；十月后为叶凤文 福建巡抚：五年十一月前为徐宗幹；十一月后为李福泰	同治六年十一月降二级调用	同治六年十二月由闽抚李福泰改任	外受瑞麟、张凯嵩、李福泰等钳制；内受张兆栋、吴昌寿、英秀等人的监视、牵制
	刘长佑	同治十四年已直总督赏三品衔授	湘系，先隶江忠源，继归骆秉章系，后自立一系	布政使：邓廷相 按察使：孙观	两广总督：瑞麟 广西巡抚：李福泰 福建巡抚：王凯泰	同治十年六月改桂抚	同治十年六月张兆栋以漕运总督授，后由满员裕宽任	外受瑞麟、李福泰的钳制；内受邓廷相、孙观等的监视、牵制
广西巡抚	刘长佑	咸丰十年闰三月以广西布政使迁	湘系，自立一系	布政使：张凯嵩 按察使：十一年三月前为伊霖；三至九月为彭玉麟；九月后为刘坤一	两广总督：劳崇光 广东巡抚：耆龄	同治元年闰八月迁两广总督	同治元年闰八月广西布政使张凯嵩迁	外受劳崇光、耆龄钳制；内受张凯嵩等监视

续表

地区/官职	湘淮督抚姓名	任职年月	派系及其变迁	省内藩臬布置情况	相关省份督抚的布置情况	湘淮督抚调任情况	其后该职位人员情况	备　注
广西巡抚	郭柏荫	同治六年二月以江苏布政使迁，留署江苏巡抚	湘系，曾国藩系	布政使：七月前为叶凤文；七月后为江忠浚　按察使：郭祥瑞	两广总督：瑞麟　广东巡抚：六年十一月前为蒋益澧；十一月后为李福泰	同治六年十月改授湖北巡抚	先由布政使吴昌寿署，后在六年十月由布政使叶凤文授	外受瑞麟等钳制，内受叶凤文、郭祥瑞监视、牵制
	刘长佑	同治十六年月以粤抚改	湘系，自立一系	布政使：十一年八月前为康国器；八月后为文格　按察使：同治十一年十月前为满员佛尔国春；十月后为严树森	两广总督：同治十三年九月前为瑞麟；九月后为英翰　广东巡抚：张兆栋	光绪元年迁两广总督	光绪五年前，由湘淮集团严树森、涂宗瀛、张树声担任，其后由清廷信员与湘淮督抚轮替	外受瑞麟、英翰、张兆栋等钳制；内受文格、佛尔国春等监视
陕西巡抚	刘蓉	同治二年七月以川布政使迁	湘系，先入曾国藩幕，又继入骆秉章幕，后自统一军	布政使：二年九月前为毛震寿；九月至四年八月为林寿图；八月至五年三月为钟秀；三月后为林寿图　按察使：同治四年正月前为张集馨；正月至六月为陈湜；六至八月为钟秀；八月后为胡肇智	陕甘总督：同治三年五月前为熙麟；五月后为杨岳斌　安徽巡抚：乔松年	同治四年降一级调用，仍署，同治五年八月病免	同治五年八月皖抚乔松年改任	外有熙麟、官文、乔松年等钳制；内有钟秀、张集馨、胡肇智等监视

续表

地区/官职	湘淮督抚姓名	任职年月	派系及其变迁	省内藩臬布置情况	相关省份督抚的布置情况	湘淮督抚调任情况	其后该职位人员情况	备注
陕西巡抚	刘典	同治七年二月以三品卿衔署	湘系，左宗棠系	布政使：七年十二月前为林寿图；十二月后为翁同爵 按察使：英奎	陕甘总督左宗棠	同治八年十二月乞养	同治八年十二月四川布政使蒋志章迁，光绪朝后也是由湘淮人员与清廷信员交替担任	受翁爵、英奎等监视、牵制
云南巡抚	刘岳昭	同治五年正月以云南布政使迁	湘系，骆秉章系	布政使：岑毓英 按察使：宋延春	云贵总督六年二月前为劳崇光；二月后为张凯嵩 贵州巡抚：六年八月前为张亮基；八月后为曾璧光 四川总督：六年十二月前为骆秉章；十二月后为吴棠	同治七年三月迁云贵总督	同治七年三月滇布使岑毓英迁	刘岳昭升云贵总督后受吴棠牵制而参劾之，吴棠留任，刘岳昭光绪元年十一月革职，吴棠十二月病免
贵州巡抚	江忠义[①]	咸丰十一年十月一署	湘系，在江忠源、骆秉章、曾国藩等系中变化	布政使：满员海瑛 按察使：龚自闳	云贵总督：潘铎 云南巡抚：徐之铭 四川总督：骆秉章	至十一月守制，十二月田兴恕署，旋解	田兴恕解职后，由非湘淮系人员担任	外有潘铎、徐之铭等钳制；内有海瑛、龚自闳等监视

---

① 关于江忠义署贵州巡抚一事，根据《清实录（第45册）·穆宗毅皇帝实录》卷十四，"咸丰十一年十二月下"，372、277页，所录上谕内容制表列入。

续表

地区/官职	湘淮督抚姓名	任职年月	派系及其变迁	省内藩臬布置情况	相关省份督抚的布置情况	湘淮督抚调任情况	其后该职位人员情况	备注
贵州巡抚	张亮基	同治元年十月一以前云贵总督署	与湘系关系密切	布政使：二年五月前为海瑛；五月至三年四月为龚自闳；四月至四年十月为裕麟；十月至十二月为贾臻；十二月至五年十月为兆琛；十月后为严树森　按察使：二年五月前为龚自闳；五月至三年四月为裕麟；四月至四年八月为满员承龄；四年八月至六年二月为席宝田；二月后为满员葆亨	云贵总督：同治二年三月前为潘铎；四月至六年二月为劳崇光；二月后为张凯嵩　云南巡抚：二年三月前为徐之铭；三月至三年八月为贾洪诏；八月至五年正月为林鸿年；正月后为刘岳昭　四川总督：骆秉章	同治六年八月革职	其后由清廷信员担任，光绪年间也有湘淮人员潘鼎新魏光焘等与清廷信员交替担任	外先后受潘铎、劳崇光、徐之铭、林鸿年的钳制；内先后有裕麟、贾臻、兆琛、承龄、葆亨等监视

　　注：本表所征引材料，除与前列湘淮人员在咸丰十年至同治四年出任总督、巡抚情况表中所征引材料相同者外，还有下列材料：李瀚章著《合肥李勤恪公政书》（民国年间石印本），丁宝桢著《丁文诚公遗集》（光绪十九年京师刻本），刘坤一著《刘忠诚公遗集》（宣统元年至三年新宁刘氏家刻本），张树声著《张靖达公奏议》（8卷，中国社会科学院近代史所馆藏木刻本），何燿章编纂《何璟行状》（中国社会科学院近代史所馆藏木刻本），丁日昌著《抚吴公牍》（光绪三年刊本），钱鼎铭著《钱敏肃公奏稿》（7卷，光绪六年柯华堂版木刻本），李宗羲著《开县李尚书政书》（光绪十一年武昌刻本），刘铭传著《刘壮肃公奏议》（光绪三十二年刊本），刘体乾等编《刘秉璋行状》（中国社会科学院近代史所馆藏刻本），马新贻著《马端敏公奏议》（光绪二十年闽浙督署校刊本），岑毓英著《岑襄勤公奏稿》（光绪二十三年刊本），郑元善著《宦豫纪事》（同治十一年刊本），卞宝第著《卞制军奏议》（光绪二十年刊本），吴棠著《望三

益斋存稿》(同治十三年成都使署刻本),乔松年著《乔勤恪公奏稿》(《近代中国史料丛刊》第 71 辑,台湾文海出版社影印本),徐宗幹著《斯未信斋文编》(同治年间刻本,中国社会科学院近代史所馆藏本),王大经著《哀生阁集》(光绪十一年刊本),等等。工具书:钱实甫编《清代职官年表》(北京,中华书局,1980)。

　　关于咸丰十年至同治十三年湘淮督抚,在外部受到相关省区总督、巡抚的钳制,在本省内受到布政使、按察使的监视、牵制的情况,在上表的备注栏中,作了简要说明。对湘淮督抚被钳制和监视情况的典型分析,可以参阅本书相关章节的内容。

第五章 从湘淮集团内部分化的典型案例看清廷政策的成败得失

清廷实施的分化、牵制、利用和压制等政策，究竟在前期的湘军集团和后期的湘淮集团内部能否产生成效？这显然需要对湘淮集团内部出现重大问题的事件作一具体分析，才能看清其中是否有清廷政策、策略作用的痕迹。

一、王鑫事件与地方督抚控制军队的需要：清中央政府的借鉴

关于王鑫事件，有关的研究专著，大多只是简单叙述一下情况，而较少分析。

萧一山的《曾国藩传》对王鑫事件是这样写的：其一，"湘勇是由他（王鑫）倡导起来的。曾国藩奉命办理团练以后，当然他也归节制了。但他和国藩的意见不合，后来竟自招自练，受骆秉章的指挥，其实是左宗棠左右他。这就是所谓'老湘营'。这件事在湘军本身上是一种破裂，直至王鑫死后，其军始归曾国藩节制。国藩令他们随左宗棠以立功，始终是若合若离的"。其二，萧一山在文中列举了曾国藩致罗泽南、骆秉章、朱石樵的三封信，萧一山认为："从这三封信里，可以看出王鑫'不受节制'，是他们破裂的最大原因。王鑫所以不受节制，盖与招足三千人很有关系。这时他的力量算最大，又得巡抚的信任，饷械不愁，就不把曾

国藩看在眼内，国藩只好'弃之如遗'了。"①

实际上，在《曾国藩全集》中，咸丰三年有大量涉及王鑫事件的书信，绝不仅限于萧一山所举的三封书信，分析其他书信也有助于进一步探讨王鑫事件。另外，王鑫"老湘营"后来始终处于左宗棠的掌控中，这一问题值得关注。

朱东安的《曾国藩传》和《曾国藩集团与晚清政局》两书，都没有对王鑫事件着多少笔墨，分析也较简略。只是在《曾国藩传》对曾国藩湘军"编练成军"的叙述中，简单谈到王鑫因不服曾国藩将其部由 2200 人缩编为三营 1500 人，认为曾国藩借故打击自己，并诉之于骆秉章。骆秉章认为王鑫所募新勇可用，无须遣散。从此，王鑫率营脱离曾国藩，投靠骆秉章门下，主要是作为曾国藩初成军时的一个小插曲。②

龙盛运在《湘军史稿》"湘军的建立"一章中，对王鑫事件作了简单的分析：其一，王鑫在曾国藩同意他增勇扩营的要求后，回湘乡十分张扬，大摆官势，而且"招勇又多至三千人"，曾对此颇为不满。其二，王鑫有借助骆秉章等外力，自立势力的倾向。"更令曾不放心而又恼怒的是，王与省中大吏挂上钩后，渐渐流露出不听他约束，欲自成一军的倾向。曾于是断然要求王除原带一营外，新招者只留二营或三营；营官由曾处任命，并按统一营制编练。但骆秉章却不令裁撤，命其加紧操练，驻省听调。这样，王鑫更拒不听命，从而导致曾、王彻底决裂。"其三，"这次曾、王分裂，固然是两人利害之争，但也是曾与省中大吏矛盾的继续。它反映了骆秉章急欲直接掌握一支部队，不愿在军事上完全依靠曾国藩……不言而喻，王鑫式的决裂如果连续发生，将对湘军，特别是对曾国藩个人的反革命事业产生严重的影响。为防止其重演，曾国藩断然割断与王一切联系，把他逐出教门；且致吴文镕书中，对王大加攻击，使吴不再调王鑫军北援，失去进一步发展的机会。事实上，王也由于不能援鄂，省内又财政困难，不能不将所部三千四百人，减去一千。

---

① 萧一山：《曾国藩传》，133～135 页，海口，海南出版社，2001。

② 朱东安：《曾国藩传》，76 页。

这样，就对后来可能的效法者，起了警戒作用"①。

其实，在曾国藩的书信中，曾接连多次告诉归属自己统辖的王錱，自己这边筹饷困难，不要多招兵勇，以免陷于无饷可发的困境。如咸丰三年九月二十三日，曾国藩给王錱的信中，就明确告诉他自己这里饷银支绌，要求他不要贪多招勇。② 九月二十四日，曾国藩又写信给王錱，明言："仆因饷项无出，故令足下止招三营。今来书言，至省请银万金，自可仍照原议募成六营。……足下在省，想大吏与熟商定议矣。"可见，曾国藩并未一味压制王錱，结合本书相关探讨，曾国藩此时确实饷糈支绌。同时，信中内容还透露出督抚大员和练兵大员之间的权力冲突，而曾国藩是在王錱与省城大吏勾连后，方对他产生警惕的。但这时，曾国藩不愿就此多做文章，他在给骆秉章、刘蓉的书信中，主要是强调王錱行为不检。③ 这也是后世学者多强调这一点的原因。

对于王錱脱离曾国藩、投靠骆秉章这一事件，已有的分析主要论及骆秉章急欲直接掌握一支部队，不愿在军事上完全依靠曾国藩。如果从较长时段来看这一问题，这还是属于湘军集团内部的一种离合，似乎看不出这一事件在清廷分化政策演变过程中的作用。

笔者认为，这一事件的影响更为重要的在于给清廷提供了借鉴，一方面使清廷看到湘军集团内部并非铁板一块，也会因利益产生分化；另一方面这一事件本身也为清廷进一步施展手段提供了空间。分析这一事件，不能只着眼于咸丰三年发生的事件本身，而应与事件的后续发展情况联系起来。

关于王錱脱离曾国藩一事，王錱的《年谱》中是这样记载的：咸丰三年"总督吴文镕请援湖南，有诏令曾公率湘勇赴之时，公已奉骆公檄增募，仓卒号召，旬日间教练成军，昼夜劬瘁……曾公方治水军衡州，议

---

① 龙盛运：《湘军史稿》，73 页。
② 《曾国藩全集·书信一》，234～235 页。
③ 同上书，290～291 页。

合并陆军成十营，而汰公军为七百人，骆文忠公阅公军可用，乃留屯省城"①。

曾国藩的《年谱》中记述：咸丰三年二月"省城所招湘乡练勇千余人，署巡抚潘公铎议汰之还乡。公（曾国藩）前调取三百余人以王鑫领之剿土匪于衡永各属。其留未汰者操练无虚日"。说明曾国藩还是很重视这支军队，不轻言裁汰的。其后，"王公鑫驻营郴州，闻江西援军营官阵亡之信，欲回籍募勇赴江西剿贼，以抒公愤而复私仇。上书于公，词气忼慨。公嘉其义，札令来衡州面商以讨贼之事。公言：近日大弊在于兵勇不和，败不相救。而其不和之故，由于征调之时，彼处数百、此处数十，东西抽拨，卒与卒不相习，将与将不相知，地势乖隔，劳逸不均，彼营出队而此营袖手旁观，或哆口而笑，欲以平贼，安可得哉？今欲扫除更张，非万众一心不可，拟再募勇数千与援江各营合成一军"。曾国藩借兵勇不和之故事，已经有告诫王鑫的意味了。但是，王鑫显然早已与骆秉章联系好了，"王公鑫募湘勇，初议欲为援江诸军复仇，既而闻贼窜湖北之警，骆公因札令募勇三千赴防省城。公见王鑫气太锐而难专用也，既为书以戒之，又函致骆公言兵贵精不贵多，新集之勇，未经训练，见贼易溃，且饷糈难继，宜加裁汰。骆公未能用"②。

无论是王鑫早已与骆秉章等有联络，还是不慊于曾国藩要大量裁汰其部队，都说明湘军集团内部从初期开始，就因为各种利益关系存在分歧，并非铁板一块。王鑫改投骆秉章之后，经过数年的战斗，咸丰六年、七年间，王鑫已经骆秉章不断保荐升至"即选道"。咸丰六年三月初，骆秉章奏"收复永明、江华两城，追贼叠胜，南路肃"，并保奏王鑫，清廷上谕嘉奖"选用道王鑫督勇剿贼，厥功最著，著以道员归部即选"。③ 在当时湘军中，王鑫是升迁较快的。本书前面已经讲到，官文作为清廷在湖广地区的信员，借机为清廷拉拢王鑫。咸丰七年初，官文

---

① 罗正钧：《王壮武公年谱》卷上，参见《王壮武公遗集》，20～22 页，光绪十八年王氏刻本。

② （清）黎庶昌编：《曾文正公年谱》卷二，3、8～9 页。

③ 《清实录(第 43 册)·文宗显皇帝实录》卷一九二，"咸丰六年三月上"，64 页。

奏请对王鑫"着赏加按察使衔留于湖北，遇有道员缺出，请旨简放"，并经清廷旨准。二月十五日，骆秉章为了不使王鑫被官文拉走，上《王道带勇剿贼请暂缓简放实缺折》，以军务奏请留王鑫于湖南。奏折中说：

> 臣查王鑫系湘乡县文生，以带勇剿贼屡著战功。……该员从前战功，以衡、永、郴、桂一带为最。其于湖南南路毗连两粤及东路毗连江西各处地势民情，及两粤贼踪尤为深悉，所部弁勇亦多省南一带之人。
>
> 此时广东清远、英德匪势犹张。广西现有大股贼匪窃踞兴安、灵川一带，刻思窜楚。湖南官军之攻剿江西吉安、瑞州、临江三府者，正当吃紧之际。近据探报，湖北、安徽之贼并窜江西，人数不下数万之多。……王鑫一军分驻岳州、通城、崇阳者，计共四千二百人。崇、通现尚无事，兵机瞬息千变，势难坐待贼来。若由臣相其缓急，随时调遣，尚可周转通融，期于彼此兼顾。即如此次王鑫一军越境北剿，并非由督臣之咨，亦非由湖北抚臣之指名函调，只以事势所迫，不得不急起乘之。倘彼时王鑫为职守所羁，亦何能迅速赴调？据臣愚见，王鑫本系剿贼得力之人，自无庸羁以职守。应请旨将即选道王鑫交军机处记名，于军务告竣时请旨简放，庶于现在军务均有裨益。[①]

由于王鑫表现出想赴湖北道员任的倾向，骆秉章又通过左宗棠函致王鑫，喻以道义，晓以利害，分析得失，使王鑫看到官文所许多是空诺，而一旦脱离骆秉章，饷银等却还需骆秉章供给，生存必然艰难，空头利益也究是镜花水月，故打消了投奔官文的企图。[②]

王鑫事件，是湘淮集团内部矛盾演化的结果，这一事件的作用和意义，起初并未被清廷重视，在当时只是成为地方督抚借以掌握依附自己武装的机会（对于王鑫事件而言，则是湖南巡抚骆秉章借此获得自己掌

---

①　《骆秉章奏稿》，见《左宗棠全集·奏稿九》，496～497 页。

②　左宗棠的分析，前文有述。参见左宗棠：《与王璞山》，见《左宗棠全集·书信一》，170～171 页。

控的一支重要武装力量），主要还是一种个案的性质。不过对于清廷而言，随着时间的推移，对这一案例的回顾，则可以成为其一系列对策的借鉴，遂有咸丰七年官文的尝试。咸丰四年、五年时，随着湘军成军后，数次硬仗，使得湘军为清廷所瞩目和侧目，由于清廷不断在寻找湘军成为不得不依靠的武力之时，如何牵制湘军的手段，那么湘军成军之初的这些内部矛盾，都会为清廷所关注和回顾，寻找可资利用的机会。咸丰五年、六年间的罗泽南事件，则为清廷提供了施展手段的机会。

二、罗泽南事件与清廷通过压制政策分解湘军控制权

咸丰五年八月，在曾国藩开始坐困江西之时，罗泽南与曾国藩由于在战略认识上的差异，从江西分兵回到湖北。后曾国藩因江西局势危急，向胡林翼、罗泽南请援。当时，罗泽南正在围攻武昌，为尽快攻下武昌以回援江西，补偿自己对曾国藩的歉疚，结果急攻之下，罗泽南战死武昌城下。研究者对这一事件的研究性描述，一般都是至此为止。而实际上，我们还应当看到，当曾国藩、胡林翼、罗泽南在利害关系、各自利益、战略战术部署上产生分歧之时，清廷从中看到了可资利用的因素（当然，情况是很复杂的，也不排除清廷围绕自身战略需要，认为稳定湖北局势胜于、优先于江西战局的因素在内），在其中制造矛盾，以加深湘军集团内部矛盾及其分化，造成更有利于清中央政府掌控的局面。本书以该事件作为典型案例，进行一些分析。

首先，我们分析在曾国藩与罗泽南分离之前，湘军集团内部在战略认识和决策上的分歧，以及清廷在这一决策博弈中的作用。

曾国藩战略重点的转移、以自身利益为重的因素，是导致他与罗泽南产生矛盾、分化的重要原因之一。罗泽南一部，是曾国藩起兵初期的一支重要部队。罗泽南在咸丰四年曾国藩准备东征时，因为年事较长，留防湘南。不久，因王鑫故违将令，曾国藩改调罗泽南率军随行。罗部战斗力颇强，而罗泽南又有谋略，故成为曾国藩军初期的主力。应当

说，在曾国藩成军东征时，曾国藩与罗泽南对战略重点的认识基本是一致的。曾国藩在咸丰四年闰七月初九日关于东征的奏折中明确指出："武汉为东南必争之区，理合全力并注，迅图克复。"[1]并请求清廷不要答应江西巡抚陈启迈将罗泽南调赴江西的请求，同时调原留湖南的胡林翼随同东征。而清廷显然认可克复武汉的重要战略价值，闰七月二十日，清廷上谕指示："臬司胡林翼带勇剿贼，尚称得力，著即随同塔齐布等前往湖北，毋庸留于岳州。知府罗泽南，本系随营协剿之员，亦著毋庸派赴江西。"[2]但是，曾国藩在克复武昌、汉阳之后东下江西，遂将战略重点跟随自己的所在，转移到江西，而罗泽南由于种种因素的作用，仍认为武汉是更重要的战略要点。[3]罗泽南给曾国藩的信中说：

> 浔城逼近金陵，兼能牵制武昌，故贼深以为忧，必欲从而争之。犯弋阳，扰广信，且欲从信水以下彭蠡，而抄我师之右矣；据义宁，守梅岭，且欲从修水以下彭蠡，而抄我师之左矣。幸赖麾下指示方略，泽南因以获捷于其间，江右东西两路俱为安辑，九江门户益固。贼不得恣意于武昌，兼以湖南之水师堵于金口，官制军之陆师已及德安，武昌虽为贼据，当有不难扑灭者。特湖北之崇阳、兴国、通城、通山，群盗如毛，荐食之心无有餍足。崇通之贼不除，江西之义宁、武宁，湖南之平江、临湘、巴陵，终无安枕之日。是以欲制九江之命，未有不从武、汉而下；解武昌之围，未有不从崇、通而入者。悉其种类而歼除之，则江西、湖南两省之边患可以纾。然后乘胜以下咸宁，出江夏，与湖南驻泊金口之水师，相为联络，以攻鄂渚，复汉口，是不惟荆岳可固，即九江残孽，亦将

---

① 《胡林翼罗泽南随同东征片》，见《曾国藩全集·奏稿一》，194 页。

② 《清实录(第 42 册)·文宗显皇帝实录》卷一三九，"咸丰四年闰七月中，458 页。亦见于《附录廷寄：谕杨霈塔齐布曾国藩速会合协剿并指示胡林翼罗泽南夏廷樾行止》，见《曾国藩全集·奏稿一》，195 页。

③ 罗泽南与曾国藩对战略重点在认识上的分歧，除了后面分析的战略思想等方面的分歧外，湘军在江西受江西巡抚陈启迈的刁难，也是一个重要因素："罗泽南之在江西也，日转战，其巡抚恭倨不恒，急则倚之，缓则厌之。曾国藩亦自以客寄，莫能为之主"。参见王闿运：《湘军志·湖北篇第三》，599 页。

不攻而自下。为今之计，惟有率南康之水师与浔城之陆师，合力以攻湖口，横踞大江以截贼船之上下，更选劲旅埽通城、通山、崇阳、兴国之贼，进援武、汉。盖贼欲保金陵，必得鄂、浔而后无西顾之忧；我师欲复金陵，亦必先收取鄂、浔而后成建瓴之势。①

罗泽南认为，"九江门户渐固"之后，当务之急是"进援武汉"。曾国藩则强调"湖口之与武汉，其轻重亦略相等"，不愿罗泽南率军赴鄂。在曾国藩的一份奏折中透露了曾国藩移师江西后战略认识的变化，及其与罗泽南发生矛盾的情况：

> 窃臣前于提臣塔齐布沦逝后，即飞函至义宁，令罗泽南来营面商大局。罗泽南得信，由义宁之行口直至南康，连日熟商剿办事宜，上而武汉，下而湖口，皆东南所必争之地。湖口破，则扼长江之腰脊，使安庆贼舟不能与湖广相通；武汉破，则雄踞长江之上游，使金陵贼巢百货皆绝其来源，而有日就穷蹙之势。故论古来争关夺要之道，则湖口之与武汉，其轻重亦略相等。②

战略认识的不一致，是曾、罗分裂的重要原因之一（只是这种战略认识形成的因素很复杂：罗泽南自身因素、清廷的战略考虑、胡林翼身任湖北巡抚，等等）。对于罗泽南的离开，当时在曾国藩幕中的刘蓉就说："公所赖以转战者，塔、罗两军。今塔将军亡，诸将可恃独罗公，又资之远行，脱有急，谁堪使者？"曾国藩又何尝不知罗泽南的心思，但

---

① （清）罗泽南：《与曾节帅论东南战守形势疏》，见《罗忠节公遗集》卷六，38～39 页，同治二年长沙刊本。《清史列传·大臣传续编七·罗泽南》卷四十二，3355～3356 页，也有描述："泽南函商曾国藩，以为浔城逼近金陵，兼能牵制武昌，故贼必欲争之，犯弋阳，扰广信，欲从信水而下彭蠡，钞我师之右；据义宁，守梅岭，欲从修水而下彭蠡，钞我师之左。今两处平定，九江门户渐固，惟湖北通城等处群盗如毛，江西之义宁、武宁，湖南之平江、巴陵，终无安枕之日。欲制九江之命，宜从武、汉而下；欲解武昌之围，宜从崇、通而入。盖贼欲保金陵，必得武、汉而后无西顾之忧；我欲复金陵，必先取浔、鄂而后成建瓴之势。为今之计，当一湖口水师、浔城陆师，横据大江以截贼船之上下，更选劲旅埽崇、通之贼，进援武、汉。"

② 《调派罗泽南一军取道崇通回剿武汉折》，见《曾国藩全集·奏稿一》，509 页。

罗去意已决，他亦无可奈何，只得自为宽解："吾极知其然。然计东南大局宜如是，今俱困此无益。此军幸克武昌，天下大势犹可为，吾虽困犹荣也。"①对罗泽南的心态、所思所想所求，显然颇为透彻。

罗泽南对自身前途的考虑，也是他从曾国藩部分离出去的重要原因。他在东征克复武、汉的一系列战役中，尤其在四年八月会攻并克复武昌、汉阳的战斗中，曾立下大功。这一功绩为清廷所重视。九月十二日奉到朱批和九月五日上谕中，清廷奖励一大批人，包括研究者常提及的"曾国藩着赏二品顶戴，署理湖北巡抚（旋除署抚），并加恩赏戴花翎"一事，"广西升用道李孟群，著赏加按察使衔，并赏给珠尔抗阿巴图鲁名号。候选知府罗泽南，著记名以道员用。候选知县李续宾，著以直隶州知州升用。并赏换花翎。游击杨载福，著以参将补用，并赏加副将衔。……"②九月十五日上谕"以宁绍台道晏端书为（浙江）按察使"，"所遗浙江宁、绍、台道员缺，着罗泽南补授"。③ 在湖北、江西军事方酣之际，清廷谕旨中并未有让罗泽南带职留湖北军营之意，该职务又是实授，按理罗泽南应只身前往浙江就任。对罗泽南的这一提拔，显然包含着对湘军的分化。十月初七日，曾国藩为了军事上的需要，同时也不无破解清廷分化之意味，向清廷请示"惟现当剿办吃紧之际，该道为臣军中万不可少之员，不能即赴新任，仍恳皇上天恩，简员署理该缺，俾得并力东征，则感激益无涯矣"。④ 此后，罗泽南随曾国藩征战虽屡立战功，却再未能升授什么实职，仅在咸丰四年十月，"克田镇。捷闻，赏普铿额巴图鲁名号，加按察使衔"。咸丰五年六月，"复义宁。上以泽南调度有方，身先士卒，赏加布政使衔"。⑤ 更有甚者，咸丰四年九月、十月以后，曾国藩和清廷对罗泽南的官职问题似乎都很漠视：曾国藩在

---

① （清）黎庶昌：《曾太傅毅勇侯别传》，见《拙尊园丛稿》卷三，"内篇"，5～6 页，光绪十六年刊本。

② 《清实录（第 42 册）·文宗显皇帝实录》卷一四四，"咸丰四年九月上"，534 页。《附录明谕：嘉奖攻克武昌汉阳有功人员》，见《曾国藩全集·奏稿一》，224 页。

③ 同上书，545、550 页。

④ 《代奏罗泽南谢恩折》，见《曾国藩全集·奏稿一》，291 页。

⑤ 《清史列传·大臣传续编七·罗泽南》卷四十二，3354、3355 页。

九月二十八日《陆军克复兴国大冶水师蕲州获胜折》、十月初七日《陆军踏破半壁山贼营及水师续获大胜折》中都充分述及罗泽南的战功，而清廷似乎只是看到其他人的战功，对罗泽南则忽略了。[①] 随后，曾国藩十月十五日《南路陆军斫断江中铁锁水师绕出贼前折》充分列举了罗泽南的战功，但在具体请功人员名单中，却只列举了李续宾、彭三元、普承尧等的名字，而没有具体保举罗泽南[②]。清廷在对主要战功人员的奖赏中也只是赏赐给罗泽南"叶普铿额巴图鲁名号"，并不像对其他人员（如李续宾、彭三元等）还赏给职位[③]。罗泽南在攻克田家镇一役中与杨载福、彭玉麟等都是战功卓著，可是曾国藩在奏折中并未保举他实职，而只是说"浙江宁绍台道罗泽南谋勇俱备，夺占半壁山，为此次第一功绩，应请赏加按察使衔"[④]，而清廷也就并未重视他的"第一功绩"，只是"赏加按察使衔"，排名在杨载福之后。[⑤] 更有甚者，罗泽南部为主力的濯港大捷后，曾国藩在十一月十一日专上《罗泽南濯港破罗大纲贼股片》，二十一日又上《官军濯港大捷浔郡江面肃清折》，备陈罗泽南及其所部的功绩，清廷却并未明谕嘉奖。[⑥] 从此以后，罗泽南虽屡立军功，其尤著者，如咸丰四年十一月下旬配合湖口水师，屡获胜仗，围逼浔城；咸丰五年三月中下旬攻剿弋阳，连获大胜，克复县城，保全广信这一江西富饶之区和奏报必由之路；随即在三月下旬追剿广信股匪，迭获大胜，克

---

①　曾国藩《陆军克复兴国大冶水师蕲州获胜折》和清廷《嘉奖水陆大胜并饬沿江夹击》明谕中关于罗泽南的内容，见《曾国藩全集·奏稿一》，273～276、278～279 页；曾国藩《陆军踏破半壁山贼营及水师续获大胜折》和清廷《批复半壁山水陆获胜并准恤白人虎》明谕中关于罗泽南的内容，参见《曾国藩全集·奏稿一》，280～284、287～288 页。

②　《南路陆军斫断江中铁锁水师绕出贼前折》，见《曾国藩全集·奏稿一》，296 页。

③　《清实录（第 42 册）·文宗显皇帝实录》卷一四九，"咸丰四年十月下"，606 页。《附录明谕：褒奖南路陆军及水师机智获胜》，见《曾国藩全集·奏稿一》，298～299 页。

④　《官军大破田家镇贼折》，见《曾国藩全集·奏稿一》，304 页。

⑤　《清实录（第 42 册）·文宗显皇帝实录》卷一四九，"咸丰四年十月下"，619 页。《附录明谕：嘉奖田家镇大胜》，见《曾国藩全集·奏稿一》，306 页。

⑥　曾国藩《罗泽南濯港破罗大纲贼股片》和《官军濯港大捷浔郡江面肃清折》备陈罗泽南及其所部功绩的内容，以及清廷《嘉奖濯港大捷九江江面肃清》明谕中只奖赏曾国藩等，而不对罗泽南及其部属作出任何奖励的表示的内容，参见《曾国藩全集·奏稿一》，348～353、356～357 页。

复郡城，等等，① 往往被清廷在嘉奖内容中疏漏不提，或只是获得上谕中一语之奖励，最多也不过是"按察使衔浙江宁绍台道罗泽南，着交部从优议叙"②。直到咸丰五年八月，罗泽南等攻剿义宁，迭获大胜，克复州城，清廷才给他"赏加布政使司衔"的奖赏。③ 罗泽南屡立战功，却因系曾国藩手下离不开的主力，迟迟不能得到实任官职。他不能不考虑自己的前途问题，显然，追随本集团的另一派系首领胡林翼更有前途。正如许多学者指出的，湘军在江西虽屡有胜仗，但总体形势仍然是相持状态；加之罗泽南在战略认识上明显认为武汉更具价值，此时太平军也举兵在湖北与清廷展开新一轮争夺，围攻武汉。诸多因素的综合作用，终于促成罗泽南脱离曾国藩，回援湖北，依附于胡林翼。

其次，我们分析罗泽南决意回援湖北之后，曾国藩、胡林翼、清廷围绕罗泽南部围攻武昌与回援江西决策上的博弈过程，可以看到湘军集团内部像曾国藩、胡林翼这样的人物，也会为了自身利益不顾别人的缓急，请求清廷的支持。这为清廷分化湘淮集团提供了机会。那么，其他湘淮集团成员就更会将自身利益放在首位，然后才顾及集团利益，而这恰恰为清廷所趁，各个击破，以利于清廷控制。

咸丰五年八月，罗泽南执意离开江西赴援湖北，由此至六年三月战死，基本上脱离曾国藩，而主要与胡林翼合作。曾国藩对这一事情的处理，颇用了一番心思。既然罗泽南已经决定回援湖北，曾国藩看到无法劝解，为了不致使这种分化激化成决裂，遂做出如下举措：（1）曾国藩上奏主动要求调派罗泽南一军取道崇通回剿武汉，使得罗泽南回援湖

---

① 《湖口水师屡胜陆军围逼浔城折》《浔城逆党两次扑营均经击败折》《转录明谕：湖口捷后指授军事机宜》《陆军攻剿弋阳克复县城折》《转录明谕：克复弋阳着保出力文武员弁》《陆军追剿广信股匪克复郡城折》《转录明谕：饬奏保克复广信出力员弁兵勇》，见《曾国藩全集·奏稿一》，362～371、373～374、443～446、446～447、458～461、461 页。

② 《转录明谕：饬奏保克复广信出力员弁兵勇》，见《曾国藩全集·奏稿一》，461 页。

③ 《清实录（第 42 册）·文宗显皇帝实录》卷一七四，"咸丰五年八月上"，945 页。《攻剿义宁克复州城折》《明谕嘉勉克复义宁州城并赏罗泽南等》，见《曾国藩全集·奏稿一》，491～497、498 页。

北，具有既符合清廷要求①，也符合他这个主帅意图的合理、合法地位②。(2)罗泽南在离开江西时，以所部湘勇兵单，要求增添一营，以壮其势而利远征。曾国藩从其请，将原属塔齐布的宝勇三营1500人拨归罗泽南，加上他原有的七营3500余人，所部共达5000人，全部为湘军的骨干，这即是曾国藩在奏折中所说的"罗泽南所统湘勇、训勇仅三千六百人，臣又在九江陆营拨参将彭三元、都司普承尧宝勇一千五百名，足成五千之数。其饷项由江西酌拨漕折捐输银两，交该道亲行赍带"③。(3)九月初五日，曾国藩又上奏请饬罗泽南自行奏报军情，一方面表示为使朝廷尽快得到鄂省一带军情奏报；另一方面，也使罗泽南感到曾国藩的器重，更增愧疚之心。曾国藩在该奏片中说："此时鄂事孔棘，我皇上盼望捷报愈速愈妙。胡林翼收集溃兵，尚在江北，能否与罗泽南文报常通，不为贼氛所隔，正未可知。微臣愚见，拟令罗泽南自行具折，每遇开仗之后，迅速缮折奏报，专差由间道送至荆州，或送长沙交驿驰递，仰慰圣廑；较之由臣处转奏，可期速到一月。伏查《会典》定例，司道原有奏事之责。近岁各路粮台，均由司道专折奏事。罗泽南统领一军，尤应权宜办理。如蒙谕允，请旨饬下罗泽南，大小军情，自行

---

① 从清廷九月初一日的上谕(曾国藩九月二十二日收到兵部火票递到军机大臣字寄)可以看出，清廷明确要求罗泽南回援湖北："胡林翼奏金口兵溃，回剿岑山各勇亦因饷绌溃散，请仍饬罗泽南来鄂会剿等语。……此时武汉贼情较为吃紧，着曾国藩仍饬罗泽南迅即带兵赴鄂会剿，冀可转败为功。谅曾国藩必能妥筹全局，速饬应援也。"见《清实录(第42册)·文宗显皇帝实录》卷一七六，"咸丰五年九月上"，964～965页。亦见《附录廷寄：胡林翼奏金口兵溃着曾国藩迅饬罗泽南应援》，见《曾国藩全集·奏稿一》，532～533页。

② 曾国藩在《调派罗泽南一军取道崇通回剿武汉折》中就表示："伏查骆秉章原奏，所称邻氛四逼者，西防黔匪，东防义宁。今义宁克复，黔匪亦靖，东西两路均可弛防。惟南路有两粤之土匪窜入永、郴，北路有鄂城之分支犯岳郡，二者相衡，北路更为吃重。令罗泽南一军，由崇、通横截而出仍自蒲咸扫荡而下，则鄂贼不敢上犯岳州，是即所以纾湘省北路之忧也。湖北一省，钦差大臣西凌阿、总督官文两军，均在北岸，惟巡抚胡林翼一军向在南岸，近闻移师北渡，进扎汉阳，南岸极为空虚，设武昌之贼逸出，由紫防(纸坊)上犯蒲、咸，则勾结蔓延，为患方长。得罗泽南一军，由崇、通截出，直捣武昌，是又所以救鄂省南岸之疏也。臣反复思维，权衡缓急，姑舍湖口而不攻，令罗泽南回剿武汉，取道较便，而所全较广。"以在清廷、胡林翼、罗泽南面前显示这也是自己的意图。参见《曾国藩全集·奏稿一》，510页。

③ 《调派罗泽南一军取道崇通回剿武汉折》，见《曾国藩全集·奏稿一》，509页。

奏报，庶慰我皇上盼捷急切之意。"①九月二十三日，又上《鄂省军情由
罗泽南径报或胡林翼转奏片》，虽然清廷"旨归胡林翼奏报"，②曾国藩
的目的已经达到。(4)曾国藩上奏请求清廷在罗泽南克复武汉后，立刻
命其回援江西，实施他的战略。他说："一俟湘省北路肃清，武汉剿办
得手，臣仍飞调罗泽南前来会师，以图进取。"他当时绝未想到不久之后
他坐困江西的情势如此危急、窘迫。

　　罗泽南率领的这支湘军主力回到湖北，显然给胡林翼在湖北的军事
行动以极大的支持。翻阅胡林翼的文集，从咸丰五年九月开始，到罗泽
南咸丰六年三月战死武昌城下止，胡林翼的奏捷之报，多与罗泽南有
关。③正如学者们所认为的，在胡林翼面对太平军的打击，具有战斗力
的部队不敷使用的情况下，罗泽南部回援湖北，使得胡林翼军事实力大
大加强，因此，胡林翼将罗泽南倚为长城。

　　咸丰六年二月，江西吉安失陷，曾国藩向胡林翼求援。二月二十三
日，胡林翼接到曾国藩求援信，他不好自己作出令罗泽南继续攻武昌、
汉阳的决定，遂在三月初一日《陈奏水陆官军连日获胜疏》中向清廷奏报
此事，意图由清廷来做决定。胡林翼在奏折中说：

　　　　臣于二月二十三日，接准兵部侍郎臣曾国藩函开，吉安府城失
　　陷，江省军事日形糜烂，急调罗泽南、李续宾提师回援等语。臣思
　　首逆石达开扰害江西，与粤东流匪合并，顿益悍贼四五万人，而本

---

　　①　《请饬罗泽南自行奏报军情片》，见《曾国藩全集·奏稿一》，529～530页。

　　②　曾国藩所奏，同上书，538页。清廷谕旨说："嗣后罗泽南剿办情形，即著胡林翼奏
报，毋庸交曾国藩转奏"。参见《清实录(第42册)·文宗显皇帝实录》卷一七八，"咸丰五年九
月下"，997页。

　　③　这些奏折数量不少，咸丰五年中诸如九月二十一日《陈报援军大获胜仗定期会师并攻
武汉疏》、九月二十八日《陈报援军克复崇阳本军先期进剿先胜后挫疏》、十月初六日《陈报援
军分剿崇阳余匪始胜中败继复大胜疏》、十月二十二日《陈报官军剿贼大胜会师蒲、圻水陆并
进疏》、十一月初一日《官军会剿蒲、圻克复城池疏》、十一月二十一日《陈奏陆军克复咸宁山
坡进兵纸坊水师克复金口进屯沌口疏》、十二月初二日《进攻武昌省城大获胜仗疏》，咸丰六年
中诸如正月十七日《水陆攻剿迭获胜仗疏》、二月初七日《陈奏官军连日获胜情形疏》、三月初
一日《陈奏水陆官军连日获胜疏》，三月十四日《官军大胜并破新垒三座疏》等。参见《胡林翼
集》第1册，"奏疏"，41～73、79～111页。

境之匪附益更多。既已连陷江西州县，则南、赣、抚、建固属可危，浙、闽、湖南尤深远虑。东南大局所关，臣何敢以鄂中一省之事，而恝然不顾？且近年以来，各省招致兵勇多不可恃，自非罗泽南等速援，未易剿办也。①

只看这一段，看到的仿佛是胡林翼在处处为曾国藩着想。但是，下面一段却是胡林翼狡猾地借罗泽南的话来维护自身的利益："罗泽南之议，则曰：'武汉为南北枢纽，视他省关系独大。上缩荆、襄，下控吴、皖，未可弃而不顾。'"接着，胡林翼借势陈说，道出了自己的真实意图：

> 臣再三思维，南岸各军力攻八十余日，战士良苦，功隳垂成，遽行撤调则亦不足以激扬士气。且罗泽南之军，正月、二月饷项亏欠，江西库币亦竭，即令克日速援，而欠饷行粮，必应速为筹措。臣之水师火具已齐，湖南大炮已到，默计旬日之内，春汛初起，汉阳南岸嘴之沙渚可期涨溢，则贼舟难于闭藏，水贼或可烧而走也。臣等定计力图克复。如旬日无成，则鄂省战守，惟臣无可诿责，自当权其缓急，筹措饷项，先以数千赴援。

胡林翼这种首鼠两端的策略，恰恰给了清廷大肆施展手段，分化、打击湘军集团的机会。因此，清廷的表现比胡林翼和曾国藩更滑头，不仅促使胡林翼和曾国藩在这一问题上矛盾凸显，更为重要的是，清廷从湘军集团的两位最高统帅身上，看到了在自身利益面前，他们并不是铁板一块。那么，以利益为诱饵，分化湘军集团的政策，日益形成。关于清廷在罗泽南事件中的作用，从下述三月初发出的上谕中很清晰地表现出来：

> 寄谕湖广总督官文等。曾国藩、文俊奏："吉安失陷，石逆久踞临江，南则窥伺赣州、南安，北则踞守武宁、新昌。贼势蔓延，全省几遍。周凤山陆军今日又遭挫折，请饬罗泽南迅速移师来江援

---

① 《陈奏水陆官军连日获胜疏》，见《胡林翼集》第1册，"奏疏"，101～102页。

剿。"本日复据胡林翼奏："现在春汛初起，贼舟难于闭藏，已定计
力图克复，倘一时未能得手，先以数千人赴援"等语，所筹甚是。
胡林翼如能于旬日之间攻克武汉，则罗泽南一军即可回援江西；倘
克复尚需时日，先行派兵分援，亦须仍由罗泽南等统带前往，方能
得力。该督等务当权其缓急，不可稍存畛域之见，致误事机。将此
由六百里谕令知之。①

三月中旬所下的上谕中说：

> 前因曾国藩等请饬罗泽南回军援救江西，并胡林翼奏请暂留罗
> 泽南，俟旬日以后，再行派兵赴援，当经谕令官文、胡林翼斟酌缓
> 急办理。现据廉兆纶驰奏："江西自吉安失守后，贼复于二月二十
> 三等日连陷抚州、进贤、东乡、安仁各郡县，省城四面受敌，消息
> 不通，请速拨官兵援救。"并据何桂清奏报"江西省城，探闻现已被
> 围"等语。江西壤地毗连六省，形势极关紧要，现在逆势披猖，省
> 城危急，设有疏虞，则东南大局岂堪设想！此时筹拨援兵，计惟罗
> 泽南一军驰赴省垣，庶危城可保。著官文、胡林翼酌量情形，如武
> 汉贼势实已穷蹙，即照胡林翼前请，先派官兵数千名驰援江西，令
> 罗泽南暂缓起程，以免功败垂成；若武昌急难克复，则罗泽南虽留
> 无益，而江西省垣十分吃紧，即著官文等饬令该员统带原有兵勇，
> 克日起程，回援江省，并设法迅速驰赴南昌，毋稍迟缓，致误
> 事机。②

清廷利用胡林翼为了自身利益，在湖北尤其武汉未能肃靖的情况
下，不愿放罗泽南回江西援救曾国藩的心理，将决定权授予胡林翼，这
当然是表面现象，实际上清廷是暗操决定权，三月初（十四日送达）的上
谕说："胡林翼如能于旬日之间攻克武汉，则罗泽南一军即可回援江西；

---

① 《清实录(第43册)·文宗显皇帝实录》卷一九二，"咸丰六年三月上"，72~73页。
② 同上书，83页。亦见《胡林翼集》第1册，"奏疏"，103~104页。

倘克复尚需时日，先行派兵分援，亦须仍由罗泽南等统带前往，方能得力。该督等务当权其缓急，不可稍存畛域之见，致误事机"；三月中旬（二十二日送达）的上谕则指示："前因曾国藩等请饬罗泽南回军援救江西，并胡林翼奏请暂留罗泽南，俟旬日以后，再行派兵赴援，当经谕令官文、胡林翼斟酌缓急办理"。这样就将胡林翼放在了尴尬的位置，因为胡林翼如全然不顾自身利益，全力增援曾国藩，固然有利于湘军集团各派系之间的精诚合作，但是，却必然引起胡林翼派系内部的不满；而如果胡林翼顾及自身利益，不速援曾国藩，则湘军内部两大派系间的矛盾必然加剧。清廷两道上谕寄达的时间分别是咸丰六年三月十四日和三月二十二日，而罗泽南三月"初八日巳刻，因伤身故"。[①] 也就是说，清廷的谕旨寄达前，罗泽南已死，打击曾国藩、分化湘军集团的现实已经造成。

不过，曾国藩主动上奏请调罗泽南回援湖北一事，确实对湘军集团内部人员起到迷惑、内聚的作用。李元度在《罗忠节公别传》中说："义宁既克，公上书曾侍郎，其略曰：武昌居吴楚上游，九江为豫章门户，今皆为贼据，崇通等处群盗出没，江西之义宁、武宁，湖南之平江、临湘均无安枕日。欲克九江必繇武汉下，欲克武昌必自崇通入。曾公因奏派公回援武汉，而以彭君三元、普君承尧所部宝勇隶之。"[②] 似乎并未看到曾、胡、罗之间的矛盾，而且对曾国藩奏派罗泽南援鄂及调拨军队加强罗部之举表示赞赏。这从一个方面表明了清廷在罗泽南事件中所采取的策略，及其扩大湘军集团内部矛盾、分化湘军集团的效果，在一定程度上被曾国藩所采取的策略消解了一部分。

如果说王鑫事件是清廷在湘淮集团崛起初期错过的能很好利用的湘军集团内部矛盾的话，那么，罗泽南事件本来没有王鑫事件那样的好机会（典型的分裂事件），但是，清廷却极力利用湘军集团内部的分歧，以

---

① 《官军大胜并破新垒三座疏》，见《胡林翼集》第 1 册，"奏疏"，107 页。

② （清）李元度：《罗忠节公别传》，参见《清碑传合集·续碑传集》卷五十八，2682 页，上海，上海书店，1988。

期达到分化湘军集团的效果。而且，这一策略在全力实施中，也确实收到一定的效果。

三、沈葆桢厘金事件与清廷分解
湘军集团行政财税权的策略

对于沈葆桢与曾国藩之间矛盾、摩擦，甚至是公开决裂，以往的研究者往往是抓住曾国藩与沈葆桢争夺厘金来进行论述，且多从沈葆桢的性格等方面找原因，给人以突兀之感。而实际上，沈葆桢与曾国藩争夺厘金，并非孤立的、突然产生的事件，其爆发固然有沈葆桢等当事人性格的原因，更主要是因为当时皖、浙、苏、江战局中，江西承担着沉重的协饷任务，以致本省财税负担沉重，几有无法承受之虞；同时沈葆桢希望在江西建立自己控制的兵勇队伍，这一点与清廷企图在全国重建经制之兵的意图相符，而供给额兵之饷，至少在战争时期是由各省筹集供应，各省自募勇营的饷银也是由各省自筹，这也给沈葆桢在财税问题上以巨大压力；曾国藩在募派援军及其饷银问题上也有不合理举动，等等。因此，本节虽以"厘金事件"来命题，实际上是试图较为全面地展现沈葆桢出任江西巡抚之后，与身为两江总督的曾国藩之间一系列矛盾，及其最终累积成"厘金事件"的前因后果，同时还尝试分析清廷在其中的作用。

随着江南大营的败溃，江浙财赋之区也处于日趋崩溃的局面，清廷只能更加依赖曾国藩的湘军。咸丰十一年至同治元年，清廷经过慎重权衡战局需要、因应策略之后，允准曾国藩的推荐，于咸丰十一年十二月任命沈葆桢为江西巡抚，咸丰十一年十二月左宗棠督办浙江军务并很快实授浙江巡抚，同治元年三月李鸿章署江苏巡抚、十月实授。在曾国藩等湘淮首领看来，沈葆桢久在曾国藩幕，熟悉湘军情形，又久任江西之官，熟悉江西情况，相信他出任江西巡抚后应该对湘军和曾国藩给予有力支持，能在这一湘军的重要饷源地为湘军提供充足的军饷。而清廷显然另有一番考虑。

随着沈葆桢在江西站稳脚跟，他不仅未能如曾国藩所期望的那样成为曾国藩的强助，反而与曾国藩展开了一系列利益争夺。

(一)曾国藩与沈葆桢争夺江西牙厘之前，心目中几个重要的争夺、矛盾

按照曾国藩的计划，之所以力争湘军人员出任江西巡抚，是要以江西作为湘军的饷源根本之地。

但是，沈葆桢自得清廷垂青，超擢为江西巡抚之后，对曾国藩等的态度发生了变化，尤其他管辖的江西省，在体制上属两江总督节制，按照清朝定制，大抵吏事归抚臣、兵事归督臣。也就是说，在涉及江西以饷权为中心的财税权力中，丁漕归沈葆桢主政，厘金应归曾国藩主政。按理，曾国藩与沈葆桢争厘金是有道理的，但是，从曾国藩的奏折中还是可以看出，他对经自己大力推荐而出任江西巡抚，也曾是自己亲信幕僚的沈葆桢的举动很是恼火，以致对沈葆桢分内应握之利权也是颇为介意。

1. 第一件事，是"沈葆桢到任后，于元年九月奏明将漕折截留不解"[①]

咸丰十年以后，曾国藩虽署为两江总督，不久又实授，但是，由于江苏、安徽相当一部分地区被太平军占据，而且两省战火所及，经济凋敝得厉害，加之同治元年后，李鸿章授为江苏巡抚，其所统淮军军饷大部靠抽收上海等地厘金，而上海是江苏仅存的殷富税厘之地。江苏厘金抽收量虽日益增加，但淮军数量同样也在日益增加，数年里达到仅次于曾国藩直辖军队的数量。我们都知道，曾国藩直辖军队最多达到十几万，约需饷五十余万两。两江之一的江苏，曾国藩主要靠李鸿章派员经营，而李鸿章月均仅能筹给曾国藩五六万两，安徽战区，除太平军占据之区外，清占据之区又分为三块(翁同书、袁甲三、湘军)，安徽所能筹

---

① 《沈葆桢截留江西牙厘不当仍请由臣照旧经收充饷折》，见《曾国藩全集·奏稿七》，3996 页。

集之饷极为有限，往往需要协饷。浙江更是在省城被陷、巡抚王有龄等人战死之后，形势危急，左宗棠湘军负责浙江一带军务，军饷基本不能在浙江筹集，而需要曾国藩等协济，而曾国藩所能得到的军饷中，很大一部分来源于江西。总之，曾国藩直辖湘军以及左宗棠军等，有相当大一部分军饷要靠江西供给。① 咸丰十一年年末、同治元年初，浙江歉收，曾国藩要支拨左宗棠营粮饷，而且还要用兵严防浙中太平军的袭扰，急需大量饷银。而江西在曾国藩军东下后，兵力薄弱，沈葆桢必须也在江西添兵协防，必然加重江西自身的饷银支出，甚至不得不截留原来支援曾国藩的一部分饷银。这从沈葆桢同治元年三月十三日的奏折中可以看出：

> 浙逆席方张之势，又与皖苏各逆南北通气，图绕浙抚左宗棠后路，以搅督臣曾国藩筹饷之局，其情固未尝一日忘江西也。兼闻浙中上年歉收，食米不足，群贼如蚁，志在因粮于我。日来连接探报，围衢之贼因城守甚坚，左军连胜，已于三月初一日退过南岸，衢城东门小南门可通出入，暂尔解严。江山境内黄埠黄柏铺茅村等处贼本屯聚不少，四出焚掠。龙游龙泉各路踞匪亦上窜江山，源源不绝，以致石门、凤林、新塘边等处均有贼踪。皖省黟县探闻被扰，督臣曾国藩恐皖浙逆匪勾结，由德兴乐平内犯景德镇以断粮路，已派老湘营扼守德兴之白沙关。惟查凤林距广丰仅七十里，新塘边距玉山仅五十里，逆踪愈逼愈近，军情紧急万分。左宗棠一军现扎常山水南地方或足屏蔽玉山，而广丰尤为吃重，亟宜添兵协助以杜豕突狼奔。臣已飞调驻防抚郡之留江补用同知直隶州王沐所带继果营二千人饬令驰赴广丰，归道员段起节制调度，会督在防诸军扼守要隘，力扼狂氛。其抚郡为江省中权要地，不可空虚，即以现

---

① 江西北部和东北部的五个厘金征收点中，河口镇、景德镇、乐平三个货物税征收点的厘金，负责供支左宗棠军；另外，吴城和湖口两个点的厘金供给在江西的彭玉麟内湖水师和刘于浔水师。参见《曾文正公全集》，"奏稿四"，521～522页，传忠书局光绪二年刊本；《江西通志》卷八十七，25页；卷一四○，47～48页。

驻建昌之副将李升平所带升字营量移填扎……①

随后，沈葆桢又在三月二十三日的奏折中，将自己与曾国藩在军事部署上的分歧报告清廷，并再次暗示清廷，江西饷项吃紧：

> 浙江逆匪渐逼江境，闽兵失利，广丰戒严。臣因边防吃重，仅就江省现有兵力，妥筹布置，饬调驻防抚州府城之留江补用同知直隶州王沐所带继果营二千人驰赴广丰，归道员段起节制调度，扼要严防。并咨调护九江镇总兵万泰挑选镇标兵丁一千名，暨檄饬已革参将韩进春招集所部韩字营分驰来省，用备策应，一面函商督臣曾国藩将江苏藩司曾国荃下攻巢舍之师，移缓就急，以固浙江抚臣左宗棠一军后路，均经先后驰奏在案。咨准曾国藩函复曾国荃一军业已下趋无为州一带，以剿为堵，势难折回，其抚州为江省中权要地，王沐一军亦不可轻动等语。而浙氛日逼，出没于江闽数省之交。探闻侍逆李世贤现又添调金严等处，大股源源而来，其意实在江右。经左宗棠亲率数营于本月十三日驻扎江山广丰交界之新塘边淤头等处，并分调臬司李元度副将顾云彩游击刘胜祥等军，会同道员刘典合力剿办，虽时获胜仗，终恐贼众兵单，且左宗棠步步回顾江西以卫饷源，备多力分不无牵制。臣受恩深重，若坐视贼势蔓延，实无以对君父。现据护九江镇总兵万泰呈报浔标各兵业经派拨起行，即日可以抵省。臣在省防兵勇内挑选精练数百名作为亲兵亲勇，督同万泰所部各营于本月二十四日自省起程前往广信，暂驻郡城，就近调度。东路防军虽属无多，而广信为臣旧辖，与该处士民共事日久，拟再号召绅耆实力办团，联络声势，俾贼匪不敢窥伺，以期仰慰圣怀。臣惟知职分所当为，利钝非所敢计。差幸上游无事，省垣安堵如常。惟师行粮随，且各军望饷孔殷，筹办非易，藩司李桓廉明公正，在江年久，熟悉情形，已谆属悉心筹画，实力耆持，并令在省司道恪供厥职，于一切事宜妥为办理。除臣衙门日行

---

① 《浙逆渐逼添兵协防折》，见（清）沈葆桢：《沈文肃公政书》卷一，"奏折"，11～12页。

事件即委藩司代印代行，遇有军务紧要以及题奏事件仍包封送臣行营核办。其一切防剿情形，俟抵信后随时奏报外，所有臣督兵出省，起程日期理合恭折由驿驰奏。[①]

在这一奏折中，沈葆桢一方面强调江西粮饷吃紧，同时又对供给浙江左宗棠军表示义不容辞，并表示要为左宗棠巩固后路之防，这就是在为以后与曾国藩争饷埋下伏笔。

同治元年五月二十八日，沈葆桢在《查明九江关实在情形并筹变通办理折》中说：

> 奏为查明九江尚未开关，奉拨京饷无从筹解。该监督委无隐匿侵吞情弊。据实具奏并恳天恩逾格，准予变通办理以裕饷源，仰祈圣鉴事。窃臣叠准户部咨九江关应解咸丰十一年暨同治元年分京饷案内共税银四十万两，迅饬委员管解等因。查九江关自咸丰三年粤匪窜踞金陵，商船稀少，经前监督义泰奏奉上谕，现在军务未竣，商旅未能畅行，自系实在情形。所有九江关应征本年税银，准其暂行尽征尽解，俟军务告竣后即按照常额征解。钦此。旋以九江府城被扰，遂并无税可征。至八年克复，当经前抚臣耆龄以江路梗阻商贩寥寥，请俟下游肃清再行开关。奏奉谕旨所请，著不准行，迅将实在情形办理，亦不准尽征尽解。钦此。嗣于咸丰十一年正月间，由部提拨十一年分九江关应征税银二十万两，节经前监督文恒、护监督蔡锦青以并未开关征税，无从拨解缘由先后呈明户部，旋经户部奏参，钦奉谕旨查取九江关监督职名，交部严加议处，并准部咨以该监督呈报该关逼近贼氛，商贾裹足，是否实在情形，抑系借词延宕并有无隐匿侵吞情弊，飞咨遵照前奉谕旨迅速查明，奏明办理等因。伏念京库饷需如此其急，凡在臣子孰敢稍存漠视，惟是九江关税例向以木排为大宗船料，淮盐次之，茶竹又次之，此外别无应税之货。嘉庆道光年间必木税一项逾其全额之半，加以各项方能敷

---

① 《驰赴广信督防折》，见（清）沈葆桢：《沈文肃公政书》卷一，"奏折"，14～15 页。

额。自咸丰三年木排被匪焚掠殆尽，历今十载，从未闻有贩运木排过关者。江西两湖向食淮盐，自淮运梗阻，江西先改食浙盐，继改食粤盐；湖广改食川盐，皆不由九江经过。间有小贩无照之淮盐行销，并不畅旺。至逐日来往船只，多系装运兵勇军械，即有商贩为数无几。核计现征船厘每月收钱数千串，较之昔年船料，十不及一。茶竹出产本少而税则复极轻微，所征并不逮厘金之数。该关每年应征正额盈余共银五十三万九千两有奇，何从集此巨款，此该监督所报未能开关，尚非藉词延宕之实在情形也。至船厘一项，原因九江甫经克复，善后防堵在在需费，省库无可分拨，不得不因地为粮，又以克复九江之楚军已于湖口、二套口等处按货抽厘，势难于数十里之内令商贩重叠完纳，乃议于船户所得船价酌量抽收，所收之款按月具报。除本地善后防堵动用外，尽数解归省城牙厘总局，转拨大营军饷，此船厘本与关税无涉，该监督并无隐匿侵吞之实在情形也。窃思关税为国家正赋，未便久悬。第九江正额盈余至五十余万……至未准开关征税期内先后奉拨京饷银四十万两，实系无从报解，其船厘一项本与关税无涉，应由牙厘总局汇案详销，各清各款，以杜牵混。①

可以说是沈葆桢将江西财政的困难，摆了一个通透。既然京饷的拨解都"饷出无从"，那么，截留其他的饷源就属情有可原。同时将京饷牵扯入内，也有利于清廷作出于己有利的决策。

针对曾国藩在咸丰十一年八月初十日提出的"奏拨江西漕折并停解江西协饷"和同治元年八月十二日上奏"恳饬江西拨漕折以济饷需"，企图将江西供饷通过从正税中定时、定量拨给加以固定化的要求，② 同治元年九月初五日，沈葆桢又上《请留漕折接济军需折》，该折全文如下：

---

① 《查明九江关实在情形并筹变通办理折》，见（清）沈葆桢：《沈文肃公政书》卷一，"奏折"，21～24 页。

② 曾国藩的两个要求，请参见《曾国藩全集·奏稿三》，1621 页；《曾国藩全集·奏稿五》，2577 页。

　　奏为江省边防万紧，熟筹战守事宜，恳恩准留漕折接济军需，以保完区而扶全局，恭折驰陈，仰祈圣鉴事。窃臣叠准督臣曾国藩咨称皖南军营苦疫，逆贼有上窜之势，景镇亟宜设防，当即飞调游击刘胜祥由广信帅所部二千人并咨请赣南镇总兵陈金鳌将所练湘勇千人，派员督带，均赴景镇协守在案。本月初三日又准咨称大股贼匪由东坝窜新河庄东门渡一带，提督鲍超所统霆副四营，正在移防该处。因营垒未定，为贼所乘，连峰字两营一并退回宁国，皖南军情万紧，应檄九江镇挑兵六百名督赴湖口严防等因。查该逆如果沿江西窜，则湖口、九江同时震动，且探闻豫捻蔓延楚界，连陷郡县，上游下驶，一天可杭，九江存城兵仅盈千，无从分拨，该护镇亦未便久离要郡，此外别无一兵可调，只得将留省教练之铜鼓等营兵一千一百余名，札委署南湖营都司王定国带赴湖口驻守，惟是隘口林立，既不能路路设防，腹地空虚，更无从处处兼顾，非有一大支游击之师随贼所向，与之相持，则彼乘隙而来，前途各防几同虚设，无论江省数百万户不堪蹂躏，即皖浙饷源俱断，必溃败难收，东南大局全灰，何时复振？臣谨饬令奏请补用臣标中军参将韩进春驰赴原籍兴国，精募五千劲卒，以备折冲。该员沈毅朴诚，可当斯任。顾增兵必须增饷，以江省目前情形而论，不特增兵之饷无款可支，即原设防军拖欠累累至八九个月不等。前此冀力持大局，故西江所出先尽皖浙诸军，而本境坐防之军只能从缓，逮闻警飞调，铺户索债，士卒求衣，皆以待饷之故，不能立即拔营，虽叠札严催，其困苦情形实令人心恻。伏计江省进款三宗：曰厘金，曰漕折，曰地丁。厘金收数较赢，尽输皖浙军饷；漕折则提京饷四十万，又提皖饷每月四万，原额九十一万有奇，除因灾豁免及流亡实欠外，所收不过六七十万，已不敷解款；地丁原额一百五十余万，屡遭贼扰，凋敝之后，积欠尤甚于漕，加以今岁水患频仍，虽极力催征，不过得半而止，而兵饷出其中，勇粮出其中，接济浙军及过往兵勇出其中，坐支各款亦出其中，所以江省拮据情形，有过于被兵省分者。但使军务日有起色，江省何惜忍数时之苦，以济垂成之功。所以臣议复御史华祝三酌留厘金训练土兵一折，绝不敢稍存畛域。今则如救焚者火将及屋只图扑灭，何暇择水。合无仰恳天恩逾格，俯念军情万紧，关系全局，准将江西本年漕折提解京协两饷暂行停止，以供本省添勇练兵之用。其防军旧欠虽万难弥补，以后亦须按月解济，以固军心。臣非不知部库皖营皆万分窘急，然留一江省完善之地，尚可徐图挽救，收效将来。若相与沦胥，势将求勺水而不可得。臣忝膺疆寄，死有余辜，窃思前此江苏、浙江，如不专恃金陵、宁国大营，稍图自立，何致现在岁动军需数百万，宵旰焦劳，苍黔涂炭，至今未已耶？往年江西闻警，恒婴守省城以待两楚之援，今则两楚亦筋疲力尽，自顾不遑矣。臣不敢谓区区五千人遂确有把握，但有一分可为之事，即有一分当尽之心。病而求艾，尚且恐后，若屏谢医药，庸有瘳乎？此微臣所以再四思维，不得不冒昧干渎者也。应请饬部将江西应提京饷暂由他省匀拨，俟江省防务稍松，即行照旧起解，不敢自昧天良。皖南待饷孔殷，近粤厘已有成效，前月分解皖饷四万金，浙饷三万金，以后解款自当加旺，应由督臣飞檄催提。臣为着拄危局起见，不敢稍事拘泥。理合恭折由驿五百里驰陈，伏乞圣鉴训示。再臣又准兵部侍郎臣彭玉麟函开，探闻该逆拟分三路并力以窜江西等因。贼踪飙忽异常，是以未及与督臣会商办理，合并陈明谨奏。①

奏折的末尾说得很明确，他作为下属，这样的重要事情，他并未与曾国藩事先协商，上奏造成既成事实，打了曾国藩一个冷不防。而清廷为了更长远的战略利益，在事关部分京饷等问题上，竟然允许了沈葆桢的请求。清廷在九月中旬发出的上谕中是这样说的：

沈葆桢奏江省边防万紧，拟增募勇丁，以资战守，请暂留漕折银两一折。金陵援贼，由东坝窜新河庄东门渡一带，鲍超所统各营，退回宁国。皖南军情万紧，豫捻蔓延楚界，上游下驶，一苇可

---

① 《请留漕折接济军需折》，见（清）沈葆桢：《沈文肃公政书》卷一，"奏折"，33～36 页。

杭。非有精锐之师，相机随势，与之相持，则乘隙而来，各防几同虚设。沈葆桢现饬参将韩进春赴兴国募勇五千名，以备折冲，自应如此办理。惟所奏本年漕折提解银两，关系京皖各饷，全行停止，势有难行。现在江省情形急迫，准其悉数提充本省军饷，俟防务稍松，仍应酌量分拨。①

批准沈葆桢暂行截留漕折。

沈葆桢在截留江西税银后，迫于曾国藩的压力，同时在清廷尚未有明确意见的情况下，以退为进，逼迫清廷表示明确的意见，上折请求告病假。这时，有御史迎奉清廷的意旨上奏，指出沈葆桢"所以力求引退者，特以协饷用人两端与曾国藩意见不合，而营员乘间伺隙，饰非乱是，是以沈葆桢知难而退"，② 连与曾国藩素为相投的大学士倭仁也揣摩圣意，责备曾国藩"闻沈幼丹中丞与阁下不协，欲行引疾，九重深以为忧。窃意国家多故，正诸贤同心共济之时。阁下爱才如命，即一能一艺，无不雅意搜罗，岂贤如幼丹而不引为同志者。道途之口，原不敢以疑大贤，即意见少有差池，责己返躬，自能使猜嫌悉化。……贤才难得，国事为重，惟阁下鉴察焉"。③ 而清廷谕旨，则是对沈葆桢、曾国藩皆有训诫，对两人都进行了打压，但并未要求沈葆桢改变做法，实际上在沈葆桢截留协饷问题上支持了沈葆桢。

2. 第二件事（实际上是由一系列较小的事件组成），沈葆桢在饷税、人事等一系列问题上，与曾国藩制造摩擦

就在沈葆桢同治元年九月初五日上《请留漕折接济军需折》后不久，九月十六日，曾国藩寄沈葆桢信中，表示对江西防务极其注意，在宁国县城失守后，已经"饬朱、唐两军坚守旌德、徽州二城，冀可堵截，又恐其由间道内犯，已飞调蒋芗泉一军入徽扼贼窜江西之路，左帅亦以景

---

① 《清实录（第 45 册）·穆宗毅皇帝实录》卷四十三，"同治元年九月中"，1169～1170 页。

② 《清实录（第 46 册）·穆宗毅皇帝实录》卷八十二，"同治二年十月上"，48～50 页。

③ 《致曾涤生》，见（清）倭仁：《倭文端公遗书》卷八，25 页，山东书局光绪二十年重刊本。

德镇、乐平等处为后路饷源，或许我也"。同时认为："江西本省不可无大支游击之师，韩进春五千人之举断不可少"，但是下一段话却透露出他想控制这支部队的意图，"五千人之饷月需二万八千金，并子药帐棚共约三万两（此敝处最多之则，若稍少则二万六千、二万四千亦可养五千人）。敝处愿匀分二万金月供韩军，或全提漕折，或漕项一万、厘局一万，皆提有着之款，下欠一万，请公或截部漕、或提地丁补之"。名义上由曾国藩支付韩军大半军饷，实际上却都要出自江西。同时让沈葆桢更为恼火的是，就在这一封信中，曾国藩还催解饷银，"敝处奏定新漕，求饬按月酌解，慎无全行截停，至感至感"①。沈葆桢主管江西省财税，但是曾国藩一方面向自己催逼饷银，另一面又表示为自己招募的军队提供军饷，因此他的恼火可想而知，据该信件原注："此函沈葆桢并无回信"。② 十月初四日曾国藩在与沈葆桢咨文中再提此事，"旋接沈葆桢复咨，不允分拨漕折解皖之议，遂未奏请，以全寅谊"③，沈葆桢既然已经有漕折不再解归曾国藩的主意，并已上奏清廷，在接到清廷回复之前，他虽恼火，采取的不是回信严拒，而是不予回信，一旦获得清廷支持，他对曾国藩的要求，就毫不客气地迅速予以拒绝。④ 当然，曾国藩在给沈葆桢的信函、咨文中，一是仍然极力争取沈葆桢在丁漕项目上如从前一样的支持，同时也向沈葆桢表示，他也是照顾江西、沈葆桢的利益，不断减少江西额饷之数的："徽防系张都堂督办，每月额饷约十一万。其奏拨江西协饷八万两，虽未全解，然每月实解现银三万两，有案可稽。本部堂自十年八月接管徽、宁两防，仅请拨江西漕折五万两，较之原额实已大减，今秋减为四万，兹又减为三万矣"，同时又说："倘徽、宁侥幸保全，大局不致决裂，贼退之后，本部堂再募勇五六千，

---

① 以上引文均见曾国藩全集中所附同治元年九月十六日曾国藩与沈葆桢往来信咨抄件，参见《曾国藩全集·奏稿七》，4000 页。曾国藩原信，见《曾国藩全集·书信五》，3160 页。

② 《曾国藩全集·奏稿七》，3999 页。

③ 《曾国藩全集·书信五》，4000 页；《曾国藩全集·奏稿七》，4000 页。

④ 沈葆桢在获得清廷支持前不予回信作答和在获得清廷支持后拒绝曾国藩请求的情况，均可见相关信件中曾国藩原注。《曾国藩全集·奏稿七》，3999、4000 页。

增池州、祁门之兵，添石埭、建德之防，庶几外保皖南，内固江西，其协饷漕折三万，断难稍减。应请贵部院谆饬粮道，按月如数拨解，实叨舟谊。"①而在给友人的信件中，曾国藩对江西不能及时拨解饷银表示十分不满和忧虑："月来解款寥寥，连旬北风，饷船延途稽滞。危险如彼，支绌如此，深恐难免决裂。……江省厘金，前函略述梗概，兹将片稿抄呈台览。"②

曾国藩在同治三年三月十二日的奏折中曾提到沈葆桢"将漕折截留不解"之事和"二年六月，奏留洋税专充江忠义、席宝田之饷"这一件事，"此两项者，臣均未具疏复奏，力与争辩"。③ 表示曾国藩在这两件事上对沈葆桢十分不满。

此事沈葆桢却另有一种说法。同治二年五月二十七日沈葆桢上《吁提洋税以济援师折》，指出在同治二年前后，江西"九江关洋税拨解皖浙及江省军需共银十五万两"，"经臣先后附片奏明在案"。关于江忠义、席宝田军饷需争端，沈葆桢是这样奏述的：

> 兹查督臣曾国藩调援江西之江忠义、席宝田两军，月饷约需六万，虽经曾国藩饬两江总粮台提款支发，惟该粮台所入尽数解皖犹苦不足，何从分润客兵。臣职任封疆，岂敢坐视数千里来援之师枵腹从事？席宝田一军先到，经署藩司孙长绂竭力搜罗，暂支弥月。现江忠义前部业已抵省，藩库万难设措。而彭泽湖口都昌乞援之书，雪片而至，且有绅民来省守候救兵者，九江拿获贼探有黄老虎在都昌打造战船图攻浔郡之供，商民为之震动，师行断不容缓，而饷款别无可筹，臣只得移请江忠义星速由浔进剿，饬善后局勉措六千余金，俾资数日行费，饬九江关道于续征洋税项下，动拨银三万两就近解营，并恳天恩俯准将此后九江关所收洋税先尽江席两军按

① 《曾国藩全集·奏稿七》，4001 页。
② 《复晏端书》(同治元年九月十六日)，见《曾国藩全集·书信五》，3167 页。
③ 《沈葆桢截留江西牙厘不当仍请由臣照旧经收充饷折》，见《曾国藩全集·奏稿七》，3996 页。

月解济，由江忠义派员住浔守领，其不足者再由善后局筹补，均归两江粮台核作收放，俾不致临敌饥溃，以昭主客之谊而保完善之区。①

曾国藩对沈葆桢此举大为气愤的是，九江关洋税征解支拨，本是由曾国藩派员（九江关署监督蔡锦青）负责的，现在沈葆桢实际上借机侵夺曾国藩的饷权和饷银，只不过由于沈葆桢将此项收入用来专供曾国藩派往江省的江忠义、席宝田军，曾国藩没有专门上奏力争。

五月二十七日，沈葆桢还上《洋税尽数解营片》，主要是针对曾国藩上奏、清廷催江西省济饷的上谕而来。在同治二年，曾国藩在四月二十七日上奏《密陈近日大江南北军情及饷缺兵逃大局决裂可虞片》。沈葆桢说："正具折间，承准议政王军机大臣字寄同治二年五月初六日奉上谕，曾国藩奏兵事迟钝，由于饷需支绌，著沈葆桢于九江洋税项下每月拨银三万两解皖济饷等因，钦此。"这个"正具折间"，当是正在拟《吁提洋税以济援师折》和《汇报近日军情折》。他接着说，"窃臣于三月间准督臣曾国藩函致，以江西军情万紧，急檄鲍超赴援，因饷缺未克拨营。臣当即飞饬九江道赶集洋税六万金，星夜解皖。近得曾国藩来信，又深以江席两军饷无所出，焦灼于心。在督臣虽谓粮台谊不容辞，然臣熟知牙厘更无余款，是以奏请将洋税一项先尽江席两军，其不足者再由善后局筹补，以分督臣之急而卫皖饷之源。目下九饶群盗如毛，米珠薪桂，防兵索饷急于火煎。虽闽浙督臣左宗棠极谅江省苦情，派来刘典援师血战于江，转饷于浙，第以本省正杂各款供本省新旧各营，实已朝不谋夕。臣终不敢稍分畛域，上负朝廷。惟是洋税盈绌无常，若按照第一结计之，则除外国扣款及费用开销外，每月尚不止三万，按照第二结计之，又远不及三万，只得尽数解营，缺者再筹弥补，至江忠义等皆望饷若渴，自宜就近守领，毋庸解皖，致多周折"。②

这两个奏折在同日所上，可以看到沈葆桢笼络江忠义、席宝田之

---

① 《吁提洋税以济援师折》，见（清）沈葆桢：《沈文肃公政书》卷二，"奏折"，22 页。
② 同上书，26 页。

心，频繁向清廷奏报因济饷而江省财政紧张，又赞成在江省重建额兵，为他与曾国藩争夺漕折、厘金为主的江省财税权力做好了铺垫。

(二)曾国藩与沈葆桢江西厘金之争体现的中央和地方权力争夺态势的变化

在经过一系列带有铺垫性质的举动之后(并不一定是经过事先周密的预谋，也可能是这一系列事件的发生带有随机性，只不过当事人抓住并利用这些随机事件)，沈葆桢把手伸到了职责范围督抚交叉的领域——税厘上。同治三年二月二十六日，沈葆桢上《江西税厘仍归本省经收折》，鉴于该折对这一事件的重要性，故原文照录如下：

> 奏为江右军务方殷，民力已竭，仰恳天恩酌定协皖银数，将茶税牙厘等款仍归本省经收，以固军心而全民命事。窃臣查咸丰十年五月初三日，经督臣曾国藩片奏，蒙恩简署江督，与平时事势不同，皖南北均属残破之区，苏常遍地贼氛，几无下手之处，请将江西通省牙厘归臣设局经收，以发征饷等因。奉旨允准在案，伏念督臣此举原谓当日事势与平时不同，不得不变通办理，而揆诸今日事势则又与咸丰十年不同。臣忝任封疆，安得不再筹变通以期尽利，谨为我皇上沥陈之。查咸丰十年江西全省肃清，苏皖遍地皆贼，督臣征饷，自不能不专责江西，今则皖北阖境敉安，皖南仅有广德未复，江苏之苏松镇太氛祲全销，金陵常州功成指日。上海殷富冠绝东南，而江西水旱连年，横遭兵燹，苏浙败逆，死中求生，今春以来入境殆将十万，忠侍堵辅各巨逆咸思接踵而至，闽地无粮可掳，彼即欲窥楚粤，亦必借径广饶，胜则盘踞城池，败亦窜越山谷。前此老巢可恋，小挫即复东归，今则破釜沉舟，虽死绝无返顾，此贼势之不同者也。咸丰十年督臣未离江境，征兵可兼防兵之用，本省勇数寥寥，取给钱漕，虽蒂欠已多，尚堪敷衍。今则督臣去江远甚，而督臣所部猛将精兵又去督臣远甚，猝然闻警，虽欲卷甲疾趋，鞭长莫及，且前敌撤动中贼牵制之计，全局皆翻。咸丰十一年，李秀成直入长驱，几于蹂躏通省。前车可鉴，能勿寒心？是以

护抚臣李桓募继果营二千人。臣到任后募韩字营五千余人，添募继果营一千余人，移调精捷营精毅营万有余人，各府募守勇五百人，犹尚顾此失彼，疲于奔命，然勇数则倍蓰于昔矣。夫苏浙肃清，群逆铤走，固无一时尽歼之理，亦断不能使其绝无可窜之路，所望要地，均有重兵，步步截杀，使无可掳胁，无可占据，日剿日减，以至于无，否则死灰复燃，大局何堪设想？今春复饬未到任之赣南道王文瑞，募湘勇四千，各府州县报募勇守城者，或千余人，或数百人，络绎不绝，将严其失守之罪，不得不予以可守之资。此兵数之不同者也。咸丰十年以前，江西连岁丰稔，苏浙路梗长江，未有通商之议，富商巨贾咸出其途，故团练不患无资，劝捐亦易集事，今则水旱屡告，农鲜盖藏，长江通商，海道畅行，大贾尽趋，沪汉团务捐务动辄窒碍，民穷财尽，丁漕两款征解不前，而京饷出其中，协饷出其中，兵饷勇饷均出其中，闻警以来，各郡县之募勇者，均请留用正款，靳之则城邑不保，何有丁漕？许之而库藏空虚，何从抵注，此民力之不同者也。夫以事势不同如此，但袖手坐视，不思变通，江省糜烂不堪，闽粤两楚亦将波及，纵苏浙肃清，东南大局其可问乎？圣主痌瘝在抱，出师命将，备极焦劳，苏皖之民，咸出水火而登衽席。臣虽奉职无状，何敢坐视江右既登衽席之民沦入水火乎？夫使能以江西之饷全力供督臣之兵，以督臣之兵全力顾江西之地，岂不甚善？而势各有所不能者，力各有所不逮也，江西为督臣兼辖省分，臣何敢稍分畛域，然如湖南广西等省，皆总督兼辖省分，其不能协济者无论，已能协济者亦每月数万金而止，何者？各有应守之地，不敢自荒也。即牙厘茶税等事亦归本省自办，何者？各有应尽之职，不敢自旷也。如谓将，将不得其人，兵勇亦同虚设。理财不得其道，厘税适以病民，是则抚臣失职，督臣当劾而去之，不当遥为之谋，令其安坐伴食也。方今各营枕戈杀贼，悬釜待炊，薪桂米珠，深虞哗溃。合无仰恳天恩俯念江右生灵无以自存之苦，查臣万不得已之私，准将茶税牙厘等款，仍归江西本省经收支用，其督臣征饷酌量江省力所能及者，钦派每月协济数万金，俾征防两无贻误。如臣议窒碍难行，应请旨一面敕下部臣通盘筹画，准臣暂于江西牙厘茶税项下，分提其半以济急需而撑危局。臣钦奉诚谕勉以和衷，非敢复蹈前愆，自干罪戾，然事势至此，犹引避嫌怨，任其颠危，则上负朝廷下负百姓，获咎滋重，理合由驿六百里恭折沥陈，伏讫皇太后皇上圣鉴。臣不胜惶悚待命之至。谨奏。①

曾国藩面对沈葆桢截留江西牙厘的严重局面，在同治三年三月十二日奏折中采取的策略：

第一，将这一经费与清廷至为关心的围攻金陵，获得剿灭太平天国的胜利紧密联系在一起，以期获得清廷的支持。他说："奏为江西牙厘仍应归臣处经收，以竟金陵将蒇之功"，"今江、浙之省会已克，金陵之长围已合，论者辄谓大功指日可成，元恶指日可毙。以臣观之，洪酋与忠逆坚悍异常，屡掘地道俱未得手，本无粮尽确耗，又城中新种麦禾，青黄弥望。臣之愚计，谆嘱曾国荃、鲍超等总须力扼窜路，不使逆酋大股冲出，贻患他方。至克复之迟速，尚难预计。往昔庚申之春，和春、张国梁大军合围，功败垂成，彼时围师比今日多二万人，饷项存营者尚数十万，徒以迟延未发，尚为军士借口，全局决裂。况今日饷需奇绌，朝不谋夕，安得不争江西之厘以慰军士之心？此臣之隐衷，外人诧为过虑，惟冀皇上鉴谅者也"。②

第二，强调自己统率的这支具有强大战斗力的部队欠饷严重，危及军队的稳定："此次截留牙厘，不能不缕陈而力争者，实因微臣统军太多，月需额饷五十余万，前此江西厘金稍旺，合各处入款约可发饷六成，今年则仅发四成，而江西抚臣所统各军之饷均发至八成以上。臣军欠饷十六、十七个月不等，而江西各军欠饷不及五月。"③

第三，从两江与江西关系的角度来谈沈葆桢违制问题，强调自己处

---

① 《江西税厘仍归本省经收折》，见（清）沈葆桢：《沈文肃公政书》卷三，"奏折"，1～4 页。
② 《沈葆桢截留江西牙厘不当仍请由臣照旧经收充饷折》，见《曾国藩全集·奏稿七》，3995～3996 页。
③ 同上书，3996 页。

于受害者和维制者的地位。他说:

> 伏查臣军奏拨江西之饷,前后约有三项。臣初任江督,奉旨兼办皖南军务,其时江南六府糜烂,皖南仅存祁门一县,一片贼氛,无处下手。臣于是奏办江西厘金以充东征诸军之饷,奏拨江西漕折五万以充徽、宁两防之饷。逮二年四月,因各军逃亡过多,又奏九江洋税三万以清积欠,先后奉旨允准。沈葆桢到任后,于元年九月奏明将漕折截留不解臣营。二年六月,奏留洋税专充江忠义、席宝田之饷,并未解过臣营一次。此两项者,臣均未具疏复奏,力与争辩。此次截留牙厘,不能不缕陈而力争者……①

曾国藩再次从疆吏专擅的实情以及督抚间分权的角度论沈葆桢之咎:

> 前代之制,一州岁入之款,置转运使主之,疆吏不得专擅。我朝之制,一省岁入之款,报明听候部拨,疆吏亦不得专擅。自军兴以来,各省丁、漕等款,纷纷奏留供本省军需,于是户部之权日轻,疆臣之权日重。然疆臣既得专管利权,则督与抚事同一律,不得又有轻重主客之分。臣尝细绎《会典事例》,大抵吏事应由抚臣主政,兵事应由督臣主政。就江西饷项论之,丁漕应归沈葆桢主政,以其与吏事相附丽也;厘金应归臣处主政,以其与兵事相附丽也。

同时他说:

> 臣忝督两江,又绾兵符,凡江西土地所出之财,臣皆得奏明提用。即丁、漕、洋税,三者一一分提济用,亦不为过,何况厘金奏定之款,尤为分内应筹之饷,不得目为协饷,更不得称为隔省代谋。如江西以臣为代谋之客,则何处是臣应筹饷之地!谓安徽应筹耶?则乔松年亦得执本省隔省之说以相拒。谓江南苏、松各属应筹

---

① 《曾国藩全集·奏稿七》,3995~3996 页。

耶？则李鸿章兵数之多亚于臣处，战事之殷倍于上游，除议定月解四万外，势难再行提用。谓江北淮、扬各属应筹耶？则里下河蕞尔之区，臣与吴棠、富明阿、冯子材四人争剥竞取。其何能给？且畛域之说太明，则镇、扬两防断不足以自存，而僧格林沁、多隆阿等不兼封疆之帅，必有窒碍难行之日，臣窃以为不可。臣所最抱歉者，广东七成之厘金，湖南东征局之厘金，皆非臣分内应得之饷。用兵太久，乞邻救饥，私衷耿耿，如负重疚。然毛鸿宾、恽世临不遽奏请停止者，知臣处入不敷出甚巨也。一俟军务稍定，臣即当奏明先还广东七成之厘，次罢湖南东征之饷，断不肯久假不归，蹈专利之陋习而不自觉，此心筹之熟矣。抑臣又闻同僚交际之道，不外二端：曰分，曰情。[①]

对于沈葆桢截留江西省的厘金，清廷是以户部议奏的方式对曾国藩发难。曾国藩对此也是很敏感的。他在同治三年三月二十五日的日记中写道："日内因户部奏折似有意与此间为难，寸心抑郁不自得。用事太久，恐人疑我兵权太重、利权太大。"[②]

通过这一事件，清廷至少收到了以下三项效果：第一，对当时征收厘金的一个重点地区，也是湘军集团厘金充饷的一个重要来源——江西厘金之数，有了基本的掌握，也为进一步控制厘金征收调配权打下了基础。第二，进一步了解到湘淮集团成员之间矛盾很多，尤其是督抚之间利益矛盾，为清廷施展政治手段提供了很大的空间。[③] 第三，清廷由此了解到自己实施的分化、钳制政策颇具成效，以致曾国藩因日感掣肘之重，而有"引退数年，以息疑谤"的想法。[④]

---

① 《曾国藩全集·奏稿七》，3997～3998 页。

② 参见《曾国藩全集·日记二》，1000 页。亦见《曾文正公手书日记》，同治三年三月二十五日。

③ 而且，这一事件不仅使沈葆桢、曾国藩分裂，还使矛盾进一步扩大化，左宗棠也牵涉其中。如在天京攻陷后，沈葆桢、左宗棠都要求追究幼天王事件、洗劫天京事件，为清廷打击曾国藩的气焰提供了条件。

④ 《曾国藩全集·日记二》，1000 页。

四、李元度案与清廷分化制约策略的深化

关于李元度事件，目前的研究成果主要集中在探讨他与曾国藩决裂的过程，以及王有龄在曾、李分裂过程中拉拢李元度的作用等，较少注意到清中央在这一事件中的作用。① 本书认为，从清廷及其信员王有龄在李元度脱离曾国藩的过程中施展的手段，可以看出清廷利用湘淮集团内部分化的主动性已经很强。更为重要的是，清廷已经开始有意识地借助这一事件的后续过程（主要就是王有龄、官文等人对李元度屡加保荐，而曾国藩屡次参劾李元度的过程），并利用形势的发展变化，力图进一步制造湘淮集团内部新的分歧、分裂。

李元度在咸丰四年三月入曾国藩幕，后出而独立募勇统军作战，颇受曾国藩倚重，咸丰十年特将他从空有其名的浙江温处道奏请改任按察使衔皖南兵备道，入守徽州。② 此时曾国藩率军入驻祁门，李元度与李鸿章都提出祁门乃绝地，不可驻留。曾国藩有自己坐控战局的计划，对二人的建议不予采纳。旋因李元度失守徽州，曾国藩要上奏请革李元度职，李鸿章又力争不可，曾国藩仍不采纳，李鸿章遂离幕而去。九月，清廷允准曾国藩所请，将李元度革职。然而，这一系列的事件使李鸿章与李元度之间有了某种利益联系，并在以后产生作用。而此前，沈葆桢与李元度、饶廷选在咸丰八年七月合作保卫浙赣走廊，成全了李元度得以成名的"浙西大捷"，这使李元度和沈葆桢之间有了一种荣辱与共的特

---

① 目前，大陆学者谈及李元度案时，都非常简单，基本没有具体、细致的分析。而台湾学者对此则有具体、详细的探讨，其中尤以王尔敏先生的《曾国藩与李元度》一文为代表。不过，他的探讨仍只是集中在事件本身，以及曾国藩和李元度关系的演变过程上。参见王尔敏：《清季军事史论集》，208～215页，台北，联经出版事业公司，1980。

② 清咸丰年间，因安徽战区的重要性，曾有设立皖南巡抚之说，后咸丰帝罢设巡抚之议，而重皖南兵备道之权。故曾国藩奏请将李元度由被任命为太平军占领之地的浙江温处道改任为皖南兵备道，足见他对其人其地的重视。当然，也由此导致清廷对李元度其人的重视。

殊关系、利益联系。①

　　咸丰十年，王有龄初莅浙江巡抚任。当时江南大营仍在，王有龄又以能供饷而有名于疆吏中，与江南大营的绿营兵将联系密切，并在浙江战事中得到绿营的支持。故他起初自认为"习江南诸将"，不愿与湘军共事，"奏止湘军"援浙。但是，随着战事日紧，王有龄无法应付，还得"征湘军将"，不过，他并未按照正常渠道请援。当时，李元度由于在咸丰七年、八年间，由胡林翼保荐，率军入浙作战，获浙西大捷，从而在浙省颇有勋望。② 故王有龄要暗中联络湘军人员，李元度乃首选人选。王有龄正是先暗中联络、许以利益，继而奏调李元度、刘培元部。湘军统帅曾国藩、胡林翼力阻之，"胡林翼与书元度，戒以择所事。培元亦不至"。咸丰十一年，杭州被围，王有龄"复奏用李元度，募八千人入浙，免论徽州罪，且擢为按察使"③。咸丰十一年正月十五日，杭州将军瑞昌也奏请饬李元度戴罪赴浙差委。④

　　对于王有龄等人笼络并奏调李元度的行为，清廷是支持的。咸丰十一年二月初九日，清廷下旨说："已革徽宁池太广道李元度，着曾国藩饬令前赴浙江，交瑞昌、王有龄差遣委用。其应得罪名，仍着曾国藩查办"。而李元度实际受到官文、王有龄等人的撺掇，"并不具禀请示，即行募勇赴浙"⑤，而且随后在克复义宁的保举案内，由官文奏奉谕旨："李元度着赏还按察使衔"；后又因克复奉新、瑞州，由毓科奏奉谕旨："李元度着赏加布政使衔"。⑥ 同治元年正月十四日，清廷授李元度浙江盐运使。⑦ 二月初三日清廷上谕命"李元度补授浙江按察使"。⑧ 显然，在

---

　　① 蔡冠洛：《清代七百名人》下册，997 页；简又文：《太平天国全史》第 3 册，1626、1629 页，香港，猛进书屋，1962。

　　② 《曾文正公年谱》卷五，5～6 页；《曾文正公家书》卷四，40～41 页。

　　③ 《遵复刘培元金国琛能否赴浙折》（咸丰十年十二月二十八日），见《曾国藩全集·奏稿二》，1304～1305 页；王闿运：《湘军志·浙江篇第七》，见《湘绮楼诗文集》，677 页。

　　④ 中国第一历史档案馆编：《清政府镇压太平天国档案史料》第 23 册，13 页。

　　⑤ 《曾国藩全集·奏稿四》，2108 页。

　　⑥ 《清实录（第 45 册）·穆宗毅皇帝实录》卷二十一，"同治元年三月上"，572～573 页。

　　⑦ 同上书，441 页。

　　⑧ 同上书，495 页。

李元度脱离曾国藩及徽州败仗之后，浙江巡抚王有龄这种清廷用以牵制湘淮集团的人员要利用他，因此，清廷仍将李元度用作进一步分化湘淮集团的棋子。其间，李元度格于湘军集团内部压力，与王有龄之间的联系屡有反复。对此，王有龄认为："十八子（指李元度）二三其见，殊不可信，姑牢笼之，即不为我用，或不为我害"①。

同治元年二月二十二日，曾国藩上《参李元度片》历数李元度数条罪状和缺欠：（1）李元度开复原职衔及升衔的功劳皆"冒禀邀功"："查义宁、奉新、瑞州，皆臣所统辖之地，系贼匪先自退出，李元度并无打仗克城之事，臣所派鲍超一军，与李元度同抵瑞州，亦未报曾见一贼，曾接一仗。李元度屡报克复，冒禀邀功，实出情理之外"。（2）"臣查该员李元度自徽州获咎以后，不候讯结，而擅自回籍；不候批禀，而径自赴浙；于共见共闻之地，并未接仗，而冒禀克复。种种悖谬，莫解其故"。（3）"乃李元度六月至江西，八月抵广信，九月抵衢州，节节逗留，任王有龄羽檄飞催，书函哀恳，不一赴杭救援。是该员前既负臣，后又负王有龄。法有难宽，情亦难恕。"（4）"该员治军，一味宽纵，多用亲族子弟，平日文理尚优，带勇非其所长"。随后曾国藩奏请："所有该员补授浙江盐运使、按察使，及开复原衔加衔之处，均请饬部注销，仍行革职。姑念其从军多年，积劳已久，免其治罪，交左宗棠差遣"②。

清廷是在同治元年三月允准此奏的。此前，有人企图从中调解曾国藩与李元度的关系。咸丰十一年十一月曾国藩在就此事复友人的函中明确说："次青守徽，城未破而先遁，既败之后，又不速回大营，共支危局，乃徘徊于浙江、江西境内，经月不归，迨归至敝营，又不能束身待罪，径自回籍，今春又不以一函相商，擅自赴浙。论其自立，则往年抚州一败，去岁徽州再覆，既已置节义于不问；论其相与，则以中行待鄙人，而以智伯待浙帅，又尽弃交谊于不顾：公私并绝，无缘再合，内伤

---

① （清）王有龄：《致吴煦函》，见《吴煦档案选编》第 2 辑，8 页，南京，江苏人民出版社，1983。

② 《曾国藩全集·奏稿四》，2109、2195 页。

而已。"①可见曾国藩对于李元度的行为，殊为痛恨，话已说到"公私并绝，无缘再合"的地步，也就是决意痛击李元度。

同治元年三月初六日清廷上谕："李元度著即行革职，加恩免其治罪，仍交左宗棠差遣，以观后效。"②

李元度被谕命交左宗棠差遣之初，左宗棠在同治元年四月二十四日《甄汰安越军存留五营片》中还说李元度"性情盹笃，不避艰险"，"以军事时有利钝，两被吏议，私怀倍深惭愤，而报国之职未衰"。③而曾国藩则颇不以为然。

同治元年五月十七日，曾国藩上《密陈参劾陈由立郑魁士李元度三将之由片》再次参劾李元度"徽州获咎以后，王有龄锐意招之赴浙。李元度不候讯结，轻于去就。厥后迁延数月，卒不能救浙江之危"，实属"背于此并不能忠于彼"。④

同治元年闰八月，有御史奏："已革臬司李元度，罪重罚轻，仍请按律定拟罪名，齐法制而肃纲纪……相应请旨简派大臣，会同刑部查照曾国藩原参李元度前后各折，悉心妥议，定拟具奏。并请仍遵前旨拿问，听候治罪，以一法令而肃纲纪，庶生者惊心，死者瞑目矣。"⑤闰八月初九日，清廷上谕中说："又有人奏，已革臬司李元度，罪重罚轻，请仍按律定拟一折。前已寄谕左宗棠复查，并着曾国藩按照所参各情，秉公据实查明具奏。"

同治元年闰八月十二日，曾国藩上《复陈李元度一军请奖应毋庸议片》，回应清廷同治元年三月十八日的上谕，表示："伏查李元度一军，上年在新昌、奉新、瑞州、上高、兴安等处，并未打仗。经臣据实参奏在案。本拟俟续立功绩，即在原保单中会同左宗棠酌量保奖。顷接左宗棠来函，李元度安越一军，业已全数遣撤。是前牢本无可叙，后效亦无

---

①　(清)曾国藩：《复彭申甫》，见江世荣：《曾国藩未刊信稿》，3页，北京，中华书局，1959。

②　《清实录(第45册)·穆宗毅皇帝实录》卷二十一，"同治元年三月上"，573页。

③　《左宗棠全集·奏稿一》，57页。

④　《曾国藩全集·奏稿四》，2247页。

⑤　御史奏参李元度的折子，附录于《曾国藩全集·奏稿五》，2610～2612页。

可期。所有原单请奖之处，应毋庸议。"①清廷闰八月二十一日上谕允准。

同治元年闰八月，有人奏"已革臬司李元度罪重罚轻"，清廷遂命曾国藩查明具奏。曾国藩"以此案业经奉旨交左宗棠查办，臣系原参之员，例应回避。因函商左宗棠，请其详查专奏"，而且"遂未另疏复陈"。

到同治三年、四年，由于比李元度脱离事件更为利害相关的问题发生了不少；加上因为屡屡追究、参劾李元度的"罪责"，已经在湘淮集团内部造成意见分歧；又加上李鸿章当年在祁门之困中，实际上与李元度立场相同，李鸿章是力主保全李元度的代表，随其影响力的增强，曾国藩不能不考虑他这一方的意见。曾国藩遂也开始转变态度。同治三年八月十三日，曾国藩在《密陈录用李元度并加恩江忠源等四人折》中表示李元度是可用之才，并说："李元度屡经臣处参劾，未便再由臣处保荐，应如何录用之处？出自圣主鸿裁。"②清廷同治三年八月二十一日的上谕中说："李元度一员，前因有人奏参，于同治元年闰八月间，寄谕左宗棠查奏。此次曾国藩所奏各情，仍著该督详细查明。李元度从前被参罪重罚轻之处，是否允当，迅速具奏。"③

而此时的左宗棠却因李元度被清廷饬归他节制后，并不服从他的调遣，先是并无交战情况，"于贼去之后，居复城之功，实近无耻"；后则不顾"浙境沦胥，无从得饷，臣（左宗棠）军苦窘万分"之时，不愿随左宗棠"剿贼"，而要求本军"必求全撤"，还索饷"不给不休"，对李元度已经十分反感。因此，左宗棠在清廷下谕要他查明李元度是否"罪重罚轻"时，借机于同治三年十月二十七日上《复陈李元度被参情节折》，历数李元度的罪状后说："曾国藩初次奏劾李元度，谓其负曾国藩，负王有龄，此次代为乞恩，又谓昔年患难与共之人，惟李元度独抱向隅之感。所陈奏者，臣僚情义之私，非国家刑赏之公，臣均不敢附会具奏。谨将李元

---

① 《曾国藩全集·奏稿五》，2608 页。
② 《曾国藩全集·奏稿七》，4329 页。
③ 《清实录（第 47 册）·穆宗毅皇帝实录》卷一一三，"同治三年八月下"，504～505 页。

度被参情节据实直陈，伏乞皇上敕部按律定拟，以昭允当。"①可以说是
毫不留情地予以深究。

清廷看到李元度本人使用价值不大，而双方就参劾李元度一事表现
出的矛盾却可资利用，遂在革去李元度浙江按察使后，又拟将他从重处
罚，发配军台效力。同治三年十一月初六日，清廷谕吏部核定左宗棠的
奏参②，十二月十九日，清廷谕命"已革浙江按察使李元度……罪有应
得，著照该部（刑部）所议，从重发往军台效力赎罪"。③

湘淮集团内部此前隐藏着的分歧，也因此而公开化。李鸿章在同治
四年正月十四日给沈葆桢的信中说：

> 次青前案经左帅复奏，顷准部文奉旨照部议发往军台效力。次
> 青十年徽州之役，到防不数日，猝遇大敌，守无备之城，又数日而
> 陷，非其罪也。揆帅因其不遽回祁门，加以严劾，鸿章力争月余，
> 不可。次青复舍而他往，更激揆帅之怒，左公又排挤下石，更何能
> 自立于浙。阁下素知次青者，当亦悲其数奇也。去冬赴金陵，揆帅
> 每言次青，独抱向隅，深自疚悔。秋间曾有密疏引咎而为次青诉
> 冤，不料左帅责望过甚，至有遣戍之议。次青母老家贫，何能堪
> 此。且论咸丰六年、七年保障抚信之功，足掩皖南失城、浙东乞退
> 之过。论其血性忠诚，才识敏捷，能耐烦苦，又实为近世不易得之
> 人才。圣明在上，我辈曾共患难，相知最深，似不可默无一言，拟
> 将由敝处主稿，会列执事及彭雪翁、杨厚翁前衔，专疏吁恩，或请
> 发往杨制军陕甘军台差遣，未知尊意以为何如？其台费则弟与阁下
> 共出一半，再请揆帅与彭杨共出一半，容即缄商厚雪二公，伏祈核
> 夺裁示为幸。④

随即，在同治四年三月初四日，李鸿章、沈葆桢上奏沥陈李元度有

---

① 《左宗棠全集·奏稿一》，578 页。
② 该上谕转见《左宗棠全集·奏稿一》，579 页。
③ 《清实录（第 47 册）·穆宗毅皇帝实录》卷一二四，"同治三年十二月中"，737～738 页。
④ 《复沈幼丹中丞》，见（清）李鸿章：《李文忠公全集·朋僚函稿》卷六，1 页。

"兼人之才",并说"圣朝微劳必录,孝治方隆。上年道员王沐因案发遣,迨江西肃清,臣葆桢陈其前功并以母丧未葬,据实吁恳,遂荷恩施,免其遣戍。今李元度前功多于王沐,而有母年衰,情同一例,仰惟锡类之仁,必在矜全之列。所有已革浙江臬司李元度,可否恳其天恩,免其遣戍"。①

三月中旬上谕中说:

> 前据左宗棠奏,查明已革浙江按察使李元度参款,当降旨交刑部分别情罪,定拟具奏。嗣据该部议定罪名,请将该革员发往军台效力赎罪,亦经降旨照准。兹据沈葆桢、李鸿章奏称,李元度后此虽有可议之罪,前此究有不可掩之功。将该革员事迹胪列呈览,并声称李元度之母,抚孤守节,年已七旬,家无次丁,情实可悯,恳请免其发遣等语。著刑部再行核议具奏。②

曾国藩看到集团内部因自己和左宗棠对李元度穷追不舍,有发生大的分化的可能,遂最终决定不再追究李元度。此后,李元度逐步恢复原职,同治七年三月授云南按察使。③

曾国藩本想通过惩治李元度,儆戒有离心倾向的人员,来加强集团内部的凝聚力。清廷却利用王有龄、官文等对李元度一再保举,并屡屡加封李元度职衔,直至实授浙江按察使。而在湘淮集团内部对李元度问题分歧日深时,清廷又借左宗棠的参劾,对李元度给予严惩,将其发往军台效力,其目的就是要借此加剧湘淮集团内部的矛盾。果然,沈葆桢、李鸿章上奏提出与曾国藩不同的意见,而曾国藩也意识到自己失算,最后不得不改变策略,停止对李元度的追究。在这一事件中,曾国藩显然是失败者,而清廷则通过积极介入和操纵这场原本属于湘淮集团内部矛盾的争斗,达到了加深湘淮内部矛盾、降低曾国藩在集团内威望的目的。

---

① 《李元度请免发遣折》,见(清)李鸿章:《李文忠公全集·奏稿》卷八,19 页。
② 《清实录(第 48 册)·穆宗毅皇帝实录》卷一三三,"同治四年三月中",131 页。
③ 钱实甫:《清代职官年表》第 3 册,2172~2173 页。

第六章 清廷与湘淮集团在重职重位安排上的明争暗斗

同治三年、四年间，清廷在围绕战区和湘淮督抚的一系列具体安排、使用和任免调动上，已经显现出"众建督抚而分其力"等政策的效果。在此基础上，清廷进一步收复一度受到冲击的对重要战区督抚藩臬的黜陟权力，由此，清廷和湘淮集团双方不可避免地展开争夺。

一、清廷在同治三年至六年围绕湘淮督抚的一系列重大黜陟

同治三年至五年，有几件事关湘军集团的重大人事黜陟事件，这可以看作在大规模战争平息前后，清廷与湘淮军功集团对人事黜陟权力一次重要的较量。我们看到像杨岳斌在同治三年五月由福建水师提督授陕甘总督(同治五年八月病免)、左宗棠调任陕甘总督等情况，虽是湘淮人物出任督抚，但却是出自清廷的战略意图，其任命过程也是清廷独断。而且我们看到，将杨岳斌调离水师、将左宗棠调离长期任职经营的闽浙地区，清廷都有绝对的任免调配权力，并不能成为湘淮实力督抚集团进一步侵夺清廷总督、巡抚任免权力的证据。相反，同治四年、五年接连发生清廷借故褫夺湘淮督抚职权的事件，恰恰是湘淮集团在人事黜陟权力格局中败退的重要证据和标志之一。

（一）清廷和曾国藩集团在山东、河南巡抚参劾问题上的斗争

1. 清廷借阎敬铭、丁宝桢被参事件，给湘军集团以严厉的警告

僧格林沁战死山东，给清廷重振中央控制军队的工作以沉重打击。清廷恼怒之下，遂借僧格林沁战死山东一事，打击位居山东抚、藩要职的湘淮集团重要人物山东巡抚阎敬铭、山东布政使丁宝桢。丁宝桢的《年谱》中记载：同治四年，丁文诚公在山东布政使任上，僧格林沁战死，"上闻震悼，甚严责湖北、河南、山东督抚。及公下部议革任，上命以四品顶戴留任如故"，说的就是这一事件。[①]

僧格林沁死讯传到京城后，给事中孙楫奏参山东巡抚阎敬铭、布政使丁宝桢等对僧格林沁剿捻"不为援应"，致使"亲王殉难"。同治四年六月初八日，清廷上谕中说：

> 有人奏，僧格林沁在山东督师剿贼，经四十余州县，阎敬铭安坐省城，不为援应，并饬州县不准支应口粮。该亲王函致该抚赴曹助剿，该抚借防河为名，竟往东昌。迨该亲王殉难，疾驰回省，将家眷装扮民妇，送往署齐河县知县李均署中。李均与该抚系属亲戚，以候补知县久署齐河美缺。该抚将其列入贤能，奏保升阶。丁宝桢在曹县防堵，迄未与僧格林沁会合，亦从未获一胜仗。所部勇丁，在济宁焚抢，肆无忌惮。兖沂曹济道卢朝安，随国瑞驻扎济宁，于僧格林沁追剿吃紧之时，该道约同城官员逢迎国瑞，开宴痛饮，演戏三日。该亲王凶闻之来，正在恒舞酣歌之际。候补道王继庭，闻系阎敬铭私人，以官为幕，居住抚衙，本系坐办文案，该抚列入剿贼案内，免补知府，保升道员各等语。以上各情是否属实，有无其事，著曾国藩详细严密访查，据实具奏，毋稍徇隐。原折片著钞给阅看。[②]

七月，又有御史朱镇奏"发、捻各匪窜入东境，巡抚毫无布置，并

---

① （清）唐炯：《丁文诚公年谱》，8～9页，光绪二十七年刻本。
② 《清实录（第48册）·穆宗毅皇帝实录》卷一四四，"同治四年六月上"，395页。

藩司拥兵自卫，纵勇殃民，恐误大局，请旨速予严遣，以整军务而收人心"。这一奏折原文如下：

> 窃惟督抚有封疆之责，统兵贵约束之严，平时固宜训练有方，临时尤须布置得当。于贼匪逼境之时，或扼要严防，或迎头截剿，总须迅速趋赴，方可无误事机。乃山东巡抚阎敬铭、布政使丁宝桢办贼情形，种种纰缪，实出情理之外。查老捻张落刑之侄张总愚即张小阎王、豫匪任柱儿、欧老红（即牛络红）、陈大喜等，纠约粤匪伪遵王赖汶洸，裹胁马步洋枪、长枪各队数十万，于三月初三、四等日由河南考城窜入山东……僧格林沁提饥疲之众，尽力追剿。而阎敬铭安坐省城，不发一兵，不守一隘，任贼奔突，绝无堵御，致使僧格林沁穷追遇伏，力竭阵亡。夫贼之窜东境将及两月，其时不为不久；所扰数十府、州、县，其地不为不多。既有僧格林沁紧蹑其后，使阎敬铭果能迎头截击，乌合之众，不难即日歼除，何至使贼纵横数千里，披猖至于此极！揆厥所由，实堪痛恨。此阎敬铭之毫无布置确有明证也。

> 藩司丁宝桢拥楚勇三千，平日克减通省兵饷，专力养勇，自应缓急足恃。乃贼于三月初三日即入东境，丁宝桢于十五日以后始带勇由省起程。行至兰山县境，闻贼已窜入江南之赣榆，并不择要驻扎，遏贼归路，辄即折回济南。于四月初二日甫抵省垣，初五日即闻贼窜郯城，不得已复带勇至泰安之东平州，声言防堵，其实离贼甚远，始终未与贼遇。且带勇往返四次，沿途经过地方，不知申明纪律，一味纵令兵勇扰害闾阎，滋掠焚掳，情同贼寇。百姓奔赴省城控告，阎敬铭置之不问，以致民心怨恨，竟有畏楚勇甚于畏贼之谣。此丁宝桢拥兵自卫、纵勇殃民之实在情形也。

> 现在各逆虽已窜回安徽老巢，然贼之出没无常，聚散靡定。况曾国藩驻扎徐州堵剿，南路兵力既厚，恐贼回窜山东。如阎敬铭之怯懦无能，丁宝桢之养勇贻害，若再令其久膺疆寄，滥厕戎行，非特不能合力剿除，且恐贻误大局。相应请旨，即予严遣，以励军

心。其山东抚、藩，并请迅简贤员，以资协力。斯军威镇而人心固，贼氛不难荡平矣。臣为大局起见，是否有当，伏乞皇太后、皇上圣鉴训示。谨奏。①

清廷在七月初五日发出上谕说："以上所奏该抚等措置失宜各情，如果属实，殊负委任。即著曾国藩按照所参各节，确切查明，据实具奏，毋稍徇隐。"②

十二月二十八日，曾国藩上《查复山东抚藩参款折》说：

臣博访该省官绅，并派员赴东密查，虽未必洞悉毫芒，亦已粗得崖略。如原折称僧格林沁在山东督剿，经四十余州县，阎敬铭不为援应，该亲王函致该抚赴曹助剿，该抚借防河之名，竟往东昌等语。查僧格林沁今年督师山东，经过曹县、定陶、荷泽、郓城、巨野、嘉祥、济宁、宁阳、曲阜、汶上、东平、滋阳、邹县、滕县、峄县、兰山、郯城，共历十七州县，其中虽有数县再过者，然实无四十余县之多，马步诸将现在臣处言之甚详。僧格林沁亦无缄致该抚赴曹助剿之事，诸将皆略知之。该亲王居心仁厚，深知各省大吏多不能亲临行阵，故但见调将领随剿之檄，从未见调巡抚会剿之文，不独山东然也。至东昌防河，系遵奉屡次寄谕，先期奏明而往。惟该亲王殉难后，阎敬铭不应疾驰回省。彼时贤王新逝，远近震动，该抚但宜进驻汶上、东平以定众志，不宜暂回省城以惑军心，此军事阅历太少之失也。

至将家眷装扮民妇送往齐河县署，则臣历询往来各员，皆称未闻此说。捻匪向不攻城，众所共知，当曹南警信至时，乡民纷纷避乱挈眷进省，岂有舍省垣巩固之区，趋旁邑弹丸之地，此不待辨而可明者。

其各牧令请饷接济大营，该抚驳斥一节。查山东协饷五万两，

① 该折片由军机处遵旨抄寄给奉旨查办此事的曾国藩。参见《曾国藩全集·奏稿八》，5089～5090 页。

② 《清实录(第 48 册)·穆宗毅皇帝实录》卷一四七，"同治四年七月上"，446 页。

270

按月批解，丝毫无误，户部有案可稽。即该亲王身后粮台尚余银二十余万，亦足为饷项无绌之证。闻各州县或因养勇练团，禀请动用正项，阎敬铭疑其浮销，多从驳斥。该抚自负清正，往往以不肖待人，僚属怨其刻核，要其于僧格林沁倾心敬服，固一无所咨也。原折又谓阎敬铭请添帮办之疏，在该亲王阵亡后一日所发，佯为不知，故示先见。果若所言，心术岂复堪问！查僧格林沁于四月二十四夜殉节，其时败兵四散，臣询之翼长陈国瑞、常星阿等，二十五日午刻，尚不知该亲王存亡确耗。国瑞近在济宁，距郓城仅二百余里，二十七日始得真信，飞章入奏。阎敬铭时在茌平，距郓城四百余里，闻此折系二十五日所发，其为不知主帅已死，当无疑义。且贤王已逝，而伪奏以诩先见之明，此至愚之小人所不忍为，岂阎敬铭而为之乎！原折又谓齐河县知县李均与阎敬铭系属亲戚，列入贤能奏保。查李均之弟内阁中书李应萃，与该抚为亲戚。齐河一缺，系前任抚臣谭廷襄所委，阎敬铭因之，久未调动；又将齐河本任之张联奎另案甄别，酌改简缺；又将李均列入贤员，保举升阶。外间既疑张联奎之被劾，系为李均腾挪斯缺；又疑李均之得举，毫无善政可纪，物议多为不平。李均于省城西门内开设麟芝公钱店、漆店、麟芝药栈。原折所指，均属确凿。其召妓聚饮，查无实据。而率意妄行，寡廉鲜耻，则众论多与原奏相符。此访查阎敬铭暨附参李均之梗概也。

原奏所称山东布政使丁宝桢带勇扰民一节。查丁宝桢以癸丑庶吉士，回籍捐资募勇，毁家纾难，在安平、镇远一带屡立战功。蒙恩简放岳州府知府，擢署陕西臬司。适值湖南抚臣毛鸿宾奉募勇援剿山东之旨，遂奏令丁宝桢带勇改赴东省，旋授山东臬司。该司所带仅有湘勇千人。厥后陆续增募，亦仅步队二千六百人。较之捻党马步数万，众寡悬殊。本年二月初间带兵出省，甫至曹县，贼已由东明一带窜入定陶，遂与僧格林沁分道跟追。二月十六日，曾在宁阳县获一小胜。三月二十四日接僧格林沁之札，以贼扰沂州，恐由莒州、日照东趋，饬丁宝桢即折赴历城、章邱交界之龙山镇堵御。

甫经赴防，又接该亲王札饬仍回峄县驻扎。原折所奏四月初二日折回省垣，初五日复防东平，不知其一往一返，皆系奉札而行也。四月初二日，其部将战贼于大泛口。十二日，丁宝桢亲自截贼于滕县之临城驿，杀伤过当。十三日，与僧格林沁相遇于道，颇加慰劳，饬令暂回济宁防守。原折所称始终未与贼遇，并未与该亲王接见者，殆系传闻失实之词。该司带勇恩多于威，诚不免于骚扰，然并无淫掳重情及畏楚勇甚于畏贼之谣。逮僧格林沁殉节以后，各路败兵游勇，齐集济宁，凡他营不法之案，亦或归咎于该司部下。丁宝桢深为愤悒，郁郁恒不自得。阎敬铭亦重其才而思全其名，将所部改隶他将，饬回藩司本任。该司心地光明，办事结实，山东官民实无闲言。此访查藩司丁宝桢之梗概也。

原折所参兖沂曹济道卢朝安、候补道王继庭一节。查卢朝安……原折所指，多属得实，阎敬铭亦素恶其人。今卢朝安已告病开缺，物论犹共鄙之。候补道王继庭……未临行阵自不能为之讳，而廉正精细，尚属有用之才。此访查卢朝安、王继庭之梗概也。

原奏所称郯城县西杨家圩被贼攻陷，知县周士溥并不救援一节，臣另派一员往查。……并无杨家圩名目。……捻匪来时……亦未围攻破寨。则所称周士溥坐视不救，系属讹传，似无疑义。此又访查郯城民圩之梗概也。

在奏折的最后，曾国藩建议：

藩司丁宝桢功多过少，众望允孚，似应免其置议；兖沂曹济道卢朝安心术险鄙，声名尤劣，虽经告病开缺，未便姑容，似应勒令休致；候补道王继庭才尚可用，并无劣迹，似应开复原官，撤销道员候补知府；署齐河县知县李均贪鄙妄为，似应即行革职；郯城县知县周士溥，似可无庸置议。巡抚阎敬铭应如何量予处分之处？恭候钦定。[1]

---

[1] 《曾国藩全集·奏稿八》，5083～5087页。

同治五年正月初四日，清廷上谕中说：

> 阎敬铭并无奉有僧格林沁函令赴曹助剿不肯往援情事，其赴东昌防河，本系先期奏明，并非借此意存趋避。当僧格林沁殉难曹州时，该抚即驰回省垣，以致军心不免惶惑；至谓其将家眷装扮民妇，送往齐河县署，则并无此说；山东应解僧格林沁协饷，阎敬铭按月接济，并无所吝。原参称其于僧格林沁战殁后，佯为不知，奏请添设帮办，故示先见，亦属失实。惟与齐河县知县李均系属姻亲，该员有在省城开设店栈之事，该抚毫无觉察，转将该员列入贤员，屡登荐牍，实属非是，阎敬铭交部议处。至山东布政使丁宝桢带兵剿贼，俱奉僧格林沁札委而行。原参各节多系传闻失据。该藩司亲自截贼于临城驿，杀伤过当，所部亦并无淫掳重情，功多过少，官民尚无闲言。丁宝桢著免其置议。前任山东兖沂曹济道卢朝安……业经告病开缺，仍著勒令休致。山东候补道王继庭……前已开复知府原官，著撤销道员，以昭公允。候补知府署齐河县知县李均……著即行革职，以示惩儆。至山东郯城县知县周士溥，并无任贼故陷民圩，坐视不救之事，著免其置议。寻吏部议，阎敬铭应照滥举匪人例降二级调用。该抚本有革职留任处分，请照例革任。得旨：著加恩降为三品顶戴，仍留山东巡抚之任。①

阎敬铭本属胡林翼一系，并非曾国藩嫡系，胡林翼死后，他与湘军各主流派系已较疏远。经受这一打击后，就更与曾国藩湘军集团日显疏离。最终，曾国藩在好不容易保全他之后，又因其疏离集团之故，于同治五年十一月借故将他参革，同月，清廷命丁宝桢"署巡抚"，同治六年二月实授丁宝桢山东巡抚。② 清廷打击湘淮督抚、离间湘军其他派系与曾国藩系之间关系的目的已经达到。

---

① 《清实录（第49册）·穆宗毅皇帝实录》卷一六五，"同治五年正月上"，3页。
② （清）唐炯：《丁文诚公年谱》，9页。曾国藩在同治五年十月十三日上《密陈山东抚藩阎敬铭丁宝桢吏治军务情形请旨开复处分》一折，十月二十五日清廷明谕"山东布政使丁宝桢赏还二品顶戴"。参见《曾国藩全集·奏稿九》，5400、5407页。

2. 湘军集团借对吴昌寿等人的打击，向清廷发起反攻

吴昌寿是胡林翼死、严树森被降道员之后的湖北巡抚，是清廷在这一时期增强在湖广钳制湘军集团的重要棋子。随着军事重点转移到剿灭捻军上来，清廷命曾国藩为钦差大臣，节制直隶、山东、河南三省军务，而又调吴昌寿为河南巡抚，目的很明显，是要监视并钳制曾国藩。随即在六七月份，发生了御史参奏湘军人物、时任山东抚藩的阎敬铭、丁宝桢事件。湘淮集团决定对此进行反击。

同治四年八月十四日，御史刘毓楠、贾铎、丁浩等上奏参劾巡抚吴昌寿"调度无方""瞻循情面，难望整顿吏治"，总兵张曜"纵兵殃民"。奏折原文如下：

> 窃豫省惨遭兵燹，十年于兹。……乃巡抚吴昌寿始以防守省城为名，纵容马兵任意骚扰，省城鼓楼街、南北土街各饭馆客店大半关闭。其不能约束兵丁已可概见，嗣经藩司苏廷魁、总兵陈国瑞劝令出城，屡改行期。不得已于七月初间出省驻扎许州，未曾打一仗、杀一贼。有陈州绅民飞禀请救，该抚亦未遣一兵往援。至张曜任令部下兵勇沿途杀难民，夺包裹，掠妇女，挟制各寨，无所不至，其残毒较贼尤甚。六月初旬，曾在通许县境有难民进底阁寨避乱，被兵勇掳去妇女八车。该寨难民污辱难忍，用枪刺毙兵勇一名。张曜遂围攻此寨，枪炮齐施。寨民惶惧，献出高思义一人偿命。杀之仍不满愿，又勒索贿银四百两，始行解围。此该抚调度无方，以致总兵肆行不法之实在情形也。
>
> 窃思愚民何辜，既死于贼，复死于兵。嗟彼残黎，何以堪此！况中州系天下枢纽，为畿辅屏藩，地方实属紧要。今闻贼匪出队约有数万人，马队多至万余骑，再加以沿途裹胁，几至号称十万。转瞬天气渐寒，万一节交冬令，黄河结冰，该逆恃众驱逐，犯河北，窜关右，扰及畿南，关系大局实非浅鲜，甚可虑也。
>
> 前经皇上简调吴昌寿为河南巡抚，并特命曾国藩督师三省，以

期尽殄逆氛。仰见朝廷廑念民瘼，擘画周详，不料吴昌寿前在广东由知县荐历藩司，颇著循声，迫升湖北巡抚，毫无表现。及调任到豫后，闻有遂平县知县文玉为勒捐民钱，将监生赵乾脩答责铐押。该监生奔赴行辕控告，该抚有心袒护，置之不理。又闻藩臬两司禀称：邓州知县黄缙昌，纵容门丁，贪劣异常。该抚已牌王文常署理。旋因有人请托，立将委牌撤回。似此瞻徇情面，安望其整顿吏治耶？况该抚到任数月以来，于防剿事宜一筹莫展。如仍令其勉强敷衍，恐至贻误时机。至曾国藩受皇上厚恩，负天下厚望，督办数省军务，自有一番作用，决不至意存迁延。但距豫较远，势难兼顾，若令其统兵西下，亦恐顾此失彼。臣等以为此攻剿吃紧之际，断不可再事迁延，以致滋蔓难图，可否请旨一面严饬邻省督抚勿分畛域，合兵会剿。臣等为迅殄逆氛以除巨患，保全豫省以固畿疆起见，谨合词恭折具奏，伏乞皇太后、皇上圣鉴。①

同折还说："总兵张曜纵兵殃民劣迹，可否饬下河南藩司苏廷魁密查复奏之处，伏候圣裁。"

笔者之所以认为奏参吴昌寿与湘淮集团甚有关系，证据至少有二：一是吴昌寿在湖北对湘淮集团的钳制在先；二是参劾的奏折对吴昌寿在湖北巡抚任上表现评价很糟，对他任河南巡抚后吏治败坏、迁延军务奏参甚力，同时对曾国藩赞扬有加。至于各种渠道传闻这是曾国藩等湘淮集团首脑收买御史所为，多为各种笔记史料所载，在此不赘。

对这一参折，清廷在八月十四日即下旨说："该御史等所奏，如果属实，于军务吏治大有关系。著曾国藩将吴昌寿、张曜被参各节，严密访查，据实具奏，毋稍徇隐。刘毓楠等原折，著钞给阅看。"②

九月，吴昌寿又保举遂平县文玉"俟补同知后以知府用"，并参劾汝

---

① 该奏折因清廷命抄给曾国藩阅看，故曾国藩的文集中录存此件。参见《曾国藩全集·奏稿八》，5077～5078 页。

② 《清实录（第 48 册）·穆宗毅皇帝实录》卷一五一，"同治四年八月中"，535 页；《曾国藩全集·奏稿八》，5076 页。

阳县知县蕴琛"好尚虚浮，政事废弛"，予以革职。① 清廷在四年九月二十一日的上谕中允准了吴昌寿的保、劾。

对于吴昌寿的保举和参劾，有御史上奏历数文玉"勒捐钱文，浮收钱粮，纵役殃民，妄拿无辜，门丁舞弊，职官互殴"的劣迹和蕴琛"爱民勤政，除莠安良，操守廉洁"善行后，说："因里举一人而天下劝，去一人而天下惩，惟其公也。今该抚荐劣员文玉，劾循吏蕴琛，未免是非颠倒，皂白不分。倘河南牧令纷纷以文玉效尤，以蕴琛相戒，吏治尚可问乎？民心岂能服乎？该抚如此保劾，殊不足昭公允而示劝惩。可否请旨饬下东河总督张之万，逐款确查，秉公复奏。文玉劣迹如果属实，即行参办；蕴琛政绩若果确有实效，即请开复原官，破格录用，以肃吏治而顺舆情。伏乞皇太后、皇上圣鉴。"②

接到这一奏折后，清廷于十月二十二日下谕旨：

> 前据吴昌寿奏，保劾属员贤否，请将遂平令文玉以知府用，汝阳令蕴琛革职，当经降旨允准。兹有人奏，文玉于遂平县任内，纵役殃民，妄拿无辜，门丁舞弊。蕴琛历上蔡、汝阳、南阳，勤政爱民，除莠安良，操守廉洁。该抚是非颠倒，皂白不分，请饬查明等语。致治之原，首先察吏。封疆大吏举劾属员，关系实非浅鲜。吴昌寿前以文玉为守兼优，体用俱备，到任未久，民爱滋深；蕴琛好尚虚浮，政事废弛，分别陈奏。且称或采自公评，或验其实迹，并询据藩、臬两司，均属察访相同。自当确有闻见。何以有人称其甄别失当，并胪列文玉勒捐、妄拿等款，及蕴琛为民爱戴各情，所奏是否属实，著曾国藩即行密派妥员，前赴豫省，按照所陈各节，严密访查。将该二员贤否，务得实绩，秉公复奏，以肃吏治而示劝惩。毋得稍涉偏徇。原折著钞给阅看。③

---

① 吴昌寿保、劾及清廷允准情况，均见曾国藩文集中所附"军机抄件"，参见《曾国藩全集·奏稿八》，5080 页。

② 该奏折以军机处抄件形式存录于曾国藩文集。参见《曾国藩全集·奏稿八》，5080～5081 页。

③ 《清实录（第 48 册）·穆宗毅皇帝实录》卷一五八，"同治四年十月下"，678 页。

清廷前后两次下旨，都是要曾国藩严密访查。十二月二十八日，曾国藩上《查复吴昌寿张曜参案折》，一再表明自己是"博访来往官绅，并派员赴豫密查，互考参稽，已得崖略"，并表明立场："臣奉命查察，勉效虚公之义，其漫无依据者，不敢率尔附会；其确有见闻者，亦何敢稍涉徇隐，上负圣朝扬清激浊之意！"①

对于参折中关于"吴昌寿许州督师，未接一仗，陈州请救，未发一兵，暨马兵在汴骚扰等情"，曾国藩复奏道：

> 查本年六月，捻匪自雉河分股西窜。……当捻党游弋许州之时，吴昌寿即议赴许，因闻后贼踵至，未卜所向，迟疑不决。苏廷魁、陈国瑞从容劝请，吴昌寿旋即赴许，而贼已先后飏去，无从接战。陈州被围，府县迭次请救，均未得达。逮绅士袁保恒等专马到汴，该抚随即派兵往援，而贼去已三日矣。是赴许之稍缓，初非有意逗留；救陈之稍迟，实因文报梗阻。惟所称马兵骚扰一节，系属实情。省城鼓楼街、南北土街各饭馆、客店大半关闭，舆论与原奏相符。河南兵马毫无纪律，不支棚帐，专住民房，间阎苦之，由来已久。不独马队为然，即各营步队亦皆与民为仇。该抚威信未孚，莫能禁止。此访查吴昌寿办理军务之梗概也。

关于"原折所参张曜杀掠难民一节"。曾国藩复奏道：

> 查本年六月十三日，豫军追贼至通许县之底阁寨，逃难民车与兵勇相值，因抢物互争，有秦姓者殴伤官兵一名，旋亦中伤而死。兵勇近寨，鼓噪而趋之，约数十人，多以花布裹头。是时捻匪甫过，圩民疑为贼至，互相击杀。未几大队拥至，始知为宋庆部下之勇。张曜见兵民大哗，出而调停。寨中首事始敢出见，畏惧之际，因议犒军赎罪。经各统领严词拒绝，乃献出高思义一人。张曜等饬令送县究办，其意阴欲保全之，中途为乱兵所戕。兵散之后，有王

---

① 《曾国藩全集·奏稿八》，5073、5075 页。

姓、朱姓到寨借银二百两，如数付给。嗣又有蒋姓到寨借银一百两，该寨民只求息事，不敢究所从来。闻系无赖之徒乘风讹诈，并非营中弁勇，亦非张曜所使。至掳去妇女八车，实无其事。是日有附近民人坐驴牛车六七辆前来避难，闻兵勇到，即弃之而匿于高粱丛中。兵勇经过，坐车而去。后经寨长禀明，带兵官将车放回。遍询本地居民，俱云未见当日有奸淫情事。此访查张曜在底阁寨一案之情形也。

关于"原奏所陈文玉、黄缙昌、蕴琛等事"，曾国藩奏道：

查遂平县知县文玉，声名平常。本年二月，有武生李梦龄至汝宁府控告该令派捐供差，由府押发向县，在途脱逃。该令询查同谋兴讼之人，有监生赵乾脩者，在城开设正兴钱店，因在店内抄录李梦龄控府呈词。该县访闻，当将赵乾脩收押刑责，逼令捐输钱文。安拿正兴店伙及大兴布店之王姓，查亦实有其事。门丁李二，实有其人。丁役讹索银钱一节，未能访出实据。至赵乾脩京控文玉浮收钱粮，查西平、遂平等县征收地丁，为数颇重。咸丰九年，西平有聚众围城之案，其时正银一两已收钱二千八百文。遂平近日为数更增。文玉浮收若干，必须调齐卷宗，当堂质讯，乃成信谳。应由河南另案奏结。闰五月间，文玉妻女至千总马建功家听戏，两家内眷同席而饮。有伶人至帘内敬酒，该令闻知，当将妻女唤回，并邀马建功到署，面加申饬。马建功认错，即派差将戏班逐出境外。所称职官相殴，其女被拐，盖外间传闻过当之词。惟文玉毫无善政，舆论佥同，又有京控未结之案，吴昌寿遽以民爱滋深保列升阶，殊为失实。邓州知州黄缙昌因有人命缉凶之案，臬司王正谊以情节不符，禀请将该牧撤任，委王文常署理。旋因王文常在考城县任内有应解款项未楚，仍将委牌撤回。责令黄缙昌赶紧缉凶，暂缓撤任。事属因公，并非出自该抚吴昌寿之意。黄缙昌尚系读书本色，平日官声，毁誉参半，信任家丁，在所不免，而实无贪劣可指之迹。汝阳县知县蕴琛，清廉刚正，实心任事。署上蔡县时，捕蝗缉匪，甚治民心。汝阳被围数月，募勇堵御，颇著勤劳。调署南阳，听断详明。离任之日，咸有去思。原奏所称，亦与臣处委查相符。乃以本管知府揭参，吴昌寿漫不加察，遽列弹章，物论大为不平，所谓是非颠倒，即豫中僚属亦已窃窃议之。此访查文玉、黄缙昌、蕴琛三员之梗概也。

最后，曾国藩向清廷提出了处置建议：

> 就臣所查酌加拟议，遂平县知县文玉，似应即行革职；汝阳县知县蕴琛，似应开复原官；邓州知州黄缙昌，似可无庸置议……巡抚吴昌寿、总兵张曜被参各款缘由，恭折由驿驰奏，伏乞皇太后、皇上圣鉴训示。[1]

清廷得到曾国藩的回奏后，在同治五年正月初四日的上谕中作出指示："吴昌寿著交部议处。遂平县知县文玉，著即行革职。汝阳县知县蕴琛，著开复原官。总兵张曜，并无纵兵抢杀之事，邓州知州黄缙昌，亦无贪劣可指之迹，均著毋庸置议。"[2]吴昌寿也在五年正月由吏部议以降调处分，并为清廷允准。

同治四年十二月二十八日，曾国藩一共上了四道重要奏折，除了前述《查复吴昌寿张曜参案折》和《查复山东抚藩参款折》外，还有两折就是《密陈阎敬铭吴昌寿情形不同片》和《会议长江水师营制事宜折》。

曾国藩在《密陈阎敬铭吴昌寿情形不同片》中，首先，虽未明确说出，但含义甚明，希望清廷以"前任河南巡抚严树森""仍抚河南"。其次，认为"阎敬铭治事极勤，条理秩然，清操自矢……全才难得，皇上若爱惜阎敬铭，请于山东币项稍宽假之，嘉其廉而戒其吝啬，嘉其勤而戒其褊迫。圣海所被，德量日宏，阎敬铭当不失为封疆之贤员耳"。再次，"吴昌寿才识平常，而颇以知兵自诩。驾驭诸将，语乏实际。陈国瑞、张曜均不愿为之用，先后辞去。其余将领亦皆离心离德，纪律更为

---

① 《查复吴昌寿张曜参案折》，见《曾国藩全集·奏稿八》，5073～5075 页。
② 《清实录(第49册)·穆宗毅皇帝实录》卷一六五，"同治五年正月上"，2 页。

废弛。……十余年来，各省兵饷两穷，其艰难有十倍于豫者，何至良、平、韩、白不能为力！目下该省气象，官与绅不和，兵与民不和，将与帅不和，藩司与臬司不和，皖军与豫军不和，戾气所积，为患方长。臣新年赴豫，系属客官，兵事或可代商，吏事义难越俎，恐不能有所挽回。若皇上另简贤明知兵之员抚绥豫省，主持一切，实属大局之幸"[1]。

曾国藩当然看到了清廷打击湘淮督抚的意图，但是，他仍然对自己的所谓影响力抱有一丝幻想，并想借自己督师剿捻，以及清廷命他拟订长江水师营制等事权，来施加影响。因此，在同一日上此四折，表面上似乎"会议长江水师营制"之事，与奏参阎敬铭、丁宝桢、吴昌寿之事并无关系，但实际上，关系不小，主要起借势发力的作用。

对照这两个事件发生时间的"巧合"，以及相关奏参内容上的针锋相对，可以看到在同治四年、五年这一形势发展的关键时期，双方在势力消长的关键问题上针锋相对、毫不退让的姿态。表面上似乎阎敬铭、丁宝桢保住权位，而清廷信重的吴昌寿被交部议处。但是，实际上清廷却借这些事件进一步削减了湘淮集团在督抚藩臬任免、使用上与清廷明争暗斗的力量和气势。这两个事件之后，我们看到的是一系列湘淮督抚去职的局面。

（二）湘淮督抚纷纷去职的局面

1. 广东巡抚郭嵩焘的请辞和召京缘起

在湘淮集团成员郭嵩焘担任广东巡抚、毛鸿宾担任两广总督之时，二人因为将"捐廉助饷"所得的"交部从优议叙"的奖励，请求"一体移奖子弟"，被处以"革职留任"处分，毛鸿宾更是很快开缺回籍，由广州将军瑞麟署两广总督。为此，郭嵩焘于同治四年二月上《革职留任谢恩疏》。[2] 同治四年七八月间，郭嵩焘因与两广总督瑞麟不和，行事处处受到瑞麟掣肘，又被御史弹劾，遂称病请辞。他所上《奏请开缺另简能员接任广东巡抚疏》内容很简单，就是称自己"多病塞讪，难期裨益地

---

① 《曾国藩全集·奏稿八》，5093～5094 页。

② 参见（清）郭嵩焘：《郭侍郎奏疏》卷六，14～16 页，光绪十八年刻本。

方，请旨俯准开缺，另简能员接任广东巡抚"。① 清廷在八月二十一日的上谕中说：

> 本日据郭嵩焘奏，沥陈多病寒讷，恳请开缺，另简能员接任一折。览其另片所奏，一系沥言广东军务贻误之由，据称不敢以因病乞休，不一缕陈。……词意均涉负气。该署抚另折所以奏请开缺之故，大率由此。除将折片内所陈各事宜交左宗棠另行查办外，郭嵩焘以运司擢署巡抚，将及两年，委任不为不专，如果粤东军务吏治实有贻误为难之处，该署抚不妨据实陈奏，请旨遵行。至御史潘斯濂所陈各节，有关民生利病，朝廷岂能不问。该署抚如果办理得宜，亦不妨剀切直陈，何至以无可自效、谬思整顿等词冒昧入奏，殊失立言之体。且该署抚从前并无陈奏病状折件，乃因负气之故，辄请开缺调养，哓哓置辩。此风断不可长。②

郭嵩焘紧接辞粤抚折陈奏的《缕陈粤东大局情形片》③上达后，八月二十一日清廷所颁另一道上谕说："郭嵩焘奏请准开缺一折，另奏广东军务约有数误，请将督署幕友徐灏摈退，请饬左宗棠督办镇平贼匪，并复奏御史潘斯濂条陈各片。郭嵩焘与瑞麟意见不合，致多掣肘，何妨据实陈奏，乃竟称疾乞退，殊失和衷之道"，首先对郭嵩焘严加诘责。④ 随即，清廷命左宗棠访查此事，而左宗棠与郭嵩焘交恶，乃朝野皆知之事。⑤ 因此，无论是清廷，还是左宗棠，在对待郭嵩焘的态度上是一致的，即必欲去之而后快。而清廷命左宗棠负责此事，却有一个名正言顺、冠冕堂皇的理由，即左宗棠正节制广东军务。

左宗棠涉入这一项重大人事黜陟问题之中。当时，左宗棠受命节制

---

①　《郭侍郎奏疏》卷八，40～41 页。

②　《清实录(第 48 册)·穆宗毅皇帝实录》卷一五二，"同治四年八月下"，547 页。

③　《郭侍郎奏疏》卷八，42～46 页。郭嵩焘在奏折中，将"广东军务江河日下之势"、"吏治败坏"、幕友"盘踞把持"等问题一一奏上。

④　《清实录(第 48 册)·穆宗毅皇帝实录》卷一五二，"同治四年八月下"，548 页。

⑤　左宗棠、郭嵩焘交恶之事，参见黄濬：《花随人圣盦摭忆》，100 页。

广东、江西、福建三省军务。① 故清廷命他"即著就近将郭嵩焘所参各节，确切访查，该署督抚因何不协，究竟为公为私？据实复奏"，并说"左宗棠秉心公正，谅不肯稍涉偏徇，代人受过"。② 所以，左宗棠议及这一重要人事，也是从军务角度出发，旁及其他各节。

九月十八日，他在《复陈广东军务贻误情形折》中说：

> 臣于粤军将领长短，素无所知。初见瑞麟抄折咨会，以方耀、卓兴为粤中大将，意其不能战，或尚能守。不图其骄与怯俱贻误一至于此！郭嵩焘所陈数误，自系实在情形。……瑞麟于方耀、卓兴贻误种种情形，不据实奏参，又从而徇之纵之，此不能为瑞麟解者也。

> 臣察广东军事之误，盖不止郭嵩焘所陈数端。方贼之在闽也，谕旨屡敕粤军在闽者归臣调遣。而前督臣毛鸿宾，恐臣调令深入，空粤境之防，奏请留粤调遣。……江、粤事均一体，岂有调粤军入闽不顾粤境之理？使方耀于贼窜大埔折扑永定之时，稍能不分畛域……汪逆不能越永定以至武平，更何能越武平以犯镇平乎？……臣前因郭嵩焘虑贼将入粤，奏请敕娄云庆兼防江、粤之交，而两省分济其饷。广东立予奏驳，遂止不行。致平远、镇平被贼窜入，此又一误也。

> 郭嵩焘勤恳笃实，廉谨有余，而应变之略非其所长。臣曾以圣明在上，遇事宜慷慨直陈相勖，而郭嵩焘复函以时艰同值，宜委曲以期共济，颇以臣悻直为非。兹因粤事贻误已深，忧惧交集，始侃侃直陈，而已无及矣。谕旨责其负气，责其不据实陈奏而称病乞退，是郭嵩焘咎由自取，早在圣明洞鉴之中，臣亦不敢因亲好私情稍涉回护也。

> 幕友徐灏劣迹，臣无从查知，不敢置喙。……皇上察广东军务

---

① 左宗棠节制广东等三省军务，可参见《复陈近日贼情恳收回节制三省各军成命折》，见《左宗棠全集·奏稿二》，272～274 页。

② 《清实录(第 48 册)·穆宗毅皇帝实录》卷一五二，"同治四年八月下"，548 页。

之误，则知瑞麟之误，察瑞麟之误，则知幕友徐灏矣。

至督臣之于抚臣，虽有节制之义，然分本等夷，彼此当以协恭为尚。如宋臣韩琦、范仲淹、富弼、欧阳修之在朝堂，遇有意见不合则力争之，退则依然朋友之素，此和而不同之君子也。若必以相忍为和，则树党养交，弊从此起，臣下之利非朝廷之利。臣愚以为臣下意见不妨时有，而是非要不可不明，此自在圣明之权衡酌夺而已。①

同日，左宗棠还上《请将访查事件另行派员查办折》，表示："郭嵩焘各折片，谕交臣就近访查，据实复奏，臣与郭嵩焘生同里闬，且与臣胞兄儿女姻亲，应请回避。伏恳简派妥员查办，以昭核实。"②可见左宗棠对重要人事问题的小心谨慎，表明整个局势与同治三年以前已经不同。

清廷于四年十月十二日下旨："瑞麟、郭嵩焘以督抚大员同城办事，自当和衷商酌。乃瑞麟于郭嵩焘商办之事，未能虚心体察，郭嵩焘因瑞麟未经允从，负气上陈，所见殊小，均著传旨严行申饬。倘经此次训诫之后，不思公忠为国，力改前非，必将瑞麟、郭嵩焘重治其罪。"③似乎是各打五十大板，并无偏向。但实际上，清廷在同治五年二月即将郭嵩焘解职召京，"命署广东巡抚郭嵩焘来京，以浙江布政使蒋益澧为广东巡抚"。④而广州将军、署两广总督瑞麟旋于五年八月实授两广总督。⑤一压一护，差别十分明显。

2. 陕西巡抚刘蓉的去职与中枢权力斗争的关系

刘蓉的去职，是因为有人参劾他贿赂、攀附中枢重臣以求获得高位。此事是与慈禧在这一年打击恭亲王奕䜣、部署陕甘人事安排结合起来的。

---

① 《左宗棠全集·奏稿二》，299～303 页。
② 同上书，304 页。
③ 《清实录(第 48 册)·穆宗毅皇帝实录》卷一五七，"同治四年十月中"，654 页。
④ 《清实录(第 49 册)·穆宗毅皇帝实录》卷一七〇，"同治五年二月下"，81 页。
⑤ 同上书，281 页。

本来，蔡寿祺是清廷借以打击恭亲王奕䜣的一枚棋子。不过在蔡寿祺的几道参折中，将"公事"与"私怨"掺杂到一起，将刘蓉一并带入，而又恰好"歪打正着"，与清廷准备部署陕甘局面契合，为清廷在任命湘淮将领杨岳斌为陕甘总督后，去掉任职陕西巡抚不短时间的刘蓉，任命清廷信重之员出任陕抚，钳制杨岳斌的部署，制造了借口。

湘淮集团的许多重要人物，由于没有经历过官场的历练，又长期带兵或者参与戎机，恃才傲物，一旦有什么不如意，往往不顾体制，任性而为。这常常被清廷加以利用，在军事需要时，训诫的同时多方勉留，而一旦觉得可以不再倚重，就充分显示其威权，操起黜陟大权，毫不留情地对威胁中央集权的地方实力督抚进行贬斥、罢职。刘蓉就是一例。

刘蓉在四川辅佐骆秉章，已有一段时间，熟悉川陕一带情况，又是湘军一派重要人物，故清廷任命他督办陕西军务，不久授陕西巡抚。清廷重用刘蓉，还有另一层的意图，就是企图拉拢他，利用他来牵制四川总督骆秉章。同治二年六月，湖广总督官文奏："刘蓉晓畅戎机，勇于任事。刻下石逆成擒，川省军务得手，即于滇、黔各匪环伺川疆，得骆秉章指挥调度，想能次第荡平。应令刘蓉独当一面，俾资展布。如蒙天恩予以疆寄，令督办陕南军务，与荆州将军多隆阿各张一帜，必能绥靖边疆。"疏入，七月命刘蓉督办陕南军务，寻授陕西巡抚。[①]

随着太平军及其余部被剿灭，清廷军事行动的重点转移到陕甘、豫鲁等捻军和回民起义军活动的重点地区。在这种情况下，清廷在西北各行省不得不安排湘淮将领充任督抚，以利于军事行动，同时，清廷必须整合现有督抚，作出相应安排。因陕甘地区仅设有陕甘总督和陕西巡抚两职，同治三年五月，杨岳斌被任命为陕甘总督（因募兵未到任，同治四年到任），此时刘蓉位居陕西巡抚已近一年，到同治四年四五月间杨岳斌募勇完毕后正式赴任时，刘蓉盘踞陕西已两年有余。清廷为了钳制湘淮集团在陕西、甘肃的势力，决定将刘蓉从长时间盘踞的陕西弄走，而安排清廷信重之员担任陕西巡抚，以钳制陕甘总督杨岳斌。

---

① 《大臣画一传档后编五·刘蓉》，见《清史列传》卷四十九，3906 页。

清廷借助的事件是：翰林院编修蔡寿祺奏参刘蓉行贿夤缘。清廷命倭仁等问讯此事。同治四年三月十六的上谕中说："前据倭仁等奏，遵旨查讯翰林院编修蔡寿祺折内紧要条件一折。据称于本月初六日将蔡寿祺原折内所称'挟重货而内膺重任，善夤缘而外任封疆'之紧要二语，传到蔡寿祺面加讯问，当据供称，薛焕、刘蓉行贿夤缘系得自传闻，应否查办，伏候圣裁等语。朝廷登进人才，岂容纳贿行私，致滋物议。薛焕、刘蓉或内跻卿贰，或外任封疆，均系朝廷大臣，如于蔡寿祺所参不行查办，何以重名节而振纪纲。著薛焕、刘蓉各将所指行贿夤缘一节，据实明白回奏，以凭查办。倘敢有一字欺饰再经查出，定行从严治罪。"①清廷明知蔡寿祺所参刘蓉的问题系"得自传闻"，并无实据，却抓住不放，大做文章。

刘蓉在四月初二日所上《附陈蔡寿祺挟嫌构陷疏》中，首先援引清廷上谕中的一段话，对蔡寿祺严加指劾："再查蔡寿祺于咸丰九十年间侨寓四川省城，每遇地方公事，招摇把持，声名狼藉，经前署督臣崇实奏参，钦奉谕旨，驱逐回籍，不准逗留川省等因，钦此。"刘蓉随即又指出，

> 咸丰十一年臣在督臣骆秉章幕中，接阅武弁姚怀玉等禀牒，辄有奉翰林院蔡檄饬募勇字样，怪而询之，始知蔡寿祺当逆氛扰攘之时，自刻翰林院编修关防，征调乡勇，收召匪目陈八仙等为门徒，聚众横行，不受地方官节制，其举动实涉荒唐。……臣尝对众宣言该编修系奉旨驱逐回籍之员，如复逗留滋事，将不能更事姑容。蔡寿祺闻之始遄巡束装入陕，闻臣奉命抚陕，旋复束装赴都，每闻众人传述蔡寿祺口出怨詈之言，固知其将有夸张为幻之事，今果自上封章，造作传闻无据之词，巧肆弹射，此固从古小人罗织构陷之常情，不足深怪。惟臣自受任川藩晋擢陕抚以来，计所纠参道府州县前后四十余员，其中颇多声势显赫、性情狡黠之伦。臣非不省汉人

白璧不可为，庸庸多后福之语，姑务含容徇隐、取悦流俗，顾念遭逢殊遇，不敢稍涉瞻徇，虽明知异时报复相寻将至，卒受中伤而有所不暇顾。且计圣明在上，众正盈朝，运祚方际中兴，尤可决无他虑。不图蔡寿祺一进影射之词，已蒙我皇上严加诘问，则后之伺隙挟嫌、接踵而起者势将深文周纳，变幻纷纭。在臣一身祸福原不足系轻重，万一以后封疆任事之臣遽以臣为前车之戒，罔恤清议，竞务优容，风会所趋，殊非细故。伏祈皇太后、皇上俯垂鉴察。①

同日，刘蓉还上《明白回奏恳赐查办疏》说：

臣以湘楚诸生，志安贫贱。咸丰三年，今两江总督曾国藩在籍办理团练，旋率水陆各军出境剿贼，邀臣襄其军事。前后两年，旋与罗泽南、李续宾等各率一军，由江西赴援湖北，转战崇阳、通城、蒲圻各县，值臣弟蕃殒命疆场，负骸归葬。咸丰六年，经前湖北抚臣胡林翼奏调赴营。维时臣父年已笃老，不忍远离，由是家居奉亲，历三四年，不幸臣父见背，胡林翼旋有敬举贤才、力图补救一疏，滥列臣名。遂于十年六月，钦奉文宗显皇帝谕旨，饬令募勇六千赴援江浙皖南等省，旋值湖南抚臣骆秉章督办四川军务，奏调臣随同入蜀。十一年正月复奉谕旨垂询胡林翼前保之同知刘蓉现在何处，闻该员才具尚好，应如何录用之处，著胡林翼酌量具奏等因。旋经胡林翼覆陈有器识远大、堪胜封疆藩臬之任等语。是年八月复经骆秉章随案保奏，奉旨以知府归部铨选，九月十五日钦奉恩命赏给三品顶戴，署理四川布政使司。同治元年二月奉旨补授实缺。二年七月奉命督剿汉南逆匪，旋奉恩旨特授陕西巡抚，以重事权等因。三年四月到任，凡臣一生出处本末大略如此。臣方自谓身受两朝特达之知，超越非常，实属儒生旷世之遇。惟自惭经术迂疏，知识暗陋，无以仰称朝廷破格录用之意，旦夕凛凛，怵且与汉

---

① 《附陈蔡寿祺挟嫌构陷疏》，见（清）刘蓉：《刘中丞奏议》卷八，38～40页，光绪十一年思贤讲舍校刊本。

之樊英晋之殷浩同贻笑于将来。即当世士大夫之贤者，知臣之空疏寡昧，莫神时艰，亦不过以为朝廷过听胡林翼保荐之言，遽使叨窃至此。至于出处大节，固共信其无他。乃蔡寿祺以其不肖之心，造作黉缘之谤，肆情侈口，惟所欲言，直欲厚诬天下，谓皆与己同类，而无复有稍知廉耻之人，则何其情之悖也。……臣虽至愚极陋，无足比数，然幼承庭训，颇识礼义之归，壮游四方，雅以志操相尚。砥砺名节垂四十年，其于希荣慕禄之情，降志辱身之事，往往不待禁戒而自绝于心，盖当隐微幽独之余，所为兢兢矢慎，其自治尚有精于此者。此特其粗节故不待力排深屏，而后能自克也。使蔡寿祺讦臣智术浅短，非救时之长才，谋画阔疏，无虑变之才略，自膺钜艰，未效涓埃，臣将内顾怀惭而无以自解。使讦臣尸居高位，未禽黎庶之情，谬抚名邦，莫振颓敝之俗，负圣君之殊遇，窃处士之虚名，臣且将愧汗悚惶而莫知所措。至欲舍事功而诬其名节，构蜚语以毁其素行，则臣洁白无滓之操，坚贞不屈之志，昼不歉于旦明，暮无惭于梦寐，方寸之地，皎如白日，确然有以自信而不疑。且臣自起草茅，未趋朝阙，于皇上左右亲贵之臣，未尝有一面之识；即政府枢密之地，亦未有一缄之达，秉义持律，硁硁自守，则其志匡公室，义绝私交，不特心可鉴诸神明，亦且迹无涉于疑似。黉缘之谤，将何自来？而蔡寿祺肆口诋诃，遽至如此，其为诬罔，不辩可明。伏祈皇上严加查察，推究根由，如其果涉暧昧之情，颇著交纳之迹，即请严治臣罪，刀锯鼎镬，甘之如饴，万不敢倖邀宽典。其或仰荷圣明，远垂无私之照，深察致谤之由，幸不玷于官箴，尚无亏于大节，亦乞圣主天恩，悯臣孤危，放归田里，俾遂还山之愿，长为击壤之民。①

刘蓉奏入，清廷上谕曰："朝廷听言，必期详审。刘蓉、薛焕既被指参，岂能不加讯问，转致大臣名节，无由共白。今刘蓉折内，有请放

---

① 《明白回奏恳赐查办疏》，见（清）刘蓉：《刘中丞奏议》卷八，35～38页。

归田里等语，词气失平，殊属非是。总之黜陟进退，朝廷自有权衡，非臣下所能自便。刘蓉所请，著毋庸议。"①

对于清廷屡屡使用的借御史清议来打击大臣的手段，湘淮集团内部的人员自同治元年以来，身受亲历不止一端。而此次蔡寿祺所参各情，清廷也不得不承认，"由军机大臣文祥等按照蔡寿祺所陈各条，将咸丰同治年间册档，逐细详查复奏，俱与蔡寿祺原陈情节不符"，而且"其刘蓉善于夤缘一节，先经（肃亲王）华丰等讯取蔡寿祺供词，亦称得自风闻，并无实据"。②因此，湘淮人员也都想就刘蓉被参一事，据理力辩，予以回击。奉命参与查办此事的骆秉章，不再顾忌刘蓉出于自己幕府，一改过去力图避开回护嫌疑的一贯做法，辩冤于前。有节制刘蓉之责的陕甘总督杨岳斌也力挺于后。"寻御使陈廷经奏参刘蓉放言高论，妄自尊大，请旨严行治罪，以为大臣之轻量朝廷者戒。上命骆秉章查明刘蓉参蔡寿祺在川招摇各款，据实奏覆。至是，秉章覆奏，命革蔡寿祺职，并谕以刘蓉于明白回奏之件，语多过当，有乖敬慎，交部议处。寻部议应比照言官条奏失体，降一级调用。诏如所请。"③清廷在同治四年八月下旨："陕西巡抚刘蓉降调，擢四川按察使赵长龄为陕西巡抚"，同月稍后的谕旨中又说："前任陕西巡抚刘蓉著照部议降一级留任"，④赵长龄后在同治五年正月改授山西巡抚。

杨岳斌在同治四年九十月间专上《具陈陕西抚藩被议片》说："陕西大乱甫平，边防又亟，若令骤易生手，情形不熟，布置未免需时。且刘蓉为甘省筹饷筹粮，不遗余力，今一旦解任以去，于臣殊失指臂之助，且兹据该省绅士、候选道雷致福等联络公禀，佥以刘蓉为福星为长城，因援颍人借留寇恂、苏人三留项忠、秦人数留陈镒故事，历陈下情，恳请转奏前来。即兹舆论之允孚，颇觉臣言之非妄。谨缮录以闻。"同时，由于有人参劾杨岳斌奏派的陕西藩司林寿图，杨岳斌在同一折中一并为

---

① 《清实录（第48册）·穆宗毅皇帝实录》卷一三七，"同治四年四月下"，213页。

② 同上书，201、213页。

③ 《大臣画一传档后编五·刘蓉》，见《清史列传》卷四十九，3908页。

④ 《清实录（第48册）·穆宗毅皇帝实录》卷一五○，"同治四年八月上"，508、517页。

之申辩。①

同治四年十月，清帝的上谕说：陕甘总督"杨岳斌奏，据陕西绅士候选道雷致福禀称，降调陕西巡抚刘蓉，自莅任以来，叠遇贼匪窜近省垣，及甘省溃勇东窜，均能不动声色，派兵剿办，地方得以安堵，全陕倚若长城。今闻以事去官，遇迩惊疑，据情代奏。并据片内声称，刘蓉为甘省筹饷筹粮，不遗余力，一旦解任，甘省亦失指臂之助。藩司林寿图实心任事，不避嫌怨等语。前派瑞常、罗惇衍驰赴陕西查办事件，于刘蓉、林寿图品行才具，及平日居官声名若何，民情是否爱戴，办理军务吏治是否合宜，自必确有闻见，著即据实具奏，毋稍含糊"②。

在这种情况下，清廷看到不宜立即使用严厉手段来处置。"寻吏部尚书瑞常等奏称：'刘蓉秉性朴实，惟吏治尚未熟悉，自负间有过高，而办理军务有胆有识，本年甘肃溃勇窜入陕境，刘蓉调拨兵勇，不动声色，诛其渠魁，余俱遣散归伍。甘肃逆回时或东窜，刘蓉分兵布置，居民恃以无恐。'奏入，谕曰：'刘蓉任陕西巡抚已经数年，地方情形俱能谙悉，讵可因语言小过，至令见退？自应俯顺舆情，以期裨益地方。刘蓉著带革职留任处分，署理陕西巡抚。'十一月，刘蓉奏报署任日期，并陈：'患病未痊，请迅简贤员来陕接任，俾臣暂息仔肩，借资调理。'谕曰：'陕西军务未竣，剿防均关紧要。该署抚仍当懔遵前旨，力疾从公，以图报称，勿许固辞。'"③刘蓉仍暂留任署理陕西巡抚。

但是，随着刘蓉辞署陕西巡抚任专办军务，失去地方及其饷需支持后，军事屡屡失利，清廷就毫不客气，施展奖惩黜陟之权，痛斥并贬黜刘蓉，实际上也是打击湘淮集团的气焰。刘蓉在"八月，奏病难速痊，恳请开缺回籍调理，上允其开缺，暂留陕办理军务。时捻匪愈炽，肆扰陕、豫、皖、鄂之间，官军叠次失利"④。而清廷几经调整，俟安徽局势稳定后，以安徽巡抚乔松年接替刘蓉为陕西巡抚，刘蓉仍留陕办理军

---

① （清）杨岳斌：《杨勇悫公遗集·奏议》卷五，42～43 页，问竹轩光绪二十一年刊本。
② 《清实录（第 48 册）·穆宗毅皇帝实录》卷一五七，"同治四年十一月中"，662 页。
③ 《大臣画一传档后编五·刘蓉》，见《清史列传》卷四十九，3909 页。
④ 同上书，3910 页。

务。十二月，因刘蓉、乔松年之间矛盾激化，乔松年上奏并得到清廷支持，将刘蓉彻底逐出陕西。清廷在十二月下旬所颁上谕中说："前署陕西巡抚刘蓉，以获咎之员，特令署理巡抚。嗣后允其开缺，暂留陕西办理军务，倚任不为不专。乃屡谕该前署抚出省督剿，置若罔闻，以致官军挫失，捻势愈张，贻误地方，实堪痛恨！刘蓉著即革职，毋庸再留陕西。"①

3. 两广总督毛鸿宾、湖南巡抚恽世临以旧错免职

同治四年二月，两广总督毛鸿宾在广东平剿太平天国余部等军务繁忙之时，因过去在湖南巡抚前任上考察、任命官员失察，与现任湖南巡抚、原湖南布政使恽世临一同受到处分。毛鸿宾降一级调用，照例革任；恽世临降四级调用。清廷谕旨中是这样说的："前据吏部奏，遵议两广总督毛鸿宾被参各款处分，当经降旨，照部议降一级调用，不准抵销。兹据该部奏称：查毛鸿宾前因移奖子弟案内，业经奉旨革职留任，复因案议以降调不准抵销，例应革任。……著即照例革任。"②而恽世临同时降四级调用，在四年四月"因被参案内加抽盐厘一节……实系加抽在先，具禀在后，其为有心掩饰，毫无疑义。恽世临著仍照该部原议，降四级调用，不准抵销"③。同时清廷"降旨令吴棠署理两广总督、李瀚章补授湖南巡抚。……吴棠未到任以前，两广总督著瑞麟暂行兼署"。

毛鸿宾虽接受这一处罚，但显然心有未甘，"词气失平"地上奏称："臣一介迂儒，毫无知识，仰蒙文宗显皇帝特达之知，由科道荐升巡抚，复蒙皇太后皇上天恩，畀以兼圻重任。受事以来，冰兢自惕，虽邻匪即就荡平，地方渐臻安谧，各属厘务亦均见起色。惟吏事兵事正须及时大加整饬，如臣梼昧，本难胜任。况复追思往昔，实乖谬之良多，及乎接奉部咨，始梦迷之方悟，乃荷圣恩高厚，不加严谴，谨依部议予以降调。"④

---

① 《清实录(第49册)·穆宗毅皇帝实录》卷一九三，"同治五年十二月下"，465页。

② 《清实录(第48册)·穆宗毅皇帝实录》卷一三一，"同治四年二月下"，93页。

③ 同上书，209页。

④ 《恭报交卸日期谢恩折》，见(清)毛鸿宾：《毛尚书奏稿》卷十六，59～60页。

这种以旧时的措施不当、荐举人员有过失，事隔多年追究免职的情况，在湘淮集团对太平天国作战时期是不太可能出现的。

4. 江西巡抚沈葆桢以忧免

同治四年四五月间，沈葆桢"请假回籍省亲丁母忧"[1]，忧免而去江西巡抚职，由湘军中较亲附清廷的派系首领刘坤一出任江西巡抚。不过，对于沈葆桢，清廷在将其忧免二年之后，于同治六年起用办理福建船政。与刘蓉、毛鸿宾、杨岳斌就此闲置，不再起用不同。

此外，同治三年六月浙江巡抚曾国荃病免，清廷任命自己信重的原安徽布政使马新贻为浙江巡抚；湖北巡抚严树森遭到湖广总督官文和受官文笼络的湖北司道的上下挤压，被参降道员，由清廷信重的原广东布政使吴寿昌接任；同治四年六月曾国荃被任命为山西巡抚，未到任。同治五年正月，湖北巡抚李鹤年接替被参之吴寿昌改调河南巡抚后，曾国荃改授湖北巡抚，同治六年十月病免，由广西巡抚郭柏荫改授湖北巡抚接替他。同治五年八月陕甘总督杨岳斌因病开缺，以闽浙总督左宗棠调授[2]。从上述事实可以看到，同治四年起，清廷有计划地打击湘淮集团大量占据总督、巡抚职位的气势，重新树立因战时体制而一度受到冲击的任免、调动总督、巡抚的绝对权力。

我们可以看到，同治四年以后，清廷逐渐摆脱了四面楚歌、不得不在战争区域全面依赖湘淮集团的境地，而在福建、江西、广东剿平太平军余部，在陕西、甘肃、新疆平定回民起义，在以河南、山东为主的战场上剿平捻军三个方面，能够较为自如地调整人员。同治四年、五年显然是重要的年份，也是清廷和湘淮集团势力消长的重要年份。这两年，正如上面已经论及的，在陕甘军务紧急之时，清廷在几经反复之后，罢黜陕西巡抚刘蓉，以清廷信任之乔松年代之。此时陕甘总督杨岳斌已经就任，至少能一时稳住陕甘局势，而且刘蓉继续督办陕西军务，又有乔

---

① 江苏巡抚吴元炳光绪五年十一月二十四日奏稿，见(清)沈葆桢：《沈文肃公政书·卷首》，3 页。

② 以上督抚任免调动情况，所参考材料前已有征引。杨岳斌病免一事，可参见他在同治五年八月所上《谢赏准开缺调理折》，见(清)杨岳斌：《杨勇悫公遗集·奏议》卷十，52～53 页。

松年钳制他们，并且在杨岳斌、刘蓉等溃败后，能及时调左宗棠稳定陕甘军事；在剿捻问题上，曾国藩一旦出现问题，清廷有暂时"闲置"的李鸿章可以顶替；在闽粤赣，有左宗棠、刘坤一等剿平太平军余部，本想以吴棠来钳制，后因吴棠另有任用，故派前广州将军瑞麟为两广总督来钳制，所以可以放心地以"旧事"处置毛鸿宾等人；在山东，因为是逼近京畿重地，几乎与清廷信用的河南巡抚吴昌寿被参同时，湘淮成员山东抚藩阎敬铭、丁宝桢也遭到重参；在直隶，清廷更是以剿盐枭不力的"罪名"，于同治六年十一月将直隶总督刘长佑革职，而实际上当时直隶枭匪已经剿灭得差不多了。

对于清廷这一系列的动作，曾国藩戒惧异常，同治六年十一月二十日，他在给郭嵩焘的信中说："直隶枭匪存者无几，而官相（官文）顷有署直隶之信，不知印渠（刘长佑）何故开缺？近日厚（杨岳斌）、霞（刘蓉）、筱（郭嵩焘）、沅（曾国荃）次第去位，而印复继之，吾乡极盛，固难久耶？思之悚惕。"[1]

同治七年二月，在了解更多情况之后，曾国藩在二月二十六日致刘坤一函中说："闻带勇回籍之举系官相密片所请，陷阱下石，相煎太急。顷富都统陞来此，代为不平，并称印帅受穆公之陵侮，人所难堪，而直隶之官绅军民无人不服其忠勤而惜其去。弟于印帅归时，歔欷不忍别。闻富公之言，尤为感慨。仕途险巇，使为善者增惧。"[2]

这两封书信，可以说很明白地透露出曾国藩在同治六年前后，在清廷接连的打击下那种"悚惕""戒惧"的心态。

同治四年至六年以后，清廷基本上把湘淮集团所能控制的事权限制到了一定的范围。这一定范围的事权，就是在湘淮集团内部的重要督抚间转移，李鸿章获得了"信用"，那么曾国藩就会失去相应事权，而变得与普通督抚基本没有差别。

---

① 《复郭嵩焘》，见《曾国藩全集·书信九》，6475 页。
② 同上书，6547 页。

二、太平天国战争结束后清廷和湘淮集团
权力斗争局面的变化

太平天国战争基本结束后，主要从同治四年、五年开始，湘淮集团督抚尤其是首脑人物曾国藩、左宗棠、李鸿章等人(间亦涉及其他湘淮督抚大员)对清廷人事黜陟大权(重点分析他们在总督、巡抚任免调动问题上)的影响力究竟如何？[①]

首先，我们排除同治五年前已经成为总督、巡抚，并被罢黜的湘淮集团成员。而着重考察一下在同治五年以后至同治十三年以前，被曾国藩、左宗棠、李鸿章等人逐步保荐，成为总督、巡抚的湘淮人物的情况。现将有关人员情况分类列表如下。

表 6-1　同治五年至十三年，成为总督、巡抚的湘淮人物

时间	人　员	人数
同治五年以前已任督抚、五年后仍在任的湘淮人员	曾国藩、左宗棠、李鸿章、刘蓉(曾国藩、骆秉章系，同治二年七月授陕西巡抚，四年八月降一级调用，仍署陕抚)、刘长佑(同治六年十一月革直隶总督职回籍，十年四月重起用为广东巡抚)、刘坤一(刘长佑系，同治四年五月迁江西巡抚)、严树森(胡林翼系，同治三年由湖北巡抚降为道员后，光绪元年十一月以广西布政使署广西巡抚)、李瀚章(曾国藩系，同治四年授湖南巡抚)、杨岳斌(即杨载福，曾国藩、胡林翼系，同治三年五月迁陕甘总督，五年八月病免)、沈葆桢(先属曾国藩系，后属左宗棠系，同治四年五月丁忧免江西巡抚，六年任福建船政大臣，光绪元年迁两江总督)、骆秉章(同治六年病死于四川总督任)、阎敬铭(胡林翼系，同治五年十月从山东巡抚任上假归，光绪八年擢户部尚书)、曾国荃(曾国藩系，同治四年六月病辞山西巡抚，五年正月授湖北巡抚)、郭嵩焘(先属曾国藩系，后属李鸿章系，同治五年正月从署广东巡抚任上召京)、蒋益澧(先属罗泽南系，后属左宗棠系，同治三年九月护理浙江巡抚，五年二月授广东巡抚)	总计15人

[①]　本节内容，在时间界限上主要是同治五年至同治十三年，也涉及同治四年的一些内容，与前述内容在时间上略有重复(同治四—六年)，但在论述的重点上各有侧重。

时间	人　员	人数
同治五年至十三年间升任督抚的湘淮人员	丁日昌（先属曾国藩系，后入李鸿章系，同治六年十二月擢江苏巡抚）、丁宝桢（毛鸿宾系，同治五年十一月署山东巡抚，六年二月实授）、王凯泰（李鸿章系，同治九年七月迁福建巡抚）、刘典（左宗棠系，同治七年二月署陕西巡抚）、刘岳昭（骆秉章系，同治五年正月授云南巡抚）、何璟（曾国藩系，同治九年七月授福建巡抚，旋改山西巡抚）、张树声（先属李鸿章系，后入曾国藩系，同治十年十二月授漕督，十一年七月署江苏巡抚，十二年正月授江苏巡抚）、李宗羲（曾国藩系，同治八年五月授山西巡抚）、杨昌浚（左宗棠系，同治八年十二月署浙江巡抚，九年八月实授）、郭柏荫（曾国藩系，同治四年五月以苏藩护理巡抚，六年正月署江苏巡抚，二月迁广西巡抚）、钱鼎铭（先属李鸿章系、后属曾国藩系，同治十年授河南巡抚）	总计11人。湘系：曾国藩系5人，左宗棠系2人，骆秉章系1人，毛鸿宾系1人；淮系（李鸿章系）2人
同治五年至十三年升任藩臬，光绪年间任督抚的湘淮人员	刘秉璋（先属李鸿章系，后入曾国藩系，同治五年四月迁苏臬，光绪元年八月迁江西巡抚）、李元华（李鸿章系，同治七年七月迁苏臬，光绪二年十月署山东巡抚）、陈士杰（曾国藩系，同治元年正月授苏臬，光绪七年迁浙江巡抚）、林肇元（刘岳昭系，同治九年迁贵臬，光绪四年署贵州巡抚，七年实授）、涂宗瀛（曾国藩系，同治十年迁湘臬，光绪二年授广西巡抚）、梅启照（曾国藩系，同治六年迁粤臬，光绪三年迁浙江巡抚）、谭钟麟（左宗棠系，同治七年迁豫臬，光绪元年擢陕西巡抚）、潘鼎新（李鸿章系，同治四年迁鲁臬，光绪二年三月署、九月授云南巡抚）	总计8人。湘系：曾国藩系4人，左宗棠系1人，刘岳昭系（骆秉章系）1人；淮系（李鸿章系）2人
光绪年间升任藩臬并跻身督抚的湘淮人员	卫荣光（胡林翼系，光绪元年八月授皖臬，四年迁湖南巡抚）、王之春（曾国藩系，彭玉麟幕僚，光绪十四年三月迁浙臬，二十五年迁山西巡抚）、刘铭传（李鸿章系，光绪十年改文职，授福建巡抚）、刘锦棠（左宗棠系，光绪十年授新疆巡抚）、刘瑞芬（先属曾国藩系，后入李鸿章系，光绪八年迁赣臬，十五年授广东巡抚）、许振祎（曾国藩系，光绪十一年迁豫臬，二十一年由东河总督改授广东巡抚）、李兴锐（先属曾国藩系，后入李鸿章系，光绪二十三年迁闽臬，二十六年迁江西巡抚）、李明墀（曾国藩系，光绪二年十一月迁闽臬，四年十月署闽抚，五年四月改湖南巡抚）、陈宝箴（曾国藩、易佩绅、席宝田系，光绪八年授浙臬，二十一年迁湖南巡抚）、周馥（李鸿章系，光绪十四年迁直隶按察使，二十八年迁山东巡抚）、庞际云（曾国藩系，光绪六年迁鄂臬，十年署湖南巡抚）、饶应祺（左宗棠系，光绪十七年署、十九年授新疆布政使，二十一年署、二十二年授巡抚）、倪文蔚（先入曾国藩系，	总计17人。湘系：曾国藩系5人，左宗棠系5人，胡林翼系1人，席宝田系1人；淮系（李鸿章系）5人

时间	人　　员	人数
	后入李鸿章系，光绪六年迁粤臬，八年授广西巡抚）、陶模（左宗棠系，光绪十一年迁直臬，十七年迁新疆巡抚）、勒方锜（曾国藩系，光绪元年迁苏臬，五年迁福建巡抚）、潘效苏（左宗棠系，光绪二十七年迁新疆按察使，二十八年授新疆巡抚）、魏光焘（左宗棠系，光绪七年迁甘肃按察使，二十一年迁云南巡抚，旋调陕西巡抚）	

根据上表的内容，我们可以看出，占据督抚职位的湘淮人员，仍多是曾国藩系、左宗棠系、李鸿章系的人员。那么，是不是说，他们在政府官职的任免调动问题上的发言权越来越强势了呢？下面就以同治四年、五年至同治十三年，曾国藩、左宗棠、李鸿章等人在荐举本集团人员担任政府高级官职问题上的表现，作一分析。

（一）曾国藩的逐步"老弱"与循规蹈矩

关于同治四年、五年至同治十一年曾国藩去世，将近 8 年中曾国藩的表现，查阅同治四年以后曾国藩的有关奏章，再对比实际升任督抚人员情况，可以有一个基本的结论。

同治四年，曾国藩奏疏中涉及重要职位的主要有：正月十四日《两淮盐运使出缺请旨简放折》，三月二十五日《复陈彭玉麟不能赴漕督署任片》，四月十六日《唐义训开缺及刘松山等缓赴甘肃片》，四月十六日《李宗羲暂留运司任片》，五月初九日《请另简知兵大员督办北路军务片》，七月二十四日《密荐徐寿两镇总兵人选片》，九月十九日《奉旨复陈近日军情及江督漕督苏抚事宜折》，十二月二十八日《查复吴昌寿张曜参案折》，十二月二十八日《查复山东抚藩参款折》；大保举折有五月二十四日《肃清皖南出力员弁请奖折》，六月十八日的上谕中明确讲到"曾国藩、乔松年奏雉河解围出力员弁，开单请奖一折"，等等。其中，涉及重要人事问题的为彭玉麟辞漕督署任、奉旨复陈两江总督漕运总督江苏巡抚事宜、查复湖南巡抚吴昌寿总兵张曜参案、山东巡抚阎敬铭布政使丁宝桢被参案，单看这几件事，似乎曾国藩仍能参与重要人事变动。

这一年，太平天国战争基本结束，虽然追剿太平军余部、剿捻和剿回的战争规模仍不小，但毕竟清朝统治已基本重获稳固，在这些战区作出人事安排和调动，固然还要照顾战局需要及其对湘淮人物的原有安排，但是，清廷已经可以按照自己的意志，逐步作出更有利于中央控制的督抚任免和调配决策。例如，这一年与曾国藩有直接或间接关系的人事黜陟大事件是很多的，主要有以下数件：延续大半年的杨岳斌从督办江西皖南军务福建水师提督调任陕甘总督一事，从同治三年五月初六日内阁奉上谕："陕甘总督熙麟因病解职，以福建水师提督杨岳斌为陕甘总督。未到任前，以西安将军都兴阿署理"①开始，到同治四年三月初三日清廷在杨岳斌募勇完毕后，命其赴陕甘总督任，"即著杨岳斌亲督各军，迅速赴甘"，基本没有征求曾国藩的意见。这里还有一个重要问题，就是在调杨岳斌离开水师前后，清廷屡次要调彭玉麟离开水师就任地方（同治四年前后主要是想将彭玉麟调任漕运总督），其背景仍是清廷欲建长江水师，按计划这是由清廷控制的经制水师，欲取代湘军水师。而且清廷一度急于快速建立，以取代湘军水师，从它任命江南提督和长江水师提督，引起曾国藩等人戒备，以致上奏提出质疑一事中，可见一斑。②

曾国藩、彭玉麟仍然坚持彭玉麟留统湘军水师，在顶住了清廷数次严催彭玉麟就任漕督之命后，同治四年四月初四日上谕："昨据彭玉麟奏，力辞署理漕督。已有旨俯如所请。该员现仍以兵部侍郎总统水师，著即迅拨轻利炮船数十号，前赴清淮一带遏防。"③同一道上谕中，还有吴棠暂留漕运总督任缓赴两广总督任之命。上谕中说："吴棠另片奏，清淮士民闻该漕督有赴粤之信，适值寇警，纷然警骇。恳辞署理两广总督，专意筹办清淮防剿，使江北士民同心协力，无所犹豫等语。具见体国公忠，不肯避难就易，深堪嘉尚。吴棠仍著暂留漕运总督本任，俟此

---

① 《清实录（第47册）·穆宗毅皇帝实录》卷一〇三，"同治三年五月上"，250页。亦可参见《曾国藩全集·奏稿七》，4101页。

② 这一质疑，大致原委，可参见《江南水师提督一缺质疑请旨片》，见《曾国藩全集·奏稿七》，4199～4200页。

③ 《清实录（第48册）·穆宗毅皇帝实录》卷一三五，"同治四年四月上"，178页。

股贼匪一律扫除，再赴两广总督署任。"①

同治四年五月初三日，上谕命曾国藩"赴山东一带督兵剿贼。两江总督着李鸿章暂行署理。江苏巡抚着刘郁膏暂行护理"②。

五月二十一日，湘军中较为亲附清廷的一支派系首领刘坤一补授江西巡抚。上谕："本日已明降谕旨，令刘坤一补授江西巡抚。现值该省防剿吃紧之际，该抚即著速赴新任，毋庸来京请训。俟抵江西后即督饬将士严密布置，以期速殄贼氛。"③

九月初六日上谕拟着李鸿章带兵赴豫西，吴棠暂署江督，李宗羲、丁日昌递署漕督、苏抚。"曾国藩现在徐州调度，正当吃紧。若复令分兵进驻豫西边境，实有鞭长莫及之势。……但河洛现无重兵，豫省又无著名宿将可以调派。该处居天下之中，空虚可虑。因思李鸿章谋勇素著，且年力壮盛，可以亲历行间。著即亲自督带杨鼎勋等军驰赴河洛一带，扼要驻扎，将豫西股匪迅图扑灭……至两江总督事繁任重，李鸿章带兵出省，不可无人署理。吴棠办事认真，且在清淮驻守有年，于军务亦能整顿，即着吴棠署理两江总督。其漕运总督印务，即交与李宗羲暂行署理。江苏巡抚与洋人交涉事件颇多，丁日昌籍隶粤东，熟悉洋务，以之署理江苏巡抚，可期胜任。"清廷已经有此意志，但毕竟涉及湘淮四位人员（两江总督曾国藩、前署两江总督李鸿章、李宗羲、丁日昌），对湘淮集团影响太大，曾国藩虽然在剿捻前线，毕竟仍是两江总督，不能不表面上征求两江总督曾国藩的意见。故命"曾国藩等接奉此旨，彼此函商，如果意见相同，即着迅速复奏。再明降谕旨，分饬遵行"④。不过，需要指出的是，吴棠署江督一事并未命曾国藩议奏。

十一月十三日上谕："湖北巡抚郑敦谨为户部右侍郎管钱法堂事"，

---

①　《清实录（第 48 册）·穆宗毅皇帝实录》卷一三五，"同治四年四月上"，178 页。亦可参见《曾国藩全集·奏稿八》，4813 页，所附上谕。

②　同上书，236～237 页，有相关任命内容。

③　同上书，307 页。

④　同上书，586～587 页。亦可参见《曾国藩全集·奏稿八》，5003～5005 页。

"擢直隶按察使李鹤年为湖北巡抚"①。

这些人事黜陟上的重大事件，多数情况都是清廷决断，虽然与曾国藩关系密切，但曾国藩所能参与的程度却很有限。

而在同治四年曾国藩的奏对中，更多的还是关于两江总督的日常事务，与前数年奏折内容多是军国大事、大规模的军功保举案，以及重要的人事安排等相比，明显呈下降的趋势。

九月十九日，曾国藩上《奉旨复陈近日军情及江督漕督苏抚事宜折》，遵清廷上谕②，讨论署两江总督李鸿章率杨鼎勋等军驰赴河洛剿捻军后的人事安排问题。其中，清廷命漕运总督吴棠署理两江总督一事未命曾国藩议奏，表明吴棠署任两江总督为清廷自行安排。令曾国藩议奏的只是署漕运总督李宗羲和署江苏巡抚丁日昌这两名湘淮人物。曾国藩的意见是：

> 查李宗羲由安徽知府，甫于去年保奏以道员留江补用。本年奏署运司，迭擢安徽臬司、江宁藩司，一岁三迁，已为非常之遭际。该员廉正有余，才略稍短，权领封圻，未免嫌其过骤。丁日昌以江西知县，因案革职。三年之内，开复原官，荐保府、道，擢任两淮运司。虽称熟习夷务，而资格太浅，物望未孚。洋人变诈多端，非勋名素著之大臣，不足以戢其诡谋而慑其骄气。该员实难胜此重任。③

同治五年、六年之后，我们看到湘淮实力督抚在人事黜陟权力上，逐渐被纳入清廷的黜陟权力规制中。只要分析湘淮集团几大重要成员曾国藩、左宗棠、李鸿章，再辅以沈葆桢等少数几个特异之员的状况，即可看出这一态势。

首先，同治五年，当曾国藩任钦差大臣、剿捻前线总指挥之时，就已经只能调用现成人员，而基本不能因战事保荐新进大员了。查考同治

---

① 《曾国藩全集·奏稿八》，5044 页。
② 有关情况，前文有交代。
③ 《曾国藩全集·奏稿八》，5006～5007 页。

五年曾国藩奏折，可以看到，他在涉及人员问题上，主要是调派人员，一般都是如正月十四日《陈请饬调刘秉璋来营帮办军务片》、二月初八日《奏请张总愚捻众东窜刘松山等暂缓赴鄂西征并报启行赴周家口日期片》，等等。有几件关于提督总兵的奏疏，也往往是一些不如意的事情，如二月初八日，自己麾下湘军两总兵浙江衢州总兵朱品隆、河南归德镇总兵朱南桂开缺，而荐举之人一为淮军将领唐殿魁，一为非湘淮系的武将徐鹘，并得到清廷允准。① 再如因湖南提督、湘军将领周宽世不是很听话，即所谓"该提督浮滑取巧，其军不甚得力"，因此，曾国藩借周宽世呈称"旧患气脱之症又发"，于三月二十一日奏请将周宽世"准开湖南提督本缺，回籍就医"。二十五日清廷上谕也是痛快地允准。②

　　至于涉及剿捻前线几位督抚大员的任命，曾国藩基本无法多参与意见。同治五年开始，在河南、湖北、山西等剿捻前线地区的人事任命问题上，仅有曾国荃的任命问题征询了曾国藩的意见，而曾国藩借曾国荃自攻克金陵之后"重病"未愈，婉辞拒绝清廷的征调。③ 但是，清廷没有听取曾国藩的意见，不过稍作妥协，将原准备任命曾国荃的山西巡抚一职改为湖北巡抚。而"调湖北巡抚李鹤年为河南巡抚"，"调陕西巡抚赵长龄为山西巡抚"的任命，都未征询作为剿捻前线统帅的曾国藩的意见，而且，这二人皆非湘淮集团的人物，牵制曾国藩及其湘淮军将的目的非常明显。④

　　其次，这一年在人事黜陟上，还有两件事情反映出曾国藩被清廷严

----

① 曾国藩的奏请，《请准总兵朱品隆朱南桂开缺并请旨简放遗缺折》《密奏唐殿魁徐鹘补授浙江衢州河南归德两总兵遗缺片》，见《曾国藩全集·奏稿九》，5210～5214 页。清廷允准，见《清实录（第 49 册）·穆宗毅皇帝实录》卷一六九，"同治五年二月中"，60 页。

② 《奏将湘督周宽世开缺片》，见《曾国藩全集·奏稿九》，5288～5289 页。清廷允准的谕旨，参见《清实录（第 49 册）·穆宗毅皇帝实录》卷一七三，"同治五年三月下"，121 页。

③ 此事可参见同治四年六月十六日上谕、六月二十四日廷寄和曾国藩所上《恭谢天恩并陈明曾国荃病未复原折》，见《曾国藩全集·奏稿八》，4943、4955～4956 页。

④ 同治五年正月二十六日上谕，参见《清实录（第 49 册）·穆宗毅皇帝实录》卷一六七，"同治五年正月下"，33 页。曾国藩二月初八日所上《曾国荃调补鄂抚并负剿捻新命恭谢天恩折》，见《曾国藩全集·奏稿九》，5198～5199、5216～5217 页。

厉制约的状况。一件事是吏部随意就将曾国藩奏荐胡大任四品京堂驳回，虽经清廷纠正，但确实可见曾国藩在人事黜陟问题上已经逐渐式微，以致吏部也可随意刁难，而不像曾国藩圣眷正隆时，吏部对曾国藩奏荐人员往往就是执行而已。

这件事情的原委是这样的：同治三年十二月，曾国藩奏保记名四品京堂胡大任免补员外郎原缺，仍请以四品京堂遇缺开列在前，奉旨允准。但是，就在曾国藩奉命剿捻后，由署两江总督李鸿章转来吏部咨文称："胡大任此次劳绩，系属局务出力，不准保奏免补本班。所请免补员外郎，仍以四品京堂遇缺开列在前之处，应毋庸议。饬令该督另核请奖等因具奏，同治四年四月十三日奉旨依议。"①曾国藩明显感到自己在黜陟权力问题上的失落，加之吏部的驳议确实存在问题，因此他在军次途中接到李鸿章转来的咨文后，很快就上奏提出几点理由：第一，"胡大任系礼部祠祭司员外郎，实任多年，前在湖北倡办牙厘，著有成效，屡经胡林翼保奏，以四品卿衔送部引见，听候简用"，显然不属吏部驳奏之列，因为"久补员外实缺，与未补是缺、保免补而超晋一阶者，微有不同"。第二，不惜将咸丰皇帝搬出来，"咸丰九年十月臣复会官文、胡林翼三衔保奏，钦奉文宗谕旨：'胡大任着以四品京堂记名、遇缺题奏。'钦此。该员旋因告病回籍，经前督臣毛鸿宾奏派赴粤办理厘务，解济臣军。臣以金陵克复，亦赖粤饷之助，奏请将胡大任仍以四品京堂候补，并非保有升阶，不过申明咸丰九年之谕旨耳"。在奏折最后，曾国藩提出，"今吏部驳饬免补员外一节，并四品京堂出缺亦不能列名进单，是不特此次保案无着，即九年会保之案，亦皆消归乌有，事理殊欠公允，臣心犹觉不安。可否吁恳天恩，饬部遵照前旨，将胡大任免其坐补员外郎，仍以四品京堂候补，遇缺开列在前之处，出自鸿施。理合附片

---

① 吏部咨文转见曾国藩《奏请胡大任仍以四品京堂遇缺开列在前片》，见《曾国藩全集·奏稿九》，5215页。

陈请。伏乞皇太后、皇上圣鉴训示。谨奏"①。既然连先帝都请出来了，清廷也就于二月十三日发出上谕："著仍照曾国藩所请，胡大任免其坐补员外郎，仍以四品京堂候补，遇缺开列在前。"同时，清廷显然对吏部不会办事很恼火，明谕"嗣后吏部于核减保案，务须按照定章，查核详明，办理公允，勿稍轻率"②。

过去，在镇压太平天国时期，曾国藩手里保举的记名藩臬、提镇数量近百，何至于为了一个记名四品京堂而斤斤计较，显然也是希望以此挽回自己在黜陟问题上的一点颜面。

另一件事就是清廷要求曾国藩对其所上金陵克复奏保案，逐员加注考语，这是对曾国藩的保举严格审查之意。但清廷并非对所有大员的保案都如此，而是有针对性的，曾国藩也不是不明白，他在八月十二日《金陵克后奏保五案请免逐员加考片》中就说："查左宗棠在浙时，保奏之案未加考语，经该督办折详陈，均蒙特旨允准。"③

当然这一年最大的一件人事变动，就是以李鸿章代替曾国藩出任剿捻前敌总指挥，而曾国藩回两江总督任。这就更使曾国藩无法参与其决策。

从同治六年开始到同治十一年曾国藩死去，曾国藩先后往返于两江总督——直隶总督——两江总督任上，在参与清廷涉及督抚藩臬的重要人事黜陟问题上，其所处的位置、所能发挥的作用、所拥有的发言权和建议权则是每况愈下。

同治七年，涉及曾国藩的一个重大人事变动就是由两江总督调任直隶总督，而并未能兼任三口通商大臣，通商大臣为崇厚。同治九年五月底，清廷命"崇厚为出使法国钦差大臣，以大理寺卿成林署三口通商大臣"。④ 六月二十三日，清廷令崇厚交卸通商大臣事务后，由曾国藩暂

---

① 吏部咨文转见曾国藩《奏请胡大任仍以四品京堂遇缺开列在前片》，见《曾国藩全集·奏稿九》，5215 页。

② 《清实录(第 49 册)·穆宗毅皇帝实录》卷一六九，"同治五年二月中"，57～58 页。

③ 《曾国藩全集·奏稿九》，5350 页。

④ 《清实录(第 50 册)·穆宗毅皇帝实录》卷二八三，"同治九年五月下"，919 页。

时接办，上谕说："崇厚已派出使法国，自应及早启行，著曾国藩体察情形，如崇厚此时可以交卸，即著该侍郎先行来京陛见，以便即日起程。其通商大臣事务，著曾国藩暂时接办。成林现已病痊销假，不日亦可驰赴天津，俟该京卿到时，曾国藩即可将通商事务交卸。"①明确指出并非准备让曾国藩就此接手。因为在五月底的任命之后，六月初二日的上谕中又明确重申："昨已特命崇厚充出使法国大臣，其三口通商大臣，派成林前往署理"。②七月十五日清廷上谕、十六日廷寄，命到天津协助曾国藩办理天津教案的钦差大臣、工部尚书毛昶熙"暂行署理"三口通商大臣。③在这一重大变动中，曾国藩也不是参与者，而是被动的被决定者。

同治八年，曾国藩在直隶总督任上，涉及督抚藩臬的重要人事黜陟事件有：在清廷于同治八年三月二十日明谕由张树声调补山西按察使、史念祖调补直隶按察使之后，曾国藩在三月十六日《附陈张树声请暂留直隶臬司情由折》中提出：

> 张树声任臬司四年，刑名之条例已精，直隶之情形尤熟。臣每询属员之贤否，巨案之源委，所对多得要领。若该臬司能留畿辅，佐臣不逮，计一年之内，可将积案全数清结。若张树声遽赴山西，臣精力衰颓，自度万不能了此数千滞狱。史念祖初入仕途，纵有过人之才智，而欲究诸刑律，熟悉地方，殆非数月期年不能。合无仰吁恳天恩，准令张树声暂留直隶臬司本任，助臣一臂之力，将州县月报各册悉心稽核，俟积案清理完毕，再行迁调，使臣区区整饬畿甸之志，不至尽托空言，亦非独微臣之幸也。闻山西刑名案件，不及直隶之半，史念祖若陈臬晋省，较易称职。能否胜任，似亦可由郑敦谨察看复奏。④

---

① 参见《清实录（第 50 册）·穆宗毅皇帝实录》卷二八五，"同治九年六月下"，934 页。亦可参见《曾国藩全集·奏稿十二》，6994 页。

② 同上书，921 页。

③ 转见《曾国藩全集·奏稿十二》，7013 页。

④ 《曾国藩全集·奏稿十》，6226～6227 页。

从奏折内容来看，主要是要求张树声留任直隶按察使。清廷对此不予同意，下旨"饬史念祖仍赴直隶"。只是做了一点妥协，同意暂留臬司张树声助曾国藩清理直隶滞狱，令史念祖"将刑名案件悉心学习，暂缓接印任事"。

史念祖于三月二十八日到省，曾国藩也拟让他综理设在保定的发审局，审理京控省控各案，"庶使讲求刑律，熟悉地方，仰副皇上造就裁成之至意"①。但是，毕竟张树声是湘淮集团干员，为曾国藩所信任，而史念祖虽也是军功出身，但却是长期追随英翰、乔松年，并为他们所器重之员②，基于此双重原因，曾国藩对史念祖接替张树声之事竭力抵制。同治八年九月初十日，清廷寄谕曾国藩，要求他细心察看臬司史念祖能否胜任并据实具奏。十一月十九日曾国藩上《遵旨复陈臬司史念祖操守情形折》，明确说：

> 臣奏明饬令该臬司综理局务，愿欲其常赴局中督同首府及各局员讲求刑律，朝夕参稽，迄今已逾半年。张树声间或赴局，史念祖并未到局一次。外省规制司道自为一班，府厅州县自为一班，等威亦自有辨。史念祖不能破除常例，万欲与守令等官同局办事，既未至谳局一行，又别无案牍可阅，则其刑名之难遽通晓，已可概见。

同时，曾国藩又玩起他在考察人事黜陟时惯用的表面客观公正那一套，说："臣久欲据此复奏，惟屡与史念祖接见，观其心地明白，器局开展，论事亦尚有识，似又足胜臬司之任。"随后，他又旧话重提：

---

① 清廷谕旨和史念祖到省情况，均见曾国藩《臬司史念祖到省任事片》（同治八年四月十四日），见《曾国藩全集·奏稿十》，6285页。

② 史念祖弱冠从英翰、乔松年攻剿太平军、捻军等，屡受二人保荐，也颇得清廷信任。如同治四年四月十二日，安徽巡抚乔松年在《请照原保给奖史念祖片》中，针对吏部的驳议，上奏说："该员带队打仗，身先士卒，斩擒逆众，叠著战功，为皖营诸中得力之员，前年蒙城之战，该员实系杀贼立功，且力解重围，苗逆惊窜，与攻克城池，擒斩首逆无异，实非寻常劳绩可比。该员转战楚皖，功绩卓著，是以僧格林沁曾经奏调，亦知其为出众之才也。……合无仰恳天恩，俯准将史念祖前次保升同知留安之处，仍予照准。"（参见《乔勤恪公奏议》卷七，51～52页）这种不惜力的保荐和清廷的恩准，使史念祖成为清廷的信员。

直隶刑名较繁，与四川、广东相等。史念祖资望尚浅，若调刑名稍减之省，磨练数年，敛才勤学，当可陶成令器。而直隶积案由张树声一手办毕，尤为妥善。如他省猝无相当可调之缺，或仍令史念祖陈臬直隶，则任事之后，臣当随时察核。一有不称，即行密陈，不敢以此次复奏在前，稍涉回护。①

查阅《清代职官年表》，同治八年十一月二十七日，史念祖解直隶按察使职。②

清廷对此事的处理是有反复的。最初，在曾国藩复奏察看臬司史念祖一折后，上谕说："臬司为刑名总汇之区，无论何省均关紧要。史念祖心地既尚明白，若随同曾国藩遇事讲求，久加历练，于公事较有裨益。著曾国藩饬令张树声将直隶积案办竣，即行前赴山西臬司本任。史念祖俟接印任事后，仍著曾国藩随时察看。"③显然与曾国藩上奏希望留张树声在直隶的目标不一致。只是在内阁侍读学士钟佩贤上奏称"臬司责任綦重，未宜轻授"之后，清廷才下旨改变决定：

前因曾国藩复奏，直隶臬司史念祖人尚明白，可望陶成令器。当谕令曾国藩俟该臬司到任后，随时察看，于造就人才之中，实寓慎重刑名之意。兹据钟佩贤奏称，与其察看于后，贻误已多，曷若审择于前，所全不少等语。所奏亦不为无见。史念祖著即开缺，以原官留于直隶，交曾国藩差委，俾资学习，如能谙练公务，即由该督随时奏闻。④

此后，曾国藩奏请将自己特地调往直隶的道员钱鼎铭升任臬司，清

---

① 《遵旨复陈臬司史念祖操守情形折》，见《曾国藩全集·奏稿十一》，6638～6639页。
② 钱实甫：《按察使表》，见《清代职官年表》第3册，2173页。
③ 《清实录（第50册）·穆宗毅皇帝实录》卷二七一，"同治八年十一月下"，762页。
④ 《史念祖开缺差委折》，见《曾国藩全集·奏稿十二》，7098页。清廷谕旨，参见《清实录（第50册）·穆宗毅皇帝实录》卷二七一，"同治八年十一月下"，762页。

廷允准："以直隶大顺广道钱鼎铭为按察使。"①

同治九年，曾国藩在直隶总督任上，有一些涉及督抚藩臬的黜陟问题的奏疏，多是清代规制范围内的职权。尽管如此，这一年，他的有一些保奖案仍屡遭吏部驳诘，如三月二十九日《部驳保奖各员弁遵驳更正分别核准给奖折》。

同治九年八月初四日清廷密谕："调直隶总督曾国藩为两江总督，未到任以前，以江宁将军魁玉兼署。调湖广总督李鸿章为直隶总督。"②这一直接涉及曾国藩的调动也并未征求曾国藩的意见。

同治十年和十一年，除了每年年终、年初对于提镇司道府官员的考语涉及藩臬之外，曾国藩基本没有涉及对藩臬两司的黜陟问题。涉及提督总兵的有《滕嗣林暂缓陛见片》（六月十三日），涉及补授苏松镇总兵滕嗣林，"委署是缺，业已五年之久……颇资得力。臣上次奏请酌改水师，厥后马新贻又将未尽事宜续议章程二十余条，尚未具奏定案，而已有行知各营先行试办者。滕嗣林熟悉情形，未便遽易生手，合无仰恳天恩俯准，暂缓陛见，俾臣得收指臂之助"；《郭宝昌已到寿春镇本任片》（六月十三日），安徽寿春镇总兵郭宝昌是经由直隶总督李鸿章奏准饬赴本任。③把马新贻、李鸿章之荐奏等作为奥援，显示出曾国藩在文武职的黜陟方面，面对清廷日渐增长的威势，已经没有自信了。同治十一年三月，曾国藩病死。

无论是在两江总督任上，还是在直隶总督任上，曾国藩也在不断想办法解决众多湘淮军功人员长期有衔无职的问题，甚至不惜为这些人提出以大衔借补小缺的变通办法。如以提镇等高职衔来补都司、守备等低级实职。同治六年五月十五日，曾国藩上《韦长清借补督标左营守备片》就是这样一个案例。同治七年，曾国藩先后在三月初五日上《武职各官大衔借补小缺请旨饬部核议片》、十一月初三日上《武职大衔借补小缺章

---

① 《清实录（第 50 册）·穆宗毅皇帝实录》卷二七一，"同治八年十一月下"，764 页。
② 同上书，981 页。转见《曾国藩全集·奏稿十二》，7053 页。
③ 《曾国藩全集·奏稿十二》，7329、7330 页。

程折》，为了人员安置，乃至生计问题，煞费苦心，但收效甚微。

通观以上所列出的，同治四年、五年到同治十一年间曾国藩所上的奏折，事关人事黜陟问题的，如关于提督、总兵、布政使司、按察使司、道、府官员的考语，关于提镇道府县的调补、委署、开缺、起复等问题，基本是每一个督抚在清代黜陟权力规制中都有的常规权力。显然与咸丰十年到同治四年，甚至是咸丰十年以前，曾国藩在清廷人事黜陟权力格局中的地位是不能相提并论的。

从具体数据来分析，虽然在同治五年至十三年任督抚的11名湘淮人员中，5人属曾国藩系，其中，除了郭柏荫在同治四年前已经以江苏布政使署理江苏巡抚外，其余的张树声、钱鼎铭、李宗羲、何璟等人，基本是在同治八年、九年以后成长为督抚的。而在同治七年、八年以前，如张树声在曾国藩任直隶总督时新任直隶按察使，而钱鼎铭尚是道员，对李宗羲，曾国藩曾反对清廷任命他署漕运总督。丁日昌也是在曾国藩反对他署江苏巡抚前后，脱曾系入李系。总之，清廷是在同治八年、九年曾国藩基本下降到如同寻常督抚之后，才逐步任命其派系人员晋升督抚的。

下面再来看看两位受到清廷"信用"的湘淮大员左宗棠、李鸿章在人事黜陟问题上的境况究竟如何呢？

（二）左宗棠的"努力"与"有限所得"

相对而言，太平天国战争结束后，左宗棠在力图更多地介入清廷人事黜陟权力格局，并发挥更多作用方面，是三人中最"努力"的。

左宗棠在同治四年任闽浙总督。由于肩负着为清廷剿灭窜入闽浙的太平军余部的重任，因此，颇得清廷信重，这与曾国藩的境遇不同。我们简单对比一下二人在同治四年的奏折数量，曾国藩奏对121件，而左宗棠有143件。[①] 更为重要的是，从奏折内容比较，左宗棠处于上升趋势，而曾国藩处于下降趋势。同时，我们更可体会到的是左宗棠主观上

---

① 关于同治四年曾国藩、左宗棠奏折数量的统计，主要依据《曾国藩全集》和《左宗棠全集》，以后二人相关统计皆根据此版本进行。

的"努力"。

对于左宗棠奏荐的本派系人员，我们可以作一个简单的统计。

1. 同治四年

左宗棠在奏折中保荐及清廷相应谕旨中提及的本派系人员，次数多者有：高连陞 62 次、刘典 51 次、黄少春 48 次、康国器 46 次、王德榜 41 次、总兵刘清亮 36 次、王开琳 34 次、方耀 34 次、郭松林 26 次、娄云庆 23 次、张福斋 21 次、刘坤一 20 次、杨鼎勋 20 次、席宝田 20 次、李福泰 19 次、张恒祥 18 次、曹光德 16 次、鲍超 16 次、魏光邴（魏光焘）15 次、罗洪标 13 次、丁贤发 12 次、蒋益澧 11 次、周开锡 11 次、道员王文瑞 7 次。

而同治四年荐举人员中，在十三年前成为督抚的左系人员刘典被提及 51 次，但是刘典最终官职仅是署陕西巡抚，并未实授。蒋益澧被提及 11 次。而同治九年授浙江巡抚、同治四年时任浙江按察使的杨昌浚仅被提及两次，实际上都是在同一战功的相关奏折中提及，第二次是专门请"准将浙江按察使杨昌浚赏加布政使衔，并赏该员三代二品封典"。[①] 除魏光焘（原名魏光邴）提及 15 次外，同治十三年前成为藩臬、光绪间升任督抚的左系人员谭钟麟，以及光绪朝中后期左系新晋督抚，在同治四年左宗棠奏折中并未提及。

此外，左宗棠在同治四年有几次大保举案，如五月初一日《攻克漳州府城南靖县城折》，同日《攻拔苦竹贼垒情形片》，保举人员多在数十人。[②] 八月二十五日有一次规模巨大的汇保案，左宗棠在《克复武康等城暨截剿出力员弁请奖折》中，保举人数在 3000 人以上。[③]

2. 同治五年至七年

左宗棠在奏折中保荐及清廷相应谕旨中提及的人员，次数多者主要

---

① 《左宗棠全集·奏稿二》，260 页。

② 参见《左宗棠全集·奏稿二》，82～83、84 页。清廷明谕回复、允准，亦见该书，86～88 页。

③ 左宗棠这次庞大的保举案的具体人员情况，可参见《左宗棠全集·奏稿二》，193～259 页。

有：刘松山 124 次、刘典 81 次、郭宝昌 72 次、喜昌 62 次、宋庆 51 次、张曜 49 次、陈湜 38 次、周开锡 35 次、高连陞 35 次、郭运昌 30 次、刘厚基 29 次、程文炳 27 次、鲍超 26 次、陈国瑞 25 次、黄少春 24 次、郭松林 22 次、刘端冕 21 次、杨和贵 19 次、黄鼎 19 次、胡光墉 18 次、雷正绾 16 次、杨鼎勋 16 次、吴大廷 15 次、全福 15 次、余承恩 15 次、王德榜 14 次、周绍濂 14 次、张树茭 14 次、沈葆桢 13 次、李成谋 12 次、蒋益澧 12 次、潘鼎新 12 次、刘蓉 11 次、康国器 10 次、罗大春 9 次、吴士迈 9 次、余虎恩 8 次、王加敏 6 次，等等。其中，本派系人员为刘松山、沈葆桢、刘典、陈湜、周开锡、黄少春、雷正绾、康国器、王德榜、王加敏、吴士迈等。

同治十三年之前被任命为督抚的有沈葆桢和刘典，不过沈葆桢并非通过左宗棠奏保而升任督抚，刘典则仅为署陕西巡抚，前文多有提及。蒋益澧被提及 11 次，同治五年授广东巡抚，应当说与左宗棠大力保奏其军功有较大关系。杨昌浚时已出任浙江布政使，被提及 5 次，并非奏荐。同治十三年前成为藩臬、光绪间升任督抚的左系人员谭钟麟，并未提及。光绪朝中后期左系新晋督抚，在同治五至七年左宗棠奏折中，提及魏光焘（原名魏光邴）4 次，并已保至道员；刘锦棠被提及 3 次，同治七年闰四月二十九日奏请将"道衔即选知府刘锦棠免选本班，以道员不论单双月遇缺尽先即选，并赏加按察使衔"，不过这一奏荐是在已遭到吏部驳诘之后的"另核请奖"[①]；潘效苏被提及一次，同治五年十月十五日《遵保闽军克复镇平嘉应荡平发逆出力员弁折》中，在大规模汇保人员名单中，保举了当时"拟保福建补用通判潘效苏"，"请加同知衔"。[②]

当然，我们看到，左宗棠是很"努力"地征战、"努力"地希望以军功尽量多地保举追随自己的文武职员弁。同治五至七年中，左宗棠所作的大规模保举案有数起。如同治五年十月十五日《遵保闽军克复镇平嘉应

---

① 参见《刘锦棠陈名钰另核请奖片》，见《左宗棠全集·奏稿三》，717～718 页。
② 同上书，204～205 页。

荡平发逆出力员弁折》，保举人数在 700 人以上。① 同一天，左宗棠所上《遵保霆字全军出力员弁折》中，保举人员在 1000 名左右。② 同治五年十月二十九日，左宗棠上《在浙迭保各员请仍照原单给奖折》，保举 150 余人。③ 同日所上《遵保按治闽省各属土匪出力员弁折》中，左宗棠保举 100 余人。④ 此外还有数量不少的保举人数在数人至数十人的保举案，在此就不一一列举。

而且，重点保举的人员亦不少。如张树茨是左宗棠在同治五年九月专门上《调员随赴陕甘大营差遣片》中特调之员，此前就在浙江左宗棠军中"办理营务"，时任浙江即补知府，同治七年三月已升任甘肃巩秦阶道。⑤ 如专门保举吴士迈，等等。但是，这些人因种种原因最终未能升任高位，左宗棠的努力最终获得的效果有限。

3. 同治八年至九年

左宗棠奏折中保荐和清廷相关谕旨中提及人员多者：黄鼎 91 次、刘松山 86 次、刘典 68 次、雷正绾 64 次、刘锦棠 38 次、魏光焘 29 次、杨世俊 28 次、周绍濂 27 次、周开锡 24 次、成定康 21 次、刘端冕 19 次、李辉武 18 次、李耀南 18 次、黄万友 18 次、刘厚基 17 次、马德顺 17 次、王仁和 16 次、吴士迈 15 次、丁贤发 14 次、汤聘珍 13 次、余虎恩 12 次、黄虎臣 12 次、陈湜 11 次、高连陞 10 次、陈春万 9 次，等等。

刘典、刘锦棠、刘松山、雷正绾等人，因军功的缘故，也因左宗棠刻意地保荐，所以屡屡在奏疏中被提及。而且，刘松山是曾国藩、左宗棠都很看重的人才，只是于同治九年攻金积堡时战死。刘典和刘锦棠的情况，前已提及。雷正绾虽在同治元年从多隆阿赴援陕西时，即擢陕西提督，多隆阿死后，又较长时间跟随左宗棠转战陕甘，左宗棠也是屡表

---

① 《左宗棠全集·奏稿三》，199～231 页。
② 同上书，231～251 页。
③ 同上书，309～325 页。
④ 同上书，325～334 页。
⑤ 同上书，136、674 页。

其功，却再未能更进一步升迁或转文职位列督抚，反而是遇事即劾或革职。杨昌浚于同治九年实授浙江巡抚后，在左宗棠奏折中表现的关联不大。蒋益澧在同治六年免职后乞病归原籍。魏光焘被提及 29 次，但职位上升方面未见成效。谭钟麟、饶应祺、陶模、潘效苏在同治五至七年相关谕折中，均未被提及。

4. 同治十年至十二年

左宗棠奏折中保荐和清廷相关谕旨中提及人员多者：刘锦棠 42 次、杨世俊 38 次、雷正绾 38 次、陈湜 28 次、刘明灯（刘明镫）26 次、黄鼎 22 次、杨占鳌 19 次、沈玉遂 17 次、陶生林 16 次、黄虎臣 16 次、魏光焘 16 次、王仁和 15 次、陈春万 13 次、周开锡 13 次、谭拔萃 12 次、刘松山 11 次、董福祥 11 次、王德榜 10 次、蒋志章 10 次、王加敏 4 次，等等。

刘锦棠在左宗棠的奏折和清廷相关谕旨中屡屡提及，频率很高，也是左宗棠奏荐较为有效的一名左系人才，光绪十年出任新疆巡抚。

谭钟麟在三年中，提及 3 次。同治十年十月二十六日，左宗棠奏请"丁忧在籍前任河南按察使谭钟麟……现计释服已久，臣念其人才实有可用，未便任其闲散，可否令前赴陕甘练习边务，遇有缺出，请旨简放"①。清廷在十一月初允准。②就在左宗棠尚未就谭钟麟任职问题作出筹划时，同治十年十一月下旬，上谕"以陕西布政使翁同爵为巡抚，前任河南按察使谭钟麟为陕西布政使"，显然有拉拢之意。③同治十一年三月时，谭钟麟曾护理陕西巡抚④。而一旦左宗棠在谭钟麟任职问题上有所筹谋时，清廷显然并不尊重左宗棠的意见，并无将谭钟麟放于陕西巡抚位的意思，而是在同治十二年仍任其为陕西布政使⑤，到光绪元年

---

① 《请调谭钟麟赴陕甘练习边务片》，见《左宗棠全集·奏稿五》，157 页。

② 《清实录（第 51 册）·穆宗毅皇帝实录》卷三二三，"同治十年十一月上"，271 页，北京，中华书局，1987。

③ 同上书，283 页。

④ 左宗棠在同治十一年三月二十五日《请将副将丁启发游击黄启祥革职审办片》中说明，此片"谨会同护陕西抚臣谭钟麟合词附片具奏"，参见《左宗棠全集·奏稿五》，228 页。

⑤ 同上书，560 页。

才迁为陕西巡抚。

同治十一年三月二十五日，左宗棠在《请以沈玉遂等补授河州镇总兵等缺片》中说："其河州知州一缺，查有随营委员陕西候补同知潘效苏，明干安详，勤谨有为，堪以委署"。① 十一年六月二十五日，左宗棠又上奏："迁徙安置渐有头绪，乃命署河州知州潘效苏赴河州知州新任"。② 就是在潘效苏署、任河州知州问题上，吏部也是屡施诘难。

而魏光焘，在同治四年左宗棠的奏折中，是屡屡被提及、出现频率较高的人员。而且，至少在同治五年、六年时，他已被保至道员，从上面的统计可以看出，魏光焘一直是在左宗棠军功奏折中较高频率出现的人员，在同治十年到十二年左宗棠奏折和相关谕旨中，魏光焘被提及16次。但是，升任职务显然并未与左宗棠的"努力"成正比，到同治十二年年底，魏光焘仍是职任"平庆泾道"③。

至于陶模和饶应祺，这几年皆未提及。

5. 同治十三年

左宗棠奏折中保荐和清廷相关谕旨中提及人员多者：雷正绾14次、刘锦棠7次、王加敏2次、谭钟麟2次、潘效苏2次、刘典1次、魏光焘1次、陶模1次，等等。

左宗棠为了本派系重要成员的职位问题，煞费苦心。王加敏是左宗棠屡屡奏荐之人，但是，始终未能升任高位。就是左系后来位列封疆的人员，左宗棠的荐举历程也是颇为艰辛。如陶模在同治十三年二月经左宗棠荐举由知县升补直隶州知州："秦州直隶州知州张徵告病开缺，以皋兰县知县陶模升补"④。但直到陶模任直隶州知州，中间又是数度折牍往返。同治十三年二月二十三日，左宗棠在《汇陈变通升补直隶州知州等缺折》中还为潘效苏等人的升补问题想办法，希望清廷能"变通"办理，他在折中说："河州知州开缺以道员用，所遗原缺以改留甘肃补用

---

① 参见《左宗棠全集·奏稿五》，228 页。
② 《收复河州安插回众办理善后事宜折》，见上书，283 页。
③ 同上书，533 页。
④ 《左宗棠全集·奏稿六》，21 页。

同知、现署河州潘效苏借补"。① 可以说也是费尽周折。

同治八年到十三年中，左宗棠所上的大大小小的汇保案亦是不少，在此不一一列举。以上情况说明，同治四年开始，到同治十三年止，左宗棠因为负责剿平太平军余部、剿捻回等军事行动，借机大力保举湘军（当然最突出的是自己派系）军功成员，其"努力"的程度有目共睹，有一定的收获。但是，在清廷的限制下，收获是很有限的，可以说，左宗棠基本是在清廷设定的"鸟笼"里折腾，其影响力远不如咸丰十年至同治三年的曾国藩。

（三）李鸿章的"无奈"与被迫"着眼长远"

在太平天国战争结束后，李鸿章作为湘淮督抚集团的重要人物，与清廷在重新确立人事黜陟权力分配格局的过程中进行的斗争，多是在无可奈何的情况下，以缓慢的进展来争取长远的效果（当然，效果也是很有限的）。我们从同治四年、五年至同治十三年，近 10 年中李鸿章的举措和清廷及中央政府相关部院（如吏部、户部等）的多方驳诘，可以看出一个概貌。

同治四年，李鸿章奏疏中涉及重要人事黜陟问题的不多，主要有：三月初四日《李元度请免发遣折》、八月初一日《奏保李宗羲等片》、十二月初三日《张树声在营起复片》、十二月十九日《应宝时请补苏松太道片》，大保举案有五月初六日《援闽获胜会克漳州府折》、九月初八日《汇保克复嘉兴常州等城员弁折》等。② 李鸿章此时并不在权力争夺的重心之中。正因为李鸿章能在同治三年、四年这一清廷与湘淮集团权力格局转折的关键时期处于一种蛰伏状态，使得他能暂时避开权力争夺的旋涡，并能利用清廷和曾国藩"以淮代湘"的意图，得以在一年以后代替曾国藩出任剿捻统帅，为他登上权力格局的显著位置开启了大门。但是，这并不意味着他在人事任免调动问题上就可以有"强势"的发言权。

---

① 《左宗棠全集·奏稿六》，21 页。
② 参见李鸿章的《李文忠公全集·奏稿》卷八、卷九"目录"及相关内容。亦见《李鸿章全集》第 1 册，"奏稿"，270、305 页，海口，海南出版社，1997。

　　同治四年，李鸿章在江苏巡抚、署两江总督任上，于七月二十二日上《涂宗瀛请补江宁府折》，就是针对清廷对曾国藩原来在江宁府知府人员部署的不同人事安排，提出意见，同时显然有争夺人才之意。江苏江宁府原任知府郑济美，在咸丰十年闰三月随同前江南提督张国樑带兵，在丹阳一带与太平军接仗时战死。在郑济美战死前，本已升任即补道，而清廷也准李仲良补放江宁府知府，旋因郑济美免其开缺，留署江宁府知府，李仲良遂被"奏明留于江苏遇有知府缺出，另行请补"。而曾国藩在同治二年十月二十七日奏请"所有江宁府知府员缺，相应奏明请旨迅赐简放"时，李仲良"现在上海差遣"。[1] 曾国藩"移驻江宁"后，原是以"候补直隶州知州涂宗瀛署理，迄今任事将及一年，于招集流民，查办保甲，督理工役，抚恤招垦各政，均能有条不紊，日见起色"，[2] 而清廷在同治二年十一月初五日上谕中，却借"督臣曾国藩会同臣鸿章查明奏请简放"之机，命"江苏江宁府知府员缺紧要，著该督抚于通省知府内拣员调补，所遗员缺仍著李仲良补授"。为此，曾国藩同治二年十一月奉旨后，又专门上"奏保贤员以备器使折内，声明涂宗瀛践履笃实，治官事若家事"[3]，而清廷仅是谕命"交军机处存记，候旨录用"。李鸿章同治四年七月上奏认为，以涂宗瀛"擢补江宁府知府于极苦灾区，可期逐渐整顿，惟与例未符，而人地实在相需，例得专折奏请，合无仰恳天恩，俯念新复省会员缺紧要，特旨准予破格擢用，即以江苏候补直隶州知州涂宗瀛升补江宁府知府，实于政治民生均有裨益，如蒙俞允，即无遗缺可补。其两次奉旨补授江宁府遗缺之李仲良，前曾委署常州府知府，办事实心，操守端谨。现查有镇江府知府周辑瑞病故，遗缺亟应请旨简放，据藩臬两司详委该员前往接署。可否请旨即以李仲良补授镇江

---

　　① 《江宁府知府郑济美殉难请即开缺补放折》，见《曾国藩全集·奏稿六》，3628 页。

　　② 《李文忠公全集·奏稿》卷九，22 页。

　　③ 笔者查阅《曾国藩全集·奏稿六》所载曾国藩同治二年的奏折，未见此奏，现据李鸿章奏折录出，参见《李文忠公全集·奏稿》卷九，22 页。

府知府"①。可见在知府这一级别上，清廷也是不让权于督抚。

十二月初三日《庞际云请准补盐道折》中，李鸿章说："（江南）盐巡道缺，前经臣等请以遇缺即补道庞际云补授，奉旨交吏部议奏，顷准部咨，该员尚未赴部引见，核与章程不符，应令另拣合例人员请补"，显见清廷及中央吏部以规制限制李鸿章介入黜陟大权的能力。李鸿章针对此奏道：

> 惟查江苏省现无合例及人地相宜之员，该员庞际云自上年随督臣曾国藩至金陵，派办善后诸事，经理裕如，迫冬间举行乡试，复经臣派充内提调官，仓卒之中，悉臻妥洽，现金陵善后，虽已粗立规模，而地方凋瘵未苏，一切需员佐理。江宁省城实缺，司道惟藩司及粮盐道各一员。藩司政务殷繁，粮道须出省督运。盐巡道有巡守地方之责。该员督率，讲求有素，老成精细，稳慎廉明，允称职守，因保留江苏后，未经引见，与例稍有未符，惟查该员以咸丰壬子科庶吉士散馆改刑部主事，及八年热河差满回京，凡曾三次引见，多年京秩，保升道员，与在外叠次保举，从前未经引见者不同。人地实在相需，例得据实请旨，可否仰恳天恩，仍准以庞际云补授江南盐巡道缺。②

十二月初三日还有《张树声在营起复片》，也是经受吏部按照规制的刁难：

> 徐海道张树声前于咸丰十年十二月十三日在籍丁父忧，不计闰扣至同治二年三月十三日服满，由臣咨报起复，叠经吏部驳查，以该员留营当差，并未奏明有案，行令回籍补孝百日，由原籍呈报服满等因。臣查该员张树声以廪生候选知县、在籍办团。于咸丰十年十二月丁父忧，曾在安徽军营呈请咨部，自同治元年正月督臣曾国藩札饬该员招募淮勇树字营，随臣赴沪，计已在籍见丧穿孝一年有

---

① 《涂宗瀛请补江宁府折》，见（清）李鸿章：《李文忠公全集·奏稿》卷九，22～23页。
② 同上书，69页。

余。臣前在安庆募勇成军，事事草创，漏未将该员奏请留营，然该员抵沪后，率队剿贼，攻克苏浙各郡县，无役不从。经曾国藩及臣在江苏巡抚任内奏报战状，不下数十次，由知县荐保至二品顶戴，遇缺提奏按察使，均奉旨允准。本年五月捻股南窜，徐州戒严，新改徐海道一缺，非向称知兵、长于战守之员，断难胜任。曾国藩与臣等会商，请以该员借补，并令带兵赴任，原以为缺择人也。现虽伊弟右江镇总兵张树珊代领所部，进驻河南之周家口，而该员仍在徐州总办营务，整饬堡团，条理秩然，正资臂助，未便遽饬交卸回籍，转滋贻误。复查该员前在原籍穿孝年余，业已不止百日，本可毋庸补制，况四月间吏部续定章程，从前札调丁忧人员，如系打仗出力，未经奏明者，亦准补行奏留由营起复，相应遵照新章，奏请敕下部臣，准将徐海道张树声就近在营起复，毋庸回籍再行补孝，实于军务地方，两有裨益。①

以上这些奏折中所涉及的人员如涂宗瀛、庞际云、张树声等，后来成为督抚的湘淮人员，这实际上就是李鸿章"着眼长远"的有限效果中之显著者。但是，在他们中、低级职位的升迁中，就已经倍加艰辛。

同治五年七月十三日的《部驳保案复奏片》，也是因吏部借口《奏定章程》中"除攻克城池，斩擒要逆，不准越级保升及免补免选本班"，驳回李鸿章的保举案。李鸿章不得不上奏声辩，请求朝廷施恩。②

同治九年八月，曾国藩从直隶总督回任两江总督，李鸿章完成剿捻重任后，由江苏巡抚升任湖广总督（同治六年授），现在又由湖广总督调任直隶总督。而此时的左宗棠则仍在陕甘总督任上，负责对西北回民的战争。对比起来，我们可以看到一个现象，就是这些实力督抚一旦负责战事，那么有关的酬功奖赏和因军功奏保人才就较为突出，而不再是军功重臣，在人事黜陟问题上就严格地被清廷黜陟权力规制所制约。

同治十年，在直隶总督任上的李鸿章，所上奏章基本都是办事的条

---

① （清）李鸿章：《李文忠公全集·奏稿》卷九，70页。
② （清）李鸿章：《李文忠公全集·奏稿》卷十，33页。

陈。涉及一些人员问题的奏折,如《改派赴库统领折》(正月十二日)、《调应宝时赴津议约折》(二月二十五日)、《胡光墉等捐赈请奖片》(十一月十二日)等①,都是督抚常规的权限,并未见一个实力督抚的特殊之处。

同治十一年,主要的事关人事黜陟问题的奏折有:《军功补缺壅滞折》(正月十九日)、《密筹调员接统铭军折》(八月初二日)②、《覆陈永定河保案片》(九月十七日)、《周馥留直片》(九月十七日)、《刘盛藻赴陕接统铭军折》(九月二十六日)、《潘鼎新留津弹压片》(九月二十六日)、《宋庆暂缓赴甘片》(十二月初五日)、《奏保李兴锐片》(十二月初九日)。③在接统铭军人选问题上的密奏,清廷的答复是命刘盛藻赴陕接统。④此外,涉及后来实力督抚的有周馥、李兴锐的奏保折。周馥当时为江苏候补知府,李鸿章以"冀于直省河防有裨"为由,上奏"保请免补本班以道员改留直隶尽先补用……恳恩留直以道员补用,以为任事认真者劝",并表示"嗣后不得援以为例"。李兴锐原为大名府知府,因奉亲开缺,李鸿章奏称已故的前两江总督曾国藩对此员评价颇高,认为"该员血性过人、条理精密、果毅慈惠兼而有之",奏请"檄调该员迎养到直,合无仰恳天恩,俯准前大名府知府李兴锐仍回原省候补……免其坐补大名府知府即以道员归直隶补用"。⑤《军功补缺壅滞折》提出记名军功武职大衔借补小缺的问题。这些请求先后都遭到清廷、吏部的诘难。

同治十二年四月二十三日的《奏留李兴锐折》中,李鸿章奏留当时因母病请假赴江宁寓所省亲的大名府知府李兴锐,留于直隶差遣委用一事,因涉及道员衔知府实缺问题,也是屡为吏部封驳。从李鸿章的奏折中,我们可以看到,吏部是按照规制,认为"与准其开缺养亲原案未

　　① (清)李鸿章:《李文忠公全集·奏稿》卷十八,1～2、11～12、86页。
　　② (清)李鸿章:《李文忠公全集·奏稿》卷十九,3、80～82页。
　　③ (清)李鸿章:《李文忠公全集·奏稿》卷二十,3～4、5、16～18、19、38、41～42页。
　　④ 《清实录(第51册)·穆宗毅皇帝实录》卷三四一,"同治十一年九月下",496、497～498页。
　　⑤ (清)李鸿章:《李文忠公全集·奏稿》卷二十,5、41～42页。

符"，① 对李鸿章同治十一年十二月初九日《奏保李兴锐片》中提出的将李兴锐以道员归直隶补用的要求予以驳回，迫使李鸿章不得不又专上此奏。

我们可以看到，相对于左宗棠的"努力"作为而言，李鸿章也不断在奏保人才，不过他更有胡林翼那种小心谨慎的风格，少作大规模汇保②，而多作少数人才的密保之举，涉及职衔至多不过道员一级。而就是这样，也是屡屡遭到吏部甚至清廷直接的驳诘，迫使李鸿章在无可奈何之中，不能指望较快荐举本派系信员跻身封疆藩臬之任，而只能"放眼"于所谓的长远。

从表 6-1 我们可以看到，随着曾国藩被局限于普通督抚的行列，以及"湘淮互制"格局的形成，在湘淮人员被授任总督、巡抚职位的问题上，清廷在左宗棠系、李鸿章系和曾国藩系之间寻找一种平衡。同治五年以前不论，从同治五年开始到同治十三年，成为总督、巡抚的湘淮人物中，曾国藩系的 5 人，有以前的军功惯性因素在内；同治十三年以后，曾国藩系前后总计有 9 人，左宗棠系 6 人，李鸿章系 7 人；尤其是在光绪年间成长为藩臬并跻身督抚的人员，曾国藩系、左宗棠系、李鸿章系都是 5 人。足见清廷在三大派系中力求平衡的作为。同时，清廷不时在湘淮其他派系中提拔一二人，以牵制曾、左、李三大派系。

---

　　① 《奏留李兴锐折》，见（清）李鸿章：《李文忠公全集·奏稿》卷二十一，45～46 页。
　　② 当然，这并不是说李鸿章就没有作大规模的保举案，实际上，李鸿章比胡林翼还是更显得有魄力一些，如他在同治五年八月二十《分援浙皖闽六案汇保折》，同治七年八月初四日《东捻肃清汇案请奖折》，同治八年六月二十七日《西捻肃清汇保折》，同治九年三月二十二日《西捻肃清汇保折》，等等，都是在谨慎中借势所作的大保举案。

第七章　咸同年间清廷与湘淮集团围绕财税控制权力的争夺

晚清咸丰、同治年间，随着太平天国起义的爆发和战争的持久化，对清朝高度中央集权的财政税收控制体制产生了巨大的冲击，这是不可否认的事实。为了镇压太平天国起义，清廷在调集军队的同时需要大量的军费开支，中央财政储备根本无法应付、无力承担，各省每年呈交中央的财政收入也无法支撑军费开支。因此，在战时状况下，出现"异动"的情况并不奇怪，关键是战争结束后这种异于战前的状况是仍在继续甚至进一步发展呢？还是又出现新的变化？必须看到，清廷对全国财政税收权力的控制，有一个在镇压太平天国战争期间受到冲击，在战后逐步收回财权的过程。本章从晚清奏销制度、解款协款制度以及对厘金等新财税项目的控制权力等方面，对咸丰同治两朝财税控制权力的变迁作一分析。

一、咸同年间财税控制权力的走向

为了镇压太平天国起义，调集军队的同时需要大量的军费开支，清廷财政储备根本无法应付。据统计，太平天国起义爆发前夕，清廷中央户部银库的储银只有 187 万两，而太平天国起义发生后的头两年，在主要战区，即广西、湖南、广东、湖北、贵州、江西，额外拨付的军费开支就达 1800 余万两。[①] 可见军需开支之浩大，中央财政储备根本无法

---

① （清）王庆云：《直省出入岁余表》，见《石渠余纪》卷三，150 页。

承担。各省每年呈交中央的财政收入也无法支撑军费开支。[①] 镇压太平天国期间（包括咸丰朝和同治朝初期）清中央户部银库的收支表，可以直观地显示出其间军需开支之浩大，也可见中央的财政收入无法负担之窘状。[②]

表 7-1　镇压太平天国期间，清中央户部银库收支表

年　度	大　进		大　出		盈　亏	
	银数（两）	钱数（串）	银数（两）	钱数（串）	银数（两）	钱数（串）
咸丰二年	8 361 836	835 109	10 268 560	835 108	−1 906 724	
咸丰三年	4 443 174	1 195 206	8 471 745	1 368 406	−4 028 571	−173 200
咸丰四年	4 996 127	10 891 895	5 031 018	10 875 092	−34 891	16 803
咸丰五年	3 067 774	13 788 185	3 233 178	13 692 022	−165 404	86 163
咸丰六年	2 669 662	13 100 788	2 704 989	12 873 841	−35 327	226 947
咸丰八年	?	?	3 061 904	13 500 902	?	?
咸丰九年	4 463 477	22 234 354	3 808 417	19 083 760	665 060	3 150 594
咸丰十年	5 429 090	7 936 702	7 279 488	11 032 083	−1 850 398	−3 095 381
咸丰十一年	6 678 613	859 938	6 331 925	499 440	346 688	360 498
同治二年	?	?	7 263 494	155 582	?	?

严格地说，因资料的局限，这一统计并非绝对完整的统计，只能说基本反映出咸丰年间和同治初年中央财政无力承担巨大的日常行政和战时军费开支的情况。根据本表统计，从咸丰二年（1852 年）到同治二年，户部银库年平均总收入近 600 万两，而年均支出则近 700 万两，平均每年亏欠近百万两。

由于太平天国战争，全国田赋等正税收入因战争波及的多是财赋之区而减少。为筹措军费，各省区口岸的商税和捐输数量大增，尤其是各

---

① 对于这一问题，学者多有研究，可参见王闿运：《湘绮楼日记》，光绪四年十月条；[日]松井义夫：《清朝经费的研究》；宓汝成：《清政府筹措镇压太平天国的军费及其后果》，见《太平天国学刊》第 1 辑，北京，中华书局，1983。

② 该表内容，引自彭泽益：《十九世纪后半期的中国财政与经济》，74 页，北京，人民出版社，1983。

省督抚乃至统兵大员为了自筹饷糈，征收厘金。在一段时间之内，清廷对田赋等正税的情况仍能掌控。对厘金等新税的征收和支用情况，因战争使各省军费无从预定，各省内各地厘金等新税在具体的征收地点和征收期限上也存在时设时撤的情况，难以明确划一，导致中央户部对各省实有款项的多寡很难作出精确的估算。但是，基本的大数中央还是能够掌握的。这一方面使各省督抚和统兵大员难以积累起割据所需的款项；另一方面，中央仍能在基本掌握各省财税大数的情况下，命令各省解款到京师或协济军务危急、需款迫切的省份。尤其是在咸丰年间各省因战火波及、局势不稳，各种正税减少，加之厘金的兴起，尤其是庞大的军费开支，使得清廷在承平时期的财税体系难以有效运转。清廷在这种情况下只得改变原有的解款协款体制，由中央户部依据传统税项以及新增税项的大概情况做出估计，对各省应解、应协之款项作出规定。

有学者认为，自太平天国起义后，清朝财政制度从"酌（拨）"进入"摊"的状态；另有学者说，清朝的财政体系在太平天国前后的变化是由"拨"改"摊"，并且在咸同时期即已实行。[①] 这种概括较为充分地考虑到太平天国战争爆发后，清财政体系面临的巨大危机，但是，如果结合战时和战后过程来进行"长时段"的考察，这种概括略嫌简单，而且对于转变的实际过程的认识存在误差，不利于完整探讨晚清财权变化的状况。

在太平天国战争之前，清朝的财政制度本无中央和地方划分，虽也有类似晚清中央专项经费的做法，但并未像晚清时期那样成为一种新体制。清前中期，所有财政税收，除地方存留之外，统归中央户部直接控制调拨。这种情况在太平天国战争时期被打破。由于财政危机，使奏销制度和解协饷制度受到较大冲击，清廷只得实行战时财政体制。战后一段时间，清廷重新正常运转奏销制度、解协饷制度需要一个过程，在该过程中一个重要前提，就是中央户部对各省财政税收情况有基本的掌

---

① 提出这一观点的代表，主要是彭雨新和刘广京。参见彭雨新：《清末中央与各省财政关系》，载《社会科学杂志》，第 9 卷，第 1 号，1947；[美]刘广京：《晚清督抚权力问题商榷》，见《中国近代现代史论集》第 6 编，364 页。

握。在此基础上，中央政府为了确保中央财政专项需要，对每一项专项经费的总额做出规定，分摊到各省（一般是省关），在形式上仍采用指拨的方式。由此逐步形成清廷将"指拨"和"分摊"结合运用的新体制。这种新体制的特点是：虽然中央政府正视地方财政利益，但却是在中央掌控财权大局、基本掌握各省财税情况下进行的；专项经费的指拨也是根据户部已掌握的各省关"的款"（已征收的确有款项）为基础来指拨，与甲午战争后不管地方财政有无经制项目结余而强行进行的财政摊款不同，它确保指拨后地方财政经制开支。至于指拨后地方财政有无机动的非经制开支，户部则不关注。

这一改变，与太平天国战争结束后，清廷同意简化报销手续、一清旧账的做法相结合，就可以使清廷不考虑这一政策实施时各省现存多少款项，也就是旧账不计，而是根据朝廷之需要以及各省每年的实际收支情况，向各省摊拨应解京城之款项（如"京饷"等专项经费），此外根据战区各省军务之需要及其他临时急需，命相关各省供给"协饷"。

因此，我们必须严格区分、密切关注和实事求是地具体分析战时体制的特殊性及其延续性问题，战后承平时期的体制变化问题，等等。这是我们考察咸丰、同治时期包括财税控制体制在内的权力格局变迁的一个准则。

二、晚清奏销制度的演变

传统正税一直由中央控制，清廷通过以奏销制度、解协款制度等为核心的一系列财政税收制度，来控制由中央政府掌控全国银钱、粮谷流动的中央和地方财政合一的一体性财政体系。如前所述，这种财税体制在太平天国起义爆发后，受到极大的冲击，长期的战争、巨大的军费开支，使清财政体系面临巨大的危机，一度难以有效运行。直到光绪元年，大臣们还对咸丰、同治时期的财政支绌状况记忆犹新："近自军兴以来，用兵二十余载，以致帑藏空虚，迥异往昔。中外用款，支绌日甚。"①因此，在国内外学者的相关研究中，多认为清代财税体制的核心——奏销制度已经崩溃，从而迫使清廷承认饷需就地自筹，造成地方督抚财税权力急剧膨胀，中央财税控制能力一度处于极度虚弱的状况。

有的学者认为，晚清奏销制度虽然在形式上残存，但实际上已经崩溃。台湾学者何烈就认为："至咸丰时代，政府财政既宣告全盘崩溃。奏销制度也几乎陷于停止的状态。同治时代，太平军、捻军虽然相继敉平，奏销制度也在名义上恢复实施；但经过仔细观察以后，我们可以很明显地看出：咸、同以后的各省奏销，不论在内容与精神上，都与从前全然不同。简单地说：原有的奏销制度，已经完全解体；即使尚存其外貌，也只是一具内容空洞的'躯壳'而已。"②

不可否认，太平天国战争的冲击，造成清政府的奏销制度不能如以前那样完密③。另外，由于对外通商和应付战争的需要，清政府增加了一些新的财政税收项目，如厘金、海关洋税等，使得一段时期内，奏销制度的内容不能像以前那样涵盖整个国家的钱谷控制和调配，厘金、捐纳等均不在奏销范围之内，这当然影响到清中央财政控制力。但是，考虑到战时体制的特殊性，对于这些问题，需要做几项指标性的考察。

1. 咸同时期奏销制度是否崩溃，首先要看在太平天国战争中，清朝控制的各省是否有奏销行为（实际就是看清朝控制的各省是否有奏销报告）。

一般认为，由于战争的影响，战火所波及的省份多无奏销报告，特别是清军和太平军争夺激烈、太平军控制较广的江南地区没有奏销报告。不可否认，在主要由太平军控制的地区，肯定不可能有向清廷的奏

---

① （清）朱寿朋：《光绪朝东华录》，87 页。

② 何烈：《清咸、同时期的财政》，385 页，台北，"编译馆中华丛书编审委员会"编印，1981。

③ 当然，这种所谓的奏销制度的完整严密性也是相对的，有学者认为清朝的奏销制度自建立之日起就不能称为严密，亦有道理。如何烈就说："清朝的奏销制度，本来就有欠严密，极易发生弊端。"参见何烈：《清咸、同时期的财政》，385 页。

销报告，如太平天国政权控制居多的两江地区。

我们具体考察可以发现，江苏省苏属和宁属咸丰和同治年间的奏销册，不能确定其是否存在，至少目前尚未能发现（当然，光绪年间江苏恢复奏销报告）。安徽省，同治三年份的《地丁完欠支存各数》黄册、《安庆等府属额征地丁杂税已未完数目》黄册，同治七年份的《地丁完欠支存各数》黄册，同治九年份的《地丁完欠支存各数》黄册，同治十年份的《安庆等府属额征地丁杂税已未完数目》黄册，同治十三年份的《安庆等府属额征地丁杂税已未完数目》黄册等，基本上均能于该年份的次年造报。江西省，咸丰八年份的《各属应征地丁动存各数》黄册，咸丰九年份的《各属应征地丁动存各数》黄册、《地丁完欠各数》黄册，咸丰十年份的《地丁完欠各数》黄册，咸丰十一年份的《各属应征地丁动存各数》黄册，同治二年份的《地丁完欠各数》黄册，同治四年份的《南昌等府属应征地丁完欠支存各数》黄册，同治五年份的《地丁完欠各数》黄册，同治六年份的《南昌等府属应征地丁完欠支存各数》黄册，同治七年份的《南昌等府属应征地丁完欠支存各数》黄册，同治八年份的《地丁完欠各数》黄册，同治十年份的《南昌等府属应征地丁完欠支存各数》黄册，等等。江西省地丁的动存奏销，除咸丰年间各年份因军务繁杂，须在同治年间完成者外，同治年间的奏销均能在该年份后两年之内完成。浙江省，咸丰年间的奏销报告未见，基本可以肯定是战火和太平军占领之故，而同治三年以后的奏销报告，基本均能于次年造册上报。[①] 因此可以说，学者所言，咸同年间尤其太平天国战争期间，江南各省没有奏销报告的观点并不能成立。

考察太平天国和捻军战争期间，作为战区的两江（江苏、安徽、江西）、湖广（湖南、湖北）、山东，以及两广（广东、广西）、山西等地区，咸丰年间的奏销造报确实不完整；而同治年间，除江苏、湖北、山东的奏销册记录相对较少外，山西、广东、广西等大部分省份的奏销造册基本恢复。在清廷控制力较强的河南省，甚至在咸丰末年就恢复了每一季

---

① 中国第一历史档案馆藏档：《户科史书》，黄册。

度进行奏销报告的情况。①

　　至于各省奏销造报不完整的情况，能否说明奏销制度"已经完全解体"呢？恐怕不能这样简单地作出判定，如前所述，虽然晚清时期，尤其在咸同时期(光绪时期逐步恢复)，奏销报告未能按规定逐年完成，但是，即便在高度中央集权的康熙、乾隆年间，也有奏销报告不完备，未能完结奏销的情况出现。② 因此，不能简单以奏销报告是否完整来看待晚清财税权力格局的变迁问题。对于晚清财税权力的格局还应逐项具体分析。

　　2. 由于厘金等新税项的出现，使奏销制度不能囊括整个财税内容的情况，是否也说明奏销制度"名存实亡""已经崩溃"呢？

　　当然不能。因为，在咸丰末年，清廷已经开始在一些地方以专折奏报的方式试验厘金奏销，到同治朝以后，地方督抚将以专折奏报方式奏销厘金的情况逐步推广开来。如同治元年，担任两江总督的曾国藩就在闰八月十九日遵报《乙卯纲淮北盐课奏销折》，九月十二日上报《江西厘金整顿情形片》，十二月又奏明《汇报各年淮南征课数目折》，等等。③ 又如，江苏巡抚李鸿章在同治元年十二月初十日奏报《查明淮盐课厘数目折》，同治四年七月奏报《向荣等所收厘金收支数目片》并附清单，等等。④ 同治八年以后，清廷已开始在全国普遍推行厘金奏销。⑤ 如同治八年十月，湖广总督李鸿章奏报《湖北牙帖厘金收支数目折》，等等。⑥ 到光绪元年，上谕中已明确要求："户部合计各省地丁、盐漕及厘金、捐输等项，除蠲缓外，合明每岁出入之数，以入抵出。……并著各省督抚饬令藩司查明各该省现存厘卡地方共有几处，先行报部，并将各收支

---

　　① （清）郑元善：《征收钱粮照例三月一报由》，同治元年十月初二日，军机处录副奏折。
　　② 何烈在《清咸、同时期的财政》(385 页)中，就论述了康熙、乾隆年间十年、二十年奏销未结的案件。
　　③ 《曾国藩全集·奏稿五》，2619～2620、2645～2647、3000～3001 页。
　　④ 《李鸿章全集》第 1 册，"奏议一"，172 页；第 2 册，"奏议二"，188～189 页，合肥，安徽教育出版社，2008。
　　⑤ 罗玉东：《中国厘金史》上册，33～41 页。
　　⑥ 《李鸿章全集》第 3 册，"奏议三"，543 页。

细数，按年造册核销。如仍任意迟延，即由该部指明参处。"①

3. 关于军需报销问题。军需用款，无疑是晚清财政一笔巨大的开支，其支用和报销能否落实，确实关系到中央政府对财税的掌控能力和晚清财税权力的格局。关于军需奏销问题，对目前学界的一些流行看法，尚需作出具体分析。

在镇压太平天国起义期间，清政府鉴于军费开支浩繁，既要保证必需的军费开支，又要保证中央政府各项开支的需要，遂规定各省各项财政税收解送户部的定额及强拨相关省份的"协款"，此外地方余款无论足或不足，皆留作本省行政开支。在罗尔纲的"督抚专擅地方财政"这一核心观点的影响下，研究者一般皆据此认为，镇压太平天国战争的军需奏销名存实亡，对清代奏销制度的冲击已到积重难返的境地。② 这种估计过于严重了。

清代的奏销制度，至迟在清中期就已形成了奏折报告和编制呈交奏销册相结合的制度，并成为清代六大财政管理体制之一。军需奏销制度属于奏销制度中的一类。清代自乾隆朝颁布《户部则例》，准销各款有条不紊。③ 但是，这项制度要求造册清销，一收一支，必须针孔相符，使得部吏得以持其短长，严加驳诘，实际上除了制度、手续、规章的因素外，不过是部吏为了索取"部费"的贪赃手段。"而所谓部费一款，每百几厘几毫者，数遂不赀。自帅臣以逮末僚，凡厕身行间，匀摊追赔，无一漏脱。存者及身，死者子孙，久迫追呼非呈报家查产尽绝，由地方官

---

① （清）朱寿朋：《光绪朝东华录》，26 页。

② 罗尔纲这一观点，参见罗尔纲：《湘军兵志》，128 页。后之学者，前已引述何烈、周育民的观点。而新近一些著述仍持此类观点。如刘伟在《晚清督抚政治——中央与地方关系研究》一书中认为："19 世纪 50 年代以后督抚权力的扩张，实际是对清政府原有制度的突破，它带来了清廷中央集权体制的危机。面临着地方权力扩大、中央与地方关系失衡的局面，力图通过整顿收权：（1）恢复军需用款报销制度；（2）整顿厘金制度；（3）裁撤各局办公处所；（4）收回就地正法权限；（5）整顿军制收军权；（6）规范督抚用人权。"其结论是："上述措施，除中央黜陟权尚能起作用外，其余并未收到多大效果。大多数情况下，朝廷一方面要借整顿遏制督抚用人保举权，另一方面又屡屡降旨要督抚保举人才。由于清廷缺乏有效措施，所以晚清官吏任用出现事实上的双轨现象：'异途竞进，疆吏多请停分发。吏部以仕途倖滥，申多用科甲之请。'正可谓势已积重，不能返也。"参见该书，357～363 页。

③ 《嘉庆朝钦定大清会典事例》卷一四九，"户部·田赋·奏销"，6～7 页。

验明加结具文咨部，不能完案。其有前经帅臣奏咨后难结算者，则归用兵省分州县流摊，名为军需挪垫、兵差挪垫等款，亦动经数十年始得归补，而州县又不胜其累。是以部费一说，视为固然，万口同声，略无隐讳。"同治三年，清廷不得不变通奏销制度，对咸丰初年以来的军需报销，实行简明清册，实际上就是有个基本数目，而不必按制做到"针孔相符"的程度，即可销账，一般学者认为这是清廷财税控制权力削弱、地方财税权力增长的表征。对于学界通行的这一观点，本书通过上述分析认为，不可否认，地方督抚确实分享了部分原来由清中央政府专有的财税权力，但这种分享的程度有限（特别是比较战时和战后"长时段"的发展演变状况）。同时应看到，从清中央的角度，究竟是让已经因战争而造成既成事实的军需账目混乱状况持续不决好呢？还是审时度势，调整统治策略，转换掌控手法，先简便理清乱账，再重新严格奏销制度，重建中央财政威权为好呢？

学者一般认为，咸丰年间（主要是咸丰三年至十一年）的军需奏销制度实际已陷于崩溃的境地，一个重要原因就是以湘军集团为代表的地方实力集团得以"就地筹饷"，并因此隐瞒军需实情，甚至不按清朝制度规定进行奏销，而逐步形成的。那么实际情况真的是这样吗？首先，所谓"就地筹饷"背后有复杂因素，并不能一概说财税各地自筹就是地方势大、专擅财权的证明。从中央到地方都因战争而造成钱款奇缺，这是清中央不得不推行"就地筹饷"政策的一个根本原因。其次，我们以咸丰年间负责湘军集团军需奏销的胡林翼、曾国藩等的相关活动为例，作一分析。

湘军集团较早出任巡抚的胡林翼，自咸丰五年三月署任湖北巡抚，旋实授，直至咸丰十一年九月病死，这六七年间湖北军需奏销的情况，一般均由胡林翼专折办理。属于军需性质的奏销，第一起是咸丰七年九月二十六日，胡林翼奏《酌议驿站变通报销章程乞敕部议复疏》。本来驿站费用的报销，属于日常行政支出的奏销范围，不过由于战争状态下驿站的特殊性，列入军需奏销也是可以的。这一次，胡林翼就是借驿站驿马在战火中被贼劫失，请求变通办理，及时增补。胡林翼说："咸丰二年以来，湖北有驿州县，多被贼扰，致将驿马劫失，号舍焚毁。剿退后，均仍照旧安设修理，接递文报差使。查马匹一项，例应详领司照，户部换票，出口购买，始准填补上站。维时军报络绎，若遵定例买马，递送缓不济急，必致贻误。经该州县于附近地方，各按例价额数买马补站，或按额数雇马应差，即完善各驿。……所有未经奏销之历年支用驿站银两，自应变通报销。拟请将咸丰二、三、四、五、六等年，各驿在于附近买马者……"仍是循例由总督或巡抚奏折报告，并责成布政使司或负责此项事务的按察使司具体制定章程或清册办理："臣等查楚省州县，近年驿站夫马事宜，实因限于时势，未能循例办理。该藩臬两司，酌拟变通报销章程，系为核实撙节，力杜浮冒起见，惟事关动支驿站钱粮，且与成例多有不符，未便擅专，相应请旨，饬部议复遵行。"①咸丰八年五月，胡林翼等因数省用兵，湖北兵援他省，诸多省份之间兵援错杂，军费供应和使用较难分清，这必然涉及今后的奏销问题，遂就此类军需奏销的有关事宜，上奏清廷，提出处置建议，清廷上谕同意该奏：

> 楚省连年兵事，用饷日久，款目纷繁，本省清厘报销已需时日。现在楚军远征，凡兵勇月饷及恤赏采办等项，若仍遇事禀报楚省督抚批示而行，往返需时，即将来由楚造报，亦滋缪轕。所有臣等酌拨楚军饷项，随时解交都兴阿、李续宾、杨载福等大营，一面将拨解银钱各数并向来支发口粮定章咨明皖豫抚臣，其都兴阿等收支各数，亦即就近造册，在皖者咨送皖省，在豫者咨送豫省。各抚臣入于该省，仍照楚省章程销算，既便各该省就近稽查，以杜浮滥并免牵入楚省，致多缪轕。此楚军收支饷项出境后宜截清报销者。②

咸丰九年正月二十日，胡林翼在《陈报各省协饷及本省钱漕厘课捐输等项收数疏》中讲到自己报销案情况：

---

①　《胡林翼集》第1册，"奏疏"，341～342页。
②　胡林翼：《条陈楚军水陆东征筹度情形疏》，同上书，473～474页。

窃臣自咸丰五年，自江西率师援鄂，所有南路收支兵饷等项，经臣奏明，以咸丰五年正月起至六年十二月三十日止，为初案报销。七年正月起至八年五月三十日止，为续案报销。当饬司道总局总办，遴委能于销算之员，调齐各粮台收支案据逐款清厘。……将咸丰五年正月起至六年十二月三十日止南路军需，先后共收过各省协饷及本省钱粮漕折、盐课公费、牙厘捐输等项银一百八十七万三千九百十四两四钱一分三厘，米一万八千二百八十六石八斗三升二合三勺，造册请奏前来。臣查军需之销数，以收数为大纲，该司道等所报收过邻省协饷，及本省钱粮漕折、盐课公费、牙厘捐输米石数目，均属相符。①

我们可以明确看到，就湖北的军需奏销问题，胡林翼通过补报的形式满足了清廷要求。

咸丰十年五月，胡林翼在《奏陈南岸军需报销疏》中说：

窃照南岸军需报销，自咸丰五年正月起，至六年十二月三十日止，已将收支各项银米，截清总散数目，分别造册。详经臣于九年十月十四日恭疏题销，并声明应存银米，归入第二起，作为旧管，接续造报各在案。兹据总理报销局前湖北布政使庄受祺，新补湖南岳常澧道厉云官、候选道恩祥详称：自五年正月起，至六年十二月底止，初案添制器械，并各粮台站夫、长夫及受伤阵亡员弁勇丁恤养等项，其用过银五十四万四千二百八十七两六钱八分九厘二毫七丝三微，本色米一千七百七十石四斗九升六合三勺。除前报应存银四十八万三千四百三十五两三钱九分五厘，全数支给外，尚不敷银六万八百五十二两二钱九分四厘二毫七丝三微，系应找制造采办各项价值，随于七年分饷项内，如数找讫，归于七年续案汇报。合将添制军火器械各款，支过银米，列为初案二起，造具简明总散各册，绘具扎营安设粮台图说，详赍前来。臣覆加确核，均系遵照例

---

① 《胡林翼集》第1册，"奏疏"，553～554页。

案，实用实销，委无丝毫浮冒。①

总之，胡林翼为巡抚的湖北，不仅军需奏销实际上通过按年造报、补报等方式，实行了按制奏销，其他正税，也实行了按经制奏销。②

同治元年至同治三年湘淮集团的军需奏销，我们从曾国藩、李鸿章等人所造办的军需奏销案中，可以得到一个明确的认识。不可否认，曾国藩自咸丰三年(1853 年)九月在衡州招募编练湘军开始，到同治四年(1865 年)九月随着战事基本停歇而遣散部分湘军止，曾国藩因为种种原因，长达 12 年之久，对湘军军需各项收入和支出，一直没有作正式的奏销，这当然也显示出晚清奏销制度受到冲击的情况。但这是否就是以曾国藩为代表的地方实力督抚权重、专擅地方财政的铁证呢？恐怕还不能这么说。第一，前已述及，这种情况在清前中期也出现过，并不能径直作为清中央集权崩溃的标志。第二，曾国藩毕竟在战后补报了这12 年的军需奏销报告。同治六年二月初八日，曾国藩上奏《造报历年军需收支款目分四案开列清单奏请报销折》，咸丰三年九月至咸丰六年十二月底的军需收放各款，作为军需收支第一案报销；咸丰七年正月至二月二十日的收放各款，作为军需收支第二案报销；咸丰八年六月至咸丰十年四月底的收放各款，作为军需收支第三案报销；咸丰十年五月至同治三年六月的收放各款，作为军需收支第四案报销。③ 具体各案报销数字见下表。④

表7-2　曾国藩湘军第一案报销清单表(咸丰三年九月至咸丰六年十二月底)

四　柱	银(两)	米(石)
旧　管		
新收(收款)	2 891 419.592 8	53 749.083 3

---

① 《胡林翼集》第 1 册，"奏疏"，721～722 页。
② 可参见《胡林翼集·奏疏》中相关奏折的内容。
③ 《曾国藩全集·奏稿九》，5552～5564 页。
④ 以下各表的制作，参照罗尔纲《湘军兵志》(118～119 页)中所列图表，并与曾国藩奏销折中所附清单对勘，制作成此图表。

续表

四　柱	银(两)	米(石)
开除(支款)	2 667 371.696 359 5	3 799.582 3
实在(存款)	224 047.893 925	49 949.500 1

表 7-3　曾国藩湘军第二案报销清单表(咸丰七年正月至二月二十日)

四　柱	银(两)	米(石)
旧　管	291 394.136 623 5	1 225.369 4
新收(收款)		
开除(支款)	291 394.136 623 5	1 225.369 4
实在(存款)		

表 7-4　曾国藩湘军第三案报销清单表(咸丰八年六月至咸丰十年四月底)

四　柱	银(两)	钱(串)
旧　管		
新收(收款)	1 691 676.137 138	1 019.753
开除(支款)	1 627 046.848 838	1 019.753
实在(存款)	64 629.288 3	

表 7-5　曾国藩湘军第四案报销清单表(咸丰十年五月至同治三年六月)

四　柱	银(两)	钱(串)
旧　管		
新收(收款)	16 854 590.776 793	965 552.381
开除(支款)	16 763 775.495 611	892 863.221
实在(存款)	90 815.281 18	72 689.160

　　从以上各表,对比《湘军兵志》中所列图表,可以看出,这些数值符合清廷经制奏销制度的规定。这与仅依靠《湘军兵志》中所列图表的数字得出的结论是不一样的,如果再考察曾国藩奏折及所附清单,以及其中所列收支存各款,可以明确地说是符合经制的细数。总体来说,曾国藩

是按照清朝经制奏销制度来办理的。当然，这不是过去那种繁复的奏销册，是否说明奏销制度趋于败坏呢？我们只需明白的是，曾国藩所造的简明奏销册，是严格按照清廷同治三年的上谕"所有同治三年六月以前各处办理军务未经报销之案，惟将收支款目总数，分年分起开具简明清单，奏明存案，免其造册报销"①的要求来办理的。而且，值得注意的是，曾国藩正是在规定时间内，将清廷上谕中规定的所有同治三年六月以前各处办理军务未经报销之案的收支款目总数，分年分起开具简明清单奏销的。同时，还有一个值得重视的情况，就是在此次奏销后一年，同治七年十一月初三日，曾国藩就奏上《汇陈湘军第五案军需款目报销折》，按照清廷要求，将同治三年七月初一日至同治四年五月底的湘军一切军需用款，按制奏销。②

　　至于李鸿章，他在同治元年出任江苏巡抚后，就按照清廷的规定及时奏报军需款目。同治三年十二月，按照清廷上谕要求，李鸿章奏报《军需核实报销折》并附《苏沪军需收支款目开报章程》；同治四年二月奏报《苏沪军需第一案清单折》并附《常胜军等五款收支清单》；同治四年六月《军需第二案收支款目折》并附清单和《洋枪队裁余兵弁等项用款报销片》；同治四年八月《淞沪旧案军需款目折》并附清单和《常胜军等三项用款奏销片》并附清单；同治四年十一月《江南粮台军需款目收支折》并附清单；同治四年十二月《再陈江南粮台收支军需款目折》并附清单；同治八年六月《苏沪军需报销折》并附清单；同治九年一月《湖北军需第一案收支数目报销折》《湖北军需第二案收支数目报销折》，等等。③ 这些都是地方实力督抚受制于中央财税操控力的表现。

　　同治三年以后，清廷变通军需报销，开始大力整顿财税控制体制，在太平天国战争期间出现重要变化的中央地方饷权格局，又发生了新的

---

① 《清实录（第 47 册）·穆宗毅皇帝实录》卷一〇八，"同治三年七月上"，392～393 页。
② 《曾国藩全集·奏稿十》，6154～6158 页。
③ 《李鸿章全集》第 1 册，"奏议一"，628～630 页；第 2 册，"奏议二"，22～23、120～123、125、210～213、350～356、361～367 页；第 3 册，"奏议三"，484～486 页；第 4 册，"奏议四"，13～16 页。

变化。同治三年，在晚清中央和地方财政权力格局变迁过程中，发生了一个重大事件，就是清廷改变财政报销制度上历来施行的"行专制之严谴"制度，要"咸与维新"，对同治三年六月以前未经报销各案，考虑到战时特殊情况，不再要求逐年参稽，只需奏明简明清单存案即可。

户部由尚书倭仁上奏，请求将军需报销变通办理，以利清理财政。同治三年七月上旬，清廷上谕回复说：

> 户部奏请将军需报销变通办理一折。据称：军需报销，向来必以例为断，然其间制变因时，亦有未能悉遵之处。各省军需历年已久，承办既非一人，转战动经数省，则例所载，征调但指兵丁，而此次成功，半资勇力，兵与勇本不相同，例与案遂致歧出。在部臣引例核案，往返驳查，不过求其造报如例，而各处书吏，借此需索，粮台委员，借以招摇，费无所出，则浮销苛敛等弊，由此而起。请将同治三年六月以前未经报销各案，开具简明清单，奏明存案，并请饬禁劝捐归补名目等语。所奏系为因时杜弊起见。军需报销一事，本有例定章程，惟近来用兵十余年，蔓延十数省，报销款目，所在多有，若责令照例办理，不独虚糜币项，徒为委员书吏开需索之门，而且支应稍有不符，于例即难核准，不得不著落赔偿。将帅宣力行间，甫邀恩锡。旋迫追呼，甚非国家厚待勋臣之意。著照该部所请，所有同治三年六月以前各处办理军务未经报销之案，惟将收支款目总数，分年分起开具简明清单，奏明存案，免其造册报销。此系朝廷破格施恩，各路统兵大臣、各省督抚，具有天良，务需督饬粮台委员核实开报，不得因有此旨，任意影射浮冒。并著严禁劝捐归补名目，及私设厘卡等弊。如有不肖委员，仍以前项情弊，巧为尝试，别经发觉，除将承办各员严办外，必将各该统兵大臣及各该省督抚等从重治罪。部中书吏，如有在各处招摇撞骗、朦混包揽者，并著严行拿办，以惩奸蠹。其自本年七月起，一应军需，凡有例可循者，务当遵例支发，力求撙节，其例所不及有应酌量变通者，亦须先行奏咨备案，事竣之日，一体造册报销，不得以

此次特恩，妄生希冀。将此通谕中外知之。[①]

这一道上谕，对清代财政税收体制的影响非常大。同时，我们也应当看到，这道上谕对于清廷在战后重新收回财政税收权力，也是非常重要的政策手段。更重要的是，在奏销事务的实践中，清廷确实是在重新规范各省奏销按年造报（或者一年两报）的制度[②]，同治朝以后，随着太平天国战争的结束，各省奏销册的制作和上报工作，按照清朝经制，日益规范，这是在前述内容中有诸多例证加以说明的。

三、协饷制度和其他解协款专项制度

（一）协饷的调配权

清廷要求各省协饷，在战争期间是非常频繁的。无论在战争早期，还是到战争结束时，湘、淮军获得较大数额饷需的重要途径之一，就是协饷。当然，协饷制度一直是清朝财政制度中的重要内容，是清代财政经制之一。更早的情况不遑详论，就是在太平天国起义爆发后，湘军崛起之前，清廷对各省和进行征剿的军队，供给和征调军需款项的重要办法之一就是协饷。可见，协饷的调配权力究竟掌握在谁手中，是清中央还是地方督抚手中，显然是考察晚清财税控制权力格局的重要指标和内容。

对于地方实力督抚而言，他们想要求其他省份协饷，无论从制度上还是实际操作上都不可能，除了湘淮集团内部督抚之间少数情况下可以

---

① 《清实录（第47册）·穆宗毅皇帝实录》卷一○八，"同治三年七月上"，392～393页。吴庆坻《蕉廊脞录》（37～38页，北京，中华书局，1990）一书中亦将此上谕录入，但文字略有出入。

② 如曾国藩就按照经制规定，在同治元年十二月奏明《汇报各年淮南征课数目折》，对咸丰九年下半年至同治元年上半年的淮南盐厘征收情况，按照半年一报的规定奏报和补报。参见《曾国藩全集·奏稿五》，3000～3001页。同治二年六月，又按照规定奏报同治元年下半年的盐厘。此后均逐年造报。参见《曾国藩全集·奏稿六》，3441页。

得到相关督抚的响应外，多数要求恐怕是无任何回应，甚至出现曾国藩与沈葆桢因争夺饷源而关系破裂的状况。像罗尔纲所言："隔省筹款，其督、抚非亲故不行"①的情况，也只是个案，并不能推而普及其他。

因此，地方督抚想要获得协饷，只能依靠中央政府的调配。不仅在太平天国战争初期如此，在战争中后期同样如此。咸丰四年二月，湖南藩库濒于竭蹶，无法供给曾军，二月十五日曾国藩、骆秉章皆上奏表示："现在师过长沙，搜刮省城库项，仅供一月之需，抚臣骆秉章以此事昼夜焦灼，是以奏请川、广二省协济臣军。"②咸丰四年六七月间，清廷针对曾、骆的奏请发出上谕："现在楚北军情甚为紧急，曾国藩督带兵勇炮船，已由湖南衡州驶赴下游会剿，所需军饷甚殷，自应先事预筹。该省历年防剿，需用浩繁，司库所存银两，为数无多，不敷支发。著裕瑞、叶名琛、柏贵接奉此旨，即迅速妥筹，无论该省何款项下，有可动支者，立即设法筹拨，派委委员，飞速解交楚省，断不准稍有推诿。"③从这道谕旨以及下述解到协饷的情况，可以看出地方督抚的财税权力因战争的需要而有所增强，但并未能达到如学者所说的"督抚专擅地方财政"的地步。而且，中央规定的协款，地方借口财力一时不能承担、拖延解款的情况，不仅出现在晚清时期，即便在道光、咸丰朝以前也有出现，不能作为督抚在财税方面"专政"的力证。七月，广东遵谕旨将协饷解到湖南。这从骆秉章、曾国藩会奏《广东解到协济军饷银两片》中可以得知："嗣准两广督臣叶名琛咨称，查有前经列单奏报粤海关库应解湖南军需尾银一万一千一百两零，湖北炮船经费银一万两，并有前次代筹补解安徽、毋须重解，拟即改解楚省银十万两，合银一十二万一千一百两零，仍于粤海关续征税银内筹出解楚，分作两批委解。"在解到湖南时，并非直接解到曾国藩军，而是按照清朝的经制，解交相关省份的藩库，再由藩库按照清廷的谕旨拨付湘军使用："旋据广东头批委员

---

① 罗尔纲：《湘军兵志》，130 页。
② 《请派大员办捐济饷折》，见《曾国藩全集·奏稿一》，104 页。
③ 该上谕见《曾国藩全集·奏稿一》，151 页。

顺德县巡检陈熊领解六万一千一百两零到省，行据藩司徐有壬详称，此次解到粤饷，除广东应解湖南军需尾银一万一千一百两一钱一分五厘六毫收归湖南司库外，其余解到银五万两，应归革职侍郎曾国藩水师营内应用。现在曾国藩因逆贼窜扰岳州一带，炮船水手尚在湖南，一切口粮均在湖南支取，自应截留应用，以济急需。"①三月初五日，曾国藩又说："臣此次出征，仰蒙圣慈廑念，屡次饬令湖南抚臣设法供支；又因户部之奏，奉旨令湖南、江西筹款接济臣军；又因臣骆秉章之奏，奉旨令四川、广东筹款解赴臣军"②，这就将咸丰四年三月以前，正解和协济的两大饷源，一一交代清楚。除了请求协济饷银之外，还有请协济炮械物资的情况。咸丰四年七月，曾国藩上奏请求广东协济洋炮，装备水师："查水师事宜，以造船置炮二者为最要。……至于炮位适用之品，最为难得。此次蒙皇上屡降谕旨，饬令两广督臣叶名琛购备洋炮，为两湖水师之用。现已先后解到六百尊来楚，皆系真正洋装、选验合用之炮。湘潭、岳州两次大胜，实赖洋炮之力。惟原奉谕旨购办千余尊，现止来六百尊，尚属不敷分配。……相应请旨饬催两广督臣，将应行续解之夷炮数百尊，赶紧分起运解来楚，于江面攻剿，大有裨益。"③这些都依靠清中央来调配协济钱物的行动。

到咸丰末年、同治初年，无论是曾国藩、左宗棠、李鸿章这样的地方实力督抚，还是一般的地方督抚；无论是战区各省，还是传统上由富裕省份协济钱款的贫瘠省份，奏请协饷的要求此起彼伏。统观此类奏折，基本上都是请求清中央允准由它省协饷的请求，而清廷则根据战局需要的轻重缓急，或准或驳。④而清中央要求曾国藩、李鸿章这样的实

---

① 《广东解到协济军饷银两片》，见《曾国藩全集·奏稿一》，152 页。
② 《请提蒋徽蒲捐款并饬总办粮台片》，同上书，114 页。
③ 《请催广东续解洋炮片》，同上书，161 页。
④ 咸丰十一年，曾国藩曾请求奏拨江西漕折银并停解江西协饷，但清廷并未概行照准，而是命中央户部议奏解决办法。参见《曾国藩全集·奏稿三》，1621～1622 页。同治三年三月，曾国藩又奏称江西巡抚沈葆桢截留江西牙厘不当，请求清廷准许仍由曾国藩"照旧经收充饷"，前后这些情况，经中央户部议奏，清廷决定将江西所征厘税由江西及曾国藩军营各提一半充饷。参见《曾国藩全集·奏稿七》，3995～4005 页。

力督抚向他省协饷，他们一般情况下也不得不遵命，即便有不能协饷的
情况，也必须上奏清廷，明白说清缘由，得到清廷谕允后，方才能停协
饷之责，而不能像"尾大不掉"的地方割据势力那样可以毫无理由地
力拒。①

　　而且，在同治中期以后，虽然太平天国战争和捻军起义已经被镇
压，清廷每年仍命相关各省和富裕省份维持或增加协饷与摊款，以支持
此后不断出现的对内、对外战争等军务的需要和宫廷的需要。太平天国
和捻军起义被镇压之后，实际上清廷面临的对内、对外的局部战争不
断：在西北，回民起义、阿古柏侵占新疆并建立伪政权、沙俄出兵伊犁
等接踵而至，西北军务持续了十余年，尚未完全平息；以西南边疆和东
南沿海为战场的中法战争又爆发，都需要巨大的饷糈支撑。仅靠一省或
数省之力皆无法承受，只能依靠清廷从全国相关各省调集饷需军械等，
而这主要就靠"协饷"方式和体制来完成。军务稍平之后，清廷又成立海
军衙门，北洋海军的建设加速，加之慈禧太后修筑三海、颐和园工程所
需等一系列常年浩繁的开支，从同治中期一直延续到光绪后期，即以甲
午战争为界限，也延续了近三十年。这几十年间，各省督抚对清廷所派
下的解京摊款和协饷的谕命，常常不得不遵行，却又是穷于应付，无力
一一解付。因此，我们可以看到各省督抚时常都有请求清廷减免或推迟
解送、协济有关款项的奏折。这种制度的变化，出现了清廷与督抚之间
为了摊款和协饷问题，谕折往来频繁、讨价还价的情况。而且，清廷确
实在一定情况下也会同意减免或延缓这些省区应解应协之款项。

　　这从一个侧面说明太平天国战争以来中央集权的财政控制权力受到
冲击的程度和表现。但是，督抚对于请求朝廷减免或延缓所摊派的解款
和协款，多有限度，并不能无限度地力拒。因此，督抚在这方面往往处

---

　　①　如同治五年十一月，清廷命曾国藩协济陕西战区。参见《廷寄：诸军从速就近入陕防
剿，豫晋陕先筹粮米接济援军，曾国藩回两江总督本任筹办饷需》，见《曾国藩全集·奏稿
九》，5420～5422 页。又如同治二年三月，清廷命李鸿章派兵协饷给新任直隶总督刘长佑；同
治二年六月根据清廷之命暂拨银两协济临淮；同治三年十月拨借甘饷三万两。见《李鸿章全
集》第 1 册，"奏议一"，238、317、585 页。

于两难的境地：一方面，督抚管辖之省区税赋能否如期征收以及征收成数情况，督抚必须依靠下属官员的工作能力与可靠程度等因素提供一定的保障，这就使得督抚在地方的财权受到属下官吏的限制；另一方面，由于督抚与朝廷的讨价还价总是限制在一定限度之内，因此，一旦朝廷不允许讨价还价的情况出现，在朝廷的三令五申之下，督抚也只得按照朝廷原有的谕命解款，否则就不能不担心自己的职位能否保住。中央户部、吏部对各省督抚是否如期按命交足摊款和协款都有备案，而这完全可以名正言顺地成为决定督抚任期长短的考绩依据。这种制度虽然是中央财权受到冲击后的一种应变之举、应对之策，但是，对于清廷来说，它重新掌控全国财税控制权力大局的目的已经达到：各省区的财政税收，不仅传统的正税仍受中央政府的控制，即便是新出现的税种——厘金和关税，也主要由中央掌控。

随着清中央逐步收回权力，督抚实际上不可能专擅地方财政，反而常受中央户部的控制，甚至在自己正常权限之内的行为，也时常受到户部等中央部门的监督，动辄遭受挑剔与处分。如李鸿章在直隶总督、北洋大臣任上，他的许多请拨财税的请求，就经常被中央户部驳回，这同时也反映出他直接掌控、支配的财税额度有限。而前已述及的实力督抚张之洞在湖广期间，显然并不能专擅湖广地方财政，光绪十五、十六年间，他的诸多拨款请求，被军机大臣、户部尚书翁同龢事事诘责。甚至张之洞奏销在两广总督兼署广东巡抚任上修建沙路河道、立阻敌船铁桩、修琼廉炮台、修镇南关炮台、购枪炮厂机器、购织布机器、清查沙田给照缴费，被翁同龢"无不翻驳者，奏咨字句无不吹求者"，"其实粤省报销款乃合曾、张前两任及本任五年用款汇报，名第五案报销，五年共一千余万，并不为多。与前任第四案，海防并无战事之报销数相等，数且较少，户部有案，固无所谓亏也"。无奈之中，张之洞还是靠醇亲王奕��为他"一一皆奏请特旨准行"，才解决了这一难题。①

---

① 《抱冰堂弟子记》，见（清）张之洞：《张文襄公全集》卷二二八，28～29 页。

(二)关于截留协饷的问题

关于紧急情况下，官员未能事先请示便动用钱款的定性问题，学者一般认为，晚清督抚等官员能够擅自动用钱款，只是在事后报告，或者是边动用才边报告，这说明中央对地方控制力减弱，地方权重，甚至是"督抚专擅地方财政"的重要证据。

确实，在晚清时期，这种事例较多，尤其是在镇压太平天国战争时期。但是，情况是复杂的，我们先分析战争初期截留饷银的情况。咸丰三年十月，清廷命广东协济江南大营军饷 10 余万两，广东督抚遵朝命，筹足款项后解往江南大营，因原来的解款路线江浙地区战火阻隔，只能迂道由湖南、湖北一带转运，而这笔款项运到湖南后，又恰遇湖北一带战事紧张而滞留于长沙。这时，曾国藩在湖南省城长沙编练湘军水陆两军，"筹备炮船，招募水勇，约需银十余万两"，清廷指定供饷的湖南藩库"仅存三万余两"，咸丰帝又屡催曾国藩尽快练成出兵。因此，曾国藩经过慎重考虑，并与两湖督抚臣频繁函商之后，冒着被处罚的风险，在咸丰三年十月二十四日，上《请截留粤饷筹备炮船片》，表示"广东解往江南大营饷银十余万两，现留长沙，因鄂省梗阻，未敢前进。臣咨商抚臣，即将此项截留四万余两，作为筹备炮船之费，其有不敷，由臣设法劝捐添凑"。当然，这种截留只能是暂时救急，是必须补回的，故曾国藩奏折中说："前(指咸丰二年——笔者注)七月间，谕旨令两湖筹办炮船，奉部拨粤饷二十万两，解赴湖北作水师之需。不知此项曾否运解到鄂？若尚未解到，将来广东解鄂之款，即将此次预截之四万两划清扣抵。两湖办船，本属一气，其用项自可归并一款。如前项粤饷业已解鄂，应请旨饬下户部查照，另拨四万两补解大营，实于公私有裨。"[①]由于经制的协款制度及经费的掌握情况，中央户部显然掌握着控制权，因此，曾国藩和相关督抚在截留粤饷问题上极为谨慎、小心，这表现在当时湖广总督吴文镕、湖南巡抚骆秉章以及湖南团练大臣曾国藩之间，为了截饷问题，在十月间函牍频仍。曾国藩、骆秉章敢于最终决定截留粤

---

① 《曾国藩全集·奏稿一》，78 页。

饷并入奏，在于他们截留的目的、用途是为了办理清廷谕命的湖南船炮问题，而且，也是事先请示后才敢行动。在咸丰三年七月初七日上谕中说："惟所需经费较巨，此时甚难筹画，该省无论何款，尽可先其所急，暂行动用，仍当饬部另筹归款。"[1]

如果说咸丰三年，清经制财税控制体系余威尚存的话，那么，我们再分析以后的情况。曾国藩截留饷银的情况，主要在咸丰初年，此后较少有材料表现出他强行截留协饷的情况。同治年间一项与曾国藩有关的截留饷银事件，也是江西巡抚沈葆桢截留原应供给曾国藩饷银的江西牙厘。沈葆桢这样做的原因，本书前面已有分析，而且沈葆桢将情况奏报清廷，这一问题的解决也是依赖清廷的权威。李鸿章在出任封疆大吏后，也曾有过截留税饷的情况，但他都是及时奏报，并在随后按照清廷要求拨还。如，同治元年截留商税后，从续征税银中归还；同治二年奏请以关税留抵军饷并在事后拨还，等等。[2]

虽然战争条件下，清廷要求的协款常因负责协济的省份财税征收困难[3]，不能及时、足额到达，甚至有地方督抚因本省财政困难等因素，不能按照清廷要求协饷等情况，但这与清廷和中央户部不掌握情况、不能控制财税征收支用局面的论断是有距离的。因此，罗尔纲等提出早在湘军将帅取得督抚职位之前，就已经出现了"督抚专政"局面[4]，其追随者更将"督抚专政"延伸到整个晚清时期的观点，虽有一定的理由，但总体上是站不住脚的。

---

① （清）张亮基：《遵旨筹办船炮折》中首录该上谕。参见《左宗棠全集·奏稿九》，155 页。

② 《续征税银请准归还原借商税片》，见《李鸿章全集》第 1 册，"奏议一"，154、307 页。

③ 我们知道，清代财税的征收与支用，是有常经的，一般情况下能有富余的较少，在承平时期、风调雨顺的年景，能够足征并可以有一定量的节余。即使如此，对老百姓的杂税也是不少。战争时期，除了日常的行政经费和军饷开支外，应付战争需要额外开支大量的军饷，经过数年战争之后，国库空虚，要继续维持巨大的军饷开支，只能是依靠各省区的解款与协款。而连年战争，各省区要长期维持这种解款和协款量，当然很困难。至于地方官吏的贪污自肥，已经是"常规"，战争时期和承平时期都是一样的，这一因素就可以排除在分析要素之外。

④ 罗尔纲：《湘军兵志》，221 页。

那么，在公认的高度中央集权的清代前中期，是不是就不存在截留饷项这种情况呢？这也是考察晚清时期地方督抚是否专擅财权的重要指标之一。清前期和中期，清中央通过各种严密制度，似乎是井然有序地控制着全国财政运转的状况，这固然与晚清特别是镇压太平天国起义期间左右支绌的财政状况有区别，但是，督抚等官员因紧要事务先动用钱款后报告的情况，并非晚清独有，也不能作为晚清中央财权下移的铁证。例如，康熙三十一年时"题准直隶供应陵寝及紧要事务所用者，该抚一面动用，一面报部。至别项钱粮，仍咨部动拨，违者照例议处"。① 康熙三十四年又有关于"嗣后现在应用钱粮，该抚一面动用，一面报部。若非现在即需钱粮，尚有时日者，仍咨部拨给"。② 雍正年间也有类似的情况出现。如雍正十年时，针对当时督抚截留钱粮后不能按时足量拨还的特殊情况，下旨说："如果头绪繁多，实不能依限者，督抚题明，量予展限。"③这些事例都说明，即便在高度中央集权的清前中期，也时有官员在特殊情况下先动用钱款，同时或者事后报部的情况。

（三）"京饷"等专款的调控权

就"京饷"等专项经费而言，实际上是清廷在高度集权的财政税收体制因战争巨大开支的冲击出现分权状况下的一种措施，在分解一部分原来高度集中的权力的同时，力求有效地掌控部分财税权力。同治末年到光绪初年，整个国家的财政收入是 8000 万两左右④，而清廷明令各省应解京的京饷（包括各关摊款）就有 800 万两（雍正时已有，年额 400 万两，咸丰十年增为 500 万两，十一年又增为 700 万两，同治六年后定额为 80C 万两）。此外各省应摊拨解京的专项经费还有：固本京饷（65 万两，各省合力通筹）、内务府经费（110 万两）、东北边防经费（光绪六年

---

① 《钦定大清会典事例》卷一四九，"户部·田赋·拨册"，康熙三十一年条，10 页。
② 同上书，康熙三十四年条，10 页。
③ 《钦定大清会典事例》卷一四九，"户部·田赋·奏销"，雍正十年条，5 页。
④ 从同治十二年至光绪十年之间，清朝的财政收入基本在 8000 万两上下浮动。每年的具体数字，可参见《清朝续文献通考》卷六十六，考 8227～8228 页；《户部进呈改办年例汇奏出入会计黄册疏》，见《皇朝经世文续编》卷三十；[英]哲美森：《中国度支考》，36 页；吴廷燮：《清财政考略》，20 页。

开始，200 万两）、筹备饷需费（光绪十年开始，200 万两）、加放俸饷（原名抵闽京饷，同治十三年开始，用于偿还筹办福建台湾海防借款，光绪十一年偿清后改此名，1902 年移作偿付庚子赔款，120 万两）、加复俸饷（又名京员津贴，1902 年移作偿付庚子赔款，26.6 万两）、京师旗营加饷（光绪十一年开始，133 万两）、海防经费（光绪元年开始，400万两）、备荒经费（光绪九年开始，12 万两）、船政经费（同治五年开始，专用于福建船政局，60 万两）、出使经费（光绪三年开始，100 万两）、铁路经费（光绪十五年开始，200 万两，甲午战争后减为 80 万两）、内务府常年经费等 13 项，数额也达到 1600 余万两。这样，一直到甲午战前，各省每年须缴纳给中央的"京饷"等专项经费总额达到 2426 万两，各海关缴纳总额为 359 万两，两项合计 2785 万两，占当时全国财政收入的 34%。[①]

　　清廷不仅在承平时期严格要求各省解送应解京之款项，即便在镇压太平天国起义和捻军起义的战争期间，清廷仍严格要求各省如数解交拨款和摊款。

四、新增财税控制权问题

（一）厘金的调控权

　　厘金是清后期才出现的新财税，当然，也有学者认为"不能说厘金是清末新设的税制"。[②] 对于该问题，本书认为，不能仅以历史上有类似税项，就认为厘金"是在以往商税和关税的课税经验背景上，以直接

---

　　① 上述数字的统计核算，根据《清朝续文献通考》卷六十六，考 8227～8228 页；汤象龙：《中国近代海关税收和分配统计》，"绪论"；彭雨新：《清末中央与各省财政关系》，见《中国近代史论丛》，第 2 辑，第 5 册，91 页；周育民：《晚清财政与社会变迁》，242～244 页。

　　② 持这一观点的学者中，日本学者滨下武志的观点较有代表性。参见［日］滨下武志：《中国近代经济史研究——清末海关财政与通商口岸市场圈》，407 页，南京，江苏人民出版社，2006。

课税为根据而作的修正","不能认为厘金完全是新税"。① 因为,如果要从历史中去寻找一种新税的原始形态,或均可找到依据。因此,不能简单地以此为根据来判别一项新出现的税种是否是新税。这一问题不是本书讨论的重点,在此仅简单提及,不作详论。

咸丰三年开始,为了应付战时财政危机,厘金的征收开始出现。同治朝后期和几乎整个光绪朝,各省厘金收入基本保持在一个比较稳定的状态。以光绪十七年为例,各省厘金收入,据各省报告中央户部的统计,达到 1440 余万两,海关洋税收入为 2351 万余两。② 那么,厘金等收入是否全由地方支配呢?显然不是。总体而言,晚清厘金收入在同治年间达到一个高峰,同治十三年,全国有案可查的(即中央掌握的)厘金总数在 1478 万余两至 1495 万余两之间,平均数为 1486 万余两,此后基本是在这一基准线上略有起伏,以略有减少为多。如,光绪七年为 1566 万余两,光绪九年为 1349 万余两,光绪二十年为 1426 万余两。这种情况持续到光绪二十七、二十八年以后,才出现较为明显的增长,光绪三十年全国厘金收入达到 1843 万两,到光绪三十四年更是增加到 2076 万两。③ 厘金收入虽然弊端丛生,但是这种弊端多为各级官吏个人中饱私囊,并不能形成地方势力割据的资金来源,故不在本书讨论之列。清廷重视对厘金的整顿管理,在太平天国战争后期的同治二、三年就已经开始,至迟到同治八年,各省已经按照中央的要求,将其厘金征收情况半年一报,因此中央政府基本掌握着全国厘金收支大局。

厘金开始征收时,本来是为应付战争需要,而由地方(包括部分统兵大员)收支。但是在战争后期,随着局面向有利于清政府的方向发展,特别是在战后,逐渐归入地方各省的"中央财政项目",即由地方代为征收,而由中央掌控。再加上清廷通过在各省实行协饷,将地方督抚借重的军事,反用在地方督抚身上,以军事为中心,通过协饷将厘金、关

---

① [日]滨下武志:《中国近代经济史研究——清末海关财政与通商口岸市场圈》,407 页。滨下武志对厘金究竟是不是新税问题的判断,稍嫌简单、武断。

② 这项统计数字来自何烈:《厘金制度新探》,174 页。

③ 以上数据参见罗玉东:《中国厘金史》下册,469 页(附录一"统计表")。

税、盐课与其他税项联系起来，使得各省上交税项中，厘金并不作为临时项目，而是逐渐成为中央财政税项中的"常项"，反映出中央逐渐将厘金收归中央掌控的基本状况。这反映出随着太平天国战争的结束，清廷以厘金作为重要对象，进一步强化中央财源的趋势和成效。

（二）海关洋税的控制权

海关洋税也是清后期随着通商口岸的出现而征收的新财税，其征收额的数量前后有所变化。初期的整个海关洋税数额为 1150 万两，到同治十三年仍基本维持此数。光绪年间，海关洋税的征收数额不断增加，到光绪中期增加到 2250 万两左右。如光绪十七年海关关税收入就增加到约 2351 万两，光绪十八年（1892 年）约为 2268 万两，光绪十九年（1893 年）约为 2198 万两，光绪二十年约为 2252 万两。[①] 也就是说，光绪朝海关洋税的征收总额基本恒定在 2300 万两左右。海关洋税在晚清时期数额的增加，当然对于晚清财政有着重要作用。但更应当看到的是，海关洋税在晚清财税控制体制中的重要性，大于其数额增长对晚清财政的意义，可以说，海关和海关洋税在晚清中央政府重新确立中央控制的财税体系过程中，占有重要地位，也发挥了重要作用。

海关洋税在晚清实行对外借款中占有重要地位，因其具有安全性、可靠性特点，使得以海关洋税作为担保较为容易得到外国借款。因此，无论是清中央政府还是外国列强，都重视对海关洋税的管理与控制。在海关洋税的管理方面，虽然地方政府有专门的海关道参与海关洋税的管理，但是，自近代条约制度以来，具体负责海关洋税征收的是由外国人充任的税务司，并由各关税务司将本关洋税收入数额，汇总报总税务司，而清后期的总税务司先后由英国人李泰国和赫德担任，尤其是赫德，担任总税务司 40 余年。各海关洋税情况经总税务司汇总后，定期报告清政府总理衙门，此外还刊印各关华洋贸易总册等档案统计材料，因此，清廷对常年海关洋税的收支情况完全掌握，地方政府（包括各关

---

① 这一统计数字，参见［日］滨下武志：《中国近代经济史研究——清末海关财政与通商口岸市场圈》，469 页。

所在省区督抚及海关道)很难进行大规模的作弊、隐瞒活动,清廷对其使用支配也能较有效的控制。同时,地方督抚也很难控制海关,有利于清中央对财税权力的掌控(当然,相对于西方列强,海关并不利于清中央政府对外力介入中国财税权力格局的控制,这不是本书讨论的主题,在此不作详论)。也就是说,由于清中央政府将海关洋税作为高度集中的中央重要财源,地方政府的财税来源及所占比重因为海关的介入、海关洋税的征收而相应减少。

由于第二次鸦片战争清廷战败后签订的不平等条约规定赔款由海关洋税中分五年赔付,因此,从咸丰十年后至同治四年,各关洋税的四成用于支付给英法的赔款。这五六年间,海关洋税只剩下六成(约为 690万两)归清中央和地方支配,而其中仅解送到京师的京饷等各项专款即达到 359 万两。此外,诸如平定西北回民起义、新疆之役以及中法战争等所需各类款项,也通过协饷等方式,从六成洋税中拨付。而且,在甲午战前的 30 余年时间里,清廷为筹措军务、洋务新政、宫苑工程以及战争赔款等需款,曾经 27 次以海关关税为担保举借外债,并以海关关税分担清偿一部分债务,33 年间共达 1720 万余两。[①] 虽然海关洋税的收入也从同治初期的 1150 万两增加到光绪中期的 2250 万两左右,但中央直接调拨仍占据其中大部,地方实际上并未能获得对六成洋税的控制。同治五年五月,给付英法赔款的本息全部偿清后,原来用于赔偿的各关"四成洋税"依据奏案,全部改为专款解送中央户部。虽然地方督抚也不时争取获得中央同意从这四成洋税中抽拨部分出来,但总体上,地方督抚基本不可能直接控制海关洋税。

李鸿章历来被认为是"督抚专政"的重要代表人物,但正是这位被视为权重的地方督抚的代表人物,在中央政府将海关洋税作为中央高度掌控的财源后,在许多督抚抱怨地方财源锐减的同时,他却主张海关洋税应当纳入清经制财税中,成为由中央户部直接管理的中央财源。李鸿章在光绪六年二月初五日《筹铁甲船价》一折中说:"复查江海关造送,上

---

① 汤象龙:《民国以前关税担保之外债》,载《中国社会经济史集刊》,第 3 卷,1935(11)。

年收支出使经费细册，英法等八国年款，共三十八万四千余两，用项大致已定，尚存银九十二万九千余两。除拨南洋购船银四十万外，仍存五十二万九千余两，且此项六成洋税之一成，各关按结扣解绝无短少，必可随时济用，多存未免可惜。若移为购铁甲急需，以公济公，名正言顺。仍乞俯徇鄙议，于前项酌拨四十万，或再由部库洋税内借垫闽省应拨之六十万，仍由闽陆续筹解还部。如此一转，移闲二百万，方有实在着落。"①

---

① （清）李鸿章：《李文忠公全集·译署函稿》卷十，22～23 页。

第八章　咸同年间围绕军队控制权力的斗争

重新获得对军队的全面掌控，是经历了太平天国战争的清朝最高统治者的一大心愿。即便是在战争过程中，一旦局面相对平稳，清廷就在寻求重新掌控军队的办法，并做了各种尝试和努力。战争结束后，随着中央权力的恢复，清廷钳制骄兵悍将的政治传统强势抬头。尤其是对于立有赫赫战功的湘淮勇营及其将领，遏制他们的军权，以另建中央直接控制的军队，就是清廷必然的政策、策略，甚至不惜以牺牲原有军队（勇营）的战斗力为代价。陆师如此，水师也是如此。本章就以咸同时期军队控制权的几项指标和研究者较少涉及的水师为对象，具体剖析清廷重建经制军的情况。

一、考察咸同时期军队控制权的几项指标

对军队的控制力，究竟是清廷更强力，还是湘淮集团更为强力？这是一个极其复杂的问题，我们可以首先从以下几个指标入手来进行考察。

（一）考察清廷能否有效控制勇营的数量

太平天国战争后，清朝的正规军队——八旗、绿营更加腐朽，清廷不得不依靠湘淮将领所率领的勇营来维持各省治安，这是相当一部分勇营没有按照惯例在战后解散的一个重要原因。但是，清廷也尽量将其数量控制在一定范围，而且，中央已经能通过常规手段严格控制勇营的数

量。同治元年，当镇压太平天国起义的局势更有利于清王朝时，清廷就开始整顿军队数量，谕命"各督抚及统兵大臣将存营出师各兵数，按限造报，并将军营征调兵勇名数及随时有无增减，限三个月咨报一次"。但是，毕竟因为当时军务未定，故并未能得到严格执行。[1] 到了同治后期，各省勇营的数量必须向中央兵部严格呈报，并基本得到遵行。同治十年，清廷颁下谕旨规定每省可保留勇营人数，"各省防勇陆续裁汰，多不过暂留七八千人，少或酌留三四千人"，只在极少数有特殊需要的省区可保留万人以上的勇营。[2] 以后历年均有整顿裁汰，到光绪初年，全国勇营数目基本定型，维持在 20 万人左右。即便在中法战争、甲午战争期间勇营不得不有所扩展，但战后均大量裁减，回复到常规营数。[3] 也就是说，通常情况下清廷总能有效地将勇营数保持在不超过 20 万人的规模。而且各勇营必须向中央兵部等造送勇营表册，这一方面是为调控各地勇营饷需的需要，同时也是清廷控制并实际掌握各地勇营数量的重要手段。[4]

（二）清廷能否有措施调控勇营将领

在湘军初起之时，由于湘军将领的人选均是由湘军首脑自行决定，因此，清廷为了防止这种状况侵蚀政府职官系统，实施的对策是不让湘军将领的级别与政府职官系统衔接，不给予相应的地位和待遇。这种不衔接的情况，在低层人员中执行的时间极其短暂，不过在勇营将领企图升任中高级实任官职问题上，执行了相当长一段时间。随着战争的持久和深入，清廷对湘军及其后的淮军依赖日益严重，不得不授予湘淮将领正式官职。在主观上，清廷也意识到将湘淮将领排斥在政府职官体系之外不是个好办法，而将勇营将领与经制绿营制度紧密联系在一起，才能够更有利于朝廷的控制。[5] 随着镇压太平天国战争的深入，特别是战

---

① 刘锦藻：《清朝续文献通考》卷二〇二，"兵考一"，9505、9503 页。
② 同上书，9505 页。
③ 王尔敏：《淮军志》，359～364 页。
④ （清）朱寿朋：《光绪朝东华录》，5792 页。
⑤ 关于这一问题，可以参阅本书第二章的有关内容。

后，清廷一直采用将以湘军、淮军为代表的勇营将领的职务升迁，与绿营武官系统捆绑在一起。在这种情况下，勇营虽然不是绿营，并且始终没有获得与绿营一样的经制军地位，但是从湘军在咸丰三年成军、出省作战开始，勇营不少立功将士通过其首领曾国藩、胡林翼的奏保而被授予绿营官衔，少数人员甚至能获得绿营实缺官职。越到后来，随着勇营立功将士职衔不断累积升高，湘淮勇营将领的内部职务提升，逐渐与其在政府职官体系中的提升同步。勇营的统领可以被授予绿营制度下的提督、总兵、副将，勇营的营官可以被授予副将、参将、游击。这无疑对出身低微的湘淮勇营将士产生了非常大的吸引力。即便是获得绿营官衔这种荣誉，也能光耀乡里，带来社会地位和一定的经济利益，更何况还有可能得到绿营实缺，既拥有权力又能获得经济利益。尽管清廷通常规定获得绿营高级官职的勇营将领应离开在勇营的原职及军队，只能带少量部属赴他省绿营充当总兵或提督。勇营将领也愿意这样做，以获得利禄与社会地位。显然，这种诱惑力是很大的，除了极少数人外，众多勇营将领很难抵抗这种诱惑。另外，从同治元、二年开始，清廷通过编练"练军"等手段来进一步控制勇营军队。

有学者称，各省督抚所代表的地方权重，表现在各省督抚时常奏荐通过军功而获得绿营职衔的勇营将领补任绿营实缺。但是，学者们没有具体看到，这种奏荐权是否能够落实，实际权力并不操于督抚，而操于兵部，即这类绿营实缺的甄补基本由兵部控制。而且，总兵、提督一级的人选，是由军机处遇缺先行题奏，再由兵部奏准补授，督抚只有推荐权，没有任命权。督抚推荐绿营提督总兵，多以署任的方式，在少数特殊情况下，可由谕旨特准。但是，在一般情况下，兵部负责遴派的各省绿营提镇，各省督抚一般都遵照部令使其履任。少数情况，较为强势的督抚有时会奏请将本省的提镇与他省提镇互调，以使自己满意的将领能担任本省绿营统帅。但无论哪种情况，最关键的权力都不在督抚手上，也就谈不上地方权重甚至是"尾大不掉"的问题。不可否认，晚清军队控制体制到这时较清初中期确实发生了一些新的变化，但是，兵部仍能通过各种措施控制各省大部分勇营将领，使他们不敢轻视朝廷的权威。

（三）湘淮军的防区和供饷由何种力量决定

在镇压太平天国起义期间，湘军和淮军的防区是由当时军务需要来决定的，如淮军在同治三年六月以前长期驻防江苏，就是当时江苏军务需要。而曾国藩湘军长期在湖北、安徽、江西、浙江等地驻防和调遣，也是由军务需要决定的。但是，曾国藩、李鸿章等必须奏请清廷确认后方能取得合法性。[①] 这种确认到追剿太平军余部时，更是非常重要。清廷并不一定同意湘淮军因军务而造成的驻防事实，一旦不同意，湘军或淮军就会因其他军务撤离已进入地区。如在追剿太平军余部期间，左宗棠湘军进驻闽广，李鸿章淮军也有大支部队进入闽广一带追剿，但却没有获得驻防闽广的委任，后撤离闽广参与剿捻军务。随着镇压太平天国战争尤其是剿捻战争的结束，清廷开始有意识地主动掌控湘淮军的驻防区域。同治七年，清廷主动调刘铭传铭军驻防直隶，并命江苏继续供饷。同治七年、八年以后，清廷以左宗棠为统帅，将湘军绝大部分集中驻防于西北，镇压回民起义和收复新疆。而此后淮军的驻防区域由直隶、山东、湖北、江苏变为驻防直隶、湖北、江苏、山西、陕西，再到变为驻防直隶、湖北、江苏、广东、台湾等地，也都是清廷根据局势变化进行调整的结果。

镇压太平天国和捻军起义战后，驻防各地的湘军和淮军的供饷，基本是由清廷命中央户部协调各省供应。这表现在湘、淮军饷需供给中，协饷占了军饷来源的大部分。光绪七年以前，在西北作战的湘军其饷需大部分是以协饷形式提供。同治五年至十二年左宗棠军共获得 4059 万余两军费，其中各省和海关协饷约计 3000 余万两，由户部掌控的各省各种捐输得款 750 余万，而来自厘金、丁课等入款 300 万两。[②] 同治十三年，左宗棠军军需入款 828 万余两，各省和海关协饷约计 600 多万

---

① 即便是在战争时期，曾国藩湘军、李鸿章淮军有大规模的移防、调遣，都必须事先奏请朝廷批准，或因军务紧急先行行动后也须事后补奏。清廷考虑军务需要予以同意，则无问题。一旦清廷不同意，军务完毕后，湘军或淮军须撤回原防区。

② 上述统计数字，笔者依据左宗棠的《遵旨开单报销折》，见《左宗棠全集·奏稿六》，68～75 页。

两，户部筹拨"西征军饷银一百万两"。① 光绪元年正月至三年十二月，左宗棠军军需入款 2674 万余两，其中各省和海关协饷 1700 余万两，户部拨解饷银 300 余万两。② 光绪四年正月至六年十二月，左宗棠军军需入款 2562 万余两，其中各省和海关协饷为 1700 余万两，借华商、洋商款约 500 万两。③ 李鸿章淮军在军费数量逐年递减的情况下，其军费构成中协饷一直占 50％以上，而由地方督抚掌握的厘金，在李鸿章淮军军费构成中所占比重没有超过 50％。如同治九年四月至十年十二月，淮军军需入款 700 万两，其中厘金为 270 余万两，所占比重为 38％；同治十一年，淮军军需入款 380 余万两，其中厘金为 170 余万两，所占比例为 45％。同治十三年七月至光绪元年十二月期间，淮军军需收入中厘金所占比重为历年最高，570 万两入款中厘金为 280 余万两，所占比重为 49％。④ 而且需要注意的是，厘金收入虽然由地方督抚掌握，但是随着清廷清理厘金，厘金收支的大局为清廷控制，厘金也越来越被清廷以协饷的方式加以调配。淮军军需入款中的厘金收入，有相当一部分就是其他省区征收的厘金以协饷方式供支淮军的。而且，在厘金收入中还包括属于国家经制税项的两淮盐厘。如光绪十一年，淮军军需入款 190 余万两，其中厘金收入 84 万两，而这 84 万两厘金中，两淮盐厘就占了 70 万两。⑤

下面，在本章第二部分，将以湘军水师和长江水师为标本，具体剖析在咸丰、同治年间，清廷和湘淮集团争夺军队控制权，以及清廷仍能掌控军队控制权的基本状况。

---

① 《同治十三年分军需收支款目开单报销折》，见《左宗棠全集·奏稿七》，328～334 页。

② 《光绪元年正月初一日起至三年十二月底止军需款目报销折》，同上书，440～448 页。

③ 《光绪四年正月初一日起至六年十二月底止甘肃新疆军需报销折》，见《左宗棠全集·奏稿八》，105～109 页。

④ （清）李鸿章：《李文忠公全集·奏稿》卷二十一，30～31 页；卷二十五，40～41 页；卷二十七，16～17 页；卷二十九，33～34 页；卷三十二，35～36 页。

⑤ （清）李鸿章：《李文忠公全集·奏稿》卷五十四，33 页。

二、围绕湘军水师和长江水师控制权的争夺

清朝的水师，在咸丰朝以前主要分为外海水师和内河水师，沿江省份的水师分隶于外海内河提镇各标。从咸丰三年、四年开始，曾国藩在湖南编练湘军，水陆两军同时进行，已经是清代水师旧制所无法"范围"的了。而且湘军水师屡建战功，发展壮大之势颇劲。清廷极其关注这支"非旧制所可范围"的水师走向。而清廷筹划新建的长江水师为经制水师，就是要像官文所称的："俟皖省荡平，即酌撤炮船水勇，改立水师专营，以重巡防而资控扼。……湖南洞庭水师有名无实，将来亦应统归长江水师总领节制，按季会哨，或添设水师提督一员，兼辖安徽、江西各省水师，期于事权归一，呼应较灵。"①很明显，就是要由清廷完全控制。而其基础还是由曾国藩内外江水师奠成，故曾国藩也是力图控制。在同治四年、五年前，由于清廷想委派亲信之人筹建，一度撇开曾国藩。曾国藩除了在湘军水师并入问题上多方推脱外，还筹组淮扬水师等与之制衡，并在相关的各种问题上非常注意维护湘军水师的存在。后来，由于清廷毕竟缺少人才，而且曾国藩的气势已经随着太平天国战争的平息而被制约住，因此，清廷最终命曾国藩牵头组建这一支经制水师。

关于长江水师，罗尔纲的《湘军兵志》和台湾学者王文贤的《清季长江水师之创建及其影响》有所论及。② 他们的研究成果，为我们进一步研究长江水师问题奠定了较好的基础。相对而言，他们的成果主要关注长江水师自身发展情况，而对于长江水师从创议、筹建开始就存在的湘

---

① 《大臣画一传档后编一·官文》，见《清史列传》卷四十五，3583 页。

② 罗尔纲：《湘军兵志》，110 页；王文贤：《清季长江水师之创建及其影响》，载《台湾师范大学历史学报》，1974(2)。当然，罗尔纲提出的"长江水师营制仍守湘军水师的旧制"的观点，王文贤承继此观点提出长江水师"无一非承湘军水师之旧，故二者无甚差异"，值得商榷。

军集团内部的利益分歧，以及清中央和湘军集团围绕长江水师控制权的争夺与妥协情况，则较少涉及。本书内容即是在前人研究的基础上，根据当事双方的相关谕奏、书信、日记等原始材料及各集团内部人员相关记载，解读资料，尽可能体会其中的内涵，展开讨论，力求对清中央和湘淮地方实力集团围绕长江水师控制权而进行的错综复杂的权力斗争，有一个较为细化和深入的认识。

(一)清廷控制湘军水师的企图与设立长江水师的初步筹议

长江水师从创议开始，到成议而筹建的过程，体现出清中央和地方相关各权力、利益集团，在既着眼于做事又注目于争权的过程中，相互之间既斗争又妥协的面相。

关于长江水师创建的缘起，此前的两位主要研究者各有说法。罗尔纲认为是在"咸丰十一年(1861年)湘军占领安庆的时候，清廷下谕曾国藩咨询筹设长江防守事宜"开始的。①台湾学者王文贤认为："'长江水师'一词最早出现于咸丰十年初湖广总督官文之奏请改设长江水师专营；而添设'长江水师提督'之议，则系汪士铎于次年最早向曾国藩献议者；然长江水师之最后决定成立，并添设长江水师提督，则是清廷采纳曾国藩于同治元年所作之建议。"②这两种说法各有其根据和道理，但也留下了较大的讨论余地。

我们知道，在咸丰六年、七年时，清廷与太平天国之间的战事在两湖、皖赣一带的发展，使得水师的作用日益重要。而这一带清廷原有的绿营水师，早就被太平军一击而溃，事后虽募兵重集，也就是充数而已。这一带真正有战斗力的清方水师，也就是具有野战性质的湘军水师勇营。围绕这一带整个水师系统的控制权问题，清廷和湘军集团双方开始进行争夺。从清廷方面而言，方法主要有两种：一种是释夺曾国藩对湘军水师的领导权，另一种是在曾国藩湘军水师之外新建有战斗力的水

---

① 罗尔纲：《湘军兵志》，110页。

② 见王文贤：《清季长江水师之创建及其影响》。其《湘军水师的创立及其发展》一文亦有类似看法，参见《中国近代现代史论集》第5编，89页。

师力量。从现有材料来看，清廷迫于战争的压力，在最初采取的主要是第二种手段（当然，随着时间的推移和战局的演变，变为将两者结合起来，即新建和释夺两种手段兼而用之）。清廷一方最初是由湖广总督官文出面充当急先锋，湘军一方最初是胡林翼、曾国藩各自单干，后来胡林翼认识到自己企图建立一支湖北水师的举动被清廷和官文利用来打击湘军水师后，断然转为支持曾国藩。

首先，在湘军内部，曾国藩编练的那支水师只听命于曾国藩一人，其他将帅无法自如地调遣，而胡林翼作为湖北巡抚，从当时战局着想，认为"武汉之必设重镇无疑矣"①，故胡林翼遂考虑在湖北江面另建一支由自己控制的水师。咸丰六年十二月初三日（1856 年 12 月 29 日），湘军克复武昌、汉口不久，胡林翼在《敬陈湖北兵政吏治疏》中提出：

> 武、汉形势壮阔，自古用武之地。荆、襄为南北之关键，而武、汉为荆、襄之咽喉。……臣查历年湖北之失，在于汉阳并不设备，江面无一水师。下游小挫，贼遂长驱直入，束手待毙，莫可如何。前车之覆，殷鉴不远，应请于武、汉设陆师八千人，水师二千人。此万余人者，日夜训练，则平时有藜藿不采之威，临事有折冲千里之势。……至水师以炮为利器，炮声震迭，无半年不小修之船，亦无一年不大修之船。更番迭战，以武、汉为归宿，则我兵常处其安，而不处其危矣。②

胡林翼之所以请求在湖北长江江面建立水师，他在奏折中说得很明白："水师一军，建议于江忠源，创造于曾国藩，而整理扩充，至近年而始大。……而李续宾、杨载福、彭玉麟之严厉刚烈，落落寡合，亦非他省将帅所能调遣。"③我们知道，在曾国藩湘军水师中，杨载福与胡林翼在湖北战场上合作较多一些，可能会给研究者以胡林翼能够调动曾国

---

① 胡林翼此语说于咸丰六年十一月二十五日。参见胡致郑敦谨信，《胡林翼集》第 2 册，"书牍"，150 页。

② 《胡林翼集》第 1 册，"奏疏"，202～203 页。

③ 胡林翼：《起复水师统将以一事权并密陈进剿机宜疏》，同上书，335 页。

藩湘军水师的印象。但实际上,杨载福水师一军与胡林翼合作较多,一方面是清廷命杨载福水师部署于湖北战场并由湖北供饷;另一方面是九江湖口之役后曾国藩允准其驻湖北江面①。但这不代表胡林翼就可以自如地调遣湘军水师。就曾国藩与胡林翼的关系而言,总体上是较为紧密合作与相互支持的,对此,研究者多有共识。但是,在湘军集团的共同利益之下,曾国藩集团和胡林翼集团也有其各自不同的具体利益,这就决定他们之间必然也会存在利益矛盾和权力控制上的冲突。其次,杨载福毕竟是曾国藩编练出来的湘军水师的两大统领之一,他虽率外江水师在湖北与胡林翼有较好的合作,但在湘军内部的组织体制上是直接隶属于曾国藩而非胡林翼的,且正如胡林翼所说,杨载福"严厉刚烈,落落寡合",二人在意见一致时还好说,一旦意见不一致,胡林翼不可能像曾国藩那样采取强制命令,使杨载福虽有不同意见也必须执行,因此,也就不可能自如地调遣杨载福部。如在咸丰五年九月,胡林翼在给本部筹饷人员的一封信中指出,他希望水师进驻战事危重之地,而杨载福等则声称饷需供应不足,无法"久恋战地""久驻危地"②。而且,胡林翼还有一重担心,因为杨载福"水师勇敢有余,然须用得其法,矢以小心,乃可不败,其本领亦在能胜不能败之列,此皆弟一二年精思而得之,无一字虚浮者也"③。另外,由于杨载福在湖北期间与胡林翼走得较近,曾国藩对他就不如对彭玉麟放心,对他防范较多,这也是杨载福总是借口身体多伤病、要求回籍调养的原因之一。这种状况对胡林翼使用外江水师,在客观上也起到掣肘作用。胡林翼身处其间,当然明白个中状况,因而要求建立由自己控制的湖北水师。

胡林翼之所以敢于上书请求建立湖北水师勇营,还因为在与杨载福合作过程中,逐步培养了鲍超等一些水师将领。咸丰六年三月,他在给庄受祺的信中说:"水师营中人才颇盛,有鲍超者,目不识字,而严明

---

① 王闿运:《湘绮楼诗文集》,320 页。
② 胡林翼:《致郑兰》,《胡林翼集》第 2 册,"书牍",135 页。
③ 同上书,155 页。

晓畅，勇敢尤其余事。"①另外，胡林翼另建湖北水师的想法，还有一个技术层面的考虑，他在六年冬给吴振棫的信中说："佺意欲添舟以载陆师，如杜征南、王龙骧之迹古人，以舟兼陆……陆师亦载于舟中，水师先寻，以陆师突起击之，出不意而攻不备，吴会之地必可速胜……而陆师之坐船必须另造，大不易易耳。……非另以陆师改水师不可。"用现代术语来说，胡林翼是要造就一支"海（水）军陆战队"，而杨载福水师却隶属于曾国藩，不能按自己的要求改变职能，那么就只能另建一支自己控制的、有战斗力的水师来承担这种任务，所谓"水师……必不能舍舟而陆，此非另备一军不可"②。

胡林翼这一要求，显然被官文利用。官文乘机在胡林翼奏折的基础上，奏请设立经制的长江水师，以迎合清廷控制水师的需要。《清史列传》记载："先是，武、汉克复，官文即奏请抽撤陆营官兵，设立长江水师，派镇协一员专领。"③与前述胡林翼上奏时间基本一致。

在咸丰九年三四月（1859年4、5月）间，官文又专门上奏称："各营兵额已扣出二千名，备水师充补，俟皖省荡平，即酌撤炮船水勇，改立水师专营，以重巡防而资控扼。……湖南洞庭水师有名无实，将来亦应统归长江水师总领节制，按季会哨，或添设水师提督一员，兼辖安徽、江西各省水师，期于事权归一，呼应较灵。长江上下首尾联为一气，实于天堑兵威大有裨益。俟届时详定章程奏闻。"④对比起来，同样是建议设立沿江水师，胡林翼是要建立另一支勇营水师，而官文则是想裁撤水勇，另行建立由清廷控制的统一的经制水师专营。

清廷显然同意了官文奏折中的建议。咸丰十年，清廷"谕官文奏改

① 《胡林翼集》，第2册，"书牍"，138～139页。
② （清）胡林翼：《复吴振棫》，同上书，146页。
③ 《大臣画一传档后编一·官文》，见《清史列传》卷四十五，3583页。查《清史列传》载，胡林翼在咸丰六年"十一月，与官文约水陆大举……遂复汉阳……胡林翼亦复武昌"，因此，所谓"先是，武、汉克复"指的就是咸丰六年十一、十二月间。参见《清史列传》卷四十五，3582页。
④ 《大臣画一传档后编一·官文》，见《清史列传》卷四十五，3583页。笔者尚未查出有官文的文集刊本存世，亦未能从中国第一历史档案馆藏档中检出上述两奏折，故在此只能根据《清史列传》录出相关材料。

设长江水师专营,见已抽足兵数并筹办大概情形一折,自九江克复,全楚肃清以后,即经官文檄饬陆路提镇及通省各营,视兵数之多寡,分别按成于各兵出缺时扣留额缺,共计扣出马战守兵二千名,以备充补水师。一俟皖省荡平即改立水师专营,所筹自系为慎重江防起见,至兵丁既有额缺,未便令其虚悬,著即行募补,酌拨杨载福、彭玉麟两营调遣,以资练习而助攻剿,俟楚省撤防时,或设水师提督或先派镇协统带,再由该督定议具奏"。①

从上面所举材料可以看到,长江水师并非是简单地"从湘军水师改建起来的"②,而是清廷经过周密筹划,在不影响对太平军作战的情况下,企图释夺曾国藩湘军水师兵权、重建清廷控制的经制水师的重要举措。而长江水师的缘起,如上所述,其议发端于胡林翼,而成议于官文,是在咸丰六年、七年间的事,并非是咸丰十一年或同治元年才有的事情。

另外,曾国藩有"人皆知长江水师创于微臣,而不知其议发于江忠源"之说③,也就是说在曾国藩心中,长江水师即湘军水师。其实,这与清廷以湘军水师和其他几支内河水师为基础新建经制的长江水师,从控制体制、权力格局讲,相去实在太远。这也使后人容易囿于曾国藩本人的说法,误读长江水师和湘军水师的关系。

清廷的本意是要在裁撤并控制湘军水师的基础上进行重建,由清廷派水师提督或镇(总兵)协(副将)统带,使之转归经制,脱离湘军。甚至购买外洋船炮的事宜已责成恭亲王奕䜣等办理,购船所用款项也"拟于上海广东各关税内先行筹款购买,俟将来洋药印票税收有成数,再行归款",以及"驾驶之法广东上海等处可雇内地人随时学习,亦可雇用外国人令司舵司炮"等事宜都做了细致筹划。④ 但是,由于清廷实在无得力之人,建立长江水师的事情,拖延数年后,最终还是不得不借助曾国藩

---

① 《清朝续文献通考》卷二二六,兵考二十五,"水师长江",考 9721 页。
② 罗尔纲:《湘军兵志》,109~110 页。
③ 《密陈录用李元度度江忠源等四人折》,见《曾国藩全集·奏稿七》,4327 页。
④ 《清朝续文献通考》卷二二六,兵考二十五,"长江水师",考 9721 页。

之力。而在筹备长江水师期间，清廷为了在吞并现有湘军水师的基础上，建立经制的长江水师，对曾国藩水师的两大统领杨载福（后改名杨岳斌）、彭玉麟，尤其是彭玉麟的调动问题可谓煞费苦心，双方展开了一次次激烈的斗争。

（二）围绕湘军水师控制权和彭玉麟调动问题的斗争

为了完全掌控新建的经制长江水师，清廷必须任用既有指挥能力、自己又能控制的将领来统带，而现在的湘军水师统领"杨载福、彭玉麟，经曾国藩拔识于风尘之中……水师将弁，皆其旧部"[①]。想要控制水师，就要设法打破曾国藩及其嫡系部属控制水师的局面。

咸丰十一年，就在清廷决心打破长江水师筹建工作久拖无果的局面，尽快建立起这支水师的时候，湘军原有水师统领的安置，就成为注意的重点。杨载福多伤病，且已请假回籍，加之杨载福与胡林翼合作较多，不像彭玉麟那样受曾国藩信重，彭、杨二人"又不能互为统辖"[②]，有矛盾可资利用。因此，清廷首先是要设法把彭玉麟调离湘军水师。但是，这样做的难度很大：一是因为湘军水师在战争中的重要性；二是因为彭玉麟在湘军水师中的重要性。王闿运就说，从曾国藩湘军水师成军，"湘军水师十营，以公领一营，为营官；……而实统水军。……他人或随败散分析，惟公始终总其事"。咸丰四年"岳州陆营溃退，水军引还长沙。……曾文正……自是益倚公"。而且湘军水师"自岳州以来，水师续增新旧营，皆公与杨公部曲，二人分统之，非复初出营制矣"[③]。

咸丰十一年三月二十日，清廷任命彭玉麟为广东按察使，并催促立即陛见后赴任。这显然是清廷独断之事，曾国藩事先并不知情。因为不仅曾国藩奏疏中没有此类信息，曾国藩该年正月初一日至四月二十七日

---

① 《起复水师统将以一事权并密陈进剿机宜疏》，见《胡林翼集》第 1 册，"奏疏"，335 页。

② 同上。

③ 王闿运：《诰授光禄大夫太子少保兵部尚书详勇巴图鲁世袭一等轻车都尉钦差巡视长江水师赠太子太保衡阳彭公年七十有五行状》，见《湘绮楼诗文集》，316、319～320 页。

的日记和书信，均未记载这一方面的内容。① 从曾国藩的日记可知，他是在四月二十八日才得知此消息的："是日得信，知雪琴新授广东按察使，为之喜慰。"②再查曾国藩往来函札，他是从彭玉麟四月二十五日发出、二十八日送达己处的书信中得知此事的，并在当日回信中作出了相应的决定："二十八日专丁至，接二十五日惠书。欣悉新简柏署，仍不离广东原省（因彭玉麟此前为广东惠潮嘉道），良为非常之遇。……即日当代作谢恩折，附驲陈奏。某另片奏留，声明水师关系重大，无人接统，请由粤督派署臬缺，俾阁下得以专筹水师，亦不必开缺另简也。"③从中可以看出，曾国藩一方面为自己又一名得力干将跻身准地方大员的行列而高兴；另一方面，当时正值安徽、江西一带战事吃紧，曾国藩为军力调配和粮饷供给而焦劳不已④，而对太平军水军已确立优势地位的湘军水师在支援陆军和保障粮饷供给方面发挥着重大的作用，不容有丝毫影响其队伍的稳定。曾国藩为了战局和稳定控制湘军水师的需要，不待征询彭玉麟的意见，在接到彭玉麟报擢任粤臬的信后，即以专断的作风，决定代彭玉麟奏请缓赴新任，当天回信中即告诉彭玉麟自己的决定。不过，曾国藩对地方大员职位很重视，除非不能两全，他一般主张"不必开缺另简"。直到六月初曾国藩上奏，曾、彭的书信往来中，彭玉麟未表异议。但是，五月初五日彭玉麟致胡林翼的书信中透露出他想赴粤臬之任的心思。彭原信在其文集中没有查到，现据胡林翼初六日复信内容析出："初五日接到来函并抄寄，顿悉。书辞真恳，毫无虚饰，握诵再三，他人且不可闻，况同志乎？然以情与势度之，涤帅必奏留，即林翼亦不敢云宜屈从尊意也。方今时事大艰，惟有心人任之，惟有力人

---

① 《曾国藩全集·日记一》，574～617 页；《曾国藩全集·书信三》，1811～2083 页。

② 《曾国藩全集·日记一》，617 页。

③ 《复彭玉麟》，见《曾国藩全集·书信三》，2086 页。另在彭玉麟文集中未找到他寄曾之信函。

④ 咸丰十一年，湘军曾国荃部围攻安庆之役，因为太平军陈玉成援军赶至，被反包围，双方呈相互包围、拉锯之势；在当时湘军重要的饷道要地——皖南的祁门和江西浙江交界的"浙赣走廊"，湘军与太平军也是形成拉锯之势，曾国藩亲率一部，困守祁门，左宗棠等部在浙赣走廊的要地广信、饶州、景德镇等处与太平军李世贤等部互有胜负。双方在皖南和江西东部、北部呈相持的态势。

得行之。谓高位不可居，岂浮沉其间，遂得掳我怀抱与任我优游乎？大要此时御难诸人都不能离，若难言之隐，则如莲子心苦，只各自喻耳！"①颇有讽劝之意。正是彭玉麟的态度，成为曾国藩迟至六月才发出两折的原因之一，另一方面也看出彭玉麟功名之心并非如他自己所说早就泯弃。他在同治三年八月给友人的书信中所说"弟自先慈弃养，功名念即已心灰"之语并不符合实际。②

六月初八日（7月15日），曾国藩将他为彭玉麟代拟的谢恩折和自己专上的奏留片一同发出。③ 在彭玉麟《谢授广东按察使恩折》中，他以彭玉麟书信中那种"欿然若不克胜"的谦虚态度表示谢恩，却不对进京陛见和赴任问题表明自己的态度，显示一切以曾国藩的意见为重。④ 在曾国藩所上《奏请彭玉麟缓赴新任片》中则明确地说："查该员统带水师，扼要驻守，屏蔽江西。本年贼犯湖北，统军上援鄂省，分派水营罗列武汉、德安、黄州等处，上下策应。刻下攻剿吃紧，实属万不可少之员。且提臣杨载福现已请假回籍，如蒙俞允，彭玉麟之责任更重，尤难赴广东新任。即照例迎折北上，由臣派员暂管，亦无人可以接办。相应奏明，请旨饬下两广督抚，将广东按察使一缺，遴员署理。一面准臣行知彭玉麟，俟军务稍平，再行奏请陛见。"曾国藩最后还特意强调这是"为军营得人，攻剿吃紧起见"。⑤ 可见曾国藩为了保证湘军的战斗力，要求属下的行止都须遵从自己的决定，甚至表现出专断的作风。⑥

清廷考虑到战局需要，同意了曾国藩的请求，七月初四日（8月9日）上谕说："曾国藩奏，臬司统带水师，未能赴任，并请暂缓陛见等语。广东按察使彭玉麟，现在统带水师防剿贼匪，一时未能赴任。所有

---

① 《复彭玉麟》，见《胡林翼集》第2册，"书牍"，923～924页。
② 《致某某》，见《彭玉麟集》中册，"书信"，390页。
③ 《曾国藩全集·日记一》，629页。
④ 《谢授广东按察使恩折》，见《彭玉麟集》上册，"奏稿·电稿"，1页。
⑤ 《曾国藩全集·奏稿三》，1588～1589页。
⑥ 再举一例：咸丰十一年六月，曾国藩札命鲍超剿东流，而鲍超随后接胡林翼函命转驻集贤关。曾国藩对此极为恼怒，指鲍超"违命信中所指"，在鲍超专程谒见时，宁愿"散步菜园以避之"也不接见，并在日记中写道"其形迹实可恶"。参见《曾国藩全集·日记一》，635页。

广东按察使篆务，著劳崇光、耆龄派员署理。"不过清廷仍在上谕中吩咐："彭玉麟俟军务稍平，再行奏请陛见。"①

咸丰十一年八月二十八日（10 月 2 日），胡林翼因病开缺后，湖广总督官文奏请以安徽巡抚李续宜调补湖北巡抚，同时奏请将"统带水师在楚皖剿贼多年之藩司衔保升藩司广东按察使彭玉麟……升署安徽巡抚"。官文此奏，是希望能统一调控李续宜一部陆师和彭玉麟一部水师，"同心合力，联楚皖为一家，防剿北捻，筹策东征，兼与多隆阿攻取庐州，而以水师控扼长江……"②有其实际的军事意图，并逢迎清廷调集大军决战江浙的战略。而清廷的考虑显然更深一层：既要考虑自己眷顾江浙财赋之区、根本重地的战略，也考虑到适当照顾湘军以皖赣为优先之战略重点的认识，同时更考虑到借机进一步控制湘军水师，等等。对于官文等人的奏荐，曾国藩随后即悉，在清廷下旨前，曾国藩专门致函彭玉麟，指出："皖抚一席，此间各营及委员均愿台端简擢，以期水乳交融。阁下坐视轩冕，夙具虽有荣观燕处超然之致，本国藩所深知。第天下滔滔，并无清净之境可以枕流漱石，苟借尺寸之柄，可少行救民之政，似亦不必固谢。待台旆到皖奉到谕旨后，再行熟商一切。"③从这里可以看到，此时的曾国藩不仅不阻挠彭玉麟出任皖抚，还给予鼓励。曾国藩这时喜悦之处在于地方权力扩大，办事可更为合手；而担心之处在于"党类太盛"，恐遭群臣侧目。他在给曾国潢的家书中说："闻官帅奏请以希庵实授鄂抚，并力保雪琴为皖抚，想朝廷亦必俯从所请。其办事合手可喜；其党类太盛，为众所指目，亦殊可惧。"④将利弊两方面的考虑均和盘托出。

九月十七日（10 月 20 日），清廷从湘鄂皖赣战局需要出发，命皖抚

---

① 该上谕参见《清实录（第 44 册）·文宗显皇帝实录》卷三五六，"咸丰十一年七月"，1249 页。

② （清）官文：《奏请委任彭玉麟为安徽巡抚片》，见中国第一历史档案馆编：《清政府镇压太平天国档案史料》第 23 册，464 页。

③ 《曾国藩全集·书信三》，2244 页。

④ 《致澄弟》（咸丰十一年九月十四日），见《曾国藩全集·家书一》，779 页。

李续宜调鄂抚(此前，十一年二月已命湘军成员毛鸿宾代替与湘军合作不好的翟诰署任湖南巡抚，七月实授)，以安徽军务吃紧，"立意超擢"，谕命彭玉麟为安徽巡抚，并令其"悉心筹画"皖省军务情形。其间，数度上谕，皆命彭玉麟筹划剿平苗沛霖等事。虽然彭玉麟于十月二十四日(11月26日)上《辞安徽巡抚请仍督水师剿贼折》，表示自己"材力粗疏，不谙地方公事"，请求开缺。① 但如前所述，曾国藩很重视湘军人员获得掌握地方军政大权的疆吏职位，而且从战局考虑，安徽巡抚之任也是他十分重视的重要位置，在李续宜由皖抚调署鄂抚后，他绝不愿皖抚旁落他人之手。而且，按照清朝规制，安徽巡抚例兼安徽提督衔②，彭玉麟出任安徽巡抚仍能继续统带湘军水师。因此，曾国藩一开始不仅没有反对这一任命，而且还非常高兴。他在十月初七日从李续宜处得知这一消息后，在当天的日记中写道"知雪琴已放安徽巡抚，为之欣慰"③，初九日致函彭玉麟说："得希庵(李续宜)中丞信，知阁下已拜皖抚之命。……此间文武军民，无一不欢欣鼓舞，愿得早睹旌旄为快"，并称"近事多称意者"。④ 到十一月他甚至"会同安徽抚臣彭玉麟"奏荐"按察使衔前任湖北督粮道万启琛……署理安徽按察使"。⑤ 在彭玉麟提出想要力辞皖抚之职时，他还"以渠与我志同道合，劝之勿辞"⑥。那么，彭玉麟的辞职原因就很值得专门做一探讨。

笔者曾认为，彭玉麟之辞安徽巡抚一职，主要是曾国藩反复权衡利弊后做出的决定，彭玉麟只是被动地与曾国藩保持一致。但是，有一条材料透露出彭玉麟其实在主动观察局势、积极应对。咸丰十一年十月初十日，彭玉麟到曾国藩的公馆，主动向曾国藩提出要力辞皖抚之职，而当时曾国藩是主张他力任皖抚的。这在曾国藩当天给季弟曾国葆的家书

① (清)彭玉麟：《彭刚直公奏稿》卷一，2～4 页，光绪十七年刊本。
② 《钦定中枢政考》(绿营)卷一，"营制"，18 页，道光年间刻本。
③ 《曾国藩全集·日记一》，670 页。
④ 《致彭玉麟》，见《曾国藩全集·书信三》，2262 页。
⑤ 《拣员署理安徽臬司江宁盐巡道折》，见《曾国藩全集·奏稿三》，1668 页。
⑥ 《致季弟》(咸丰十一年十月初十日)，见《曾国藩全集·家书一》，791 页。

中有证："雪琴于今日午刻抵皖，余率府县出城迎接，渠已轻装步行，先入城至余公馆矣。……雪琴已补安徽巡抚，而渠意尚欲力辞。"①那么，究竟是什么原因让彭玉麟主动力辞封疆重位呢?

一般论彭玉麟者，对于他屡辞清廷要职，多认为是其生性淡泊，看透了功名利禄，而且曾国藩在书信中也有此类言辞。这固然是彭玉麟性格、价值观的一方面。不过，当时人还有一些不同说法有助于更准确、更全面地把握彭玉麟其人的性格、价值观，及其对当时安徽巡抚一职的态度。笔者拟借助彭玉麟等人的书信、笔记史料中的一些记载，以及当时的军事态势来做一综合分析。

就其淡泊之性，熟悉湘军各人物的王闿运在《赠太子太保兵部尚书世袭一等轻车都尉刚直彭公墓志铭》中，有一段颇有深意的记述："公……爰起孤幼，有志功名。及履崇高，超然富贵。"②而在他不就广东按察使任，力辞皖抚职后，清廷又任命他为漕督时，曾国藩对他说过，以后如果任职它就，很可能被清廷从礼制、物议等角度借机惩处："以目前形势论之，漕臣责任虽重，较之十一年之皖抚则有劳逸之别，难易之分。若辞皖抚于昔年，任漕督于今日，未免辞劳而就逸，舍难而就易。既变易乎初心，恐贻讥于物议。"③黄浚的《花随人圣盦摭忆》中也有与王闿运所记相似的记载。④前述诸多材料证明，如果单纯强调彭玉麟性格淡泊，有许多自相矛盾之处。

对湘淮情况颇为了解的刘体仁(湘淮集团重要成员刘秉璋之子)在《异辞录》中说："李文忠(李鸿章)……致先文庄书……于彭刚直(彭玉麟)则曰：'老彭有许多把戏。''把戏'二字，即欧美政客手段。"⑤

文廷式《知过轩随录》中记载彭玉麟中法战争时期违背自己"不要命"誓言情事，认为："彭刚直不及杨厚庵(杨载福)远甚。厚庵朴直忠笃，

---

① 《致季弟》，见《曾国藩全集·家书一》，791页。

② 王闿运：《湘绮楼诗文集》，277页。

③ 同上书，325页。

④ 黄浚：《花随人圣盦摭忆》，152~153页。

⑤ 刘体仁：《异辞录》，68页。

有大臣之风"，又说："此公颇负重望，其实好谀恶直，不学无术之处甚多。取其大端可矣，必谓韩岳之流，则去之何啻天壤。"①

以上笔记材料，难免有片面之处，但是，却也为我们多方面、多角度、立体地认识彭玉麟，提供参考。综观上述材料，可见彭玉麟并非只有淡泊、"直道"的一面，也有甚工心计、颇识权力斗争生死利害的一面。正是彭玉麟先于曾国藩而清醒地看到自己一旦任职皖抚，舍水就陆，在清廷一再严催之下，有着几乎是必败的军事态势，所以十月中旬就在内部向曾国藩提出自己想力辞安徽巡抚一职。

安徽巡抚按例兼提督衔，负责安徽兵事。就安徽形势而言，虽也有沿江、湖泊水师战场，但是陆战多于水战，因此只有水陆兼通并拥有一支强大陆师者，方能在安徽战场立于不败。况且在咸丰十一年前后，安徽这一清军与太平军相持的主要战场上，又增加了苗沛霖等危险因素，更需要精通陆战的强力将帅充任皖抚，这也是清廷在战争开始十余年后，才改变策略，任命湘军将帅出任安徽巡抚的一个重要原因。曾国藩、彭玉麟等人，在得知彭受任皖抚消息之后，高兴之余，逐渐开始考虑清廷如此安排的用心，考虑彭一旦任事，所要面对的战情，尤其是彭玉麟的任命是和清廷大力处置苗沛霖问题一同而来的。所谓"皖中群盗纵横，有发、有捻、有苗，非手握马步强兵，不能戡此大乱"②，而彭玉麟"从军八年，专带水师，未曾募练陆师，亦未曾在陆路打仗。……一旦弃舟而陆，无一旅一将供其指挥，若仓猝召募，临敌必致偾事，若强统客军，恩信又难相孚"③。清廷命彭玉麟为安徽巡抚后，虽未明确说，但让彭玉麟水改陆之意很明白。而彭玉麟上任后将要面临的最大问题，就是寿州苗沛霖能否顺利剿办。苗沛霖一部人数众多，究竟如何处理，清廷在任命彭玉麟为安徽巡抚之前，就已经屡下谕旨要求官文、曾

---

① 文廷式文转见徐一士的《一士谭荟》，参见荣孟源、章伯锋：《近代稗海》第2辑，342页，成都，四川人民出版社，1985。
② 《复李续宜》，见《曾国藩全集·书信三》，2333页。
③ 《遵议苗逆剿抚事宜并再辞皖抚折》，见（清）彭玉麟：《彭刚直公奏稿》卷一，8～9页。

国藩和当时的安徽巡抚李续宜"通盘筹画,迅速办理"。① 在任命彭玉麟为皖抚后,九月二十四日,清廷上谕就命"官文、曾国藩、李续宜、彭玉麟迅即派拨劲旅,分道并进,立解寿围"。② 十月二十三日上谕虽然是征询"或剿或抚"之策,但实际上因苗沛霖反复无常,一时就抚,随时可叛,前任安徽巡抚翁同书即由此而获罪,因此,抚不是办法,必须彻底剿平,以绝后患。故清廷以"彭玉麟身任皖抚",要求他"应将此事悉心筹画",其后,就屡次命他速带兵剿平苗沛霖。当时,曾国藩等人反复分析,对苗沛霖肯定不能抚只能剿,那么紧接着更关键的问题就是湘军现在有没有充足的兵力来处置此事。咸丰十一年下半年的战局决定了湘军不可能抽调出一支生力军专门对付苗沛霖。彭玉麟没有一支强有力的湘军陆师协助,陆战必然失利,或丧命或获罪。李孟群等人水改陆后的狼狈境况,前鉴不远。曾国藩考虑一时欠周密,不如事关切身利益的彭玉麟看得清楚,但最终曾国藩还是不会为了一个安徽巡抚职位而失去自己湘军水师最得力的干将。

关于这一问题的最后决定,从曾、彭往来信函和曾国藩日记来看,他们经过了反复、仔细的商议。据曾国藩日记,彭玉麟咸丰十一年十月初十日从自己的水师营地专程到曾国藩处,直至十一月初四日才返回已营,二十多天中,曾、彭长谈十余次,曾国藩日记中没有记载他们谈话的内容③,但从相关信函和奏折中,特别是曾国藩着意强调彭玉麟熟悉水师、不习陆师的问题,可见其端倪。十月二十九日,曾国藩在给严树森的信中说:"李希帅新授抚鄂之命,亦难遽来皖境;彭雪帅新擢皖抚,所部但有水军,别无陆师"④,明显表现出担忧之情。十一月初二日,曾国藩致书力主李续宜抚皖的袁甲三表示:"彭雪帅向统水师,并无陆

---

① 《清实录(第 45 册)·穆宗毅皇帝实录》卷三,"咸丰十一年八月下",118~119 页、131 页。

② 同上书,145 页。

③ 参见《曾国藩全集·日记一》,672~680 页。

④ 《复严书森》,见《曾国藩全集·书信三》,2273 页。

军，虽擢授皖抚，而不能办陆路之贼。"①十一月初七日，曾国藩在给叶兆兰的信中说："苗逆狂悖已极，非希帅来皖断不能办。"②显然，曾国藩与彭玉麟交谈后有所警觉，对清廷的意图也更细心体悟③，但此时他仍处于矛盾之中，毕竟又一位湘系中人跻身督抚行列，对整个湘系好处甚大，在出现特殊情况之前，他也不愿轻易放弃这一有利于兵事饷事的重要职位。此外，曾国藩没有立即做出断然决定，也是因为在剿苗沛霖问题上，清廷尚在筹划阶段，还没有马上出兵的打算，彭玉麟担忧的情况短时间内还不会发生。

但是，迫使曾国藩不能不断然做出决定的情况出现了。在咸丰十一年十一月、十二月间，山东道监察御史薛春黎上奏称：

> 安徽提督，向系巡抚兼衔。皖北仅设寿春一镇，兵力较为单弱。或因国家承平，地处腹内，无须重兵镇守。然以今视昔，迥乎不侔，故皖南因军务紧急，添设总兵一员，而于全局，尚未筹及。巡抚政务殷繁，亦未能专心训练，似宜添设提督大员统辖水陆各营，节制南北二镇，以资弹压。安徽、江西向归两江总督兼辖，而江西之九江府与安庆相为犄角，地势切近。请将九江一镇就近归安徽新设提督节制，声势更为联络，江防更为周密。④

按照这一奏折的建议，安徽巡抚将不再兼安徽提督，而且新设的安徽提督不仅节制安徽水陆，而且兼辖九江，实际上就将以九江、湖口为根据地的湘军水师也一并归其节制。清廷显然倾向于同意这一奏折，在上谕中明确说："所称安徽省城，仍应建于安庆，巡抚藩臬，如前驻扎，并设立提督，统辖水陆官兵，九江镇并归节制，则声势联络，江防更为

---

①　《复袁甲三》，见《曾国藩全集·书信三》，2277 页。

②　《复叶兆兰》，同上书，2290 页。

③　如曾国藩在给李瀚章的信中就说："彭雪擢帅授皖抚，谢恩折内力辞抚篆，仍请督带水师剿贼。未识上意如何"，显然是在揣摩清廷的意图。参见《曾国藩全集·书信三》，2289 页。

④　"安徽省城宜照旧改建安庆，并请添设提督以资镇守"一折，收入《曾国藩全集·奏稿三》，1794 页。

周密，均不为无见。"①

　　曾国藩、彭玉麟结合清廷前饬筹建长江水师的意图来考虑，也明白此奏背后的种种权谋，因此，不待清廷就此奏作出决定，就抢先行动。② 先是曾国藩在十一月十七日（12月18日）致信官文，向这位清廷的信员说明："雪琴（彭玉麟）之辞皖抚，弟所以不再三阻止者，以私衷言之，渠久带水师，较有把握，若骤改陆路，招集新兵，恐致败挫，后功难图，前名易损；若不改陆路，断无长在船上为巡抚之理。"③想通过官文，向清廷表示并非另有所图，以避免清廷借端惩处。此信还透露出，即使清廷坚持要彭玉麟任皖抚，彭也必"不改陆路"，而要"长在船上"，决不会放弃统带水师之责。十一月二十七日给李续宜信中关于此事的措辞已相当果决："雪琴未带陆兵，势不能不辞皖抚一席。"④而彭玉麟于十二月初一日又专程赶到曾国藩处，直到十二月十九日才返回自己的营地，十余天中二人屡屡密谈。虽然在曾国藩的日记中，没有记载他们交谈的内容，⑤但就在这期间，十二月初七日（1862年1月6日）彭玉麟上奏，再次强调自己"难离水营"又不习陆兵，请求开皖抚缺。彭在奏折中说：

　　　　臣从军八年，专带水师，未曾募练陆师，亦未曾在陆路打仗。久习江湖之性，舍此良非所宜，日居战舰之中，接受抚篆，终多未便。……就皖省大局而论，形势则陆多于水，军情则北重于南，为皖抚者必须有素能得力之马步大队调派应手，方足以利攻战而防北窜。……臣即一旦弃舟而陆，无一旅一将供其指挥，若仓猝召募，临敌必致偾事，若强统客军，恩信又难相孚。臣闻命以来，日夜悚

　　① 该上谕，见《长江水师全案》卷一，1页，同治年间刻本。
　　② 咸丰十一年十二月初四日清廷谕批即"寄谕饬议安庆仍建省城并添设提督一道"，廷寄是在同年十二月十九日准兵部火票递到"钦差大臣两江总督曾（国藩）、安徽巡抚彭（玉麟）、江西巡抚毓（科）"处，也就是说曾国藩、彭玉麟正式接到这一上谕是在十二月十九日。参见《长江水师全案》卷一，1页。
　　③ 《致官文》，见《曾国藩全集·书信三》，2317页。
　　④ 《曾国藩全集·书信三》，2333页。
　　⑤ 《曾国藩全集·日记一》，690～696页。

惶。顷自运漕回至安庆，与督臣曾国藩熟商，曾国藩亦以水师责任重大，杨载福尚未假旋，嘱臣不可舍水而就陆。臣素性愚蠢，罔知趋避，亦无丝毫矫饰，惟皖抚宜带陆兵，微臣难离水营，不得不直陈于君父之前，伏恳圣主鉴臣微悃，准开臣缺，仍令督水师进剿，另简贤员接任……①

这一道辞折提出的理由与曾国藩致官文信基本相同。同时，曾国藩与李续宜商定由李主动上奏请回皖抚任，"希公（李续宜，字希庵）九月十二日之折，辞鄂抚而仍就皖抚"，曾国藩在给官文信中说："前旨令希仍驻鄂、皖之交，弟意以为不如从希之请，实授皖抚较为顺手。"②也是企图借官文之口上达清廷，而且官文为湖广总督，当时还受命节制安徽军务，对湖北巡抚和安徽巡抚的人选是有发言权的，这样安排无疑也有益于官文。而且，曾国藩还预备了另一手。他向官文建议："弟拟请希庵仍任皖抚。雪琴改调鄂抚。希庵一入桐、舒、霍、六，便可接受皖抚之篆；雪琴仍驻水营，但食鄂抚之廉，不接鄂抚之篆，请旨于唐、阎两司中派一人署理抚篆，而阁下总其成。"③实有向官文表达由官文独揽湖北军政事务之意，以换取官文对彭玉麟仍统湘军水师的支持。曾国藩在湘军内部又另有一番策划。曾国藩复李续宜信中说："雪琴欲具疏坚辞皖抚一席，仆嘱其待袁公（袁甲三）及尊处二折奉到朱谕时再行定夺。若朝廷先以皖席还之阁下，则雪公辞鄂席易于立言矣。"④可见是宁可放弃巡抚位，也决不肯丢水师控制权。对湖北，他也不会真如致官文信中所说的那样完全交给官文控制，彭玉麟也不会虚就湖北巡抚职。曾国藩的实际盘算是要推荐资历颇深的张亮基出任鄂抚，⑤ 来牵制官文，他在给左宗棠的信中说："弟疏请张石帅抚鄂，因官帅资深位高，舍石帅外无

---

① 《遵议苗逆剿抚事宜并再辞皖抚折》，见（清）彭玉麟：《彭刚直公奏稿》卷一，8～9 页。
② 《致官文》，见《曾国藩全集·书信三》，2317 页。
③ 同上书，2318 页。
④ 《复李续宜》，同上书，2263 页。
⑤ 同治元年初，曾国藩奏折已经提及这一问题，参见《曾国藩全集·奏稿四》，2002～2003 页。

人能匡救其失"，可是清廷另有自己的安排，并不会从曾所愿，"顷接寄谕，已派石翁督办云南军务"。①

清廷还谕令曾国藩就彭玉麟"是否该抚实系不习吏事？于安徽巡抚能否胜任？即著曾国藩据实迅速驰奏"，此谕旨是在咸丰十一年十二月十二日（1862年1月11日）发出，说明清廷显然在十二月十二日之前已收到彭玉麟辞皖抚的第一个折子。② 而清廷要求曾国藩、彭玉麟等议奏"安徽省城仍应建于安庆，并添设安徽提督统辖水陆官兵，九江镇并归节制"的上谕虽是在十二月初四日（1月3日）发出，但寄到曾国藩、彭玉麟处已是十二月十九日（1月18日）。③ 而彭玉麟第二次辞皖抚的奏折上于十二月初七日（1月6日），第三次辞皖抚折是在十二月十七日（1月16日）奏上④，从时间上看，彭玉麟的奏折当是在得知有人奏请设安徽提督并为清廷暗许之后，清廷要他们表态的上谕到达之前（十二月十九日之前），以争取主动，避免与清廷上谕直接对抗，激怒清廷，招致清廷降罪，削夺湘军水师兵权。可见在围绕长江水师筹建和争夺湘军水师控制权这一问题上，清廷和湘军集团都非常敏感、很注意体察对方的权谋，尽量提前应对。在一个多月中，彭玉麟连上三道辞皖抚的奏折，尤其后两道奏折，是在十天之内连续上奏，可见曾国藩、彭玉麟深感事态紧急。第二、第三折中还反复强调"皖抚宜带陆兵（师）"，这里显然又增加了针对添设安徽提督之议而发的一层意思。在十二月二十五日（1月24日）得到清廷令曾国藩查看彭玉麟能否胜任皖抚的上谕之前，曾国藩在十二月十七日紧随彭玉麟辞皖抚任的奏折之后，上《苗沛霖应剿彭玉麟难离水营折》，提出"彭玉麟现带水师，难赴北路，请旨另简贤员接任皖抚"，坚决表示彭玉麟不能离开水师，支持他辞安徽巡抚之职，"彭玉

---

① 《曾国藩全集·书信三》，2539页。

② 这一时间，可参见《清实录（第45册）·穆宗毅皇帝实录》卷十三，"咸丰十一年十二月中"，340页。亦见曾国藩文集中收录的有关谕旨发出、收悉的时间。参见《曾国藩全集·奏稿三》，1806页。

③ 同上书，1792页。

④ 《三辞皖抚并陈明不能改归陆路折》，见（清）彭玉麟：《彭刚直公奏稿》卷一，9～13页。

麟一离水营，驰援颍、寿，陆路难收夹击之效，水师实有挫失之虞。是以该抚两次奏请开缺，臣未便劝阻，并为缄商袁甲三勿再奏催。可否仰恳圣恩，俯念北路防剿关系至重，另简素统陆兵威望卓著之员接任皖抚，俾彭玉麟仍带水师，于南北大局两有裨益"①。

对于彭玉麟的自请辞皖抚职，清廷虽然在上谕中令其"著即会同曾国藩、李续宜等筹商人才，荐贤自代"，同时也不甘心计谋落空，仍还说"提督杨载福请假回籍，行抵何处？著曾国藩催令该提督迅速回营。如果彭玉麟可以赴任，庶水师不至无人统带"②。

因此，在清廷任命彭玉麟为安徽巡抚后不久发生的一系列环环相扣的情况，就是清廷在权力争夺中使用的手段，这种涉及根本利益的问题，当然不会被曾国藩等人所忽略，并大大触动了曾国藩、彭玉麟敏感的神经，使曾国藩对彭玉麟出任安徽抚臣一事，更多地从如何做更有利于维护湘军水师控制权的角度来考虑。又由于自咸丰十年江南大营再溃，清朝经制的绿营精锐消灭殆尽，清廷更加需要倚重湘军对抗太平军，同时也着力于消解湘军日渐突出的强势。不过，清廷明白，加大利用并分化、制约湘军的策略在实施力度上有一个底限，即权力争夺不能危及镇压太平军的战局这一根本。为此，双方在努力争夺之后，必然还是要达成妥协。终于，在咸丰十一年末、同治元年初，湘军集团利用战争形势达到部署湘淮将领于两江、浙江、湖北等重要战区，担任封疆大吏的目标，也利用战争形势迫使清廷让步，同意彭玉麟开皖抚缺，以兵部侍郎候补，仍"带领水师"。③ 而命李续宜调补安徽巡抚。④ 而清廷此前颇为赞许的设安徽提督之议，也在这种变动中失去原有价值，最终也没有单独设立。

---

① 《曾国藩全集·奏稿三》，1807、1808 页。

② 《清实录(第 45 册)·穆宗毅皇帝实录》卷十三，"咸丰十一年十二月中"，368 页。

③ 《咸丰同治两朝上谕档》第 11 册，"咸丰十一年十二月二十四日"，601 页。上谕先是命"彭玉麟著开缺以水师提督记名"，随后又命以"兵部侍郎候补"。亦见《曾国藩全集·奏稿四》，2016、2017 页。

④ 《清实录(第 45 册)·穆宗毅皇帝实录》卷十五，"同治元年正月上"，408 页。

　　同治三年四月十九日(1864年5月24日)清廷正式任命出身于彭玉麟部的黄翼升为长江水师提督。为了尽可能避免仍统领湘军水师的彭玉麟把持新建的长江水师，清廷于同治四年三月任命彭玉麟为漕运总督，并在三月十七日(1865年4月12日)、十九日(4月14日)两度下谕旨严催他赴任，甚至说："彭玉麟恳辞漕督，业经批令仍赴新任，毋许固辞"，其目的仍是为了解除其统带水师之权。彭玉麟也接连于同治四年三月初二日(3月28日)上《辞署漕督并请开兵部侍郎缺折》、三月二十五日(4月20日)上《再辞署漕督并请开侍郎缺折》，① 仍然坚决地辞谢。曾国藩也大力支持他这一决定。②

　　清廷将彭玉麟调离湘军水师的图谋一再受到曾、彭合力抵制。从整个战局考虑，清廷不便过于坚持。同治三年四月，太平天国战争已近结束，清廷再次发动攻势。这次，它把矛头转向与曾国藩关系不那么亲密的另一湘军水师统领杨岳斌(杨载福)。它先是于四月二十三日(1864年5月28日)任命杨岳斌以福建水师提督督办赣皖军务，接着在五月六日(6月9日)任命杨为陕甘总督。③ 从表面上看，杨是被大大提升了职务，但实际上被调离了他赖以起家的湘军水师。④ 杨岳斌从咸丰七年十月授福建陆路提督，咸丰八年六月改授福建水师提督，实际上一直仍统带湘军水师，到同治三年四月他遵朝命水改陆之前，七八年时间，其提督的官位从未因军事上的一时失利或自身健康等原因而被褫夺。但在水改陆后仅一年多时间(他在同治三年五月授陕督后，并未立即赴任，而是奏

---

　　① (清)彭玉麟：《彭刚直公奏稿》卷二，1～3、4～5页。

　　② 清廷谕旨参见《清实录(第48册)·穆宗毅皇帝实录》卷一三三，"同治四年三月中"，133～134、144页。曾国藩支持彭玉麟辞职的奏折，参见《复陈彭玉麟不能赴漕督署任片》，见《曾国藩全集·奏稿八》，4789～4790页。

　　③ 《清实录(第47册)·穆宗毅皇帝实录》卷一〇二，"同治三年五月上"，250页。

　　④ 其实，杨岳斌也看到水改陆后存在极大的危险，因此他自己是很不愿意到甘肃就职的，这在他与曾国藩书信往来中可以得知。同治三年九月初六日曾国藩复杨信中说："国藩……尚未计及阁下屺岵瞻望，不愿赴甘一节也。"参见《曾国藩全集·书信七》，4738页。杨岳斌为了不赴陕督任甚至"坚请病假，开缺归养"。参见《复彭玉麟》(同治三年九月十五日)，同上书，4743页。而清廷则坚持要杨岳斌西行任事，曾国藩也从勇于任事的观念出发，劝杨赴任。同上书，4747页。

准回乡募勇，直到同治四年三月以后才上任)，就在同治五年八月因办理陕甘军务不力，以病免职①。其间真实的升迁降黜转换之大，不可以道理计。

(三)曾国藩集团努力控制长江水师，但其最高控制权仍握于清廷之手

曾国藩在清廷一再进逼面前，节节设防，竭力保住对湘军水师的控制权。同时，他也伺机反击，力求控制清廷正在筹建的长江水师。他很早就开始针对两江军务设置及长江水师的机构设置问题提出意见。首先是就安徽提督的设置及权限问题提出质疑。他在同治元年二月十二日(1862 年 3 月 12 日)上奏说：

> 至所称设立提督统辖水陆官兵，江西九江镇就近归安徽提督节制一条。查水师陆兵，判然两途。犹耕织皆所以资生，而不能使一人而治两业。安徽寿春镇所辖，向系群捻出没之地。皖南镇所辖，又系万山丛杂之区。皆与江防毫不相涉。应请仍归安徽巡抚节制。江西九江镇所辖，如抚州、建昌等处，距大江六七百里，亦系陆路专政，应请仍归江西巡抚节制。该两省巡抚，向兼提督衔，均应遵守旧章，无庸更改。②

紧接着，曾国藩提出专门设立长江水师提督一职③。他说：

> 至江防局面宏远，事理重大，臣愚以为应专设长江水师提督一员，目下大江水师归彭玉麟、杨载福等统率者，船只至千余号之多，炮位至二三千尊之富，实赖逐年积累，成此巨观。将来事定之

---

① 《清实录(第 49 册)·穆宗毅皇帝实录》卷一八三，"同治五年八月下"，280 页。杨岳斌病免一事，可参见他在同治五年八月所上《谢赏准开缺调理折》，见(清)杨岳斌：《杨勇慤公遗集·奏议》卷十，52～53 页，光绪二十一年问竹轩刊本。

② 《遵议安徽省城仍建安庆折》，见《曾国藩全集·奏稿四》，2095 页。

③ 刘锦藻说："(同治)四年，两江总统(督)曾国藩奏：同治元年覆奏安徽省城仍建安庆案内，请专设长江水师提督及总兵以下各官"，所说时间，与曾国藩文集中所标上奏时间是一致的。参见《清朝续文献通考》卷二二六，兵考二十五，"长江水师"，考 9722 页。

后，利器不宜浪抛，劲旅不宜裁撤，必须添设额缺若干，安插此项水师，而即以壮我江防，永绝中外之窥伺。其提督衙门，或立安庆，或立芜湖等处。自提督而下，总兵应设几缺，副、参以至千、把，各设几缺，暨分汛、修舰各事宜，统俟谕旨允准之日，再由吏、兵等部详核议奏。臣等如有所见，亦必续行奏咨，略参末议。①

关于长江水师提督由谁担任，曾国藩虽没有明确提出，但奏折中强调彭玉麟、杨载福所统水师船炮众多，显然含有深意。更为重要的是曾国藩提及的长江水师的经费问题，主张不由中央政府直接负责，而按湘军旧例，由长江沿岸各省设厘卡解决："至俸薪口粮修补船炮等项，当于长江酌留厘卡数处，量入为出，不必另由户部筹款。"②与清廷准备按照经制兵的规制，军队及其粮饷皆由中央直接控制的意图相去甚远。显然，曾国藩筹划的长江水师乃是湘军水师的扩大，仍属湘军体系。

针对曾国藩的提议，清廷将此奏折下吏、户、兵、工等部议。同治元年五月二十三日，由吏部领衔复奏，对长江水师提督之设，认为"深得古人欲固东南必先守江之意，应如所请，准其添设"，但同时又针对曾国藩的"深意"提出："惟添设提镇大员，该督须为经久之计，其将领应如何选择，兵丁应如何练习，须详细筹画。勿因目前有彭玉麟、杨载福统带楚勇数千，即定为规制。应令该督再行详核议奏。"显然是反对以湘军水师之制为规制，要求长江水师提镇大员职位设置和人员任命，遵从清朝的经制。针对曾国藩所提出的长江水师的饷源问题，由户部查核以后提出："酌添长江水师提镇官弁，需用俸薪口粮，若于长江酌留厘卡数处，量入为出，系属一时权宜则可，若行之久远，既非定制，且厘卡所得，赢绌无定，俸薪口粮，即从而随多随少，亦于事理未协。应俟该督妥议添设后应支俸薪等项若干，报部核定，行文皖省，由藩库开支，其长江应酌留厘卡几处，应收厘金若干，随时报部备查。所收银

---

① 《遵议安徽省城仍建安庆折》，见《曾国藩全集·奏稿四》，2095 页。
② 同上书，2095～2096 页。

两，尽数解交藩库备拨，庶事归画一，以符定制。"显然，清中央是要用户部——藩司系统来控制长江水师的饷源。①

从曾国藩角度看，提出设立长江水师提督，当然是希望由彭玉麟这样的得力干将出任。但在长江水师提督一事暂无结果的情况下，为了有效掌控战事紧张的江浙一带水师，又不影响长江水师提督的设任，同治元年四月，曾国藩与李鸿章商量保奏黄翼升"署江南提督一席"。当时李鸿章对黄翼升一直拖延、不遵其命到沪有不满，未按照曾国藩之意出面奏保，最终还是由曾国藩自行奏保。② 在长江水师提督任命问题上，清廷坚持由中央独断，并不征询两江总督曾国藩的意见，在同治元年五月三十日任命"江苏淮阳镇总兵官黄翼升署江南水师提督"。③ 曾国藩误以为江南水师提督就是他所说的江南提督，是以在同治三年四月十九日清廷明谕"以浙江处州镇总兵官李朝斌为江南提督。遇缺提奏提督黄翼升为江南水师提督"。④ 之后，曾国藩随即于五月二十七日（1864 年 6 月 30日）上奏说："查江南全省额设提督一员，兼辖水陆，驻扎松江，此外并无江南水师提督员缺。惟元年二月间，臣于复奏改建安徽省城折内，曾有添设长江水师提督之请。旋经部臣议准……自奏准新设此缺，至今未蒙简放有人。此次钦奉谕旨，李朝斌补授江南提督，自系李世忠之所遗之缺。其黄翼升所补江南水师提督，是否即系新设长江水师提督之缺？如即系此缺，应请敕部撰拟字样，新铸印信，颁发来南，以昭信守。"⑤虽然委婉地重申自己的想法并流露出对清廷的任命不满，却又不敢公然反对。清廷虽然避免任命曾国藩信重的彭玉麟等任长江水师的提督，但是毕竟李朝斌、黄翼升都是出身于湘军水师的人员。问题在于水陆兼辖

---

① 参见《部议长江添设水师提督并驻扎地方折》，见《长江水师全案》卷一，9～11 页。

② 《复李鸿章》，见《曾国藩全集·书信四》，2716 页。李鸿章在四月初三日《复乔鹤侪都转》，四月十三日、二十日，五月初二日、初七日，六月初三日连续《上曾相》书中，皆有催促黄翼升下驶到沪的内容。参见（清）李鸿章：《李文忠公全集·朋僚函稿》卷一，22～32 页。曾国藩奏保折，参见《曾国藩全集·奏稿四》，2256 页。

③ 《清实录（第 45 册）·穆宗毅皇帝实录》卷三十，"同治元年五月下"，800 页。

④ 《清实录（第 47 册）·穆宗毅皇帝实录》卷一〇〇，"同治三年四月中"，211 页。

⑤ 《江南水师提督一缺质疑请旨片》，见《曾国藩全集·奏稿四》，4200 页。

的江南提督与负责长江水师的江南水师提督在职权上有重合之处，这二人又出自不同派系："黄翼升系彭玉麟部下拨出，李朝斌系杨岳斌部下拨出"①，而杨岳斌（杨载福）与彭玉麟并不融洽，且不能相互统属，清廷同时任命李朝斌、黄翼升二人似乎是有意使二人互相牵制，达到分而制之的目的。虽然曾国藩在长江水师提督任命后，仍奏准让彭玉麟负责长江水师章程的制定，凡事也都与彭玉麟商议②，但也不能忽视提督黄翼升的存在。曾国藩于同治三年六月十三日复函黄翼升说明自己是遵上谕与"沿江督抚与彭部堂"就"所有设官分汛一切事宜……先议大概规模，鄙人再加复核，请旨遵行"。③ 实际上这从一个方面已经证明，清廷达到了既着眼于成事，又分解湘军水师、长江水师控制权的目的。这从彭玉麟表面虽还在说："金陵幸克，咸以为功成身退，可以尚友古人。不才独曰不然"④，实际上却不断向曾国藩请退，说明清廷得以分制，彭玉麟心意难称，故不愿出力，而曾国藩则着眼做事，力劝他"待大局初定，长江水师位置就绪，即听阁下长揖还山"⑤。

同治四年十二月二十八日（1866年2月13日），经清廷委任，由湖广总督官文、两江总督曾国藩、漕运总督吴棠、护江苏巡抚刘郇膏、安徽巡抚乔松年、江西巡抚刘坤一、湖北巡抚郑敦谨、湖南巡抚李瀚章会议，由曾国藩、彭玉麟主稿，官文、曾国藩领衔上《会议长江水师营制事宜折》，奏定长江水师章程。⑥

关于经费问题，这个章程表面上是按照曾国藩原来的建议，从各省

---

① 《长江水师责繁任重彭玉麟不能专驻安庆或兼顾陆路片》，见《曾国藩全集·奏稿七》，4358页。

② 如在长江水师章程制定过程中，曾国藩给彭玉麟的书信中说："其长江水师提督所辖，上至岳州，下至崇明，旁及两湖三江之湖荡河汊，何处立营汛，何处创立衙署，开设船厂，均需阁下周历巡察。"同上书，4732页。

③ 《复黄翼升》，同上书，4602页。

④ 《致某某》（同治三年八月二十九日），见（清）彭玉麟：《彭玉麟集》中册，"书信"，390页。

⑤ 《复彭玉麟》，见《曾国藩全集·书信七》，4650页。

⑥ 由官文、曾国藩领衔上奏的情况及参加该折会议人员，长江水师章程，均见《曾国藩全集·奏稿八》，5096、5094～5108页。清廷命吏户兵工等部议复之件，参见《长江水师全案》卷二，22～49页。

厘金中提取。首先，在长江水师总体的"饷项出入报销"问题上作出全盘规划。曾国藩说："长江水师上下五千里，分防五省，若向五处藩库领饷，分归五省报销，殊觉散漫无纪，户部难于稽考。而各省入款俱有常额，若添此项兵饷，殊觉别筹维艰。查沿江厘卡，皆系水师恢复之地，水军历年口粮多取诸此。今长江既立经制水师，酌定永远章程，凡廉俸粮饷，船炮子药，一切费用，应酌留厘卡数处，在两江境内者归江宁盐道经收，在两湖境内者归武昌盐道经收。每年届发饷之时，其在楚境各营，造册呈明湖广总督、长江提督，赴武昌盐库支领；其在江境各营，造册呈明两江总督、长江提督赴江宁盐道库支领。江、楚两总督每年各自具本题销，不汇入各省藩库奏销案内，以免牵混。"在一些分支项目上也体现出曾国藩的建议：(1)长江水师"设立衙署军装"的经费，"取诸酌留厘卡"；(2)长江水师官兵的"廉俸兵米"，"由江宁盐道、武昌盐道两衙门于厘卡项下购米按季支发"；(3)湖北省城和安徽省城的"火药局"、湖南长沙子弹局，"造办子药之费，由武昌、江宁两盐道库于厘金项下拨给"；(4)"湖北之汉阳、江西之吴城、江南之草鞋夹三处各设船厂"，"经费，亦由江宁盐道、武昌盐道两库拨给"；(5)长江战船"须时常修换"的"雨篷旗帜"等费，"江境之船，由江宁盐道发给。楚境之船，由武昌盐道发给"。[①] 似乎曾国藩关于长江水师经费的主张基本被确认。

而实际上，至迟在同治二年、三年，清廷开始在少数省份清理厘金，同治四年清廷已经在大力清理一些省份的厘金，并有将厘金按照正税管理的计划，[②] 与同治元年曾国藩首次提出长江水师经费不由户部筹措，而酌留厘金时的情况已经有很大的区别。而武昌和江宁盐道库也是由中央户部控制的经制金库，并且兵部等相关中央各部在同治五年六月

① 《曾国藩全集·奏稿八》，5101～5103、5105 页。
② 罗玉东：《中国厘金史》上册，24 页。罗书中认为官文奏留厘金的折中有改厘金为经常正税的意思，而清廷又立即允准官文奏折，但罗玉东在书中对这一问题仅是简单提及，并未作专门的探讨。本书根据材料认为，清廷至迟在同治二年、三年就已有将厘金按照正税管理的计划，至于清廷将厘金作正税管理的整顿情况和效果，笔者有专文探讨，在此不予展开讨论。

十四日（1866 年 7 月 25 日）遵旨议复时还明确提出："是此后酌留厘金一项，即为水师经费专款，应即将所需银两，按年在于江宁武昌两盐道库分别支领。年终分晰细数，汇册奏销，以归核实"，① 进一步证明清中央严格规范长江水师经费，按经制支领奏销。

鉴于双方对长江水师控制权的争夺激烈，而现有的水师也基本可以支撑战局，因此，清廷和湘军集团都各自作出妥协，暂时放缓了建立长江水师的步调。我们可以看到，自从官文等人在咸丰六、七年议设长江水师，清廷允准开始，拖延近十年，才议营制。同治五年正月初四日（1866 年 2 月 18 日）上谕命军机处会同兵部对官文、曾国藩等奏上的长江水师营制"妥议具奏"，五年八月奉旨允准，而长江水师仍未切实建立。到同治六年十一月（1867 年 12 月），兵部咨文还谈到："长江所设各缺，均未奏补有人。"②直到同治七年，清廷才正式任命彭昌禧为长江水师岳州镇总兵、许朝琳为长江水师汉阳镇总兵、丁义方为长江水师湖口镇总兵、吴家榜为长江水师瓜洲镇总兵。③ 而兼隶于长江水师提督和江南水陆提督的狼山镇总兵原已任命王吉担任。④ 同治八年，在长江水师的筹建中发挥了重大作用的彭玉麟准备回籍补行守制⑤，"于本年正月十五日交卸军符，归黄翼升统理长江事务，布置一切"。他还特意表示："五省水师……自是以后，惟黄翼升一令是听。"⑥至此，湘军水师及原来的沿江绿营水师裁并归入长江水师的工作宣告完成。

---

① 《部议长江水师事宜营制折》，见《长江水师全案》卷二，23 页。
② 兵部咨文，引录于曾国藩同治七年三月初五日所上《拟补长江水师各缺续陈未尽事宜折》中。参见《曾国藩全集·奏稿十》，5913 页。
③ 《钦定剿平粤匪方略》卷四一六，6853～6854 页，同文馆活字本。
④ 参见同治八年二月所上《密保文武人才片》中所记，见（清）彭玉麟：《彭玉麟集》上册，"奏稿·电稿"，234 页。
⑤ 对于彭玉麟在长江水师创建过程中的重大作用，曾国藩曾有评价说："目下金陵克复，长江虽一律肃清，而水师事务尚繁且重。……今杨岳斌奉旨驰赴甘肃之任，臣管辖之事过多，所有长江水师亲定规模，不得不责成彭玉麟区画一切。上自岳州，下至崇明，旁及两湖三江境内之湖荡河汊，凡长江水师提督所辖，何处立营分汛，何处创立衙署，开设船厂，均须彭玉麟周历巡察，议定章程。"参见《曾文正公奏稿》卷二十一，34 页。
⑥ 《遵旨暂缓回籍折》（同治八年二月初九日），见（清）彭玉麟：《彭刚直公奏稿》卷二，13 页。

由于清廷手中缺乏通晓水师的人才，不得不利用曾国藩及其部下彭玉麟、黄翼升等编练长江水师。那么，究竟谁掌握着长江水师的控制权？是曾国藩集团，还是清廷？就黄翼升被任命为长江水师提督和长江水师采用的绿营体制而言，控制权完全握在清廷手中，曾国藩想由彭、杨担任提督的愿望落空。但是，清廷挑选的黄翼升在以后的工作中却大大令清廷失望。

（四）长江水师船炮控制权问题

咸丰十一年，清廷决意加大筹建长江水师的力度，那么长江水师所需的船炮从何而来，以及由谁来负责购置，特别是实际控制权等问题，就提上了议事日程。①

那么为什么清廷在咸丰六年（1856年）开始的购买外洋船炮之议搁置后，再度准备为长江等水师配备外洋火轮船呢？事情是这样的：咸丰十一年（1861年），湘军为东下江浙做准备的过程中，水陆皆在进行准备，而清廷对湘军水师在对决太平军水军过程中表现出的战斗力，也是颇为满意。但是在咸丰十一年三月（1861年4月），英国驻上海领事巴夏礼②到北京，对曾国藩湘军水师的战斗力表示怀疑，认为湘军水师"船炮不甚坚利，恐难灭贼"③，英国公使卜鲁斯和参赞威妥玛也竭力劝说清廷购买火轮船。这显然令清廷颇为动心。

从咸丰十一年五月（1861年7月）以来，清廷首先在廷臣中初议为水师购置外洋船炮的问题，而这时曾国藩等外臣尚未参与进来。这从相

---

① 关于这一问题，以前的研究者大多强调长江水师创议与清代创建现代化海军几乎同时。因为他们把咸丰十一年开始的购置外洋炮舰，作为中国早期海军创建的重要活动，这当然没有问题。但是，研究者往往忽略了这一次失败的购置外洋火轮船活动，其直接原因是为了装备筹建中的长江水师和正在与太平军作战的湘军水师。也因此，他们对长江水师为什么仍是使用旧式船只，缺乏更深入的探讨。代表性论著如戚其章：《晚清海军兴衰史》，117～136页，北京，人民出版社，1998；以及王文贤《清季长江水师之创建及其影响》，载《台湾师范大学历史学报》，1974(2)；王家俭：《中国近代海军史论集》，台北，台湾文史哲出版社，1984等，皆是如此。

② 巴夏礼当时的任职情况，参见故宫博物院明清档案部、福建师范大学历史系合编：《清季中外使领年表》，100页，北京，中华书局，1985。

③ 台湾"中研院"近代史研究所：《海防档》（甲），"购买船炮（一）"，7页，台北，1957。

关的奏、谕中可以看出。①

咸丰十一年五月三十日（1861 年 7 月 7 日），奕䜣、桂良、文祥等人上"为剿贼亟宜乘时，请购买外洋船炮，以利军行而维大局"的奏折，其中透露了与为长江等水师购买外洋船炮相关的几件事：

第一件事，与上一次购置外洋船炮的议论密切相关。咸丰十年，奕䜣等就曾奏请令曾国藩等购买外洋船炮、充实水师，以利于对太平军水军的作战。咸丰十年十月十一日，清廷上谕要求曾国藩与江苏巡抚薛焕和浙江巡抚王有龄等，议奏借俄兵助剿并代运南漕等事。十一月初八日（1860 年 12 月 19 日）曾国藩在回奏中提到学造外洋轮船的问题："将来师夷智以造炮制船，尤可期永远之利。"②十二月十四日（1861 年 1 月 24日），奕䜣等人奏称："臣等正拟筹画办理。……此时夷情虽迥非昔比，而法夷枪炮均肯售卖，并肯派匠役教导制造。倘酌雇夷匠数名，在上海制造，用以剿贼，势属可行。应请敕下曾国藩、薛焕酌量办理。外洋师船现虽无暇添制，或仿照其式，或雇用其船，以济兵船之不足，尚觉有益。即臣等所谓，诱以小利以结其心，而在我冀收剿贼之用。可否密谕该督抚臣斟酌试行？ 如可为剿贼之用，则由薛焕于通商各口关税内酌提税饷，迅速筹办。"③但不知结果如何："上年曾奏请敕下曾国藩等购买外国船炮；并请派大员训练京兵。无非为自强之计，不使受制于人。然购买船炮之议，曾国藩等现在是否办理，无从询知。而当此时事孔亟之

---

① 本书所论，与此前 1856 年光禄寺卿、署礼部左侍郎宋晋建议雇用洋船参与攻剿太平军，以及由此开始数年中曾国藩、袁甲三、薛焕等人参与其中的关于"借师助剿"和购置外洋船炮的议论，有联系，但是实际上又没有多少直接关系。此次是在前事搁置后不久，清廷为了给长江等水师配置船炮，重新起议。一事一议，二者并无密切联系，且重新起议首先是在廷臣中，并未扩展到外臣，故本书说是初议于廷臣。前一事的有关材料，参见（清）宋晋：《保奏道员雇船抽厘片》，见《水流云在馆奏议》卷下，6 页，光绪十三年刊本；中国史学会编：《第二次鸦片战争（五）》，见《中国近代史资料丛刊》，315～332、351～354 页，上海，上海人民出版社，1978。

② 《遵旨复奏借俄兵助剿发逆并代运南漕折》，见《曾国藩全集·奏稿二》，1272 页。

③ 《奕䜣桂良文祥奏遵旨酌议曾袁薛瑞等奏助战运漕二事折》，见《筹办夷务始末》（咸丰朝），"咸丰十年十二月"，2696～2697 页，北京，中华书局，1979。

时，何可再事因循！"①但这事因各方面意见不一，清廷也担心被列强控制，无果而终。

第二件事，奕䜣、文祥等人提出，购买外洋船炮是造就数量充足的对太平军作战的水师，攻取金陵、苏、常的必备条件。"前阅邸抄，知楚军甚为得手，安庆大获胜仗。如能指日克复，臣等以地势料之，则曾国藩必规画徽、宁，为分道进剿苏、常之计；胡林翼必规复桐、庐，为沿江扫荡之谋。惟大江上下游均有水师，中间并无堵截之船，非独无以断贼接济，且恐由苏、常进剿，则江北似形吃紧，北路必受其冲。臣文祥曾记上年五月间，曾国藩奏陈：攻取苏、常、金陵，非有三支水师不能得手，虽不能悉行记忆，而其一则由江北造船保护里下河，以取金陵之说。但造船必须先设船厂，购料兴工，已非年余不成，自不如火轮船，剿办更为得力。"②可见中央大员与曾国藩等的态度不一样，是力主马上着手购置外洋船炮的。

以这两件事预为铺垫，奕䜣等人将采购包括长江水师船只在内的事宜承揽下来，并准备让赫德负责购买事宜：

> 臣等复询问（赫德）火轮船价值若干？能否购买？据称：伊国火轮船一只，大者数十万两，上可载数百人；小者每只数万两，可载百数十人。大船在内地不利行驶。若用小火轮船十余号，益以精利枪炮，其费不过数十万两。至驾驶之法，广东、上海等处多有能之者，可雇内地人随时学习，用以入江，必可奏效。若内地人一时不能尽习，亦可雇用外国人两三名，令其司舵司炮。而中国雇用外国人，英、法亦不得拦阻。如欲购买，其价值先领一半，俟购齐验收后再行全给。臣等告以库款悉有常经，岂能筹此巨款？赫德……所拟（洋药）印票之法，果能于各口无碍，似属可行。至先给一半银两购办船炮，若谓恐其领银后不知所往，臣等料该税务司，正在力图

---

① 《奕䜣桂良文祥奏请购外国船炮以期早平内患折》，见《筹办夷务始末》（咸丰朝）卷七十九，"咸丰十一年五月"，2913～2914 页。

② 同上书，2914 页。

取信之时，断无虑此。现在赫德已回天津，臣等令其将船炮洋枪价值，分晰开单，先行呈递。惟此事如蒙俞允，臣等拟将价值奏明后，即请于上海、广东各关税内，先行筹款购买。俟将来洋药印票税收有成数，再行归款。并给赫德札文，令其购买运到时，即交广东、江苏各督抚，雇内地人学习，驾驶熟习后，再驶入大江，惟应酌配兵丁并统带大员，及陆路进攻各事宜，应请敕下官文、曾国藩、胡林翼等豫为熟计，一俟运到，即请旨办理。①

其间，当时任法国驻华公使馆参赞（同治元年五月接任法国驻华公使）的哥士耆（Michel Alexandre kleczkowsky）得知了消息，主动找到奕诉等人，表示自己"现欲回国，请总理衙门给札，令其购买船炮，伊即禀请国主，代为购买，俟将来税项收有成数，即行扣还"。奕诉等认为："其意虽为见好，而其言未可尽恃，但未便遽行拒绝，使其意存轩轾。如伊必欲请办时，亦须先与言明价值，令其代办一半，统俟运到后，其价值再行酌量办理。"②

对于奕诉等人的奏陈，咸丰十一年五月三十日（1861 年 7 月 7 日），清廷发出上谕予以同意，并以廷寄的方式"著劳崇光、耆龄、薛焕并传谕毓清，即按照所奏，豫为筹计"，而对曾国藩、胡林翼等人，主要是令其对"其应酌配兵丁并统带人员，及陆路进攻各事宜"，"先行妥为筹议，一俟船炮运到，即奏明办理"。③ 至于购买船炮之事，并不征求曾国藩、胡林翼的意见，这是清廷在筹划以外洋火轮船配备长江水师并力图控制长江水师时的一些动作。

曾国藩等人针对相关情况，采取两手策略。表面上对于清廷允准、总理衙门承办，并已在实际操作的购买外洋船炮一事，表示支持："至恭亲王奕诉等奏请购买外洋船炮，则为今日救时之第一要务。……轮船

① 《奕诉桂良文祥奏请购外国船炮以期早平内患折》，见《筹办夷务始末》（咸丰朝）卷七十九，"咸丰十一年五月"，2915 页。

② 同上书，2916 页。

③ 同上书，2924 页。

之速，洋炮之远，在英法则夸其所独有，在中华则震于所罕见。若能陆续购买，据为己物，在中华则见惯不惊，在英法则渐失其所恃。"但是，另一方面，对于清廷借配备外洋火轮船之机整编沿江水师，控制包括湘军水师在内的水军力量的图谋，则婉言抵制。曾国藩首先对外洋火轮船配备沿江水师的实用性和必要性提出疑问：

> 臣查发逆盘踞金陵，蔓延苏、浙、皖、鄂等省。所占傍江各城为我所必争者有三：曰金陵，曰安庆，曰芜湖；不傍江各城为我所必争者有三：曰苏州，曰庐州，曰宁国。不傍江之处，所用师船，不过舢板长龙之类。其或支流小港，岸峻桥多，即舢板小划尚无所施其技，断不能容火轮船。想在圣明洞鉴之中。傍江三城，小火轮船尽可施展，然亦只可制水面之贼，不能剿岸上之贼。即欲阻其北渡，断其接济，亦恐地段太长，难于处处防遏。目下贼氛虽炽，然江面实鲜炮船，不能与我水师争衡。臣去冬复奏一疏有云：金陵发逆之横行，在陆而不在水；皖、吴官军之单薄，亦在陆而不在水。系属实在情形。①

从上引史料可以看出，实际上曾国藩也知道用外洋船炮武装水师的重要性，但是，一旦涉及清廷企图借此控制湘军水师及新建的长江水师，那么，曾国藩采取的就是宁拒勿受的策略了。②

随着购买船炮事务的发展和前后两任总税务司李泰国、赫德的把持，清廷购买外洋船炮一事遂演化成"阿思本事件"。此事论者多有涉

---

① 《复陈购买外洋船炮折》，见《曾国藩全集·奏稿三》，1602～1603 页。
② 有些学者认为，长江水师、湘军水师之所以屡排众议不改用轮船，主因是曾国藩的保守思想。参见王文贤《湘军水师之制度分析》一文，载台湾"中研院"近代史研究所：《中国近代现代史论集》第 5 编，107 页，1985。此说固有其合理的一面，但若将之作为唯一的主因，难免片面僵化之嫌。参诸本书的分析，可见在长江水师的船炮军械控制问题上，清中央和湘淮集团斗争的激烈程度。这也是曾国藩不愿用新式船炮的一个主要原因。而清廷随之改变策略，着眼长远控制，尤其在太平天国战争期间，不急于与曾国藩争一时之短长。这从光绪朝后期，长江水师也逐步添设新式船炮上，可见一斑。

及，且与本书讨论的主题关系不甚密切，本书不再赘述。① 本来，清廷有意将长江等水师的主力舰船配备为外洋的火轮船，并由中央政府负责购置，但是由于阿思本事件，清廷这一计划宣告失败，长江水师后来实际配备的主要是长龙、舢板等湘军水师的船只类型。这使得清中央统治集团完全控制长江水师、湘军水师等水师船炮军械来源的企图未能实现。在长江水师船炮军械控制问题上，虽然清廷已直接插手，曾国藩集团却也并未完全丧失操控力。对于这样的局面，清廷显然了然于心，遂着眼长远以作打算。随着清廷逐步掌控了长江水师的大局之后，实际上，光绪朝中后期长江水师历年都在不断添造新式船艇。其船炮军械控制权争夺的最终结果，也就不言自明了。

（五）长江水师的结局

太平天国失败后，曾国藩奉调剿捻，与水师日见疏离。同治八年，彭玉麟回籍补行守制，后又在家养病，长江水师基本上由黄翼升自行掌管。已成为经制水师的长江水师长时间无作战任务，加以黄翼升及其属下将领"驭军不严"、管理不力，短短三五年间，长江水师纪律、操练已十分松懈。② 在同治九年，就有内阁学士宋晋等奏劾："长江水师……远逊于前，营制渐形疏懈，并有不法水勇假巡逻为抢劫，江面盗案屡出，行旅戒严，地方官不敢捕拿，恐日久肆行，转致贻害，请饬彭玉麟前往整理。"③

针对这样的问题，清廷认为"长江水师紧要，岂容日久懈生"，遂下旨作出如下应对之策：（1）让地方督抚介入长江水师的管理工作。谕令

---

① 有关材料可参见中国史学会主编：《洋务运动（二）》，见《中国近代史资料丛刊》，226～274页；台湾"中研院"近代史研究所印编：《海防档》甲，"购买船炮（一）"亦收录有大量关于这一事件的材料。有关的研究，可参见李时岳、胡滨：《闭关与开放——晚清"洋务"热透视》，264～272页；戚其章：《晚清海军兴衰史》，117～136页，北京，人民出版社，1998，等等。此外讨论到这一问题的著述较多，在此就不一一列举。

② 关于长江水师窳弛的情况，罗尔纲在《湘军兵志》（111～112页）、王文贤在《清季长江水师之创建及其影响》，载《台湾师范大学历史学报》，1974（2）一文中，俱有详致论列，本书不再赘述。

③ 刘锦藻：《清朝续文献通考》卷二二六，兵考二十五，"水师长江"，考9723页。宋晋《水流云在馆奏议》中没有收录这一奏折，故相关内容引自《清朝续文献通考》。

"各海口岸及沿江地方"的督抚"马新贻、李瀚章、丁日昌、英翰、刘坤一、郭柏荫、刘崐，按照曾国藩所定章程，会同黄翼升时加整顿，务使士卒骁壮，号令严明"。(2)改变地方官不能处罚长江水师人员的状况。"檄饬各该地方官遇有水勇抢劫案件，即行捕拿严办，不准互相容隐，扰害商民"。(3)改变长江水师提督专断水师事务的局面，并责成其加强管理。"黄翼升系专辖水师之员，责无旁贷，所有长江应办事宜，务须与沿江各督抚和衷商榷，恪守成规。其营弁兵勇，尤当随事稽查，更番训练，必得声威联络，远近慑服，方为不负委任"。(4)清廷谕命直隶总督曾国藩和湖南巡抚刘崐催令在湖南家中养病的彭玉麟速赴江南，会同两江总督马新贻整顿长江水师。"水师创立规制，系彭玉麟与曾国藩等筹划而成，该侍郎计已病痊，刘崐接奉此旨后，即著催令该侍郎迅速起程，前赴江南等省，会同马新贻等实心整理，力除废弛情形，以资控制"。①

彭玉麟在同治九年，以病仍未痊为由，没有接受清廷令他会同马新贻整顿长江水师的谕令。彭玉麟最终受命出山，负责监督和整顿长江水师，是在曾国藩去世之后。② 同治十一年二月下旬(1872 年 3、4 月间)，清廷谕命："前任兵部侍郎彭玉麟，于长江水师，一手经理，井井有条，情形最为熟悉。该侍郎前因患病开缺回籍调理，并据奏称，到家后遇有紧要事件，或径赴江皖会同料理，是该侍郎于长江水师事宜，颇能引为己任，家居数载，病体谅已就痊。著王文韶传之彭玉麟，即行前往江皖一带，将沿江水师各营周密察看，与黄翼升妥筹整顿，简阅毕后，迅速来京陛见，面奏一切，并将起程日期先行奏闻。"③彭玉麟虽表示"病体

---

① 刘锦藻：《清朝续文献通考》卷二二六，兵考二十五，"水师长江"，考 9723 页。宋晋《水流云在馆奏议》中没有收录这一奏折，故相关内容引自《清朝续文献通考》。

② 彭玉麟在屡次拒绝出山之后，忽然又同意出山，与曾国藩新逝、彭的亲家、著名学者俞樾借此劝勉他"再出东山，以成文正师未竟之志"有相当的关系。参见(清)俞樾：《与彭雪琴侍郎》，见《春在堂全书》第 5 册，"尺牍四"，3697～3698 页，光绪二十五年德清俞氏重订铅印本。

③ 《清实录(第 51 册)·穆宗毅皇帝实录》卷三二九，"同治十一年二月下"，350～351 页。

未瘳",但仍请署湖南巡抚王文韶代奏起程日期,"该侍郎已于三月十六日,由长沙起程,渡湖东下"。清廷则再次强调,"著王文韶传知彭玉麟将沿江水师各营周历察看,妥筹整理"。①

彭玉麟履任之后不久,同治十一年四月(1872年5、6月间),与李瀚章、黄翼升联衔奏劾"簰洲营都司、记名总兵蒋振元"等21名"庸劣之员",予以参革。②七月(1872年8月),彭玉麟与英翰、刘坤一联衔特参"江西湖口中营前哨守备、两江补用副将黄振鳌"等29名"长江水师庸劣员弁"。同月稍后,彭玉麟又与何璟、黄翼升联衔上奏,参革"记名提督提标中军副将周国兴"等66名水师庸劣员弁。同时,彭玉麟再请"回籍养疴",而清廷上谕称"该侍郎此次查阅长江水师,认真整顿力戒因循,实堪嘉尚"。③八月(1872年9月),彭玉麟奏"提督伤病未瘳,请开缺回籍调理",代黄翼升奏请辞职,清廷允准。同月,清廷"调福建水师提督李成谋为长江水师提督"。④

通过这次整顿,长江水师的局面平稳了数年。但是,这支经制水师仍不可避免地循着经制陆师——八旗、绿营的旧轨,日趋腐朽,战斗力日渐低下。光绪六年,朝野上下整顿长江水师的议论再起,掀起了此后十余年间不时要求整顿甚至是遣撤长江水师的风浪。其中,光绪六年国子监祭酒王先谦奏请整顿长江水师⑤,光绪十年刘铭传奏请水师改制⑥,比较令人关注。而随着清廷下决心大规模地推动创建新式海军的工作提上日程,光绪十一年(1885年),醇亲王奕𫍯遵奉懿旨在《遵议海防善后事宜折》内奏称:"长江水师岳州、汉阳、湖口、瓜洲、狼山五镇之杉板船宜令先裁一半,将营哨弁兵额缺酌量裁并,即以裁出之饷添制浅水轮

---

①　该奏、谕参见《清实录(第51册)·穆宗毅皇帝实录》卷三三一,"同治十一年四月上",380页。

②　同上书,393～394页。

③　同上书,442～443、452～453页。

④　同上书,470、472页。

⑤　参见(清)王树敏:《皇清道咸同光奏议》卷四十九,"兵政类·水师",10页,光绪二十八年秋上海久敬斋石印本。

⑥　《遵筹整顿海防讲求武备折》,见(清)刘铭传:《刘壮肃公奏议》卷二,9页,光绪三十二年排印本。

船，分隶巡防。"光绪十一年，彭玉麟遵旨对奕𫍽、刘铭传等人议裁长江水师的奏议酌议复奏，反对裁并长江水师。[①]

长江水师是额设之兵、经制之师，清廷虽因各种因素的作用，在长江水师成立以来，不断进行整顿，时有商议裁并诸事[②]，但根本上，清廷是很难下决心裁撤这一经制水师的。甚至在彭玉麟于光绪十六年（1890 年）死后，长江水师每况愈下的情景下，这种局面也一直维持到清朝灭亡，作为经制之师的长江水师，才与八旗、绿营等经制陆师一起，最终归于消亡。[③]

---

① 刘锦藻：《清朝续文献通考》卷二二六，兵考二十五，"水师长江"，考 9726～9727 页。

② 如上述光绪十一年（1885 年）清廷下决心大规模地推动创建新式海军，负责其事的醇亲王奕𫍽奏请裁并长江水师。参见刘锦藻：《清朝续文献通考》卷二二六，兵考二十五，"水师长江"，考 9726～9727 页。

③ 根据《提督年表》，见钱实甫：《清代职官年表》第 3 册，2600 页，到宣统三年（1911 年），即清朝灭亡前夕，仍有长江水师提督之设，最后一任提督为程允和。可见长江水师与八旗、绿营陆师一样，是随着清朝的灭亡而消亡的。

结　语

　　通过本书的分析，我们可以看到，面对太平天国起义、捻军起义等全国性的战争形势，清廷统治风雨飘摇，湘淮军的崛起，首先有利于维护、稳固清廷的统治。同时，清廷在不得不面对王朝内部崛起一支不同于以往的军事政治力量之时，对此军政势力的政策有一个由颟顸到明晰、由不知所措到逐步形成系统的反制措施的演变过程。本书认为，清廷逐步形成以"众建督抚而分其力"政策为主的分化政策，并与牵制、钳制、挤压和强力压制等政策结合起来，采取了一整套反制的措施，使得清廷逐步稳定局势并最终镇压太平天国起义、捻军起义，重新稳固满族贵族的统治；内部则逐步调控与以湘淮系为主的地方实力集团的关系，并抑制该集团势力的膨胀，避免了所谓"太阿倒持"局面的出现。

　　在人事黜陟问题上，历来的研究者大都认为湘淮督抚遍天下，甚至达到了"督抚专政"的程度，似乎曾国藩、李鸿章、左宗棠等湘淮实力督抚把持了清政府的职官系统。但是，通过本书的实证研究和分析，我们可以看到，清廷的人事黜陟权力虽一度受到冲击，双方在政府官职的任免、调动，以及一些关键人员的具体安排使用问题上，展开了明争暗斗，但是，清廷却始终牢牢掌握着政府官职的任免、调动权力，除了因形势需要，在少数具体安排上做出必要的妥协外，黜陟大权操之在上，并未旁落。

　　关于学界多用来证明中央权力下移的另一个重要问题——财政税收，大部分研究者认为：由于战争，掌握军队的将领、实力督抚在战时体制下饷银自筹，特别是控制了厘金等重要饷源，达到了"督抚专擅地方财政"的地步，清廷已经无法控制以饷银为中心的财税，也就无法控制军队。而实际上清廷在战争中充分运用协款制度和一系列辅助手段，利用双方都局限于其中的战时体制，限制地方督抚控制和积聚财税的能力和空间，一俟战局平稳后，先是通过处理军饷报销问题，将旧账勾销，不让旧账影响新的财税控制权斗争，并逐步开始清理厘金，将厘金逐步纳入正税管理系统，实际上在财政税收权力格局上收复了诸多失地。双方在该问题上形成这样一个局面：中央控制全国财政税收征收、调用和管理的大局，并支配着相当比例的财税；而地方政府在一定程度上获得省级财税自主权，并在实际上支配着本省部分财税（清末的清理财政实际上只是对这种格局的合法性承认）。

从晚清七十余年的历史发展过程来看，太平天国战争和英法联军战争期间，清政府军主力大部溃灭（战斗力丧失，建制尚在），清中央统治力严重削弱。与此同时，湘淮实力集团迅速崛起，清朝的高度中央集权受到巨大冲击。几十年后，在甲午战争和八国联军战争中，清军主力再受重创，清王朝的威势更加削弱，以袁世凯为首的北洋集团乘势崛起，并借辛亥革命之机夺取了清王朝的主要权力，直至取而代之。几十年间，清中央的权力逐渐衰弱，直至灭亡，这一总趋势十分明显，也早已成为学术界的共识。但对这几十年的发展进行具体的分阶段考察，则可以看到，这一发展趋势在具体过程中并非直线式的而是波浪式的，有时有相当大的反复。

太平天国战争期间，总的趋势是湘淮势力扩张，清中央权力受到挤压，但其间清中央也采取了压制、分化等多种手段进行反制，双方互有攻守、进退。从太平天国濒临灭亡起，攻守形势发生很大变化，清中央对湘淮势力大力挤压，湘淮势力开始下降。太平军、捻军被全面镇压后，湘淮军队大部被裁撤，留下的部分由非正规的勇营转为国家常备军。虽然这些部队内部仍然保留湘淮旧制、旧习，李鸿章、左宗棠等湘淮首脑对其旧部仍有不同程度的影响力，但至迟在光绪朝前期，经过清廷对湘淮军的分化，湘淮旧部的各派系基本上已各自成军、互不统属而各自接受清廷调遣、指挥。湘淮内部已不存在有效能的内部联系，更不存在强有力的领导核心，已不再是严格意义上的集团势力。清中央对湘淮旧部的控制虽不像对经制兵那样自如，但已基本上能够掌控。清朝中央集权在相当程度上得到修复。例如，在中法战争前夕广西一带的军事部署中，清廷调授淮系的潘鼎新为广西巡抚，实际上就是广西前敌主帅，一方面，这是清廷自主决策的结果，而非李鸿章保荐所能奏功①；另一方面，清廷调往广西的军队，既有淮系潘鼎新部，又有淮系唐仁廉、周寿昌部等，以及湘系王德榜、苏元春、黄少春、方友升等部，以及非湘淮系的冯子材部和岑毓英旧属杨玉科部，等等，虽然有学者说这些将领都是"清政府调给潘鼎新差遣"的②，但是，不要说是潘鼎新，就是李鸿章、左宗棠亲临前线，恐怕也并不能真正自如地指挥这些军队，而只能是由清廷来统一控制。而且观诸当时李鸿章、潘鼎新以及诸多军政大员的奏牍函件，关于军饷、军械，虽然各支军队都有自己的一些渠道，但是，整个战争需要的饷械问题，还得依靠清廷来解决。③ 另外，还有一个重要证据，说明清朝中央集权在相当程度上得到修复。李鸿章在与法国谈判后向清廷报告时，隐瞒了法使福禄诺曾提出清军限期撤离、法兵巡边一事，并密函潘鼎新指示方策，但是潘鼎新并未完全遵照李鸿章的意旨行事，而是陷于和战不定、进退两难的困境。作为前敌统

---

① 光绪九年中法构衅之始，李鸿章一度有荐举潘鼎新抚桂之议，但因张佩纶等上奏反对，清廷本也无意遂李之请，此事作罢。但清廷旋即令潘鼎新署湘抚（光绪九年五月），以示九重恩威，后因广西边事日棘，而潘鼎新几次论广西战守的奏疏言之有物，故清廷在光绪十年二月命潘鼎新署理广西巡抚，实为广西前敌统帅。参见（清）朱寿朋：《光绪朝东华录》，1536、1671 页，北京，中华书局，1958。

② 廖宗麟：《中法战争史》，373 页，天津，天津古籍出版社，2002。

③ 对于这一问题，可以从几条关键材料中得到证明。一是李鸿章为潘鼎新筹措军饷出谋划策，教给他向清廷提出解决军饷的策略，同时也指出，自己提出军费问题，清廷未必会轻易答应："饷需请拨，未必有著。"参见《李鸿章致潘鼎新书札》，4682 页，北京，中华书局，1960。而清廷统筹广西前敌军饷的情况，可以参见《清实录（第 54 册）·德宗景皇帝实录》卷一八〇、卷一八二、卷一八五、卷一九二，512～513、547、721 页，关于准许广西前敌各军获得协饷、截留京饷的谕旨。

帅，他必须作出和战、进退的决定，也就是说他必须决定是按照李鸿章的指示办理，或是及时请示清廷决定战守。最终，潘鼎新向清廷电报敌情，并将李鸿章隐瞒清廷的事情暴露给清廷[①]，并且，潘鼎新随即按照清廷的指示积极备战，严阵以待，迎击法军。[②] 这一典型事例一方面说明李鸿章并不能绝对控制淮系各员，另一方面也说明清廷基本能够掌控湘淮各部。

甲午战争中，清军再受重创。战后，清中央命袁世凯等编练新军，并将原有的其余几支战斗力较强的军队（董福祥所统的原属左宗棠系的"甘军"和聂士成、宋庆所统的两支淮军旧部）编入由清中央重臣荣禄直辖的"武卫军"，企图从军事上加强中央的控制力。这一企图又在八国联军战争中遭到重挫，聂士成和宋庆两军均被击溃。此后，清中央又大力扩建新军，但首批建成的北洋新军却被以袁世凯为首的北洋集团牢牢控制，成为新的威胁清中央集权的危险势力。不过，在慈禧生前，清中央尚未完全失去对北洋集团的控制力。慈禧死后不久，摄政王载沣解除袁世凯兵权时，袁世凯还只能是隐忍待机。清王朝的急剧崩溃是在慈禧死后，此时出现了三个重大的新情况：一是深重的民族危机促使人们急切地要求变革，革命运动和立宪运动日益高涨，清朝君主专制统治受到强烈冲击；二是以载沣为首的统治集团却不识时务，倒行逆施，一意孤行，对不合自己心意的各种力量都粗暴地压制、打击，使得地方督抚离心力急剧增强，造成众叛亲离的严重局面；三是帝国主义力求避免中国发生剧烈的革命性变革危及自己在华利益，眼见顽固、愚蠢的清廷统治集团已不能承担它们所交付的任务，便决定另选代理人，以袁世凯集团取代清王朝。以上三大因素中，革命运动的发展，是导致清王朝必然走向灭亡的最核心因素。

综上所述，我们既不能把清王朝的灭亡简单地视为一个突发事件，

---

① 《广东转寄龙州潘鼎新来电》，见《中国近代史资料丛刊·中法战争》（五），380 页，上海，新知识出版社，1957。

② 《广西巡抚潘鼎新奏折》，同上书，560 页。

而应当看到它与此前几十年间中央权力削弱的总趋势之间的联系；又不能把它简单地视为中央权力削弱的总趋势直线发展的自然结果，而要看到这个总趋势的发展过程是曲折的，有时还会有很大的反复，要看到清灭亡前夕出现的一些重大的新因素对形势的剧变所起的决定性作用。

附　录

参考文献

一、档案和官方文书

中国第一历史档案馆馆藏未刊档案：《军机处全宗》《宫中档全宗》《户部—度支部全宗》。

中国第一历史档案馆编：《咸丰同治两朝上谕档》，桂林，广西师范大学出版社，1998。

中国第一历史档案馆编：《光绪宣统两朝上谕档》，桂林，广西师范大学出版社，1996。

中国第一历史档案馆编：《光绪朝朱批奏折》，北京，中华书局，1995。

中国第一历史档案馆编：《清代官员履历档案全编》（全30册），上海，华东师范大学出版社，1997。

中国第一历史档案馆编：《清政府镇压太平天国档案史料》（全26册），北京，社会科学文献出版社，1992—1996。

故宫博物院明清档案部编：《清末筹备立宪档案史料》（上下册），北京，中华书局，1979。

《清实录·宣宗文皇帝实录》，道光朝，北京，中华书局，1986—1987。

《清实录·文宗显皇帝实录》，咸丰朝，北京，中华书局，1986—1987。

《清实录·穆宗毅皇帝实录》，同治朝，北京，中华书局，1986—1987。

《清实录·德宗景皇帝实录》，光绪朝，北京，中华书局，1986—1987。

王先谦：《十朝东华录》，光绪二十年上海积山书局石印。

王先谦：《东华续录》，光绪二十四年文澜书局石印。

朱寿朋：《光绪朝东华录》，北京，中华书局，1958。

《清史列传》，北京，中华书局，1987。

沈桐生辑：《光绪政要》，扬州，江苏广陵古籍刻印社，1991。

金毓黻辑：《宣统政纪》，大连，辽海书社，1934。

刘锦藻编纂：《清朝续文献通考》，上海，商务印书馆，1936。

嵇璜等编纂：《清朝通志》，上海，商务印书馆，1936。

《大清会典》（雍正朝），见《近代中国史料丛刊》三编，第 77 辑，台北，文海出版社。

《大清会典》（光绪朝），见《近代中国史料丛刊》三编，第 73 辑，台北，文海出版社。

《钦定大清会典事例》（嘉庆朝），见《近代中国史料丛刊》三编，第 65 辑，台北，文海出版社。

《筹办夷务始末》（道光朝、同治朝），北平，故宫博物院，1931。

《筹办夷务始末》（咸丰朝），北京，中华书局，1979。

《清史稿》，北京，中华书局，1976—1977。

陈弢辑：《同治中兴京外奏议约编》，上海，上海书店，1985。

王树敏等辑：《皇清道咸同光奏议》，见《近代中国史料丛刊》第 34 辑，台北，文海出版社。

王树敏辑：《道咸同光四朝奏议》，久敬斋石印本。

（清）奕䜣等纂：《钦定剿平粤匪方略》，同文馆活字本。

《北京图书馆藏珍本年谱丛刊》（全 200 册），北京，北京图书馆出版社，1999。（与清后期有关的在后 60 册内）

太平天国历史博物馆编：《吴煦档案选编》，南京，江苏人民出版社，1983—1984。

二、文集、史料汇编

曾国藩：《曾文正公全集》，传忠书局光绪二年刊本。

曾国藩：《曾文正公奏稿》，传忠书局光绪二年刊本。

《曾国藩全集》（全 36 册），长沙，岳麓书社，1994。

曾国藩：《曾文正公文集》，传忠书局同治三年刊本。

曾国藩著，张瑛编校：《曾文正公文钞》，醉六堂同治十二年刊本。

曾国藩：《曾文正公诗文集》，上海涵芬楼 1929 年影印原刊本。

曾国藩：《曾文正公书札》，传忠书局光绪三年刻本。

曾国藩：《曾文正公手书日记》，上海中国图书公司宣统元年石印本。

《曾国藩手札》，中国社会科学院近代史研究所馆藏影印手迹本。

曾国藩等：《湘乡曾氏文献》，台北，学生书局，1965。

曾国藩等：《湘乡曾氏文献补》，台北，学生书局，1975。

江世荣编注：《曾国藩未刊信稿》，北京，中华书局，1959。

胡林翼著，胡遂等整理标点：《胡林翼集》（全 5 册），长沙，岳麓书社，1999。

胡林翼：《胡文忠公遗集》，同治六年刊本。

胡林翼：《胡文忠公全集》，上海，世界书局，1936。

胡林翼：《胡文忠公全集》，上海，九州书局，1935。

胡林翼：《胡文忠公手札》，中国社会科学院近代史研究所馆藏刻本。

中国社会科学院近代史研究所资料室编：《胡林翼未刊往来函稿》，长沙，岳麓书社，1989。

罗泽南著，郭嵩焘编：《罗忠节公遗集》，咸丰九年刊本。

曾国荃：《曾忠襄公奏议》，光绪二十九年刊本。

曾国荃：《曾忠襄公全集》，光绪二十九年刊本。

曾国荃著，萧荣爵编：《曾忠襄公书札》，光绪二十九年刻本。

左宗棠：《盾鼻余沈》，光绪七年刊本。

左宗棠：《左文襄公奏疏》（三编），光绪十二年刊本。

左宗棠：《左文襄公全集》，光绪十六年湘阴左氏校刊本。

左宗棠：《左文襄公家书》，民国九年仿宋线装刻本。

《左宗棠全集》（全 15 册），长沙，岳麓书社，1987。

李鸿章撰，吴汝纶辑：《李文忠公全集》，光绪三十一年金陵刻本。

李鸿章：《李文忠公奏稿》，上海，商务印书馆，1921。

李鸿章：《李文忠公朋僚函稿》，上海，商务印书馆，1921。

《李鸿章全集》（全9册），海口，海南出版社，1999。

顾廷龙等编：《李鸿章全集》（全4册），上海，人民出版社，1985—1987。

戴逸、顾廷龙主编：《李鸿章全集》（全39册），合肥，安徽教育出版社，2008。

李鸿章：《李文忠公尺牍》（线装32册），上海，商务印书馆，1916。

年子敏编注：《李鸿章致潘鼎新书札》，北京，中华书局，1960。

骆秉章：《骆文忠公奏稿》，见《左文襄公全集》附本，光绪十六年湘阴左氏校刊本。

《骆秉章奏稿》，见《左宗棠全集》，长沙，岳麓书社，1987。

张亮基：《张大司马奏稿》，见《左文襄公全集》附本，光绪十六年湘阴左氏校刊本。

吴文镕撰，吴养原编：《吴文节公（文镕）遗集》，见《近代中国史料丛刊》，第34辑，台北，文海出版社。

江忠源：《江忠烈公遗集》，同治癸酉年重刊本。

沈葆桢：《沈文肃公政书》，光绪七年吴门节署印本。

刘长佑：《刘武慎公遗书》，光绪二十六年刻本。

杨岳斌：《杨勇悫公遗集》，问竹轩光绪二十一年刊本。

彭玉麟：《彭刚直公奏稿》，光绪十七年刊本。

彭玉麟：《彭刚直公诗集》，光绪十七年刊本。

彭玉麟著，梁绍辉等整理：《彭玉麟集》，长沙，岳麓书社，2003。

毛鸿宾：《毛尚书奏稿》，宣统元年刻本。

刘蓉：《刘中丞奏议》，光绪十一年思贤讲舍校刊本。

刘蓉：《养晦堂诗集》，台北影印本。

刘蓉：《养晦堂文集》，思贤讲舍光绪三年刊本。

薛福成：《庸庵全集》，光绪十三年刊本。

赵烈文：《能静居日记》，台北，学生书局，1965。

刘秉璋：《刘尚书奏议》，光绪二十四年江宁刊本。

刘秉璋：《刘文庄公奏议》，光绪三十四年刻本。

李瀚章著，李经畲等编：《合肥李勤恪公政书》，中国社会科学院近代史研究所藏民国年间线装石印本。

刘铭传：《刘壮肃公奏议》，光绪三十二年排印本。

丁日昌：《丁禹生政书》，香港，志濠印刷公司，1987。

丁日昌：《抚吴公牍》，光绪三年刊本。

丁日昌著，温廷敬编：《丁中丞政书》，见《近代中国史料丛刊续编》，第 77 辑，台北，文海出版社。

刘坤一：《刘忠诚公遗集》，宣统元年至三年新宁刘氏家刻本。

刘坤一撰，中国科学院历史研究所第三所编：《刘坤一遗集》，北京，中华书局，1959。

张之洞：《张文襄公全集》，北平，楚学精庐刻本，1937。

张之洞著，苑书义等编：《张之洞全集》，石家庄，河北人民出版社，1998。

袁世凯：《养寿园奏议辑要》，项城袁氏宗祠民国二十七年刻本。

《袁世凯奏议》，天津，天津古籍出版社，1987。

袁世凯辑：《新建陆军兵略录存》，光绪二十四年刻本。

王闿运：《湘绮楼诗文集》，长沙，岳麓书社，1996。

王闿运：《湘绮楼日记》，长沙，岳麓书社，1997。

郭嵩焘：《郭侍郎奏疏》，光绪十八年刻本。

郭嵩焘：《养知书屋诗文集》，光绪十八年刊本。

《郭嵩焘日记》，长沙，湖南人民出版社，1981—1983。

郭嵩焘等编：《湖南褒忠录初稿》，同治十二年刊本。

《翁同龢日记》，北京，中华书局，1989—1998。

孙宝瑄：《忘山庐日记》，上海，上海古籍出版社，1983。

黎庶昌：《拙尊园丛稿》，光绪十六年刊本。

马新贻：《马端敏公奏议》，光绪二十年闽浙督署校刊本。

高尚举编：《马新贻文案集录》，北京，中央民族大学出版社，2001。

翁同书：《翠斋奏稿》(全 57 册)，北京图书馆善本部藏稿本。

袁甲三：《袁端敏公集》，宣统三年夏清芬阁编刊。

乔松年撰，乔联宝编：《乔勤恪公(松年)奏稿》，见《近代中国史料丛刊》第 71 辑，台北，文海出版社。

吴棠：《望三益斋诗文钞》，中国社会科学院近代史研究所馆藏本。

吴棠：《望三益斋存稿》，同治十三年成都使署刻本。

吴棠：《望三益斋杂体文》(四卷)，中国社会科学院近代史研究所馆藏本。

王大经：《哀生阁集》，光绪十一年刊本。

李宗羲：《开县李尚书政书》，光绪十一年武昌刻本。

丁宝桢：《丁文诚公遗集》，光绪十九年京师刻本。

钱鼎铭：《钱敏肃公奏稿》，光绪六年柯华堂木刻本。

张树声：《张靖达公奏议》八卷，中国社会科学院近代史研究所馆藏木刻本。

许振祎：《督河奏疏》，光绪二十五年广州校刻本。

谭钟麟：《谭文勤公奏稿》，见《近代中国史料丛刊》，第 22 辑，台北，文海出版社。

王鑫：《王壮武公(鑫)遗集》，光绪十八年刊本；见《近代中国史料丛刊》，第 25 辑，台北，文海出版社。

李续宾著，李光久辑：《李忠武公遗书》，光绪十七年瓯江巡署刊本。

李元度：《天岳山馆文钞》，光绪年间爽溪精舍刊本。

李元度：《国朝先正事略》，长沙，岳麓书社，1991。

周盛传：《周武壮公遗书》，光绪三十一年刊本。

周盛传：《磨盾纪实》，光绪三十一年刊本。

庄受祺：《枫南山馆遗集》，同治十三年刊本。

李桓：《宝韦斋类稿》，光绪六年刊本。

李榕：《李申夫先生全集》，光绪二十五年袖海山房石印本。

李鸿裔：《苏邻遗诗》，光绪十七年刊本。

潘骏文：《潘方伯公遗稿》，光绪二十二年刊本。

刘锦棠：《刘襄勤公奏稿》，光绪二十四年刻本。

刘崐：《刘中丞奏稿》，光绪二十一年刊本。

郭崑焘：《云卧山庄尺牍》，郭氏清闻山馆刊本。

黄赞汤：《绳其武斋尺牍》，同治三年刊本。

唐训方：《从征图记》，西山草堂同治六年刊本。

唐训方：《唐中丞（训方）遗集》，见《近代中国史料丛刊》三编，第55辑，台北，文海出版社。

雷正绾辑：《多忠勇公（隆阿）勤劳录》，光绪元年固原提督署刻本。

陶模：《陶勤肃公奏议遗稿》，民国十三年刊本。

王之春：《椒生集》，光绪七年刊本。

潘祖荫：《潘文勤公奏稿》，吴县潘氏刻本。

陈兔：《三百堂文集》，民国二十四年刊本。

张芾著，张修府编：《张文毅公奏稿》，光绪二年刊本。

岑毓英：《岑襄勤公奏稿》，光绪二十三年刊本。

王茂荫：《王侍郎奏议》，光绪十三年刊本。

王庆云：《王文勤公奏稿》，民国二十三年刊本。

卞宝第：《卞制军奏议》，光绪二十年刊本。

卞宝第：《卞制军（颂臣）政书》，见《近代中国史料丛刊》，第20辑，台北，文海出版社。

史念祖：《俞俞斋诗文稿》，光绪十八年刊本。

徐宗幹：《斯未信斋文编》，同治年间刻本。

郑元善：《宦豫纪事》，同治十一年刊本。

张凯嵩：《抚滇奏议》，光绪十九年江夏张氏益斋刻本。

倭仁：《倭文端公遗书》，山东书局光绪二十年重刊本。

北京大学文科研究所、北京图书馆编：《太平天国史料》，北京，开明书店，1950。

中国史学会主编：《太平天国》，上海，上海人民出版社，1957。

太平天国历史博物馆编：《太平天国史料丛编简辑》（全6册），北京，中华书局，1961—1963。

太平天国历史博物馆编：《太平天国文书汇编》，北京，中华书局，1979。

太平天国历史博物馆编：《太平天国资料汇编》，北京，中华书局，1979—1980。

中国科学院历史研究所第三所编：《太平天国资料》，北京，科学出版社，1959。

[英]呤唎著，王维周译：《太平天国革命亲历记》，北京，中华书局，1961。

王崇武等编译：《太平天国史料译丛》，上海，神州国光社，1954。

金毓黻编：《太平天国史料》，北京，中华书局，1959。

张守常编：《太平军北伐资料选编》，济南，齐鲁书社，1984。

中国史学会：《捻军》，上海，上海人民出版社，上海书店出版社，2000。

中国史学会主编：《第二次鸦片战争》，上海，上海人民出版社，1978。

中国史学会主编：《洋务运动》，上海，上海人民出版社，1961。

佚名编：《晚清洋务运动事类汇钞》(上中下)，山东图书馆藏本。

中国史学会主编：《中法战争》，上海，新知识出版社，1957。

经济学会编：《全省财政说明书》，经济学会 1914 年刊本。

鲁子健编：《清代四川财政史料》，成都，四川省社会科学院出版社，1984。

佚名编：《道咸同光名人手札》，见《近代中国史料丛刊》，第 3 辑，台北，文海出版社。

郭庆藩辑：《咸同中兴名贤手札》，中国社会科学院近代史研究所馆藏影印本。

瑛启：《瑛兰坡藏名人尺牍》，刊本时间不详。

《清代名人书札》(全 6 册)，北京，北京师范大学出版社，2013。

王定安：《求阙斋弟子记》，北京龙文斋光绪二年刊本。

周世澄：《淮军平捻记》，上海申报馆光绪三年印本。

陈昌：《霆军纪略》，光绪八年夔州重印本。

张瑞墀：《两淮戡乱记》，宣统元年刊本。

王韬：《弢园文录外编》，北京，中华书局，1959。

王韬：《弢园尺牍》，北京，中华书局，1959。

张仲炘等：《湖北通志》，民国十年刊本。

卞宝弟等：《湖南通志》，商务印书馆影印本。

吴坤修等：《安徽通志》，光绪七年刊本。

王轩等：《山西通志》，光绪十八年刊本。

齐德伍：《湘乡县志》，同治十三年刊本。

黄彭年等：《畿辅通志》，光绪二年刊本。

郭嵩焘：《湘阴县图志》，光绪六年刊本。

王闿运：《湘潭县志》，光绪十五年刊本。

罗庆芗：《衡阳县志》，同治十三年刊本。

[澳]骆惠敏编，刘桂梁等译：《清末民初政情内幕》，上海，知识出版社，1986。

杜春和等编：《北洋军阀史料选辑》，北京，中国社会科学出版社，1981。

黄远庸：《远生遗著》，上海，商务印书馆，1924。

三、传记、年谱

缪荃孙编纂：《清碑传合集·续碑传集》，上海，上海书店，1988。

闵尔昌编纂：《清碑传合集·碑传集补》，上海，上海书店，1988。

钱仲联主编：《广清碑传集》，苏州，苏州大学出版社，1999。

王定安编：《曾文正公大事记》，鸿文书局光绪丁亥年铅印本。

黎庶昌编：《曾文正公年谱》，传忠书局光绪二年刊本。

李鸿章：《曾文正公神道碑》，中国社会科学院近代史研究所馆藏线装本。

王定安：《曾文正公事略》，光绪元年北京刻本。

王定安：《曾文正公大事记》，中国社会科学院近代史研究所馆藏线装石印本。

佚名编：《曾文正公荣哀录》，中国社会科学院近代史研究所馆藏刊本。

夏先范编:《胡文忠公年谱》,清同治五年十月重刊。

梅英杰编:《胡文忠公年谱》,梅氏抱冰堂光绪三十一年刊本。

罗正钧编:《左文襄公年谱》,湘阴左氏光绪二十三年刊本;民国二十三年小白堂丛刊本。

骆秉章:《骆文忠公自订年谱》,思贤书局光绪二十一年刻本。

涂宗瀛自编:《涂大司马年谱》,民国九年铅印本。

徐翰编:《骆文忠公年谱》,光绪二十一年刊本。

傅耀琳编:《李忠武公(续宾)年谱》,见《恐庐文集》二,民国八年活字印本。

文祥自编:《文文忠公自订年谱》,见《文文忠公事略》卷二、卷三,光绪八年家刻本。

邓辅纶等编,王獬重编:《刘武慎公年谱》,见《刘武慎公遗书》附本。

唐炯编:《丁文诚公年谱》,光绪二十七年刻本,文通书局民国二年石印本。

李书春编:《李文忠公鸿章年谱》,见《新编中国名人年谱集成》,第2辑,台北,"商务印书馆",1978。

窦宗一编:《李文忠公(鸿章)年(日)谱》,见《近代中国史料丛刊续编》,第70辑,台北,文海出版社,1980。

吴汝纶:《李文忠公(鸿章)事略》,见《近代中国史料丛刊》,第71辑,台北,文海出版社。

王定安编,萧荣爵增订:《曾忠襄公年谱》,见《曾忠襄公全集》附录,光绪二十九年刊本。

马新祐编:《马端敏公年谱》,光绪三年本。

罗正钧编:《王壮武公年谱》,见《王壮武公遗集》附录,光绪十八年王氏刻本。

李叔璠编:《鲍公(超)年谱》,同治十二年夔州文禄阁重刻本。

陈乃乾编:《(阳湖)赵惠甫(烈文)先生年谱》,上海,神州国光社，1952。

顾家相编：《孟晋斋年谱》，见《孟晋斋文集》附录，民国二年付印增刻本。

周盛传自编，周家驹续编：《周武壮公年谱》，见《周武壮公文集》附录，光绪三十一年金陵刻本。

崇实自编：《惕盦年谱》，见《适斋诗集》附录，光绪三年家刻本。

《罗忠节公年谱》，见《罗山遗书》附录，同治二年长沙刊本。

黄赞汤自编，黄祖络续编：《绳其武斋自纂年谱》，同治九年家刻本；光绪十七年家刻本。

黎庶昌：《曾国藩年谱》，长沙，岳麓书社，1986。

陆宝千：《刘蓉年谱》，台北，"中研院"近代史研究所，1971。

何燿章：《何璟行状》，中国社会科学院近代史研究所馆藏木刻本。

陈澧：《张树珊神道碑》，中国社会科学院近代史研究所馆藏字书本。

刘体乾等编：《皇清诰授光禄大夫振威将军太子少保头品顶戴兵部尚书四川总督显考仲良府君（刘秉璋）行状》，中国社会科学院近代史研究所馆藏刻本。

佚名编：《吴文节公年谱》，中国社会科学院近代史研究所馆藏刻本。

赵藩编：《岑襄勤公年谱》，光绪二十五年刻本。

张祖佑原辑，林绍年鉴订：《张惠肃公（亮基）年谱》，见《近代中国史料丛刊》，第64辑，台北，文海出版社。

潘祖同编：《潘文勤公（祖荫）年谱》，光绪间吴县潘氏刻本。

段光清自订：《镜湖自撰年谱》，北京，中华书局，1960。

郭廷以：《郭嵩焘先生年谱》，台北，"中研院"近代史研究所，1971。

郭嵩焘自纂：《玉池老人自叙》，光绪十九年刊本。

敷文社编：《最近官绅履历丛录》，见《近代中国史料丛刊》，第45辑，台北，文海出版社，1970。

梅英杰等编：《湘军人物年谱》，第 1 册，长沙，岳麓书社，1987。

朱孔彰：《中兴将帅别传》，见《近代中国史料丛刊》，第 12 辑，台北，文海出版社。

蔡冠洛编著：《清代七百名人传》，北京，中国书店，1984。

沃丘仲子：《近代名人小传》，上海，崇文书局，1918。

马昌华主编：《淮系人物列传》，合肥，黄山书社，1995。

四、笔记小说史料

清代的笔记小说史料（包括民国时期关于清代人物和事件等的笔记小说）较为丰富，数量可观，但是依据笔者对笔记小说史料价值的判断而言，它们主要提供一些线索和时人的观点，因此，在征引文献类别上单列一目。并且，鉴于其史料价值的不确定性，笔者在书中如确需引用，也主要是作为学者观点来引述，若无可靠材料互证，一般不作为史料运用。

薛福成：《庸庵笔记》，上海扫叶山房民国十一年石印本。

王之春：《椒生随笔》，光绪七年上洋文艺斋刊本。

欧阳利见：《金鸡谭荟》，光绪十五年四明节署印本。

徐珂：《清稗类钞》，北京，中华书局，1984。

梁章钜、朱智：《枢垣记略》，北京，中华书局，1984。

陈其元：《庸闲斋笔记》，北京，中华书局，1989。

刘声木：《苌楚斋随笔续笔三笔四笔五笔》（上下册），北京，中华书局，1998。

吴庆坻：《蕉廊脞录》，北京，中华书局，1990。

欧阳兆熊、金安清：《水窗春呓》，北京，中华书局，1984。

张集馨：《道咸宦海见闻录》，北京，中华书局，1981。

陆以湉：《冷庐杂识》，北京，中华书局，1984。

陈康祺：《郎潜纪闻初笔二笔三笔》，北京，中华书局，1984。

刘禺生：《世载堂杂忆》，北京，中华书局，1960。

李慈铭：《越缦堂读书记》，北京，中华书局，1963。

福格：《听雨丛谈》，北京，中华书局，1984。

方浚师：《蕉轩随录续录》，北京，中华书局，1995。

朱彭寿：《旧典备征·安乐康平室随笔》，北京，中华书局，1982。

钱泰吉：《曝书杂记》，同治七年刻本。

方浚颐：《梦园丛说》，同治十三年刊本。

金武祥：《粟香随笔》，光绪七年刊本。

徐凌霄、徐一士：《曾胡谭荟》，太原，山西古籍出版社，1995。

徐凌霄、徐一士：《凌霄一士随笔》，太原，山西古籍出版社，1997。

徐珂：《康居笔记汇函》，太原，山西古籍出版社，1997。

孙静庵：《栖霞阁野乘》，太原，山西古籍出版社，1997。

李岳瑞：《悔逸斋笔乘》，太原，山西古籍出版社，1997。

苏曼殊等：《民权素笔记荟萃》，太原，山西古籍出版社，1997。

何刚德：《春明梦录·客座偶谈》，太原，山西古籍出版社，1997。

罗惇曧：《罗瘿公笔记选》，太原，山西古籍出版社，1997。

李孟符：《春冰室野乘》，太原，山西古籍出版社，1995。

瞿兑之：《杶庐所闻录·故都闻见录》，太原，山西古籍出版社，1995。

孙玉声：《退醒庐笔记》，太原，山西古籍出版社，1995。

许指严：《十叶野闻》，太原，山西古籍出版社，1995。

杜保祺：《健庐随笔》，太原，山西古籍出版社，1995。

况周颐：《餐樱庑随笔》，太原，山西古籍出版社，1995。

况周颐：《眉庐丛话》，太原，山西古籍出版社，1995。

蔡锷：《曾胡治兵语录》，太原，山西古籍出版社，1995。

马叙伦：《石屋余沈·石屋续沈》，太原，山西古籍出版社，1995。

徐一士：《一士类稿》，太原，山西古籍出版社，1996。

徐一士：《一士谈荟》，太原，山西古籍出版社，1996。

杨寿柟：《云在山房丛书三种》，太原，山西古籍出版社，1996。

刘体仁：《异辞录》，太原，山西古籍出版社，1996。

宁调元：《太一丛话》，太原，山西古籍出版社，1996。

徐一士：《近代笔记过眼录》，太原，山西古籍出版社，1996。

缪荃孙：《云自在龛随笔》，太原，山西古籍出版社，1996。

陈夔龙：《梦蕉亭杂记》，太原，山西古籍出版社，1996。

昭梿：《啸亭杂录》，光绪二十七年上海扫叶山房石印本。

黄浚：《花随人圣庵摭忆》，上海，上海书店，1983。

张一麐：《古红梅阁笔记》，上海，上海书店，1998。

胡思敬：《国闻备乘》，上海，上海书店，1997。

汪康年：《汪穰卿笔记》，上海，上海书店，1997。

蔡云万：《蛰存斋笔记》，上海，上海书店，1997。

陈灨一：《新语林》，上海，上海书店，1997。

薛福城：《庸庵笔记》，南京，江苏人民出版社，1983。

王庆云：《石渠余纪》，北京，北京古籍出版社，1985。

梁溪坐观老人：《清代野记》，民国三年刊本。

裘毓麐：《清代轶闻》，北京，中华书局，1915。

欧阳昱：《见闻琐录》，民国十四年百隋砖斋刊本。

小横香室主人编：《清朝野史大观》，上海，中华书局，1926。

崇彝：《道咸以来朝野杂记》，北京，北京古籍出版社，1982。

荣孟源等编：《近代稗海》，成都，四川人民出版社，1985—1988。

俞樾：《春在堂随笔》，南京，江苏人民出版社，1984。

许指严等：《史说慈禧》，沈阳，辽沈书社，1994。

容龄等：《慈禧与我》，沈阳，辽沈书社，1994。

德龄：《慈禧野史》，沈阳，辽沈书社，1994。

[英]濮兰德等：《慈禧外纪》，沈阳，辽沈书社，1994。

蔡东藩：《慈禧演义》，沈阳，辽沈书社，1994。

五、相关研究著作

王闿运：《湘军志》，长沙，岳麓书社，1983。

王定安：《湘军记》，长沙，岳麓书社，1983。

朱德裳：《续湘军志》，长沙，岳麓书社，1983。

郭振镛：《湘军志平议》，长沙，岳麓书社，1983。

罗尔纲：《湘军新志》，上海，商务印书馆，1939。

罗尔纲：《湘军兵志》，北京，中华书局，1984。

罗尔纲：《绿营兵志》，北京，中华书局，1984。

罗尔纲：《太平天国史》，北京，中华书局，1991。

范文澜：《中国近代史》，上册，北京，人民出版社，1947。

龙盛运：《湘军史稿》，成都，四川人民出版社，1990。

王尔敏：《淮军志》，北京，中华书局，1987。

罗尔纲：《晚清兵志》，六卷3册，北京，中华书局，1997。

贾士毅：《民国财政史》，上海，商务印书馆，1917。

吴兆莘：《中国税制史》，上海，商务印书馆，1937。

罗玉东：《中国厘金史》，上海，商务印书馆，1936。

何烈：《清咸、同时期的财政》，台北，"编译馆中华丛书编审委员会"，1981。

彭泽益：《十九世纪后半期的中国财政与经济》，北京，人民出版社，1983。

费正清主编：《剑桥中国晚清史》，北京，中国社会科学出版社，1985。

萧一山：《清代通史》，台北，"商务印书馆"，1962。

萧一山：《曾国藩传》，海口，海南出版社，2001。

朱东安：《曾国藩传》，成都，四川人民出版社，1985。

朱东安：《曾国藩集团与晚清政局》，北京，华文出版社，2003。

苑书义：《李鸿章传》，北京，人民出版社，1991。

[美]刘广京等编，陈绛译校：《李鸿章评传》，上海，上海古籍出版社，1985。

秦翰才：《左文襄公在西北》，长沙，岳麓书社，1984。

孙占元：《左宗棠评传》，南京，南京大学出版社，1995。

冯天瑜、何晓明：《张之洞评传》，南京，南京大学出版社，1991。

王玉棠：《刘坤一评传》，广州，暨南大学出版社，1990。

崔运武：《中国早期现代化中的地方督抚——刘坤一个案研究》，北京，中国社会科学出版社，1998。

瞿同祖著，范忠信等译：《清代地方政府》，北京，法律出版社，2003。

李治安主编：《唐宋元明清中央与地方关系研究》，天津，南开大学出版社，1995。

傅宗懋：《清代总督巡抚制度之研究》，博士学位论文，台湾政治大学，1963。

刘伟：《晚清督抚政治——中央与地方关系研究》，武汉，湖北教育出版社，2003。

周育民：《晚清财政与社会变迁》，上海，上海人民出版社，2000。

石泉：《甲午战争前后之晚清政局》，北京，生活·读书·新知三联书店，1997。

刘子扬：《清代地方官制考》，北京，紫禁城出版社，1988。

李鹏年等编著：《清代中央国家机关概述》，北京，紫禁城出版社，1989。

张德泽：《清代中央国家机关考略》，北京，学苑出版社，2001。

李剑农：《中国近百年政治史》，上海，复旦大学出版社，2002。

萧公权：《中国政治思想史》，台北，中华文化出版事业委员会，1961。

郭松义等：《清代典章制度》，长春，吉林文史出版社，2001。

白钢：《中国政治制度通史》，第10卷（清代），北京，人民出版社，1996。

戴逸主编：《简明清史》，第1册，北京，人民出版社，1980；第2册，北京，人民出版社，1984。

庄练：《中国近代史上的关键人物》（全3册），北京，中华书局，1988。

梁启超：《李鸿章》，光绪三年新民丛报版。

韦息予：《李鸿章》，北京，中华书局，1931。

［日］吉田勿来著，愈愚斋译：《（新译）李鸿章》，中国社会科学院近代史所馆藏本。

章回：《李鸿章》，北京，中华书局，1962。

叶林生、刘新建：《李鸿章》，合肥，黄山书社，1988。

尹福庭：《李鸿章》，北京，军事科学出版社，1991。

雷庆禄：《李鸿章新传》，见《近代中国史料丛刊续编》第99辑，台北，文海出版社，1983。

庄吉发：《清代奏折制度》，台湾"故宫博物院故宫丛刊编辑委员会"编辑，1979。

胡健国：《清代满汉政治势力之消长》，博士学位论文，台湾政治大学政治研究所，1977。

吴福环：《清季总理衙门研究》，台北，文津出版社，1995。

许大龄：《清代捐纳制度》，台北，文海出版社，1984。

何平：《清代赋税政策研究(1644—1840)》，北京，中国社会科学出版社，1998。

朱东安：《曾国藩幕府研究》，成都，四川人民出版社，1994。

黎仁凯、衡志义、傅德元：《清代直隶总督与总督署》，北京，中国文史出版社，1993。

樊百川：《淮军史》，成都，四川人民出版社，1994。

[美]芮玛丽著，房德邻等译：《同治中兴——中国保守主义的最后抵抗(1862—1874)》，北京，中国社会科学出版社，2002。

[美]孔飞力著，谢亮生等译：《中华帝国晚期的叛乱及其敌人——1796—1864年的军事化与社会结构》，北京，中国社会科学出版社，1990。

[美]R. J. 史密斯著，汝企和译：《十九世纪中国的常胜军——外国雇佣兵与清帝国官员》，北京，中国社会科学出版社，2003。

[美]K. E. 福尔索姆著，刘悦斌等译：《朋友·客人·同事——晚清的幕府制度》，北京，中国社会科学出版社，2002。

[美]魏斐德著，王小荷译：《大门口的陌生人——1839—1861年间华南的社会动乱》，北京，中国社会科学出版社，1988。

吴吉远：《清代地方政府的司法职能研究》，北京，中国社会科学出版社，1998。

何贻焜：《曾国藩评传》，北京，中国社会出版社，1999。

杨树藩：《清代中央政治制度》，台北，"商务印书馆"，1978。

朱沛莲：《清代之总督与巡抚》，台北，文行出版社，1979。

徐彻：《慈禧大传》，沈阳，辽海出版社，1994。

凌惕安：《咸同贵州军事史》，民国二十七年刊本。

萧一山：《清代史》，沈阳，辽宁教育出版社，1997。

汪士铎：《胡文忠公抚鄂记》，长沙，岳麓书社，1988。

苏云峰：《中国现代化的区域研究·湖北省（1860—1916）》，"中研院"近代史研究所专刊，1981（41）。

张朋园：《湖南现代化的早期进展（1860—1916）》，长沙，岳麓书社，2002。

宝成关：《奕䜣慈禧政争记》，长春，吉林文史出版社，1980。

胡成：《困窘的年代——近代中国的政治变革和道德重建》，上海，上海三联书店，1997。

萧功秦：《危机中的变革——清末现代化进程中的激进与保守》，上海，上海三联书店，1999。

杨国强：《百年嬗蜕——中国近代的士与社会》，上海，上海三联书店，1997。

左焕奎：《左宗棠略传》，武汉，华中师范大学出版社，1993。

［美］马士：《中华帝国对外关系史》，上海，上海书店出版社，2000。

郭廷以：《太平天国史事日志》，上海，上海书店，1986。

郭廷以：《近代中国史事日志》，北京，中华书局，1987。

张家昀：《左宗棠》，台北，联鸣文化有限公司，1981。

陆方、李之渤：《晚清淮系集团研究——淮军、淮将和李鸿章》，长春，东北师范大学出版社，1993。

谢俊美：《翁同书传》，上海，华东师范大学出版社，1998。

廖宗麟：《中法战争史》，天津，天津古籍出版社，2002。

John L. Rawlinson(罗麟生)，*China's Struggle for Naval Development 1839—1895*. Cambridge：Harvard University Press，1967.

Lien-sheng Yang(杨联升)，*The Concept of Pao As a Basis for Social Relations in China*，*in Excursions in Sinology*. Cambridge，Mass.，1969.

C. Y. Hsu(徐中约)，Gordon in China，1880. *Pcific Historical Review*，32.2：162.1964.

Stanley Spector(斯坦利·斯培科特)，*Li Hung-chang and the Huai army*：*A Study in Nineteenth Century Chinese Regionalism*. Seattle：University of Washington Press，1964.

Feuerwerker，Albert(费维恺)，*Rebellion in Nineteenth-Century China*. Ann Arbor. Center for Chinese Studies，University of Michigan，1957.

北京中国研究会：《当代中国官绅录》，第 2 册，东京，1918。

［日］滨下武志著，高淑娟等译：《中国近代经济史研究——清末海关财政与通商口岸市场圈》，南京，江苏人民出版社，2006。

文公直：《最近三十年中国军事史》，出版者和出版地不详，1940。

梁元生著，陈同译：《上海道台研究——社会转变中之联系人物》，上海，上海古籍出版社，2003。

李宗一：《袁世凯传》，北京，中华书局，1980。

冯友兰：《中国哲学史新编》，北京，人民出版社，1984。

罗荣渠：《现代化新论——世界与中国的现代化进程》，北京，北京大学出版社，1993。

王尔敏：《清季军事史论集》，台北，联经出版事业公司，1980。

林文仁：《南北之争与晚清政局(1861—1884)》，北京，中国社会科学出版社，2005。

六、相关研究论文

王尔敏：《清代勇营制度》，载《"中研院"近代史研究所集刊》，1973(4)。

王尔敏：《练军的起源及其意义》，载《大陆杂志》，第 34 卷(6)(7)，1967。

［美］刘广京：《晚清督抚权力问题商榷》，载《台湾清华学报》新 10 卷，1974(2)。

李国祁：《由刘坤一初任总督的表现看晚清的政治风尚》，见《中国近代现代史论集》，第 6 编，台北，"商务印书馆"，1985。

魏秀梅：《从量的观察探讨清季布政使之人事嬗递现象》，载《"中研院"近代史研究所集刊》，1971(2)。

魏秀梅：《从量的观察探讨清季按察使的人事嬗递现象》，载《"中研院"近代史研究所集刊》，1972(3)下。

魏秀梅：《从量的观察探讨清季督抚的人事嬗递》，载《"中研院"近代史研究所集刊》，1973(4)上。

郑再樵：《论湘军的起源及其制度》，见《中国近代现代史论集》，第 5 编，台北，"商务印书馆"，1985。

王尔敏：《湘军军系的形成及其维系》，见《中国近代现代史论集》，第 5 编，台北，"商务印书馆"，1985。

王文贤：《湘军水师的创立及其发展》，见《中国近代现代史论集》，第 5 编，台北，"商务印书馆"，1985。

王文贤：《湘军水师之制度分析》，见《中国近代现代史论集》，第 5 编，台北，"商务印书馆"，1985。

缪全吉：《曾国藩幕府盛况与晚清地方权力之变化》，见《中国近代现代史论集》，第 5 编，台北，"商务印书馆"，1985。

王尔敏：《胡林翼之志节才略及其对于湘军之维系》，见《中国近代现代史论集》，第 5 编，台北，"商务印书馆"，1985。

李守孔：《李鸿章襄赞湘军幕府时代之表现》，见《中国近代现代史论集》，第 5 编，台北，"商务印书馆"，1985。

李恩涵：《左宗棠早期剿攻太平军的战绩》，见《中国近代现代史论集》，第 5 编，台北，"商务印书馆"，1985。

沈乘龙：《清代剿捻战役研究》，见《中国近代现代史论集》，第 5 编，台北，"商务印书馆"，1985。

李守孔：《淮军平捻之研究》，见《中国近代现代史论集》，第 5 编，台北，"商务印书馆"，1985。

李恩涵：《剿捻期间湘、淮军间的合作与冲突》，见《中国近代现代史论集》，第 5 编，台北，"商务印书馆"，1985。

皮明勇：《晚清练军研究》，载《近代史研究》，1988(1)。

王跃生：《清代督抚体制特征探析》，载《社会科学辑刊》，1993(4)。

何瑜：《晚清中央集权体制变化原因再析》，载《清史研究》，1992(1)。

刘伟：《甲午前四十年间督抚权力的演变》，载《近代史研究》，1998(2)。

彭雨新：《清末中央与地方各省财政关系》，见《中国近代史论丛》，第 2 辑，第 5 册，台北，正中书局，1963。

宓汝成：《清政府筹措镇压太平天国的军费及其后果》，载《太平天国学刊》，第 1 辑，北京，中华书局，1983。

魏光奇：《清代后期中央集权财政体制的瓦解》，载《近代史研究》，1986(1)。

何汉威：《清末赋税基准的扩大及其局限》，载《"中研院"近代史研究所集刊》，第 17 期。

汪林茂：《清咸同年间筹饷制度的变化与财权下移》，载《杭州大学学报》，1991(2)。

何烈：《清代厘金制度的历史背景》，载《大陆杂志》，第 40 卷(2)；《明代清代史研究论集》，《大陆杂志史学丛书》，第 4 辑，第 5 册，大陆杂志社印行。

袁首乐：《湘军经费清单的发现及其意义》，载《安徽史学》，1987(7)。

赵有芳：《近代厘金制度之管见》，载《沈阳师范学院学报》，1989(2)。

梁义群：《鸦片战争与清廷财政》，载《近代史研究》，1989(5)。

李宗侗：《敬悼溥心畬大师兼述清末醇王对恭王政争的内幕》，载《传记文学》，第 4 卷，第 2 期。

章开沅：《翁张交谊与晚清政局》，载《近代史研究》，1981(1)。

丁名楠：《19 世纪 60 至 90 年代清朝统治集团最高层内部斗争概述》，载《近代史研究》，1982(1)。

董蔡时：《论曾国藩与何桂清争夺江浙地盘的斗争》，载《浙江学刊》，1985(2)。

任恒俊：《论辛酉政变》，载《近代史研究》，1986(1)。

钱思明：《咸同时期清朝权力结构的变化》，载《四川师范大学学报》，1986(4)。

杨奋泽、黄国盛：《福建海军舰船编制考略》，载《近代史研究》，1987(3)。

董丛林：《胡林翼与湘系势力的崛起》，载《近代史研究》，1987(4)。

杨策：《论所谓海防与塞防之争》，载《近代史研究》，1987(4)。

贾熟村：《试论咸同时期清政府的应变力》，载《近代史研究》，1989(3)。

贾熟村：《对樊燮控告左宗棠的考察》，载《近代史研究》，1986(2)。

汪林茂：《晚清练军中的集权与分权之争》，载《河北学刊》，1987(5)。

林乾：《咸丰后督抚职权的膨胀与晚清政治》，载《社会科学战线》，1989(1)。

龙盛运：《湘军集团与满洲贵族关系初探》，载《近代史研究》，1990(5)。

曾永玲：《论"辛酉政变"前后湘系势力的涨落》，载《松辽学刊》，1990(2)。

冀满红：《淮军的私人化倾向》，载《晋阳学刊》，1991(1)。

王雪华：《督抚与清代政治》，载《武汉大学学报》，1992(1)。

董蔡时：《论曾国藩与晚清政柄、兵柄的下移》，载《苏州大学学报》，1992(1)。

王继平：《论湘军集团》，载《湘潭大学学报》，1996(6)。

钱思明：《胡林翼与咸同时期清朝权力结构的变化》，载《四川师范大学学报》，1996(3)。

董蔡时：《胡林翼运用权术从制服到利用官文发展湘系势力》，载《益阳师专学报》，1996(3)。

黄细嘉：《勇营兵制的发展：淮军的建立和淮军兵制》，载《上饶师专学报》，1997(4)。

刘伟：《重新认识晚清中央权威衰落的原因》，载《华中师范大学学报》，1998(6)。

张静：《论湘军集团及其与郭嵩焘的关系》，载《南开学报》，1999(5)。

章征科：《晚清中央政治权威丧失的原因》，载《安徽师范大学学报》，2003(3)。

张研、孙燕京：《试论 19 世纪中期清朝军队的演变》，载《中州学刊》，2003(3)。

刘琼霞：《湘军与新建陆军比较考论》，载《江汉论坛》，2003(5)。

七、报纸杂志、工具书

《北华捷报》《东方杂志》《人文》(月刊)《中和》(月刊)《申报》《时报》《甲寅》(周刊)《知新报》《须涨日报》《侯鲭新录》《万国公报》(上海)《万国公报》(北京)《时务报》《清议报》《国风报》《政治官报》。

《近代史资料》《文史资料选辑》《湖北文史资料》《武汉文史资料》《湖南历史资料》《清代档案史料丛编》。

钱实甫：《清代职官年表》(全 4 册)，北京，中华书局，1980。

钱实甫：《清季重要职官年表》，北京，中华书局，1959。

章伯锋：《清代各地将军都统大臣等年表》，北京，中华书局，1965。

钱实甫：《清季新设职官年表》，北京，中华书局，1961。

杨廷福、杨同谱：《清人室号别称字号索引》，上海，上海古籍出版社，1988。

陈德芸：《古今人物别号索引》，上海，上海书店，1982。

陈玉堂：《中国近现代人物名号大辞典》(正续编)，杭州，浙江古籍出版社，1993、2001。

郑鹤声：《近世中西史日对照表》，北京，中华书局，1981。

来新夏：《近三百年人物年谱知见录》，上海，上海人民出版社，1983。

谢巍：《中国历代人物年谱考录》，北京，中华书局，1992。

上海图书馆编：《中国近代期刊篇目汇录》(全六卷)，上海，上海人民出版社，1965。

后　记

本书是在我的博士学位论文基础上增补、修订而成的。

2002 年，我进入中国社会科学院研究生院近代史系，师从近代思想史研究领域的著名学者耿云志教授攻读博士学位。进入师门后不久，我就冒昧地向导师耿云志教授提出，想以探讨晚清中央和地方权力格局的变迁为中心，来完成博士期间的研究工作。先生很痛快地就答应了我以此作为博士学位论文选题的设想。

实际上，我在进入耿云志先生门下之前，在一次全国学术讨论会上，就有幸和先生进行探讨，并就这一中国近代史上的重大问题向先生请教，得到先生热情的鼓励和指点。进入先生门下后，他一再告诫我，研究晚清中央和地方权力变化这样宏观、重大的问题，既要有大的历史思维，要做到历史与逻辑的统一，同时也一定要避免做虚空的概念推演，应当遵循历史研究的规律和方法，从历史事实本身去探求，做出扎实的成果。最终，我选取学界相关研究成果已颇为丰硕，然而争议也是最大的湘淮地方实力集团与清中央政府的权力争夺与妥协问题，作为博士论文的选题。

这一选题涉及的问题宏大，同时也很庞杂。当时，海内外学界受罗尔纲先生为代表的"督抚专政"观点的影响极大，我自己进入这一领域时，不可避免地也受到罗尔纲先生"督抚专政"观点的影响，最初的思维都是沿着罗先生的思路走。然而，本项研究工作的趣味性和戏剧性就表现在，正是由于研究这一问题需要看的档案、文献材料极多，在大量爬梳原始材料的过程中，我逐渐发现，大量史料累积的结果，似乎与罗先生乃至整个学界流行的观点之间有着重大差距，于是，对这篇论文就有了自己的思路。

论文写作过程中的艰辛难以言说，可以说是对精神和身体的双重考验。当然，论文写作的过程也是愉悦、兴奋的。这种感受远非文字所能描述，在此一语带过。

2005 年 7 月，在论文通过答辩、获得历史学博士学位之后，我又有幸进入北京师范大学历史学系，跟随龚书铎教授进行博士后研究。龚先生是我博士论文答辩委员会主席，对我的博士论文给予了极大的关注和鼓励，并从多方面对论文的完善和可持续研究进行指点。在我跟随他进行博士后研究期间，先生支持我继续就这一课题展开研究，使我对这一问题的认识得以继续深化和完善。

衷心感谢耿云志、龚书铎两位导师，他们都是研究中国近代思想文化史的大家，却慨然允许我做近代政治史的研究，并以他们对中国近代政治史的精深理解和研究，予我以终身受益的指导。没有他们的心血，就不可能有本书的问世。

衷心感谢我的硕士导师、北京大学林华国教授，他不仅领我进入中国近代史研究的大门，而且对我博士论文的研究和写作提供了很大的帮助。

感谢参加我博士论文答辩的中国人民大学胡绳武教授、北京大学徐勇教授、首都师范大学魏光奇教授、中国社会科学院近代史研究所郑大华研究员，他们对我的博士论文的悉心指教、所提出的建设性意见，使我受益匪浅。

这本小书，还要特别献给我的妻子和儿子。在我研究、写作博士论文期间，我的妻子给了我巨大的支持。当我的儿子出生时，也正是我的博士论文进入最终成型的阶段，看着儿子一天天健康成长，我对自己博士论文的按期、高质量完成也充满了信心。

邱 涛

2009 年 11 月于北师大乐育五楼

图书在版编目（CIP）数据

咸同年间清廷与湘淮集团权力格局之变迁/邱涛著. —北京：
北京师范大学出版社，2021.7
　（励耘史学文丛）
　ISBN 978-7-303-26689-0

　Ⅰ．①咸… Ⅱ．①邱… Ⅲ．①中央与地方的关系—研究—
中国—清后期 Ⅳ．①D691

中国版本图书馆 CIP 数据核字（2021）第 003357 号

营　销　中　心　电　话　010-58807651
北 师 大 出 版 社 高 等 教 育 微 信 公 众 号　新 外 大 街 拾 玖 号

XIANTONG NIANJIAN QINGTING YU XIANGHUAI JITUAN
QUANLI GEJU ZHI BIANQIAN
出版发行：北京师范大学出版社 www.bnup.com
　　　　　北京市西城区新街口外大街 12-3 号
　　　　　邮政编码：100088
印　　刷：北京京师印务有限公司
经　　销：全国新华书店
开　　本：787 mm×1 092 mm　1/16
印　　张：27.25
字　　数：390 千字
版　　次：2021 年 7 月第 2 版
印　　次：2021 年 7 月第 2 次印刷
定　　价：80.00 元

策划编辑：刘东明　　　　　　　　责任编辑：贾理智
美术编辑：李向昕　　　　　　　　装帧设计：李向昕
责任校对：段立超　　　　　　　　责任印制：马　洁